教育部高职高专规划教材

下 册

第二版

李金平　郝素岭　主编

傅亚庶　主审

化学工业出版社

·北　京·

内 容 提 要

本书分上、下两册。下册以综述与评说读写、文学作品欣赏及实用文体写作为主，共选入 34 篇文章，分为 10 个单元。其中，综述与评说读写一个单元，文学作品欣赏四个单元，实用文体写作五个单元，中间穿插口语综合训练。本教材以拓宽知识领域、重视实际、倡导实践、突出职业能力为原则，在选择篇目时注重经典性和时代性，艺术性和科学性，多样性和实用性相结合，题材广泛，做到古今融会，中外接轨。同时，注重基本技能训练，与学生求职就业、创业接轨。

本书为高职高专学校教材，也可供中等职业学校使用。

图书在版编目(CIP)数据

语文．下册/李金平，郝素岭主编．—2 版．—北京：化学工业出版社，2013.12（2022.2 重印）

教育部高职高专规划教材

ISBN 978-7-122-18632-4

Ⅰ.①语…　Ⅱ.①李…②郝…　Ⅲ.①大学语文课-高等职业教育-教材　Ⅳ.①H19

中国版本图书馆 CIP 数据核字（2013）第 240453 号

责任编辑：陈有华　张建茹　　　文字编辑：李　曦

责任校对：蒋　宇　　　装帧设计：杨　北

出版发行：化学工业出版社（北京市东城区青年湖南街 13 号　邮政编码 100011）

印　　装：涿州市般润文化传播有限公司

787mm×1092mm　1/16　印张 21¾　字数 514 千字　　2022 年 2 月北京第 2 版第 5 次印刷

购书咨询：010-64518888　　　售后服务：010-64518899

网　　址：http://www.cip.com.cn

凡购买本书，如有缺损质量问题，本社销售中心负责调换。

定　　价：59.00 元

前　言

作为“教育部高职高专规划教材”的《语文》自2003年出版以来，得到了众多职业院校师生的积极鼓励和热情支持，在各地为多所院校所使用，成为初中后高等职业教育和中等职业教育的通用教材。为了更好地适应高等职业教育的发展和教学改革的需要，满足职业院校广大师生的学习需求，经广泛征求意见、深入调研，我们对教材进行了全面的修订。

本次修订的原则是：保持教材原有体例结构，精简篇目，通过更新材料补充内容凸显特色。

具体做法有两点：第一是依据反馈意见删减篇目，缩短学时。将课程总学时缩短为160～180学时，上册篇章由66篇精简至44篇，12个单元减少到11个单元。每单元选文4篇，其中精讲2篇，选讲1篇，指导阅读1篇。下册由48篇精简至34篇，综述评说和文学作品列有精讲、选讲、指导阅读篇，实用文体写作部分根据时代发展和现实需要对文体做了适度的调整。第二是根据时代性、艺术性、经典性和科学性原则更换了选文，以突出与信息时代科学技术的飞速发展的同步，并彰显对人性的关怀和对成长的指导，对应用文体写作部分的更改幅度比较大，既有与时俱进的范式要求的变化，也有写作的指导和示例的更新。

同时，我们根据语文教学的发展和学生的智力建构情况，对课后训练的部分习题还做了调整，数量上有所减少，强化了基础训练和思维训练，增加部分开放性题目，注重培养学生的语文修养和习得能力，以提高语文学习的效率和效果，对附录内容也做了相应的删减。

本教材由李金平任主编，刘士敏、郝素玲分别为上下册主编，参加上册编写的有刘士敏（记叙文单元）、杨富荣（议论文单元）、肖斌（说明文单元）、王嘉姝（哲理散文赏析单元和基础口语训练）；参加下册编写的有郝素玲（综述与评说单元与综合口语训练）、李金平（文学作品单元）、赵春芳（实用文体写作之一、二、四、五单元）、黄万碧（实用文体写作之三单元）。全书由东北师大文学院傅亚庶教授主审，胡茂胜参加了本教材上册的审稿工作。

本书的修订工作由李金平完成。在教材编写中借鉴和引用了部分新近出版教材的有关资料，在此向相关作者表示衷心的感谢。

由于编者水平限制，时间仓促，难免会有疏漏之处，恳请使用者批评指正。

编者

2013年8月

第一版前言

为贯彻落实教育部《关于加强高职高专教育人才培养工作的意见》的精神，根据1999年教育部制定的《高职高专基础课程教学基本要求》和《高职高专教育专业人才培养目标和规格》的要求，在充分汲取近几年各类学校在探索培养职业技术应用型专业人才方面取得的成功经验和教学成果并反馈部分用人单位机构对职业人才素质需求信息的基础上，以拓宽知识领域、重视实用、倡导实践、突出职业能力为原则编写本教材。

在初中语文教学的基础上，通过大信息量的读、写、听、说的训练，培养学生收集处理信息的能力、获取新知识的能力、语言文字表达能力、团结协作和社会活动的能力，为终身学习奠定基础。本教材具有以下特色。

1. 思想性强

本教材注意加强人文教育，注重对世界、社会、历史、人生的理解，培养学生的参与意识、竞争意识、发展意识、未来意识、创新意识，树立正确的世界观、人生观、价值观，培养学生高尚的社会理想、道德情操、审美情趣和文化品位。同时，对学生积极主动的求知欲望、进取精神、敬业品格、顽强意志和求实作风等以潜移默化的影响。

2. 实用性强

本教材分上、下两册，按4学期240～280学时安排教学内容，每学年用一册，方便查阅。上册注重记叙、说明和议论文的学习，共选66篇文章，每单元6篇，精讲2篇，选讲2篇，自读2篇。下册注重文学作品、综述评说和实用文体的学习，共选48篇文章，综述评说、文学作品列有精讲、选讲、自读篇，实用文体选1～2篇作为例文参照指导写作。口语训练贯穿在整套教材中，上册进行基础口语训练，下册进行综合口语训练。

本教材采用同一文体为基本教学单元的编排体例，以“说”“写”为能力主线，将课文编成一有机整体，形成完整的序列，体现由浅入深、由易到难的训练特点。每个单元前设“训练目标”、“知识要点”，整体把握本单元所有课文；单元后安排“读写综合能力训练”，由思维训练、阅读训练、写作训练三项内容构成，然后推荐课外阅读篇目4～6篇。课文分三类：精讲课文、选讲课文、自读训练课文。每课前均设有“学习提示”，精讲课文前的“学习提示”，对课文内容整体进行整体把握，并留有余地；课文下有注释，课后安排“基础训练”和“能力训练”，“能力训练”由口语训练和写作训练组成，主要是针对课文内容设题，是说写能力的分解；选讲课文前的“学习提示”，内容更详细，余者与精讲课文同；“自读训练课文”前的“学习提示”，明确点明文章的内容、主旨、写法等，在文边空白处随文解说，随文设题，请学生自学解答。口语训练穿插在单元中。

本教材篇目的选择本着经典性和时代性、艺术性和科学性、多样性和实用性相结合的原则确立。有千古名篇、时文佳作，有时代前沿信息、最新科技动态，还有饱含人性关怀和自然伟力的篇目，文理结合，古今融会，中外接轨，使学生在古今文化、中外文化的对比中感悟“大语文”教育观和以人为本的教育思想。

3. 可操作性强

本教材注重基本知识和基本技能训练，重点知识在各教学单元里有汇总，易于把握，比较系统；课后训练内容有弹性，能调动学生的积极性，好完成；尤其是将口语、写作技能先分解、再整合，易于接受；调整了讲读课文的比例，适当增加实用文体的写作，与学生求职就业接轨，实用性强，易于调动学生兴趣；知识领域宽，深浅适度，发挥余地大，便于教师授课。

在上、下两册书的附录里，共收入11个内容，有“容易写错的字一览表”、“容易读错的字一览表”、“容易用错字的成语一览表”、“文面常识”、“中国古代文学概述”、“20世纪中国文学概述”、“外国文学简介”、“逻辑常识”、“古代文化常识”、“跨世纪的中国人应该读什么书”、“制造业与现代化”等。

作为一本新编教材，在此我们对广大师生使用时提出如下建议。

第一，由于课时有限，知识点众多，在教学过程中可根据课时情况灵活安排内容，将精讲、选讲和学生自读、课堂讲授和课余说写训练、文学欣赏有机结合起来。

第二，篇幅所限，教材中所选篇目较少，建议教师根据课后开具的阅读书目组织小说戏剧讨论会、诗文朗诵会、影评会等，以提高学生文学素养。还可根据教学内容安排社会调查或实地考察、设计创业方案、校园模拟、口语基本功大赛、辩论会等活动，加强对学生职业能力培养。

第三，对附录部分的内容，教师应根据专业特点和要求酌情取舍，对于有规律性、代表性的内容要重点讲授，其余内容可通过布置习题等方式予以督导。

第四，教学方法力求多样化、现代化，尽量采用多媒体教学手段，力求获得更好的教学效果。

第五，根据本课程的特点，考核以“过程控制为主，目标控制为辅”。对语文基础知识和各种能力考查应贯穿于教学始终，同时，适当检测课外阅读效果。

本书由李金平主编，主持全书的编写工作并统稿，由东北师范大学文学院傅亚庶教授主审。上册由刘士敏任主编，参加编写的有刘士敏（记叙文单元）、杨富荣（议论文单元）、肖斌（说明文单元）、王嘉姝（时文赏析和基础口语训练）、黄万碧（硬笔书法单元）；下册由郝素岭任主编，参加编写的有李金平（文学作品单元）、郝素岭（综述与评说单元和综合口语训练）、赵春芳（实用文体写作之一、二、四、五单元）、黄万碧（实用文体写作之三单元）。胡茂胜参加了本教材上册的审稿。

本教材在编写过程中，参考了各种相关教材，仅此说明，并致谢意。

由于编者水平有限，疏漏和不尽如人意之处在所难免，敬请广大师生提出宝贵意见，以便进一步修订、完善。

《语文》教材编写组

2003年5月

目录

第一单元 综述与评说读写

训练目标

1. 了解并掌握综述和评说的文体特点。

2. 学习综述的写作方法，培养归纳材料、概括材料的能力。

3. 懂得欣赏绘画和雕塑的一些基本知识，初步培养欣赏和评说这类艺术作品的基本能力。

知识要点

本单元收录综述与评说文章各两篇。

一、综述

综述是指对特定问题在特定时域内的情报资料的综合叙述，是一种记叙性的文体。从内容和范围上分，有科技综述、学术综述、会议综述、问题讨论综述等。综述的特点就体现在“综”和“述”上。“综”即纵横汇集，全面系统、广而不乱地反映所述对象的历史、现状、发展趋势以及不同方面、个例（如国家、机构、研究者）的研究情况、实际水平和不同观点等。“述”即对所选用的资料作客观的叙述或说明，编者一般述而不评，不议论、预测，也不提建议。如《谁来决定我们的性格》一文，就“述而不评”地介绍了有关性格研究这个课题的极为丰富的资料，供读者参考和借鉴。

综述的内容结构通常包括三个部分：前言、主体、结语。

前言主要概述编写综述的原因、理由、目的、意义，以及有关的背景情况等，扼要点明正文的基本内容和着眼点。如《沙尘暴还会卷土重来吗?》的前言，就概括了编写该综述的原因、历史背景，并提示了文章的主题。

主体部分一般包括既往状况、当前状况、发展趋势。主体部分的写作既可以采用按照时间顺序来安排材料的“纵写法”，也可以采用按学科或问题来组织材料的“横写法”。如《谁来决定我们的性格》一文就以“遗传的魔力”、“环境的‘青睐’”、“家庭的‘呵护’”为纲，从不同角度介绍了决定性格的各种因素；还可以采用“纵横交错”的写法。无论采用哪一种写法，一般都应在各部分的前面加上直截、简明的小标题，使读者对正文所要叙述的内容一目了然。本单元两篇综述都采用了这一方式。

结语一般简明地概述编者在综述材料的研究中所得到的结论，以及在正文中没有叙述而又必须交代的问题。如《谁来决定我们的性格》的最后一段，通过引用精神病专家的结论表明了作者的倾向：与父母趋同的选择，有时是孩子自立能力不够的表现。如果结语的内容在正文中已经包含，那么结语也可以不写。

编写综述，首先要本着“客观需要、现实可能、自我优势”的原则确定选题；然后，要为编写综述准备足够的资料。只有拥有大量系统、全面、可靠的情报资料，才能编写出

较高质量的综述。在资料搜集齐备之后，要对资料进行筛选、鉴别、分类、归纳等处理。在此基础上，才能按综述的要求着手编写文稿。综述的标题要醒目贴切，宜实不宜虚；结构要合理严谨；用语应精确、朴实、规范。

二、评说

评说，是通过分析、评价和解释、说明，激发读者对于绘画、雕塑、音乐等艺术作品的兴趣，引导他们进入艺术和美的王国。评说艺术作品，可以帮助读者认识生活、增强鉴赏能力，乃至探索某种深刻的哲理。比如《方寸之内，体百里之迥——〈清明上河图〉评析》，有助于读者认识作品所展示的宋代都城各行各业的繁荣景象和各阶层人物的生活状貌；《断臂的维纳斯》可以引导读者对雕像从形体到精神、从有限到“无限”，展开联想和思索。表现空间这些对培养读者审美能力，提高艺术素养，陶冶性格情操，都有着重要的意义。

评说艺术作品的结构形式，一般包括三个部分：开头、主体和结尾。

开头常是介绍创作的时代背景、题材、作者、创作经过以及评说的基本内容等。如《断臂的维纳斯》一文的开头部分就着重介绍了维纳斯的来历、雕像的发现、雕像的作者及收藏情况等相关内容。

主体部分通过对艺术作品的内容、形式及风格流派的具体介绍和分析，表达作者独到的审美感受和见解，达到帮助读者了解和欣赏艺术作品的目的。比如《方寸之内，体百里之迥——〈清明上河图〉评析》一文的主体部分，作者首先依次展示作品的三大段画面，从结构、内容上评价作品精湛的艺术构思与广阔的社会内容；然后，由面到点，由整体到个别，逐层评析全图场面、情节、布局、比例、笔调的特点，人物刻画和场景描写的特点，典型场面和细节描写的特点以及笔墨技法上的特色，从而高度地赞扬了这幅我国“古代现实主义的艺术杰作”。

结尾一般根据评说的需要，或总结全文、深化题旨、阐明意义，或交代艺术作品的有关内容。

要做好评说，先就要认识和了解艺术作品所属的艺术门类的基本特点，这是欣赏和评说艺术作品的前提。不同的艺术门类，如绘画、雕塑、音乐，有以下特点。

(1) 绘画是一门运用线条、色彩和形体，在纸、纺织品、木板、墙壁等平面上创造出的引起视觉感受的造型艺术。由于物质材料和技法的不同，绘画形成了不同的画种，如中国画、油画、版画等。各个画种又各具特点，如中国画讲究笔墨情趣，油画讲究笔触色彩，版画讲究刀法和“木味”等。

(2) 雕塑是一门运用物质实体塑造可视而且可触的形象给人以美感的造型艺术。由于取材上的限制，它特别强调选择最具有概括性和表现力的一瞬间的表情和形体动作，使欣赏者从静止的形象中，琢磨它的潜在内涵；在单纯与丰富的统一中，从有限见到“无限”。

(3) 音乐是一门通过乐音来反映社会生活、表达思想感情的艺术。它以生动的节奏、美妙的旋律、富丽的和声、优美的音色给人以悦耳的感觉。由于音乐的非语义性和非可视性，音乐作品的文字标题、解说等非音乐因素在音乐欣赏和评说中会发挥很大作用。

还要了解艺术作品的创作背景，选好欣赏角度，并能运用准确形象的语言，表达出评说者的独到感受，这是评说艺术作品的必备条件。

(1) 了解艺术作品的创作背景，领会它的社会意义。艺术作品都是时代的产物。比

如，如果没有北宋工商业的发展和城市集镇的繁荣，就不可能产生以世俗生活为内容的中国风俗画的杰作——《清明上河图》。如果不了解《清明上河图》的这一创作背景，也就不可能正确认识和评价这幅古代现实主义杰作的巨大成就。

（2）选好欣赏角度，表达独到感受，赋予评说以新意。比如《断臂的维纳斯》，在描述和分析艺术作品卓越的雕刻技艺和完美的艺术形象的基础上，展开联想，揭示了雕像内在的精神美，使读者的审美情趣随之升华，进入到一个崭新的、更加广阔的审美境界。

（3）运用语言要准确、形象。评说艺术作品的语言，不仅要讲究准确性，而且还要讲究形象性。评说不同门类的艺术作品还要运用相应的专门术语，运用这些名词术语要得当。

1 沙尘暴还会卷土重来[1]吗?[2]

孙化南

学习提示

谁不喜欢阳光明媚，长空如洗？又有谁愿意忍受黄沙弥漫、尘土飞扬的恶劣天气？但是近几年来，沙尘暴天气已经越来越频繁地“光顾”我们的生活，给我们带来了许多的不便和烦恼。那么，沙尘暴天气究竟是如何形成的，未来的春天里它还会卷土重来吗？本文围绕着大家关注的这些问题，从沙尘暴天气出现的条件、成因及防治沙尘暴的方法三个方面，对沙尘暴天气作了综合叙述，条理清晰而又发人深省。

阅读时着重思考：本文属于哪种类型的综述？本文在语言上有什么特点？诱发破坏生态平衡行为的根本原因是什么？

新世纪的钟声尚未敲响，2000 年 12 月 31 日在河西走廊就发生了近十几年时间最早的沙尘暴，随后在短短的一个月内又两次出现沙尘暴天气，刚刚进入 3 月，北方又是一场扬沙。过早的漫天黄尘，使人不禁想起 1999 年原本该是阳光明媚、大地回春的季节却被呛鼻迷眼、漫天飞旋的黄沙久久占据。人们不禁要问：春季是沙尘暴的高发期，以后沙尘暴还会卷土重来吗?

沙尘暴形成的原因

扬沙、浮尘和沙尘暴都是由于本地或外来地面沙尘被风吹起而造成的，都有着能见度明显下降、出现时天地混浊、一片黄色的共同特点。它们的差别在气象上是以能见度加以区分的：水平能见度在 1～10 公里的为浮尘或扬沙天气。出现浮尘天气时，风力不大的空中弥漫的是尘土、细沙，浮游在空中的沙尘多由外地而来；风力较大的扬沙天气卷起的地表沙尘是一些较大颗粒物，它们基本是本地产生的。强风把地面大量沙尘卷入空中，使空气特别混浊，水平能见度小于 1 公里的就是沙尘暴天气，它属于灾

❶［卷土重来］课文使用的是它的字面意义。一般比喻失败后集中所有力量又猛扑过来。 ❷《沙尘暴还会卷土重来吗?》、《谁来决定我们的性格》均选自《阅读一点通·自然科学文章精品阅读》（辽宁教育出版社和语文出版社，2002 年 1 月出版）。

害性天气现象，所带来的危害最为严重。沙尘暴天气会造成严重的风害、沙积害、风蚀、环境污染等灾害和许多次生❶灾害。

沙尘暴的形成要满足三个基本条件：一是要有沙源，二是要有冷空气，三是要有冷暖空气相互作用。沙源来自于沙漠、乱垦滥牧所致退化的草地、尚无任何植被的秃地以及一些违规操作的施工场地，由于缺乏相应的维护掩盖措施，致使表土裸露，旋风刮来，易形成扬尘。冷暖空气相互作用产生一种垂直的上升运动，把沙尘吹扬了起来，形成沙尘暴。如果没有沙源这个条件，后两个因素只能造成大风或降水等天气现象。专家通过对河西走廊沙尘暴的“策源地”武威、金昌等地的实地考察发现，强劲持久的大风是形成沙尘暴的驱动力，人为破坏的植被和风化的地表松散、干燥土层等沙源是造成沙尘暴的“罪魁祸首”，沙尘暴是伴随人类活动造成的生态平衡的破坏而产生的。

全球存在四大沙尘暴地区即中亚、北美、中非和澳大利亚，我国西北地区属于中亚沙尘暴高发地带的组成部分。

大自然的惩罚

沙尘暴频频肆虐，表面上是天灾，实际上更多的是人祸所致。

早在1860年至1890年，美国由于不合理地过度开发西部处女地9000万公顷，大片焚烧草原，盲目垦荒，导致发生了1934年5月震惊世界的沙尘暴。这场沙尘暴从土地破坏严重的西部刮起来，很快就发展成一条长2400公里、宽1500公里、高3公里的一个巨大黄色尘土带，连续3天，横扫了美国三分之二土地。当时大气含尘量每立方公里高达40吨，3亿多吨土壤被卷入大西洋。这一年美国毁掉耕地4500万亩，16万农民倾家荡产，逃离了西部大平原。

近几十年来，我国由于人口急剧增长，不少地方便以超垦、过牧和滥伐获取必要的生活资料。大片的树林草原被开垦成了农田，结果粮食没有打多少，反而造成了土壤盐碱化和荒废了更多的土地。草原牧场不断地被过度放牧，又不进行补偿性保护种植，大大加重了草场退化。山羊，被人们形容为“一把刀子和四把小镐”，吃过的草不仅被连根拔起，而且羊蹄踏过之处往往寸草难生。为解决薪柴问题，在丰宁坝上地区，每户农民一年大约要砍掉15亩的乔灌木，为此全县每年有100万亩乔灌木化为灰烬，相当于该县一年治理的沙地面积。

我国已有退化、沙化、碱化草地面积1.35亿公顷，约占草地

❶ ［次生］第二次生成的；间接造成的；派生的。

总面积的三分之一，并且以每年 200 万公顷的速度增加着。调查研究表明，1995 年我国北方 12 个省（区）、398 个县（旗）的 274.22 万平方公里的草地中已有 137.77 万平方公里的退化草地。重点牧区的内蒙古自治区现有退化草地 38.70 万平方公里，占可利用草地面积的 60%；新疆维吾尔自治区退化草地 30.72 万平方公里，占可利用草地的 64%。而我国退化草地面积占总草地面积比例更大的地区往往在人口密度较大的省（区）或农牧交错地区，如宁夏、陕西、山西三省区的退化草地面积占这些省（区）草地总面积的 90%～92%，甘肃、辽宁、河北等省的退化草地面积占 80%左右。据统计，我国荒漠化土地有 262 万平方公里，占我国国土面积的 27%以上，而且我国沙化土地正以平均每年 2460 平方公里的速度扩张着，相当于一年损失一个中等县的土地面积。

去年一场场席卷而来的沙尘暴频频袭击了我国北方大部分地区，短短 3 个月间我国就发生了 12 次沙尘暴，波及大半个中国，不仅袭击了西北、京津地区、华北部分地区，就连长江以南省份也受到了不同程度的影响。这是因为近年来北方地区遭遇了建国以来罕见的大旱，北方大部分地区降水稀少，地表水位下降；另外，去年气温回升比往年提前，与常年同期水平相比平均偏高1～3℃，使得冻土层解冻较早，而少有植被的干松地表，一遇到大风，浮尘就会随风而起，形成浮尘、扬尘甚至沙尘暴。这就是说，干旱、气温回升过早和人为破坏的植被和风化的地表干松土层是引起沙尘暴大规模、高频次暴发的主要原因。据卫星遥感探测和采样分析，去年影响我国东部地区的沙尘暴沙尘物质主要来源于内蒙古中西部、河北省西北部，壤质和沙质土壤共占 93.52%，与人们通常概念中沙尘物质主要来源于天然戈壁和沙漠不同。

我们痛切地看到，许许多多骤然而起的沙尘暴发生的背景竟是如此相似：人们无节制地垦荒开地，无限度地向大自然索取甚至掠夺，而不给其“休养生息”的机会，不断破坏自然生态的平衡，最终一次又一次地招致大自然无情的惩罚。

改善生态环境，防治沙尘暴

影响我国东部地区的沙尘暴的沙尘暴物质主要来源地内蒙古中部、东部，由于河北省冬季连降大雪，大雪消融，牧草生长旺盛也会遏制❶风沙，由此形成沙尘暴的可能性不大；内蒙古西部的阿拉善地区 1999 年冬降雪依然偏少，如果持续干旱，这一地区的风沙可能会影响我国东部地区。但是，无论如何，2000 年春季

❶ ［遏制］制止。

沙尘暴要比1999年温柔得多。

难道人类面对沙尘暴无能为力吗?

不，首先，我们要加强对沙尘暴天气的监测和预报工作，特别是在前期比较干旱的情况下更要重视。为此，2001年3月1日国家级的沙尘暴监测、预警、服务业务化系统开始试运行，利用气象卫星、雷达等现代化监测手段，对沙尘暴的形成、发展、输送进行跟踪观测，及时发布沙尘暴预防信息，人们可以像看天气预报一样，通过气象部门在电视、网络等媒体上的预报了解沙尘暴的状况，及时采取预防措施。

风是产生沙尘暴的动力，毫无遮掩的松土是产生沙尘暴的物质基础。对强冷空气南下这个外因，目前人类是无法改变的；而对地表状况这个内因，则可以由人类来决定。最根本的还是要改善生态环境，这不是某些人某个部门的事，也不是一朝一夕可立竿见影的事，它需要全社会共同行动起来。

如果破坏生态环境的人为灾害渐趋减少，沙尘有望在未来的春天里不再席卷我们的大地、天空。

课后训练

【基础训练】

一、沙尘暴与扬沙、浮尘天气的区别是什么?

二、造成沙尘暴的自然因素是什么?人为原因又是什么?沙尘暴会不会卷土重来?

三、给下列词语中加点的字注音。

不禁( ) 肆虐( ) 惩( )罚 罪魁( )祸首 掠( )夺 遏( )制

【能力训练】

一、列出生活中常见的10种破坏生态环境的行为，想一想为减少沙尘暴人类应该做些什么?你能具体做些什么?

二、调查生活所在地的环境状况，并就此写一份调查报告。

2　谁来决定我们的性格

许嵩玲

学习提示

你长得像父亲还是像母亲？你的性格与父母哪一方的性格更接近？毫无疑问，遗传会在我们身上留下许多印迹。但毋庸置疑，没有一个人会和他的父母在外貌和性格上毫无二致，正如世上没有两片完全相同的树叶一样，你就是独一无二的你。那么，是什么决定了我们的性格，我们的性格可以改变吗？本文从遗传、环境、家庭三个方面分析了人性格的成因，条理清晰，表述客观，既有专家学者的理论分析，也不乏真实事例的佐证，令人信服地解答了我们心中的疑问。

古往今来，或是由于遗传的作用，或是由于家庭的教育，或是由于环境的影响，或是由于所处的历史、文化和社会背景的作用，许多孩子继承了父辈的事业。像著名的音乐家利奥波德和阿马迪厄斯·莫扎特、著名的作家亚历山大·仲马父子二人、著名球星恺撒和保罗·马尔蒂尼、著名影星柯克和迈克尔·道格拉斯、英格丽·褒曼和伊莎贝拉·罗塞利尼、亨利和简·方达等都属于上述情况中的几种。不过，子承父业，不只是在名人身上才发生的事实，如很多律师的儿子是律师一样，它同样也发生在普通人身上。莫扎特曾提出过这样的问题："我的风格从何而来？它与我的音乐家父亲有关。"这表明他赞成从遗传学的角度回答这类问题。在通常情况下，我们认定某个人"像他父亲一样脾气暴躁"，或者"像他母亲一样多愁善感"，是说明了我们性格中的多大特征来自遗传。一般来说，在每个人身上或多或少、或早或晚都能够隐约地见到其性格中的某些方面相似于他父母中的一个。

开头的这个长句，在全文起什么作用？

孩子在性格上像父母的情况是不是事实，有没有普遍性和代表性？

遗传的魔力

细胞中主宰遗传的基本物质是染色体。"染色体组织是包容在细胞核内的神经组织，它是遗传性格基因的携带者，是每个人从生命孕育开始就拥有的遗传资源。"意大利都灵国立大学人类学教授埃玛·玛莎解释说："男人和女人都具有显性和隐性基因，在卵子和精子的结合过程中，其男性或女性的显性基因占据优势的一

方确定了新生婴儿的特征。这就是为什么孩子会有同父母（或者祖辈）一方相同的眼球颜色以及其他身体上酷似之处的原因。”那么，这种遗传基因是否同时也会影响到个体的心理特征呢？玛莎的回答是肯定的。

环境的“青睐”

精神病科医生和个性分析专家阿尔多·卡罗泰努托就孩子是否通过遗传继承父母一方的素质这一问题回答道：“尽管人们企图确立遗传因子在个体的心理和社会行为中的作用，但在尊重事实的基础上，我不认为孩子们肯定能够从父母中的一方继承特别的基因，只是可以推断，是某种生物素质在起作用。但不管怎样，我认为它不是决定性的因素，更有可能的是文化教育的因素。”最有理由说明这一点的就是艺术家的孩子们，他们除了继承了父母特殊的天赋外，还生活在一个相当浓厚的艺术氛围中，或许还受到他们的名人父母成功事业的影响。

艺术家的孩子也能成为艺术家，其条件可能有哪些？

除了一种遗传素质，环境对个性的发展起着极其重要的作用。比萨大学讲师、精神病学家乔瓦尼·卡萨诺说：“尽管在这方面的研究还十分落后，但也进行了一些探索。”比如美国哈佛大学完成的一些研究显示：儿童大概从两岁开始就在自制力、易感性和外向性格方面有了差别，他们在对父母的科学心理测试中，证实了父母和孩子之间的某些相似性，也可以断定存在着某种遗传因素，不过这种断定只能在下列情况下：即如果这种遗传因素紧密地同孩子存在的环境相关联，如果他的出生易受遗传影响，如果他生活在他的家庭这样的特定环境中。为了证明这个论点，通过实验证明了精神障碍是有遗传性的，但是这种遗传性只有与特定的环境发生联系时才能显示出来。

家庭的“呵护”

性格表现的各个方面和遗传相关联，“只能是在性格和家庭环境有紧密联系的情况下才能看到。”卡萨诺补充道，“环境实际上能使人的行为方式发生逐渐地变化，两者是一种趋向的关系。正如若能遗传音乐家父母的艺术气质，也就能够遗传像害羞、神经质、快乐这些在家庭中表现出的个性气质，从而就体现出父母与孩子个性的相似性。从另一方来讲，如果环境对个性的形成是一个重要方面，那么个体对环境刺激的反应也同样重要。在这方面不同的人存在着很大的区别，同样的家庭成员亦存在较大的差异。”但是有时候，如果家庭过度“引导”孩子向父母一方的职业

这里强调的是外在环境对基因遗传的控制作用。

孩子为什么会像父亲或母亲？

发展，奢望孩子做出本不属于他们所喜欢的事业的选择，以至形成一种病态的控制欲，那就会造成孩子们极端的逆反心理。“在这种情况下”，卡罗泰努托提出，“孩子们的拒绝就是天经地义的。每个人应该选择自己的道路，家长的帮助不应更多地在内容上做努力，而应该在方法上给予指导，教他们根据自己的爱好选择职业。”

过分干预，反而会导致孩子的逆反心理，家长应把握好引导与尊重的尺度。

年轻人自己决定选择从事父母职业的情况也很普遍。也许进行这种选择是由于他们面临的是父母已为之铺好的道路。但是卡罗泰努托认为：“通常类似的选择显示出他们从心理上没有能力同其父母一方的身体区别开来。所以不得不把自己同父母的一方视为一体，尽管他们并不赞成以其父母的一方作为学习的典范。”

趋同的选择，有时是孩子自立能力不够的表现。

总之，精神病专家得出的结论是：“选择步‘名门望族’事业的后尘，只是由于害怕不为人知或是惧怕攀登成功的巅峰。从构筑自我个性的角度看，这是一个严重的错误。因为这样除了得到遗传资源外，如果不把自己的力量付诸考验，那么当面对一些极其复杂的未知领域时，将永远不会了解自己是什么样的人，自身的价值在哪里。”

作者这番话的倾向性是什么？你对这个问题持怎样的看法？

3 方寸之内，体百里之迥[1]

——《清明上河图》评析

王心棋

学习提示

《清明上河图》是一幅中国风俗画。中国画历来讲究“以形写神”、神形兼备；风俗画一般则是以社会生活为题材，反映某一时代的人物、社会、环境、风土人情的绘画。课文紧紧抓住这两个特点，对《清明上河图》作了既全面、深入又条理清晰的评析，重点突出，引人入胜。文章首先简要介绍了画作产生的时代、题材和作者，然后着重评介了画作的布局结构特点和在艺术上的多方面成就，最后对这幅名画幸免于难，得以保存至今作了概略的说明。阅读时，应了解和领会作者是怎样从总体上次第分明、形象生动地介绍画面内容的，仔细体会文中主要评析的是画作哪些方面的成就。

宋初以来，随着工商业的发展，出现了城市集镇的繁荣，逐渐形成了市民阶层。经济的发展，促使文艺产生相应的变革，迎合小生产者意趣的通俗文艺蓬勃兴起。在绘画领域，突出的标志是出现了以世俗生活为中心内容的风俗画，佳作层出，影响非凡。其中，最杰出、最具有代表性的作品，就是张择端[2]的《清明上河图》。

《清明上河图》是一帧高 24.8 厘米，横 528 厘米的绢本设色长卷。因为画中所描绘的是北宋都城汴梁（今开封）和汴河两岸清明时节的世俗人事，故名。画家张择端，年轻时曾游学于汴京，对这里的风土人情深有所知，他习画后，又嗜作舟车、市桥和城郭之属，所以画中的人和物虽为数繁多，仍被他描写得意态生动，毫发无憾，不愧为稀世珍品。

《清明上河图》规模宏大，结构严谨。从总体来看，它可以分为郊野、汴河和街市三大段。首段描写城郊农村清明时节的田野景色：疏林薄雾掩映着农舍酒家、阡陌纵横，田亩井然，农民正耕作于田间；几匹驮炭的毛驴缓行于绿荫深处；村头大道上，一队人员肩挑背负，护拥着一骑马者和一乘轿者，轿顶上还插满了

[1] 选自《中国美术名作欣赏》（上海人民出版社，1988 年 5 月出版）。略有改动。 [2]［张择端］北宋画家，东武（今山东诸城）人。徽宗时供职翰林书画院。

杨柳杂花，似名门豪富踏青❶扫墓归来，正匆匆地向城内进发。通过环境和人物的点染，对时间、地点和习俗，作了简明的交代，为全图展开了序幕。中段以拱桥为中心，描绘了汴河两岸繁华而又闲适的景象。这个临近京城的水陆码头，有一座巨大的拱桥横跨两岸。这座结构新颖，形式优美，“以巨木虚架，饰以丹雘❷，宛如飞虹”的拱桥，也有人称它为“虹桥”，成了本段画面的主体。此处，陆上车马喧阗，河中舳舻❸相接，人声鼎沸，热闹非凡，呈现出“最盛节日”里，“都城人出郊”“拜扫新坟”，“四野如市”的盛况（宋孟元老《东京梦华录》）。而拱桥的南端，新柳吐絮，屋宇错落，临河的酒楼茶肆里，游客们或闲谈于席间，或凭眺于窗台，洋溢着一种闹中取静的闲暇意趣。无疑，这一段是全图的中心点。后段描写汴梁街市的实况，这个宋代政治、经济和文化的中心城市，官府之衙，市廛之居，商铺店坊，鳞次栉比，甚是可观。至于人马喧嚣，车轿穿梭的热闹场面，更得到了生动细致的表现，绘声绘色地跃然绢素。正是这番形形色色、熙熙攘攘、百货俱陈、百态俱备的情景，把北宋末期工商业发达的面貌，以及隐藏在这种繁华景象背后的那种有闲者酒楼欢宴，劳苦者辛勤操作的贫富差别，表现得淋漓尽致。《清明上河图》通过由上述三段内容所组成的统一画面，从商业、交通、漕运❹、建筑等几个具有代表性的角度，集中地再现了12世纪我国都市社会的生活面貌，反映了那个历史时期的政治、经济、文化和社会风俗习尚，从而构成了一件内容极为丰富、完整的艺术品，为后人研究宋代绘画，考据宋代社会，提供了一件具有综合性价值的形象化资料。

《清明上河图》作为古代现实主义的艺术杰作，在艺术技巧上所取得的成就是多方面的。全图从远郊河野一直写到城郭街市，场面虽然繁复，中心环节却很突出。情节连绵不断，有移步易景的清新境界，却无割裂纷乱的松散形迹。楼台树木横列于近处，河道原野延伸至天边，既可鸟瞰繁华热闹的街市，又能极目幽静广阔的乡间，成功地设置了“全方位”的立体布局。大则楼船人马，小则器皿花鸟，比划相准，轻重均衡。笔调朴素平实，无丝毫呆板滞硬。总之，整个画面人和物的远近、疏密、动静、繁简，都通过画家的传神之笔，被运筹得周密妥帖，准确别致，具有长而不冗，繁而不杂，紧凑严密，起伏有节的艺术节奏感，充满了“方寸之内，体百里之迥”的宏伟气派，显示了画家在运思立意过程中，概括生活和炼取素材的高度艺术才能，以及在章法和透视

---

❶［踏青］春天到郊野游览。旧时以清明为踏青节。❷［丹雘（huò）］红色颜料。雘，赤石脂之类，古代用作颜料。❸［舳（zhú）舻（lú）］指首尾衔接的船只。舳，船尾。舻，船头。❹［漕（cáo）运］本意指水路运输，后专指中国历代政府将所征粮食解往京师或其他指定地点的运输（主要指水运，间或有部分陆运）。漕，水道运粮。

处理上，不受固定视点限制，充分运用“散点透视”的娴熟技艺。尤其是在人物刻画和景物描写方面，本图达到了神形毕肖、生动准确的艺术效果。全图共画了仕、农、商、医、卜、僧、道、胥吏、妇女、篙师、缆夫等不同阶层的人物550余位，他们有赶集的，有买卖的，有闲逛的，有饮酒的，有聚谈的，有推舟的，有乘轿的，有骑马的，等等，神情各异、姿色不同。另外，还画了驴、马、牛、骡、骆驼等各类牧畜五六十匹，不同类型的车轿20余件，大小船只20余艘，楼屋农舍30余幢。无论是写人状物，都求一丝不苟于浩大篇幅之中，使每个人物，每个细节，每种物象，都合乎生活规律。特别是对桥头闹市那种沸腾场面的描写，画家摒弃了一般的写生手法，以选取典型事例的概描绘来实现。请看桥面上的那番情景：一位官员骑马从北端过桥，走到桥面的顶段，适巧和一顶由南端上桥的轿子相遇。这一意外的狭路相逢，迫使骑者的一位随从迅速勒住了缰绳，而另一随从急忙伸手招呼行人回避，那匹大马则被这一“急刹车”弄得进退两难，无所适从。轿夫们由于一时惊慌，虽奋力支撑，却乱了阵脚。这时，狭窄而又拥挤的桥面上，出现了“交通阻塞”。这种场面描写，不仅突出地表现了拱桥上下的热闹情景，而且丰富了画面的情节性意趣，令人爱看。画大场面如此生动，画小细节也不逊色。例如那位拉着车子从桥上下行的农民，由于下坡的惯性力作用，车子飞速下滑，这使他不得不用力把着车杆，弯腰弓背，叉开两腿，以保持独轮车的平衡。那头毛驴则无需着力了，它拖着松弛的绳套，扭头歪脑，漫不经心，似乎想趁机觅捡一草片叶的食物。可以想象，这种真实感人的场面和细节描写，倘若不是对生活现象观察得细致入微，理解得深入透彻，是难以奏效的。这正是这件艺术品历久不衰的基础。除此以外，本图在笔墨技法上，兼取了“界画”❶工致准确和“写意画”❷淋漓活泼的长处，以工带写，以写润工，使其具备典雅堂皇、神韵毕肖的特色，形成了与画坛大家王诜、郭熙、李唐等异样的风格，别成家数，自具面貌，也甚为时人所重。

最后，特别值得一提的是《清明上河图》和不少古代名画一样，有着辗转流传，幸免于难的命运。从画面上张著、杨准、刘汉、李祁、吴宽、陆完、李东阳、张公药、王磵、张世积、冯保等各家的题诗和跋，以及累累的鉴藏印来看，说明本图自宋以来，经历了不少公私鉴藏家之手。大约在清仁宗嘉庆四年（1799年）流入清宫内府。1911年，溥仪将此图运到天津。伪满洲国成立，

---

❶［界画］中国画画种之一。指以宫室、楼台、屋宇等建筑物为题材，而以界笔直尺划线的绘画。❷［写意画］是中国画中属于放纵一类的绘画，与“工笔画”相对。要求通过简练的笔墨，画出物象的形神，表达作者的感情。

这幅名画又被带到长春的伪宫。抗战胜利，溥仪想把这件珍品带走，因来不及，被弃之于机场，幸被我人民解放军所获。从此以后，这件历经沧桑的艺术珍宝才归于人民。现由故宫博物院珍藏，每岁陈列，既赐观者眼福，又供学者参研，发挥了它应有的作用。

课后训练

【基础训练】

一、评析画作要用准确、形象的语言唤起读者对画面内容的视觉感受。《清明上河图》的画面是由哪几段相互连贯的场景统一组成的？作者对这几段场景是怎样作生动描述和精当评析的？

二、《清明上河图》在绘画技巧方面的成就是多方面的。文中是从哪些方面来分析其艺术成就的？

三、给下列词语中加点的字注音。

一帧（　　）　汴（　　）梁　喧阗（　　）　凭眺（　　）　鳞次栉（　　）比　逊（　　）色　鸟瞰（　　）　一幢（　　）　摒（　　）弃　神形毕肖（　　）

【能力训练】

一、画评主要运用描写和议论的表达方式来评说作品的思想内容和艺术成就。试结合课文举例说明。

二、选择一幅你最喜欢的画作或照片，仔细观赏后，进行口头评说，表达自己的审美感受。

4 断臂的维纳斯[1]

李钟淮

学习提示

这是一篇评说雕塑作品的文章。雕塑是用物质实体塑造可视而且可触的形象，给人以审美感受的一门艺术。文章首先概述希腊神话中的维纳斯女神和“断臂的维纳斯”的发现、收藏及享誉世界的情况；然后从雕刻技巧、艺术形象、诗意和魅力四方面对维纳斯雕像作了全面评析，这是本文的重点；最后交代古希腊艺术家的创作风格及维纳斯雕像的创作年代。由于雕像具有空间的具体性和以静示动的特点，欣赏者可以从不同的角度和距离进行观赏，再通过从形体到精神，从有限到“无限”的联想，来评析其丰富内容。阅读时要注意思考作者是从哪些角度对雕塑进行整体和局部的描述的，作者又是怎样联想和评论的。

“断臂的维纳斯”又名“米洛斯的阿芙罗蒂德”，是一件有名的古代希腊大理石女神雕像杰作。阿芙罗蒂德是希腊神话中爱与美的女神。由于她相当于罗马神话中的女神维纳斯，所以自罗马以后，一般把美神通称为维纳斯了。据希腊神话说，维纳斯诞生在蔚蓝色的地中海中，并以美丽著称于世。她掌管着人类的爱情、婚姻、生育和一切动植物的生长与繁殖。关于维纳斯的故事很多，自古希腊以后欧洲的文学艺术作品常常以她为创作题材。

这座雕像是1820年在希腊本土和克里特岛中间的米洛斯岛上一个山洞里，被当时耕地的一个农夫偶然发现的。因此冠以该岛的名字称呼。发掘时，雕像在腰部断开，分置两处，从雕像断面得知，雕像是用上下两块石料雕成的，两臂残缺失落不见，所以又称为“断臂的维纳斯”。像高2.04米，作者可能是古希腊雕刻家亚历山大罗斯，现收藏在法国巴黎卢浮宫博物馆，并奉为该馆的镇馆之宝，列为首席艺术珍品。

据说，这座举世闻名的艺术珍宝，几经辗转运到法国之后，使法国上下感到无比骄傲和自豪，很多人都激动得喜泪交流。百余年来她曾吸引着世界各地的旅游者前来参观、瞻仰，他们都认

[1] 选自《青年审美手册》（辽宁人民出版社，1988年7月出版）。稍有改动。

为能看到美神的雕像是一生的荣幸。这一雕像，一向被人们看作是西方女性美的典型，并受到狂热的赞美。妇女们曾竞相效仿女神的身姿和发型，所谓“维纳斯姿态”曾在社交界和上流社会的妇女中盛行多时。

米洛斯的维纳斯雕像是希腊划时代的一件不寻常的杰作，在古代西方艺术史中占有重要的地位。它以卓越的雕刻技巧、完美的艺术形象、高度的诗意和巨大的魅力获得了观众的赞赏。在当时众多的维纳斯女神中，大都首先强调的是感官上的美，而米洛斯的维纳斯，却把它提高到古典理想美的高度，使形象具有一种崇高的内在精神美感。它继承了古典时期雕刻家的传统艺术手法，赋予作品以新的生命力，创造出与传统有联系而又有新的特色的形象。纵观全像，美神被雕刻成半裸体立像，腿部用生动的富有表现力的衣褶遮住，裸露的上半身与着衣的下半身形成强烈的对照。由于雕像下半身采取着衣处理，使下部显得厚重而稳定，并使整个雕像具有一种纪念碑般的崇高感。上身裸体，雕刻得异常精美，惟妙惟肖，栩栩如生，似乎可以感到皮肤下筋脉的跳动，血液的循环。美神的整个体态、动势，处理得也别具一格，独具匠心。整个体态采取螺旋状的上升转向，显得富于变化；她的表情自然大方，不卑不亢，充满了内心的喜悦而毫无矫揉造作之感。她的美在于单纯、恬静、典雅、庄重；她的崇高在于心灵的平静和体态的健康。由于雕像的体态处理得异常微妙，各部之间相互呼应，起伏变化富有音乐的节奏感，所以都给人以美的享受。尤其令人惊奇的是，女神尽管双臂残失，却使人感到并没有损伤她的完美，反而给人以丰富的艺术想象力。虽然后来许多人曾想为她恢复双臂，但都在这一原作面前黯然失色。长期以来，这座杰作以其耐人寻味的诗意和难以捉摸的含蓄美而给人以无限的启迪。

在古代希腊，艺术家把神想象得和人一样，不仅形象外貌一样，而且和人一样具有同样的精神和思想。因此，许多神的形象都是按照真实的人来塑造的。他们崇拜的是神祇，实际上是通过典型完美的艺术形象，对人的力量和美德进行肯定与歌颂。米洛斯美神雕像体现了两千多年前希腊人的审美观：他们力求外在美和精神美的统一。丰腴饱满的体态和端庄大方的容貌，体现着青春、健美和充沛的生命力，体现着内在的教养和美德。

关于这件雕像的创作年代，历来学者们争论不休。一般说来，根据基座上的铭文判断，可认为是希腊化时期（公元前二世纪前后）的一件代表性作品。

课后训练

【基础训练】

一、解释下列词语。

独具匠心　神祇　不卑不亢　矫揉造作　丰腴

二、文中开头三个自然段和最后一个自然段，在文章中有什么作用？

三、评说雕塑作品的文章在内容方面要求更集中、更概括，使欣赏者从有限中见到“无限”。课文是从哪些方面来描述和评析维纳斯雕像的？是怎样揭示雕像的外在形体美和内在精神美的？

四、评说雕塑主要运用描写、议论等表达方式。分析课文第四段，指出哪些地方是描写，哪些地方是议论。说说这样的描写和议论起到了什么样的表达效果。

【能力训练】

一、下面一段话中空白处应填入的最恰当的一组词语是（　　）。

因此，对我来说，______复原米洛斯的维纳斯那两条已经丢失了的胳膊的方案，我只能认为全是些倒人胃口的方案，全是些奇谈怪论。______那些方案对丧失了的原形是做过客观推定的，______，为复原所做的一切尝试，都是顺理成章的。我只不过是自找烦恼而已。______，人们对丧失了的东西已经有过一次发自内心的感动之后，恐怕再也不会被以前的、尚未丧失的往昔所打动了吧。

A. 对于　　当然　　因此　　因为

B. 关于　　可是　　因此　　然而

C. 对于　　可是　　所以　　因为

D. 关于　　当然　　所以　　然而

二、在我们生活的周围，如公园、广场，经常能看到雕塑作品，利用休息时间去看一看，然后在老师指导下进行评说。

【思维训练】

一、通过本单元两篇综述课文的学习，你对综述文章的格式、特点、材料安排和表达方式等方面有怎样的认识？两篇课文分别属于什么类型的综述？

二、学了《方寸之内，体百里之迥》和《断臂的维纳斯》之后，你对绘画和雕塑作品的特点有什么认识？在评说这些艺术作品时应注意些什么问题？

【阅读训练】

一、下列各组词语中，没有错别字的一组是（　　）。

A. 提炼　借鉴　枭雄　赫赫有名　　B. 延伸　箴言　殒落　凤毛麟角

C. 逼真　赘疣　倾轧　位置相唳　　D. 纯萃　辩证　揣摹　虚实相生

二、下列横线上所填的词语，恰当的一组是（　　）。

1. 中国舞台的表演方式是有独创性的，……这种艺术表现方式又是和中国独特的绘画艺术________的。

2. 反映这艺术发展的美学思想是独创的宝贵财产，值得我们结合艺术的实践来深入地理解和________。

3. 中国的绘画、戏剧和中国另一种特殊的艺术——书法，具有共同的特点，这就是它们里面都________着舞蹈精神。

A. 相同　吸取　贯穿　　B. 相通　汲取　贯穿

C. 相同　汲取　贯串　　D. 相通　吸取　贯串

三、依次填入下列横线处的语句，与上下文衔接最恰当的一项是（　　）。

春天，为我们的心灵提供了能享受的一切，轻松地解除了心头的焦虑和感情上的纷扰，________________从大自然的微笑中，显露出来。

1. 充满了闲适欢愉

2. 感受到了闲适欢愉

3. 田野将是一片新绿，飘逸着令人沉醉的馨香，到处倾泻着春天的歌

4. 田野将是一片新绿，飘逸着春天的歌，到处倾泻着令人沉醉的馨香

5. 大地整个一副快乐的神态

6. 整个大地一副快乐的神态

A. 1. 4. 5.　　B. 2. 3. 6.　　C. 1. 4. 6.　　D. 2. 3. 5.

四、阅读下文，完成文后各题。

林风眠是中国第一个自觉地把中国古典表现主义绘画与西方表现主义绘画结合并取得巨大成就的艺术家。形象地说，他借用艺术上的双刃剑，打下了“改造”与“消化”两座擂台。在艺术革新的实践

中，他使西方现代艺术观点与中国艺术思想产生了新的价值。

与黄宾虹、齐白石、张大千不同，林风眠是从西洋的角度进入中国画的，这与他在法国的长期艺术活动有最直接的关系。他早在青年时期就比较深刻地领悟了西方艺术和西方艺术家的精神，在这个立场上，他回眸祖国艺苑，才有了值得骄傲的发现。但，他不因此而满足，他立志于“调和中西艺术”，其主旋律至今仍是昂扬的，富有生命力的。

他曾很精彩地指出：艺术之构成，是由人类情绪之冲动，而需要一个相当形式表现之。他认为，东西艺术之所以应当沟通、应当调和，便是这个缘故。当然这与他另一个敏锐地发现分不开：西方艺术形式之构成，倾于客观一方面，常因形似过于发达，而缺少情绪表现；东方艺术形式之构成，倾于主观一方面，常因形似不被重视，反不能表现情绪之需求。东、西艺术调和，可扬其长而共享，其通病亦便得到治疗。他，找到了东西艺术相通的桥梁。

在绘画语言的研究、实践、革新中，林风眠从未偏执于一方。他重视和喜爱水墨线条色彩在宣纸上的丰富写意效果，并把这些包容到他酷爱的现代派色彩表现之中，把水墨韵味变为水色韵味、墨色韵味——在整体的大色块对比中，现其微妙层次，尝试西方艺术的音乐感于地方艺术的诗情的融合。林风眠作品的线条常常是潇洒、柔婉、情意绵绵的，但整体看来，既有西方野兽派的味道，又有民间的情致。他总是把审美层次定在天真稚拙的基点上，他决不追求东、西都讨厌的匠气，尽管那更容易与商品、建筑物联姻。这样，林风眠又找到了东、西艺术相通的另一座桥梁。

［注］野兽派：法国现代画派之一，追求形象夸张、色彩对比强烈的绘画效果。

1. 第一段中“形象地说，他用艺术上的双刃剑，打下了‘改造’与‘消化’两座擂台”这句话的含义是（　　）。

A. 东、西现代艺术调和，可各扬其长而共享，其通病亦得到治疗，实现合二为一。

B. 西方现代艺术观点改造中国艺术，中国艺术思想消化西方现代艺术。

C. 林风眠自觉地把中国古典表现主义绘画与西方表现主义绘画结合并取得巨大成就。

D. 与黄宾虹、齐白石、张大千不同，林风眠是从西洋的角度进入中国画的。

2. 第二段中说林风眠有了“值得骄傲的发现”，“发现”的内容指的是（　　）。

A. 中国艺术的精华与欠缺。

B. 东方艺术形式与构成，倾于主观一方面，常因形似不被重视，反不能表达情绪之需求。

C. 西方艺术形式之构成，倾于客观一方面，常因形似过于发达，而缺少情绪之表现。

D. 林风眠早在青年时期就领悟到西方艺术和西方艺术家的精神，其作品主旋律至今仍是昂扬的，富有生命力的。

3. 属于林风眠立志于“调和中西艺术”目的的一项是（　　）。

A. 引进高雅的西方艺术，使之取代东方落后的艺术。

B. 使东方艺术的审美层次不断提高，超过西方艺术。

C. 使艺术与商品、建筑物联姻。

D. 吸取西方艺术的精华，革新中国艺术，使中国艺术更完美。

4. 下列说法，不符合原文意思的两项是（　　）。

A. 深刻领悟西方艺术观点是林风眠进行艺术革新的重要条件。

B. 从某种意义上说，艺术是表现人类情绪冲动的一种形式。

C. 林风眠是站在西方艺术的立场上改造中国绘画艺术的。

D. 商品、建筑物中的绘画因素充斥着令人讨厌的“匠气”。

E. 林风眠研究中国民间情致，也追求形象夸张、色彩对比强烈的绘画效果。

【写作训练】

一、各类课本中有不少鲁迅作品，可以把这些篇目按体裁分类，每类中再以写作年代先后为序排列。在每个篇目后作简明的内容提要，介绍这篇作品的写作年代、写作意图和主要内容，还可以注明它收录在什么集子中。另外，课本中还收录其他一些人写鲁迅的文章，也可以作内容提要。在此基础上，对语文课本选入鲁迅作品的情况作一个综述。

二、下面是关于小提琴协奏曲《梁山伯与祝英台》“投坟化蝶”部分的两段评说，找来这首曲子，对照评说感受音乐。

突然，乐队奏出了激昂的节奏，音乐急转直下。独奏小提琴奏出了强烈的类似戏曲中“哭腔”的音调，表现英台在得知山伯不幸病逝的噩耗后，悲愤欲绝的场面。她扑倒在山伯的新坟前，呼天抢地，肝胆俱裂……这里，作者有意识地借鉴了京剧的“导板”和越剧的“嚣板”这两种板式，独奏小提琴与乐队形成紧拉慢唱式的结合，这种手法在戏曲中最适于表现人物内心的强烈感情。音乐发展到这里，达到了强烈的戏剧性效果。最后，独奏小提琴高奏出凄绝的一句，板鼓“撕边”的密集敲击和大锣、钹、定音鼓沉重的最后一击，使音乐达到了全曲的高潮，描绘出英台在悲愤的控诉后纵身投坟的悲剧场面。随后引出乐队全奏。悲愤的音调，是对黑暗封建势力的强烈控诉，同时又寄托着对梁祝不幸结局的深切同情……

…………

乐曲的第三部分是再现部。一开始又出现了长笛动人的吹奏，竖琴以充满幻想色彩的琶音应和着，仿佛把人们带进一个幻想的神仙般的美丽境界之中。随后，加弱音器的第一小提琴声部柔美地再现了主部主题。在加弱音器的弦乐和竖琴、黑管组成的迷蒙的背景上，它显得更加美丽迷人。接着，这一主题在独奏小提琴上重现，钢片琴在音色清澈晶莹的高音区奏出色彩绚丽的华彩乐句，仿佛是化为彩蝶的梁山伯和祝英台在蔚蓝的天空中双双起舞，自由飞翔。最后，乐队以深沉的感情全奏主部主题，抒发着后人对梁祝悲剧的无比同情和对他们纯真感情的热烈歌颂。

1. 你能对照评说，听出对应的乐段吗？

2. 选择你最喜欢的一段试着评说。

课外阅读篇目

1. 李湘洲《发展中的新材料技术》
2. 吴组缃《我国古代小说的发展及其规律》
3. 钱三强《科技百年》
4. 王林《信息高速公路：中国怎么办》
5. 柴本尧 周瑞康《琴弦上的梁祝悲歌》

第二单元 文学作品欣赏（一）

训练目标

1. 了解中国古典诗词、现当代诗歌和外国诗歌的性质、分类、特点。
2. 掌握阅读和赏析诗词的一般方法，进行诗词欣赏。
3. 提高诗词的诵读能力、情意的领悟能力、意境的品评能力和语言的分析能力。

知识要点

诗歌是最早产生的文学样式。早期诗歌与音乐、舞蹈相互融合，后来独立，自成一体。在中国古代诗和歌有别，诗供朗诵，歌供吟唱，现代诗和歌统称为诗歌。

一、诗歌的分类

诗歌，从表现手法上可分为抒情诗、叙事诗、哲理诗；从形式上可分为格律诗、自由诗、散文诗、阶梯诗等；从韵律上可分为有韵诗和无韵诗；从题材上可分为田园诗、山水诗、咏物诗、寓言诗、乡土诗、政治诗、爱情诗、打油诗、儿歌等。中国诗歌又可分为旧诗和新诗，旧诗包括古体诗和近体诗；新诗指“五四”以来主要用白话创作的新体诗歌，其形式自由，韵律灵活，追求内在的自然规律与节奏，强调潜在的音乐感。

二、诗歌的特点

1. 诗歌的语言精练、准确

各类文学作品的语言都要求简练、准确，而诗歌则高度集中地反映社会生活，受篇幅的限制，必须用最少的语言表现丰富的内容。“十六字令”就只有 16 个字，“五言绝句”也只有 4 句共 20 个字。

2. 诗歌具有鲜明、感人的形象

写诗要运用形象思维，诗人要表达的思想内容，不是用抽象的语言直白地说出来，而是通过生动的形象来表现的，这是诗歌艺术最主要的特点。

3. 抒情是诗歌的本质属性

诗歌与抒情有一种天然的联系，无论是古典诗歌或是现代诗歌都离不开抒情。郭小川说：“诗要有感情，没有感情，就没有诗。”英国浪漫主义诗人华兹华斯也说：“一切好诗都是强烈感情的自然流露”。优秀的诗篇，总是饱含着真挚而浓烈的感情，抒情诗自不用说，即使是叙事诗，感情也是浓郁的。白居易的《琵琶行》，句句是情，吟之感人肺腑；汉乐府民歌《孔雀东南飞》，哀婉动人，读后令人泣下。

4. 和谐的韵律、鲜明的节奏构成诗歌的音乐美

旧体诗很讲究韵律，尤其是律诗和词，用韵有严格的规定。新诗虽无一定的押韵格式，但也要大体押韵，读起来上口。诗不仅押韵，而且讲究节奏，讲究音调的高低、轻重、长短、停顿和间歇，这种节律使诗句抑扬顿挫，富有音乐美。

5. 诗歌结构上具有跳跃性

由于高度凝练的语言与丰富大胆的想象和跌宕起伏的情感相结合，使得诗歌所表达的内容难以按日常经验的逻辑按部就班地展开。在诗歌中，结构所遵循的是情感与想象的逻辑，常常省略掉语言中的过渡、转折和联系交代的词语，甚至打破语法规则，以求满足情感和想象飞跃变化的需要。例如臧克家的诗歌《三代》中“孩子/在土里洗澡；爸爸/在土里流汗；爷爷/在土里埋葬。”三个急剧跳跃的诗句，概括了旧中国农民共同的生活道路和悲惨结局。

三、怎样欣赏诗歌

1. 感受节奏美和音乐美

诗歌一般分行排列，节奏鲜明，音调铿锵，讲究押韵。分行排列应该说是诗歌最基本的形式特征，也是最简单的辨识标记；讲究节奏、押韵是为了朗朗上口，容易记忆，而且还能够给人一种音乐美的享受。如雷抒雁的诗歌《信仰》：“在敌人面前/它/是枪！在饥饿面前/它/是粮！在严冬面前/它/是火！在黑暗面前/它/是光!”它表现了经过严寒的诗人在迎来了春天以后所具有的激情。诗人的感受十分真实和独特，它来源于严峻的生活，又代表了人民的心声。诗句明快有力，排列整齐，韵脚和谐，给人以一种美的享受。

2. 体验强烈的抒情性、浓缩的社会生活

从总体上来说，诗歌的抒情性在文学体裁中是最强烈的。诗歌可以通过几个画面来再现生活的全貌，用一滴水来再现整个世界，它对社会生活的艺术体现得最集中、最精练、最概括，没有一种文学样式能够像诗歌那样对生活进行如此高度的压缩，而且还能再现生活的底蕴。如诗人余光中在诗歌《乡愁》中，只运用了四个象征性的意象，就表现了几十年情感发展轨迹和乡愁的丰富内涵。

3. 进入诗歌的意境，领略作者丰富的艺术想象

意境包括“意”和“境”两个方面。“意”是诗中表达的思想感情，“境”是诗中描绘的具体景物和生活画面，意与境合，就形成了意境。优美的意境总是景中有情，情中有景的。王维的《山居秋暝》篇幅虽短小，但诗中清新幽美的自然景色，绘声绘色的人物情状，按照舒缓而明快的节奏律动着，和谐地融为一体，生意盎然，情趣无穷，构成了令人神往的独特意境。诗歌还充满作者浓烈的情感和丰富的想象力，这种想象比起小说来还要丰富和夸张。只有通过大胆的艺术想象，作者的浓烈情感才能够表现出来，如诗人商禽的《长颈鹿》：那个年轻的狱卒发觉囚犯们每次体格检查时身长的逐月增加都是在脖子之后，他报告典狱长说：“长官，窗子太高了!”而他得到的回答是：“不，他们瞻望岁月。”仁慈的青年狱卒，不识岁月的容颜，不知岁月的籍贯，不明岁月的行踪；乃夜夜往动物园中，到长颈鹿栏下，去逡巡，去守候。诗中用脖子的变长来表现囚犯丧失自由后度日如年、焦急而痛苦的心情，内蕴丰富，立意入木三分。用长颈鹿的形象来作为囚犯的隐喻，更让人回味再三。

4. 品味诗歌语言的神韵和独特的艺术手法

诗歌语言凝练、形象、含蓄，是一种加强形式的语言，其凝练就像自然界中的“铀矿”一样。诗歌还经常采用赋、比、兴等艺术手法，这在《诗经》中十分常见。

5 古诗一组

学习提示

这里选的三首古诗，是《诗经》和汉、魏时的名作。

《诗经》是我国古代最早的诗歌总集，是我国古典现实主义诗歌的源头。共收入从西周初期到春秋中期（即公元前11世纪到前6世纪）约500年间的诗歌305篇（另有6篇有目无辞），分为《风》《雅》《颂》三部分。《诗经》题材广泛，反映了从西周到东周一系列重大的政治历史事件，不少篇章表现了青年男女的爱情与婚姻的悲喜剧，是我国古代社会一部宏伟的历史画卷，具有很高的文学价值，从整体来看也可以说是华夏民族的史诗。《诗经》的句式以四言为主，间以杂言，艺术手法多用赋、比、兴，语言朴实优美，韵律和谐悦耳，不少篇章至今仍脍炙人口。

《蒹葭》选自《诗经·秦风》，是一首历来备受赞赏的抒情诗。全诗表现了主人公对“伊人”的真诚向往、执著追求以及追求不得而失望、惆怅的心情。全诗三章，借景起兴，意境朦胧，幻象迷离，引人遐思。

《孔雀东南飞》是至今保存下来的最早的一首长篇叙事诗，也是古乐府民歌的代表作之一，与北朝的《木兰辞》并称“乐府双璧”。“乐府”原是汉武帝时开始设立的采诗配乐的官署，后来把乐府官署所采集、创作的歌辞统称为“乐府诗”或简称“乐府”；后世也把魏晋至唐代可以入乐的诗歌和后人仿效乐府古题的作品称为“乐府”。长诗通过焦仲卿夫妇的爱情悲剧，反映了在封建势力压迫下青年男女的不幸遭遇和他们宁死不屈的反抗精神。诗中故事情节清楚完整，场面描写细致逼真，而且通过具体的对话和行动，成功地塑造了几个性格鲜明的人物形象。结尾浪漫主义的手法，具有浓郁的民歌特色。

《短歌行》为曹操所作。作者在诗中慨叹时光流逝、功业未就，抒写渴望招贤纳才的急切心情，表现了作者积极进取的精神和要求建功立业的强烈愿望，格调激昂，感情丰富。诗中用典贴切自然，比喻新鲜、生动，使抒情更富于形象性。

蒹　葭❶

蒹葭苍苍❷，白露为霜❸。所谓伊人❹，在水一方❺。
溯洄从之❻，道阻且长。溯游❼从之，宛❽在水中央。

---

❶ 选自《诗经·秦风》。秦风，秦国（今陕西一带）的民歌。蒹（jiān）葭（jiā），芦苇。蒹，古书上指芦苇一类的植物。葭，初生的芦苇。 ❷［苍苍］茂盛的样子。后两章中“萋萋”“采采”意思相同。 ❸［为］凝结成。 ❹［所谓伊人］我心中所思念的那个人。伊人，那个人，指意中人。 ❺［一方］那一边。 ❻［溯洄从之］逆着弯曲的水流跟踪寻找他（她）。 ❼［溯游］顺着直直的水流而下。游，流，指直流的水道。 ❽［宛］仿佛，好像。

蒹葭萋萋，白露未晞❶。所谓伊人，在水之湄❷。
溯洄从之，道阻且跻❸。溯游从之，宛在水中坻❹。

蒹葭采采，白露未已❺。所谓伊人，在水之涘❻。
溯洄从之，道阻且右❼。溯游从之，宛在水中沚❽。

《诗经》所反映的社会生活内容十分丰富，它包括天文地理，政治经济，祭祀典礼，战争徭役，定国建都，燕飨欢聚，狩猎耕耘，采摘渔牧，君王贵族，将军大夫，君子淑女，农夫商贾，思妇弃妇，游子隐逸，宠姬佞臣，初恋思慕，闺怨春情，幽期密会，洞房花烛，迎亲送葬，怀人悼亡，草木虫鱼，飞禽走兽，莺啼马鸣，风萧雨晦，波光山影，火山地震，祈祷祝愿，占卜圆梦等等，其信息量之大，文献价值之高，令人惊叹。可以说，一部《诗经》立体地再现了当时生存环境、世态人情，是当时社会生活的多方位、多角度的反映，其内容在世界古代诗歌作品中是独一无二的，远比印度的《吠陀》与《圣经》中的诗篇广泛得多。它的主题已不限于宗教性的，或仅仅表达一种虔诚的感情，它也不像荷马史诗只谈论战争与冒险，它歌唱的是人的生活，人的感情，用英国诗人华兹华斯的诗说："卑俗的山歌俚曲，/现今日常熟悉的事情，/天然的悲苦和伤逝，/过去有过，以后还会有。"在如此自然，如此朴素，如此亲切地表现普通人民的心声和感情方面，很少有别的诗集堪与《诗经》相提并论。

（选自胡先媛《先民的歌唱——诗经》）

孔雀东南飞（并序）❾

汉末建安中❿，庐江⓫府小吏⓬焦仲卿妻刘氏，为仲卿母所遣⓭自誓不嫁。其家逼之，乃投水而死。仲卿闻之，亦自缢⓮于庭树。时人伤之，为诗云尔⓯。

孔雀东南飞，五里一徘徊⓰。
"十三能织素⓱，十四学裁衣，十五弹箜篌⓲，十六诵诗书⓳。
十七为君妇，心中常苦悲。君既为府吏，守节情不移⓴，贱妾㉑
留空房，相见常日稀。鸡鸣入机织，夜夜不得息。三日断㉒五匹，

❶［晞（xī）］干。❷［湄（méi）］水与草交接处，岸旁。❸［跻（jī）］升高，这里指难以攀登。❹［坻（chí）］水中小块高地。❺［未已］指露水尚未被阳光蒸发。已，止。❻［涘（sì）］水边。❼［右］向右拐弯，指道路弯曲。❽［沚（zhǐ）］水中的陆地。❾选自《玉台新咏》，原题为《古诗为焦仲卿妻作》，这里沿用后人常用的题名。这是我国古代一首长篇叙事诗，作者不详。❿［建安中］建安年间（196—219）。建安，汉献帝年号。⓫［庐江］汉郡名，在现在安徽潜山县一带。⓬［府小吏］太守衙门里的小官吏。⓭［遣］休。女子被夫家赶回娘家。⓮［缢（yì）］吊死。⓯［时人伤之，为诗云尔］当时的人哀悼他们，写了这样一首诗。云尔，句末的语气助词。时人，一作"时"。⓰［孔雀东南飞，五里一徘徊］孔雀向东南飞，每飞五里，就徘徊一阵。徘徊，犹疑不决。汉人诗常以鸿鹄徘徊比喻夫妇离别，此诗开头也有这个意思。用这两句诗引起下边的故事，古代民歌中常用这种写法。⓱［十三能织素］十三岁就能织精美的白绢。这以下的话是焦仲卿妻对仲卿说的。⓲［箜（kōng）篌（hóu）］古代的一种弦乐器，二十三弦或二十五弦，分卧式、竖式两种。⓳［诗书］原指《诗经》和《尚书》，这里泛指一般经书。⓴［守节情不移］遵守府里的规则，专心不移。㉑［贱妾］仲卿妻自称。妾，封建社会里妇女谦卑的自称。㉒［断］（织成一匹的时候）截下来。

大人故嫌迟❶，非为织作迟，君家妇难为❷！妾不堪驱使，徒留无所施❸，便可白公姥❹，及时相遣归。”

府吏得闻之，堂上启❺阿母：“儿已薄禄相❻，幸复得此妇，结发同枕席，黄泉共为友❼。共事二三年，始尔未为久❽。女行无偏斜，何意致不厚❾？”

阿母谓府吏：“何乃太区区❿！此妇无礼节，举动自专由⓫。吾意久怀忿⓬，汝岂得自由⓭！东家有贤女，自名秦罗敷，可怜体无比⓮，阿母为汝求。便可速遣之，遣去慎莫留⓯！”

府吏长跪告：“伏惟启阿母⓰，今若遣此妇，终老不复取！”

阿母得闻之，槌床⓱便大怒：“小子无所畏，何敢助妇语！吾已失恩义，会不相从许⓲！”

府吏默无声，再拜还入户⓳，举言谓新妇，哽咽不能语⓴：“我自不驱卿㉑，逼迫有阿母。卿但暂还家，吾今且报府㉒。不久当归还，还必相迎取㉓。以此下心意㉔，慎勿违吾语。”

新妇谓府吏：“勿复重纷纭㉕！往昔初阳岁㉖，谢家来贵门㉗。奉事循公姥，进止敢自专㉘？昼夜勤作息㉙，伶俜萦苦辛㉚。谓言无罪过，供养卒大恩㉛；仍更被驱遣，何言复来还！妾有绣腰襦㉜，葳蕤自生光㉝；红罗复斗帐，四角垂香囊㉞；箱帘六七十，绿碧青丝绳㉟，物物各自异，种种在其中。人贱物亦鄙，不足迎

---

❶［大人故嫌迟］婆婆还是嫌我织得慢。大人，好像现在说的“老人家”，指婆婆。 ❷［非为织作迟，君家妇难为］（其实）并不是绸织得慢，你家的媳妇难做啊！ ❸［妾不堪驱使，徒留无所施］意思是，我既然担当不了你家使唤，白白地留着也没有什么用。不堪，不能胜任。驱使，使唤。施，用。 ❹［便可白公姥］你就可以禀告婆婆。白，告诉、禀告。公姥，公公婆婆，这里专指婆婆。 ❺［启］告诉，禀告。 ❻［儿已薄禄相］我已经没有作高官、享厚禄的福相。古人迷信，往往从一个人的相貌来断定他的命运。 ❼［结发同枕席，黄泉共为友］年少时候结为夫妇，相亲相爱地过活，死后在地下也相依为伴。结发，古时候的人到了一定的年龄（例如男子二十岁，女子十五岁）才把头发结起来，算是到了成年，可以结婚了。黄泉，黄土下的泉水，指人死后埋葬的地方。 ❽［共事二三年，始尔未为久］（我们）在一起过日子不过二三年，（结婚生活）才开头还不算很久。尔，助词。 ❾［女行无偏斜，何意致不厚］这个女子的行为并没有什么不正当，哪里想到会（使母亲）不满意呢？偏斜，不端正。何意，岂料。致，使。 ❿［区区］小，这里指见识小。 ⓫［举动自专由］一举一动完全凭(她)自己的意思。 ⓬［吾意久怀忿］我早就憋住一肚子气。忿，怒。 ⓭［自由］自作主张。 ⓮［可怜体无比］姿态可爱无比。可怜，可爱。体，姿态。 ⓯［遣去慎莫留］打发（她）走，千万不要留（她）。 ⓰［伏惟启阿母］启禀母亲，伏惟，下级对上级或小辈对长辈说话的时候表示恭敬的口气。 ⓱［槌床］用拳头敲着床。在古代，坐具也叫“床”，小的只能坐一个人。 ⓲［吾已失恩义，会不相从许］我(对她)已经没有恩情了，当然不能答应你的要求。会，有“当”的意思。 ⓳［再拜还入户］对母亲拜了两拜，回到自己房里。 ⓴［举言谓新妇，哽咽不能语］张嘴对妻子说话，却哭得连话也说不成句。举言，发言。新妇，指妻子（不是指新嫁娘）。哽咽，悲伤过度而气塞不能发声。 ㉑［卿］这里是丈夫对妻子的爱称。 ㉒［报府］赴府。到庐江太守府里办事。 ㉓［迎取］迎接你回家。 ㉔［以此下心意］为了这个，你就受些委屈吧。下心意，有耐心受委屈的意思。 ㉕［勿复重（chóng）纷纭］不必添麻烦吧！也就是说，不必再提接她回来的话了。 ㉖［初阳岁］农历冬至以后，立春以前。 ㉗［谢家来贵门］离开自己的家，嫁到你府上来。谢，辞别。 ㉘［奉事循公姥，进止敢自专］一切行事都顺着公婆的意思，一举一动，哪里敢自作主张？ ㉙［勤作息］勤劳地工作。作息，原意是工作和休息，这里只是工作的意思。 ㉚［伶俜（pīng）萦（yíng）苦辛］孤孤单单，受尽辛苦折磨。伶俜，孤单的样子。萦，缠绕。 ㉛［供养卒大恩］终生侍奉公婆，报答大恩。 ㉜［绣腰襦］绣花的、齐腰的短袄。 ㉝［葳（wēi）蕤（ruí）自生光］袄上很美的刺绣发出光彩。葳蕤，繁盛的样子。这里形容刺绣的花叶繁多而美丽。 ㉞［红罗复斗帐，四角垂香囊］红色纱罗做的小帐子，四角挂着香袋。复，双层。斗帐，帐子像倒置的斗的样子，所以叫做“斗帐”。 ㉟［箱帘六七十，绿碧青丝绳］盛衣物的箱子有六七十个，都用碧绿的青丝绳捆着。帘，同“奁（lián）”。六七十，形容多。

后人❶，留待作遗施❷，于今无会因❸。时时为安慰，久久莫相忘！”

鸡鸣外欲曙，新妇起严妆❹。著我绣夹裙，事事四五通❺。足下蹑丝履，头上玳瑁光❻。腰若流纨素，耳著明月珰❼。指如削葱根，口如含朱丹❽。纤纤作细步，精妙世无双。

上堂拜阿母，阿母怒不止。“昔作女儿时❾，生小出野里❿，本自无教训，兼愧贵家子⓫。受母钱帛⓬多，不堪母驱使。今日还家去，念母劳家里⓭。”却与小姑别⓮，泪落连珠子⓯。“新妇初来时，小姑始扶床⓰；今日被驱遣，小姑如我长。勤心养公姥，好自相扶将⓱。初七及下九⓲，嬉戏莫相忘。”出门登车去，涕落百余行。

府吏马在前，新妇车在后，隐隐何甸甸⓳，俱会⓴大道口。下马入车中，低头共耳语：“誓不相隔卿，且暂还家去；吾今且赴府，不久当还归，誓天不相负㉑！”

新妇谓府吏：“感君区区㉒怀！君既若见录㉓，不久望君来。君当作磐石㉔，妾当作蒲苇，蒲苇纫㉕如丝，磐石无转移。我有亲父兄㉖，性行㉗暴如雷，恐不任我意，逆以煎我怀㉘。”举手长劳劳㉙，二情同依依。

入门上家堂，进退无颜仪㉚。阿母大拊掌㉛：“不图子自归㉜！十三教汝织，十四能裁衣，十五弹箜篌，十六知礼仪，十七遣汝

---

❶［不足迎后人］不配送给后来的人。后人，指府吏将来再娶的妻子。❷［留待作遗施］留着做纪念吧。遗施，赠送、施予。❸［于今无会因］从此没有再见面的机会了。❹［严妆］打扮得整整齐齐。以下几句描述小心打扮。❺［事事四五通］每穿戴一件衣饰，都更换四五次。通，遍。❻［足下蹑（niè）丝履，头上玳（dài）瑁（mào）光］脚上穿着绸鞋，头上戴着闪闪发光的玳瑁首饰。蹑，踏（穿鞋）。玳瑁，一种同龟相似的水生爬虫，甲壳黄黑色，有黑斑，有光泽，可制装饰品。❼［腰若流纨素，耳著明月珰（dāng）］腰束纨素的带子，光彩像泉水一样地流动，耳朵上戴着珍珠耳坠。纨素，洁白的绸子。流，是说纨素的光像水流动。著，戴。珰，耳坠。❽［指如削葱根，口如含朱丹］手指白嫩纤细，像削尖的葱根；嘴唇红润，像含着红宝石。葱根，葱白。朱丹，红色宝石。❾［昔作女儿时］这以下的八句是仲卿妻对焦母说的。❿［生小出野里］从小生长在乡间。⓫［兼愧贵家子］同您家少爷结婚，更感到惭愧。⓬［钱帛］指聘礼。⓭［念母劳家里］记挂婆婆在家里操劳。⓮［却与小姑别］回头再同小姑告别。小姑，丈夫的妹妹。⓯［泪落连珠子］眼泪像连串的珠子般落下来。⓰［始扶床］刚能扶着床走。按“新妇初来时，小姑始扶床；今日被驱遣，小姑如我长”四句有语病，因为兰芝在焦家只有二三年，小姑不可能长得这么快。有人认为这四句是后人所添。⓱［好自相扶将］好好服侍老人家。扶将，这里是服侍的意思。⓲［初七及下九］七月七日和每月的十九日。初七，指农历七月七日，旧时妇女在这天晚上乞巧（用针线作各种游戏）。下九，古人以每月的二十九日为上九，初九为中九，十九为下九；在汉朝时候，每月十九日是妇女欢聚的日子，称作“阳会”。⓳［隐隐何甸甸］隐隐、甸甸，都是车声。何，助词，即今“啊”字。⓴［俱会］相会。㉑［誓天不相负］指天发誓，决不会对不起你。这句以上的五句，是府吏对兰芝说的。㉒［区区］这里是忠诚相爱的意思，与上文“何乃太区区”的“区区”不同。㉓［君既若见录］既然蒙你记着我。录，记。㉔［磐（pán）石］厚而大的石头。㉕［纫］似应作“韧”，又柔软又结实，不容易断。㉖［父兄］原是父亲和哥哥，这里专指哥哥。一说，亲父兄，即同胞兄。㉗［性行］性情和行为。㉘［逆以煎我怀］想到将来，我心里像煎熬一般。逆，逆料、想到将来。㉙［举手长劳劳］举手告别，惆怅不止。劳劳，怅惘若失的状态。㉚［进退无颜仪］上前退后都觉得没脸面。意思是说，不论怎样都觉得惭愧。仪，容貌，这里和“颜”同义。㉛［拊掌］拍手。这里是表示惊异。㉜［不图子自归］想不到你自己回来了。意思是，没料到你竟被驱遣回家。古代女子出嫁以后，一定要母家得到婆家的同意，派人迎接，才能回母家。下文“不迎而自归”也是按这种规矩说的责备的话。

嫁，谓言无誓违[1]。汝今何罪过，不迎而自归？”兰芝惭阿母[2]：“儿实无罪过。”阿母大悲摧[3]。

还家十余日，县令遣媒来。云有第三郎[4]，窈窕世无双，年始十八九，便言多令才[5]。

阿母谓阿女：“汝可去应之”。

阿女含泪答：“兰芝初还时，府吏见丁宁[6]，结誓不别离。今日违情义，恐此事非奇[7]。自可断来信，徐徐更谓之[8]。”

阿母白媒人：“贫贱有此女，始适还家门[9]。不堪[10]吏人妇，岂合令郎君？幸可广问讯[11]，不得便相许。”

媒人去数日，寻遣丞请还，说有兰家女，承籍有宦官[12]。云有第五郎，娇逸[13]未有婚。遣丞为媒人，主簿通语言[14]。直说太守家，有此令郎君，既欲结大义[15]，故遣来贵门。

阿母谢媒人：“女子先有誓，老姥岂敢言！”

阿兄得闻之，怅然心中烦，举言谓阿妹：“作计何不量[16]！先嫁得府吏，后嫁得郎君，否泰如天地[17]，足以荣汝身。不嫁义郎体，其往欲何云[18]？”

兰芝仰头答：“理实如兄言。谢家事夫婿，中道还兄门[19]。处分适兄意[20]，那得自任专！虽与府吏要[21]，渠会永无缘[22]。登即相许和[23]，便可作婚姻。”

媒人下床去[24]，诺诺复尔尔[25]。还部白府君[26]：“下官[27]奉使命，言谈大有缘[28]。”府君得闻之，心中大欢喜。视历复开书，便

---

[1]［谓言无誓违］总以为你不会有什么过失。誓，似应作“諐”。諐，古“愆（qiān）”字。諐违，过失。 [2]［兰芝惭阿母］兰芝很惭愧地对母亲说。 [3]［悲摧］悲痛。摧，伤心、断肠。 [4]［云有第三郎］（媒人）说，县令家有个三少爷。 [5]［便言多令才］口才很好，又多才多能。便言，很会说话。令，美好。 [6]［府吏见丁宁］即“见府吏丁宁”，受到府吏的嘱咐。丁宁，也写作“叮咛”。 [7]［恐此事非奇］恐怕这件事这样做不合适。非奇，不宜。 [8]［自可断来信，徐徐更谓之］可以回绝来做媒的人，以后慢慢再谈吧。断，回绝。信，使者，指媒人。之，它，指再嫁的事。 [9]［始适还家门］刚出嫁不久就被休回娘家。适，出嫁。 [10]［不堪］这里是“不能做”的意思。 [11]［幸可广问讯］意思是，希望你多方面打听打听。 [12]［媒人去数日，寻遣丞请还，说有兰家女，承籍有宦官］这里可能有文字脱漏或错误，因此这四句没法解释清楚。有人认为“说有兰家女，承籍有宦官”两句当在“阿母谢媒人”之后，是阿母辞谢媒人的话。意思是有兰家之女，出身于做官人家，可配太守之子，而自己的女儿出身微贱，不能相配。但这两句后边，恐仍有脱漏之句。个别字义解释如下：寻，过了些时候。丞，郡丞，辅助太守的官。宦官，就是官宦，做官的人。 [13]［娇］娇美文雅。 [14]［遣丞为媒人，主簿通语言］请郡丞去做媒人，（这是）主簿传达（太守）的话。主簿，太守的属官。 [15]［结大义］指结为婚姻。 [16]［作计何不量］（你）打这样的主意，多么缺乏考虑啊！量，思量、考虑。 [17]［否（pǐ）泰如天地］运气的好坏，相差像天上地下一样。否，坏运气。泰，好运气。 [18]［不嫁义郎体，其往欲何云］这样仁义的人都不嫁，往后（你）打算怎么样呢？义郎，仁义的郎君，指太守的儿子。其往，其后、将来。 [19]［中道还兄门］半中间又回到哥哥家里。 [20]［处分适兄意］怎样处理，完全照哥哥的主意吧。适，适合、依照。 [21]［要（yāo）］约。 [22]［渠会永无缘］同他（指府吏）永远没机会见面。渠，他。 [23]［登即相许和］立刻就答应这门亲事吧。登，立刻。许和，应许。 [24]［下床去］从座位上起来。 [25]［诺诺复尔尔］连声说“是，是，就这样办，就这样办”。尔尔，如此如此。 [26]［还部白府君］回到府里报告太守。部，府署。府君，太守。 [27]［下官］郡丞自称。 [28]［言谈大有缘］意思是说媒说得很成功。缘，因缘。

利此月内❶，六合❷正相应❸。良吉❹三十日，今已二十七，卿可去成婚❺。交语速装束，络绎如浮云❻。青雀白鹄舫，四角龙子幡❼，婀娜❽随风转。金车玉作轮。踯躅青骢马❾，流苏金镂鞍❿。赍⓫钱三百万，皆用青丝穿。杂彩⓬三百匹，交广市鲑珍⓭。从人⓮四五百，郁郁登郡门⓯。

阿母谓阿女："适⓰得府君书，明日来迎汝。何不作衣裳？莫令事不举⓱！"

阿女默无声，手巾掩口啼，泪落便如泻。移我琉璃榻⓲，出置前窗下。左手持刀尺，右手执绫罗。朝成绣夹裙，晚成单罗衫。晻晻日欲暝⓳，愁思出门啼。

府吏闻此变，因求假暂归。未至二三里，摧藏马悲哀⓴。新妇识马声，蹑履相逢迎。怅然遥相望，知是故人来。举手拍马鞍，嗟叹使心伤："自君别我后，人事不可量㉑。果不如先愿，又非君所详㉒。我有亲父母㉓，逼迫兼弟兄㉔，以我应他人，君还何所望！"

府吏谓新妇："贺卿得高迁！磐石方且厚，可以卒千年；蒲苇一时纫，便作旦夕间㉕。卿当日胜贵㉖，吾独向黄泉！"

新妇谓府吏："何意出此言！同是被逼迫，君尔妾亦然㉗。黄泉下相见，勿违今日言！"执手分道去，各各还家门。生人作死别，恨恨那可论㉘？念与世间辞，千万不复全㉙！

府吏还家去，上堂拜阿母："今日大风寒，寒风摧树木，严霜结庭兰㉚。儿今日冥冥㉛，令母在后单㉜。故作不良计㉝，勿复怨

---

❶［视历复开书，便利此月内］翻看历书，婚期定在这个月内就很吉利。❷［六合］古时候迷信的人，结婚要选好日子，要年、月、日的干支（干，天干，甲、乙、丙、丁……；支，地支，子、丑、寅、卯……。年、月、日的干支合起来共六个字，例如甲子年，乙丑月，丙寅日）都相适合，这叫"六合"。❸［相应］合适。❹［良吉］好日子。❺［卿可去成婚］这是太守叫郡丞去刘家订结婚日期。❻［交语速装束，络绎如浮云］大家说"赶快收拾准备吧"，人来人往，像天上的浮云一样接连不断。交语，互相告语。络绎，接连不断。❼［青雀白鹄舫，四角龙子幡］画着青雀、白鹄的船，四角挂着龙子幡。舫，船。龙子幡，旗帜名。❽［婀娜］这里是轻轻飘动的样子。❾［踯（zhí）躅（zhú）青骢马］毛色青白相杂的马缓缓地走。踯躅，原意是缓慢不进。❿［流苏金镂鞍］马鞍周围垂着缨子，上面有镂刻的金饰。流苏，下垂的缨子，是五彩羽毛或丝线做的。⓫［赍（jī）］赠送。⓬［杂彩］各色绸子。⓭［交广市鲑珍］从交州、广州（现在广东、广西一带）采办的山珍海味。鲑，这里是鱼类菜肴的总称。珍，美味。交广，也有人解释为"交互广泛地"。⓮［从人］仆人。⓯［郁郁登郡门］热热闹闹地走到庐江郡门。郁郁，繁盛的样子。⓰［适］刚才。⓱［莫令事不举］别让婚事办得不像样！不举，原意是"不成"。⓲［琉璃榻］镶嵌着琉璃的榻。琉璃，一种半透明的类似玻璃的东西。榻，坐具，即上文的"床"。⓳［晻（yǎn）晻（yǎn）日欲暝］阴沉沉的，天快晚了。晻，日色昏暗无光的样子。暝，日暮。⓴［未至二三里，摧藏马悲哀］还没到（刘家，大约相隔）二三里地，人伤心，马也哀鸣。摧藏，伤心，摧折心肝。藏，同"脏"，脏腑。一说，摧藏就是"凄怆"。㉑［不可量］料想不到。㉒［详］详知。㉓［父母］这里指母。㉔［逼迫兼弟兄］逼迫我的还有哥哥。弟兄，这里指兄。㉕［便作旦夕间］就只能保持很短的时间。旦夕，形容时间短。㉖［卿当日胜贵］你将会一天天富贵起来。㉗［君尔妾亦然］你这样，我也这样。尔、然，都是"这样"的意思。㉘［恨恨那可论］心里的愤恨哪里说得尽呢？恨恨，愤恨到极点。㉙［念与世间辞，千万不复全］想到他们将要永远离开人世，无论如何不能再保全了。这两句和前面两句，都是作者叙述的话。㉚［严霜结庭兰］院子里的兰花上结满了浓霜。㉛［儿今日冥冥］你的儿子从今将不久于人世。日冥冥，原意是日暮，这里拿太阳下山来比生命的终结。㉜［令母在后单］使得母亲今后很孤单。㉝［故作不良计］我是有意作这不好的打算（指自杀）。故，故意。

鬼神！命如南山石，四体康且直❶！”

阿母得闻之，零泪应声落：“汝是大家子，仕宦于台阁❷，慎勿为妇死，贵贱情何薄❸！东家有贤女，窈窕艳城郭❹，阿母为汝求，便复在旦夕。”

府吏再拜还，长叹空房中，作计乃尔立❺。转头向户里，渐见愁煎迫。

其日牛马嘶❻，新妇入青庐❼。奄奄❽黄昏后，寂寂人定初❾。“我命绝今日，魂去尸长留！”揽裙脱丝履，举身赴清池。

府吏闻此事，心知长别离，徘徊庭树下，自挂东南枝。

两家求合葬，合葬华山傍❿。东西植松柏，左右种梧桐。枝枝相覆盖，叶叶相交通。中有双飞鸟，自名为鸳鸯，仰头相向鸣，夜夜达五更。行人驻足⓫听，寡妇起彷徨⓬。多谢后世人，戒之慎勿忘⓭！

什么叫“汉乐府”？

“汉乐府”原来是指汉武帝刘彻设立的“乐府”，就是掌管音乐的官府。它的任务是制订乐谱、采集歌词和训练乐工。这个官署相当庞大，成帝时“女乐近千人”。后来，将乐府官署所采集、创作的歌词也称“乐府”或“乐府诗”，就成了一种音乐性的诗体名称了。其中属于汉代的叫“汉乐府”。

汉乐府民歌有什么艺术特色？

两汉乐府民歌的艺术特色大致如下。

1. 叙事性强，出现了第三者叙述的故事，出现了有性格的人物和比较完整的情节。

2. 能调动各种艺术手段来描写人物，如个性化的对话、人物行动和细节的描写等。

3. 形式多样，有四言、五言、杂言。少数承继四言，大多数采用杂言和五言。杂言体句式自由，长短不拘；五言则更是乐府民歌的创新。

4. 不少作品有丰富奇特的幻想，具有浪漫主义色彩。

——摘自《中国文学答问总汇》

❶［命如南山石，四体康且直］（愿您的）寿命像南山的石头一样久长，（愿您的）身体永远康强。四体，这里指身体。直，意思是腰板儿硬。 ❷［仕宦于台阁］意思是在中央任官职。仕宦，任官职。台阁，原指尚书台，这里泛指大的官府。 ❸［贵贱情何薄］（你和她）贵贱不同，（离弃了她）哪里就算薄情呢！贵，指仲卿。贱，指兰芝。何薄，何薄之有。 ❹［窈窕艳城郭］（她的）美丽在这城内外是出名的。郭，外城。 ❺［作计乃尔立］（自杀的）主意就这样打定了。乃尔，这样。 ❻［其日牛马嘶］（结婚）这一天牛马乱叫的时候。嘶，马叫。 ❼［新妇入青庐］新妇进了青布篷帐。新妇，指兰芝。青庐，用青布搭成的篷帐，行婚礼的地方，东汉至唐有这种风俗。 ❽［奄奄］同“晻晻”，暗沉沉的。 ❾［寂寂人定初］静悄悄的，人们开始安歇了。定，静止。 ❿［合葬华山傍］一起葬在华山旁边。合葬，（把两人）合葬在一个坟墓里。华山，庐江境内的一个小山。 ⓫［驻足］停步。 ⓬［寡妇起彷徨］寡妇（听见了）从床上起来，心里很不安定。 ⓭［多谢后世人，戒之慎勿忘］这是作者加入的话，目的在忠告后人，要从这故事里取得教训。多谢，多多劝告的意思。

短歌行（其一）❶

曹 操

对酒当歌❷，人生几何❸？譬如朝露，去日苦多❹。
慨当以慷❺，忧思难忘。何以解忧❻？唯有杜康❼。
青青子衿，悠悠我心❽。但为君故，沉吟至今❾。
呦呦鹿鸣，食野之苹。我有嘉宾，鼓瑟吹笙❿。
明明如月，何时可掇⓫？忧从中⓬来，不可断绝。
越陌度阡，枉用相存⓭。契阔谈宴⓮，心念旧恩。
月明星稀，乌鹊南飞。绕树三匝，何枝可依⓯？
山不厌高，海不厌深⓰。周公吐哺，天下归心⓱。

曹操诳父

太祖（指曹操）少好飞鹰走狗（闲游放荡，不务正业），游荡无度（节制），其叔父数（屡次）言之于嵩（指曹嵩，曹操之父）。太祖患之，后逢叔父于路，乃阳（同“佯”，假装）败面喎（wāi）口（面孔及嘴巴歪斜）；叔父怪而问其故，太祖曰：“卒（通“猝”，突然）中恶风。”叔父以告嵩（把这件事告诉曹嵩）。嵩惊愕，呼太祖，太祖口貌如故。嵩问曰：“叔父言汝中风，已差（chài，病好，痊愈。现写成“瘥”）乎？”太祖曰：“初（本）不中风，但（只是）失爱于叔父，故见罔（其中“于”和“见”，均解释为“被”，意思是被叔父失去爱怜，因而被诬陷。这是文言中被动句的又一种形式。）耳。”嵩乃疑焉。自后叔父有所告，嵩终不复信，太祖于是益得（更能）肆意（此指为所欲为）矣。

---

❶“短歌行”为乐府旧题。曹操（155—220），字孟德，沛国谯郡（今安徽亳州）人，汉代建安时期杰出的政治家、军事家和文学家。今存诗二十余首，全是乐府诗，或反映动乱的社会现实，或抒发自己的政治抱负和壮志未酬的苦闷，气魄雄伟，情感沉郁，风格苍凉悲壮，富于创造性。❷[对酒当歌] 面对着酒筵和歌舞。当，对着。❸[几何] 有多少（岁月、时光）。❹[譬如朝露，去日苦多] 意思是人生短暂，就像容易被太阳晒干的朝露，逝去的时光太多了，使人感到苦恼。❺[慨当以慷] 如同“慨而且慷”，是慷慨的意思。这句指因理想不能实现而内心不平静。❻[何以解忧] 用什么来解除我内心的忧愁呢？何以，即“以何”。❼[杜康] 相传杜康是古代最初造酒的人，这里用作酒的代称。❽[青青子衿（jīn），悠悠我心] 是用《诗经·子衿》的成句，表示对贤士的思慕。衿，古称衣服的交领。“青衿”是周代的学生服装，后亦用以指文士。悠悠，长远不断的意思，形容思念的深沉。❾[但为君故，沉吟至今] 只是为了你们，我至今一再低声吟咏《子衿》这首诗的诗句。但为，只为。君，指渴望得到贤才。❿[呦呦……吹笙] 是用《诗经·鹿鸣》中的成句。意思是说鹿见到艾蒿，相呼而食；我有嘉宾，要设宴奏乐相待。这里借用以表示自己优礼贤才的态度。呦呦，鹿鸣声。苹，艾蒿。瑟、笙，都是乐器名。⓫[明明如月，何时可掇（duō）] 意思是什么时候才能得到贤明如月的人才呢？掇，拾取。⓬[中] 中心，内心。⓭[越陌度阡，枉用相存] 意思是客人（贤才）远道来访，他们屈尊问候我。陌、阡，是田间的路，南北的叫“阡”，东西的叫“陌”。枉，枉驾，屈驾。对对方来访问自己的敬称。用，以。存，问候。相，指代“存”的对象“我”。⓮[契阔谈宴] 大家情投意合，在一起谈心宴饮。契阔，契是投合，阔是疏远，这里是偏义，作投合解。⓯[月明……可依] 这四句，以乌鹊比喻贤才，意思是贤才寻找归宿但无所依托。匝（zā），周。⓰[山不厌高，海不厌深] 是以山不嫌高，海不嫌深来比喻自己渴望多多招纳贤才。⓱[周公吐哺，天下归心] 意思是说自己要像周公一样虚心接纳贤才，天下人就会诚心归服。周公，名旦，周武王之弟。据说他虚心招纳贤才，忙得连吃饭、洗头的时间都没有。吐哺，吐出口中咀嚼的食物。据说周公因忙于接待天下贤士，一顿饭曾三“吐哺”。

课后训练

【基础训练】

一、用现代汉语翻译下列诗句。

1. 溯洄从之，道阻且长。

2. 溯游从之，宛在水中央。

3. 便可白公姥，及时相遣归。

4. 周公吐哺，天下归心。

二、选出下列诗句中使用比兴手法的句子。（在括号中打“√”号或“×”号）

1. 蒹葭苍苍，白露为霜。（　　）

2. 遡洄从之，道阻且长。（　　）

3. 孔雀东南飞，五里一徘徊。（　　）

4. 何以解忧，唯有杜康。（　　）。

三、《孔雀东南飞》中“相”字多次出现，有的用法如现代汉语中的“互相”，有的可解释成“相貌”，但也有的可作人称代词用。请指出下列诗句中的“相”字属上述哪种用法。

1. 相见常日稀。（　　）

2. 及时相遣归。（　　）

3. 会不相从许。（　　）

4. 嬉戏莫相忘。（　　）

5. 儿已薄禄相。（　　）

四、《孔雀东南飞》在人物语言个性化方面取得了很高的成就。试分析下列几段人物对话中表现的思想感情和性格特征。

1.“妾不堪驱使，徒留无所施，便可白公姥，及时相遣归。”

2. 府吏长跪告：“伏惟启阿母，今若遣此妇，终老不复取！”阿母得闻之，槌床便大怒：“小子无所畏，何敢助妇语！吾已失恩义，会不相从许！”

3.“先嫁得府吏，后嫁得郎君，否泰如天地，足以荣汝身。不嫁义郎体，其往欲何云？”

4.“同是被逼迫，君尔妾亦然。黄泉下相见，勿违今日言！”

五、试依照情节的发展，给《孔雀东南飞》全诗的每一个部分拟一个简短的标题，并说说诗中男女主人公各具有怎样的个性特征？诗的结尾，写兰芝、仲卿魂化为鸟，富有浪漫主义色彩，这样写表达了作者怎样的愿望？

六、试述《蒹葭》一诗所使用的艺术手法及其效果。

七、背诵《蒹葭》。

【能力训练】

一、《短歌行》表现了作者怎样的思想感情？口头说说对于这种思想感情我们应该怎样评价。

二、将《蒹葭》改写为散文诗。

6 唐诗一组

学习提示

这里所选的是三首唐诗。唐诗一方面继承汉魏以来的五言、七言古体诗的传统并使之更为完善；另一方面在梁陈诗人对诗律研究和创作的基础上创造了律诗和绝句这两种新诗体，从而扩大了表现范围。唐代诗人辈出，灿若星辰，李白、杜甫、白居易等就是杰出的代表。无论从思想内容或艺术技巧来看，唐诗的成就都明显超过了前代。

《蜀道难》一诗中描写了蜀道雄奇险峻，含有入蜀艰难和蜀地不可久居之意。全诗想象奇特、丰富，气魄宏伟、豪迈，充分显示了诗人的浪漫气质和热爱祖国河山的感情。诗人用夸张的艺术手法和生动活泼的语言塑造了诗的意境美和声韵美。

《登高》是杜甫在大历二年（767）秋卧病于夔州时所作，是一首格律精严的七言律诗。全诗通过对登高所见秋江景色的描写，倾诉了诗人长年漂泊、老病孤愁的复杂感情，慷慨激越，动人心弦。这首诗语言精练，对仗工巧，气势悲壮，字字皆律，被誉为“古今七言律诗第一”。

《琵琶行》是一首歌行体叙事诗。诗中通过对琵琶女精湛演技和沦落身世的描写，表现了诗人对她的同情，也抒发了诗人受贬谪后的苦闷和感慨。全诗集叙述、描写、抒情于一炉，并运用比喻、联想和想象来描写聆听音乐的感受，使读者如见其人，如闻其声，对音乐的描写可谓绝唱。

蜀道难❶

李白

噫吁嚱❷，危乎高哉！蜀道之难，难于上青天！

---

❶ 选自《李太白全集》（中华书局，1977年版）。这首诗大约作于天宝初年，从诗的内容来看，很可能是诗人在长安时为送别友人入蜀而作。《蜀道难》，古乐府旧题。李白（701—762），字太白，号青莲居士，祖籍陇西成纪（今甘肃秦安东）。是继屈原之后我国最伟大的浪漫主义诗人。他才华横溢，抱负宏大。其诗现存九百多首，内容十分丰富。有对当时社会腐朽势力的猛烈抨击，有对美好理想的执著追求，有对祖国壮丽山河的热情讴歌，有对个人抑郁处境的愤激抗争，充分体现了他奔放的激情、洒脱不羁的个性和积极入世的思想；部分作品则流露出一些迷惘情绪。在艺术上，李白的诗歌想象力丰富，挥洒自如，形成了他雄奇飘逸、洒脱奔放的风格，对后世产生了深远的影响。❷［噫（yī）吁（xū）嚱（xī）］惊叹声。

蚕丛及鱼凫❶，开国何茫然❷！
尔来❸四万八千岁，不与秦塞❹通人烟。
西当太白有鸟道❺，可以横绝峨眉巅❻。
地崩山摧壮士死❼，然后天梯石栈❽相钩连。
上有六龙回日之高标❾，下有冲波逆折之回川❿。
黄鹤⓫之飞尚不得过，猿猱⓬欲度愁攀援。
青泥⓭何盘盘⓮，百步九折萦岩峦⓯。
扪参历井⓰仰胁息⓱，以手抚膺坐长叹。
问君西游何时还⓲？畏途巉岩⓳不可攀。
但见悲鸟号古木，雄飞雌从绕林间。
又闻子规啼夜月，愁空山。
蜀道之难，难于上青天，使人听此凋朱颜⓴！
连峰去天不盈尺㉑，枯松倒挂倚绝壁。
飞湍㉒瀑流㉓争喧豗㉔，砯崖转石万壑雷㉕。
其险也如此，嗟尔远道之人胡为乎来哉㉖！
剑阁峥嵘而崔嵬㉗，一夫当关，万夫莫开㉘。

---

❶［蚕丛及鱼凫（fú）］蚕丛、鱼凫，皆远古蜀王名。扬雄《蜀王本纪》："蜀王之先名蚕丛、柏濩、鱼凫、蒲泽、开明。是时人民椎髻哤（máng，语言杂乱）言，不晓文字，未有礼乐。从开明上至蚕丛，积三万四千岁。" ❷［茫然］完全不知道的样子。 ❸［尔来］从那时以来。尔，那，指开国之初。 ❹［秦塞］秦地。秦中自古称为四塞之国。塞，山川险要的地方。 ❺［西当太白有鸟道］意思是，（长安）西面有太白山挡住了入蜀之路，只有鸟儿飞行的路径。太白，山名，在今陕西眉县东南。鸟道，指连绵高山间的低缺处，惟有鸟儿能飞行，人迹所不能至。 ❻［可以横绝峨眉巅］能够飞越峨眉山的顶峰。横绝，横渡。峨眉，山名，在今四川峨眉山市西南，金顶是它的最高峰。 ❼［地崩山摧壮士死］相传秦惠王想征服蜀国，知道蜀王好色，答应送给他五个美女。蜀王派五位壮士去接人。回到梓潼（在今四川剑阁之南）的时候，看见一条蛇进入穴中，一位壮士抓住了它的尾巴，其余四人也来相助，用力往外拽。不多时，山崩地裂，壮士和美女全被压死，而山分为五岭，入蜀之路遂通。这便是有名的"五丁开山"的故事。 ❽［天梯石栈］天梯，指高险的天路。石栈，俗称"栈道"，在山崖上凿石架木而建成的通道。 ❾［上有六龙回日之高标］上面有迫使太阳神的车子绕道而行的高峰。六龙，传说太阳神的车子由羲和驾驭六条龙拉着，每天在空中行驶。回，迂回、绕道。高标，指可以作一方志的最高峰。一说，山名，又名"高望山"。 ❿［下有冲波逆折之回川］下面有波涛滚滚的回旋的急流。逆折，回旋、倒流。 ⓫［黄鹤］黄鹄，健飞的大鸟。 ⓬［猱（náo）］猿的一种，善攀援。 ⓭［青泥］岭名，在今陕西略阳县境内。 ⓮［盘盘］形容山路曲折盘旋。 ⓯［萦岩峦］绕着山崖转。 ⓰［扪（mén）参（shēn）历井］意思是，山高入天，人在山上，可以用手触摸星星，甚至要从它们中间穿过。参、井，皆星宿名。春秋战国时期，人们将黄道带分为十二次，各有定名，每次以二三个星宿为星官，分别配属于各诸侯国，称为分野。秦是井宿的分野，蜀是参宿的分野；由秦入蜀，故称"扪参历井"。扪，摸。 ⓱［仰胁息］仰头望天，屏住呼吸。胁息，鼻不敢出气，惟有两胁暗暗地运动，用以换气。 ⓲［问君西游何时还］你此番入蜀，什么时候回来呢？君，指入蜀的友人。西游，指入蜀。 ⓳［巉（chán）岩］高而险的山岩。 ⓴［凋朱颜］这里是黯然失色的意思。凋，使动用法，使……凋谢，这里指憔悴。朱颜，红颜。 ㉑［连峰去天不盈尺］绵延不断的山峰距天不足一尺。去，距、离。盈，满、足。 ㉒［飞湍（tuān）］奔腾的急流。湍，急流。 ㉓［瀑流］瀑布。 ㉔［喧豗（huī）］喧闹声。这里指急流和瀑布发出的巨大响声。 ㉕［砯（pīng）崖转石万壑雷］大水冲击山崖，碎裂的石块滚滚而下，千山万壑间响起雷鸣般的声音。砯，水冲击石壁发出的响声，这里作动词用，冲击的意思。转，使滚动。 ㉖［嗟（jiē）尔远道之人胡为乎来哉］唉，你这远方的人为什么到这里来呢？这是用蜀人的口气劝说"西游"的人不要来蜀地。嗟，叹惋之辞。胡为，为什么。乎，语助词，无义。 ㉗［剑阁峥嵘而崔嵬（wéi）］剑阁险峻高大。剑阁，是一条30里长的栈道，位于今四川剑阁县北的大剑山和小剑山之间，群峰如剑插天，两山如门，极为险要。 ㉘［一夫当关，万夫莫开］形容剑阁易守难攻。这句和下句都本自晋张载的《剑阁铭》："惟蜀之门，作固作镇。是谓剑阁，壁立千仞。……一夫荷戟，万夫趑趄（zī jū，犹豫不进）。形胜之地，匪亲勿居。"

所守或匪亲，化为狼与豺❶。

朝避猛虎，夕避长蛇；磨牙吮❷血，杀人如麻。

锦城虽云乐，不如早还家。

蜀道之难，难于上青天，侧身西望长咨嗟❸！

登　高❹

杜　甫

风急天高猿啸哀，渚❺清沙白鸟飞回❻。

无边落木❼萧萧❽下，不尽长江滚滚来。

万里❾悲秋常作客❿，百年⓫多病独登台。

艰难苦恨⓬繁霜鬓⓭，潦倒⓮新停浊酒⓯杯。

李白之死

世俗（世上一般人）多言李白在当涂采石（今安徽省境内），因醉泛舟于江（在长江中航行），见月影俯而取之，遂溺死，故其地有“捉月亭”。予（我，指本文作者洪迈）按（考察）李阳冰（李白的友人）作太白《草堂集序》云（说）：“阳冰试弦歌（做地方官）于当涂，公（指李白）疾亟（危急），草稿万卷，手集未修（编纂），枕上授简（文稿），俾（使）为序。”又李华作《太白墓志》，亦云：“赋（诵）《临终歌》而卒（死）。”乃（才）知俗传（一般人的传说）良（很）不足信，盖（大约）与（跟）谓杜子美（即杜甫）因食白酒牛炙（烤熟的牛肉）而死者同也。

---

❶［所守或匪亲，化为狼与豺］守关的将领倘若不是（自己的）亲信，就会变成叛逆的人。或，倘若。匪，同“非”。狼与豺，比喻叛逆的人。❷［吮（shǔn）］吸。❸［咨（zī）嗟］叹息。❹［登高］选自《唐诗鉴赏辞典》（上海辞书出版社，1983年版）。旧时风俗，重阳节有登高饮酒之举。杜甫（712—770），字子美，号少陵，河南巩县人。是我国古代最负盛名的现实主义诗人。他的一生正逢唐王朝由盛转衰、祸乱迭起的时代。他饱经忧患，生活窘迫，仕途也颇不顺心；安史之乱后，更是四处漂泊，目睹国家残破，人民遭难。因此，他的诗作反映了当时的社会现实，突出地表现了对祖国命运的关注，对人民苦难的同情，大胆地抨击了权贵们的罪恶。他的诗，继承发扬了《诗经》和汉乐府的优良传统，又有自己的开拓和创新，形成了雄浑沉郁的艺术风格。他兼长各体，尤其对七言律诗的发展作出了杰出的贡献。杜甫被后世誉为“诗圣”。❺［渚（zhǔ）］水中小洲。❻［飞回］在空中盘旋。❼［落木］落叶。❽［萧萧］树叶摇落的声音。❾［万里］指远离家乡万里。❿［作客］客居异乡。⓫［百年］这里指老年。⓬［艰难苦恨］艰难，指一生颠沛流离。苦恨，深恨。⓭［繁霜鬓］像霜一样白的鬓发很多很多。⓮［潦倒］颓丧失意，生活无靠。这里指衰老多病。⓯［浊酒］味薄的劣酒。

琵琶行（并序）[1]

白居易

学习提示

元和十年[2]，予左迁[3]九江郡[4]司马[5]。明年秋，送客湓浦口[6]，闻舟中夜弹琵琶者，听其音，铮铮然有京都声[7]。问其人，本长安倡女[8]，尝学琵琶者于穆、曹二善才[9]，年长色衰，委身[10]为贾人[11]妇。遂命酒[12]，使快[13]弹数曲。曲罢悯然[14]，自叙少小时欢乐事，今漂沦[15]憔悴，转徙于江湖间。予出官[16]二年，恬然[17]自安，感斯人言，是夕始觉有迁谪[18]意。因为长句[19]，歌[20]以赠之，凡六百一十六言，命[21]曰《琵琶行》。

浔阳江头夜送客，枫叶荻[22]花秋瑟瑟[23]。主人[24]下马客在船，举酒欲饮无管弦[25]。醉不成欢惨[26]将别，别时茫茫江浸月。忽闻水上琵琶声，主人忘归客不发。

寻声暗[27]问弹者谁？琵琶声停欲语迟[28]。移船相近邀相见，添酒回灯[29]重开宴。千呼万唤始出来，犹抱琵琶半遮面。转轴拨弦[30]三两声，未成曲调先有情。弦弦掩抑[31]声声思[32]，似诉平生不得志。低眉信手[33]续续[34]弹，说尽心中无限事。轻拢慢捻抹复挑[35]，初为《霓裳》[36]后《六幺》[37]。大弦[38]嘈嘈[39]如急雨，小弦[40]

---

[1] 选自《白氏长庆集》。行，古诗的一种体裁。白居易（772—846），字乐天，晚年自号香山居士，祖籍太原。他的诗歌继承杜甫的现实主义精神，主张“诗歌合为事而作”，认为诗歌应该反映人民疾苦、指斥时政弊端。他早期所作的政治讽喻诗如《秦中吟》《新乐府》等，思想倾向鲜明，对当时的社会问题作了较深刻的揭露和批判，是其诗歌中的精华。他的诗善于叙述，语言通俗，能为广大人民所接受，在当时流传很广，“童子解吟《长恨》曲，胡儿能唱《琵琶》篇”即可佐证。其晚年崇奉佛教，以诗酒自娱，思想消极。 [2]［元和十年］公元 815 年。元和，唐宪宗的年号。 [3]［左迁］贬官，降职。白居易任谏官时，因为屡次上书批评朝政，触怒了皇帝，被贬为江州司马。 [4]［九江郡］隋代郡名，唐代叫江州或浔阳郡（现在江西省九江市）。 [5]［司马］州刺史的属官，当时实际上是闲职。 [6]［湓（pén）浦口］湓江流入长江的地方（现在九江市西）。湓浦，又名湓江，源出江西省瑞昌县清湓山。 [7]［京都声］指唐代京城长安流行的乐曲声调。 [8]［倡女］歌女。 [9]［善才］唐代对乐师的通称，是“能手”的意思。 [10]［委身］托身。这里是嫁的意思。 [11]［贾（gǔ）人］商人。 [12]［命酒］叫（手下人）摆酒。命，命令。 [13]［快］畅快。 [14]［悯然］忧郁的样子。 [15]［漂沦］漂泊沦落。 [16]［出官］（京官）外调。 [17]［恬（tián）然］安然的样子。 [18]［迁谪（zhé）］贬职。 [19]［长句］指七言诗。唐人的习惯说法。 [20]［歌］作歌。 [21]［命］命名，题名。 [22]［荻（dí）］多年生草本植物，形状像芦苇，生长在路旁水边。 [23]［瑟瑟］风声，这里是形容枫叶、荻花被风吹动的声音。 [24]［主人］白居易自指。 [25]［管弦］指音乐。管，箫、笛之类的管乐。弦，琴。瑟、琵琶之类的弦乐。 [26]［惨］悲伤。 [27]［暗］这里是轻声的意思。 [28]［欲语迟］要回答，又（有些）迟疑。 [29]［回灯］把撤了的灯烛又拿回来。 [30]［转轴拨弦］这是调弦校音的动作。 [31]［掩抑］低沉抑郁（的乐声）。 [32]［思（sì）］思绪，名词。这里指愁思。 [33]［信手］随手。 [34]［续续］连续。 [35]［轻拢慢捻（niǎn）抹复挑］轻轻地拢，慢慢地捻，一会儿抹，一会儿挑。拢，叩弦。捻，揉弦。抹，顺手下拨。挑，反手回拨。四者都是弹琵琶的指法。前二者用左手，后二者用右手。 [36]［霓裳］就是《霓裳羽衣曲》，唐代乐曲名，相传为唐玄宗所制。 [37]［六幺（yāo）］也是当时有名的曲子。 [38]［大弦］指琵琶四根弦中最粗的弦。 [39]［嘈嘈］形容声音的粗重。 [40]［小弦］指琵琶上最细的弦。

切切❶如私语。嘈嘈切切错杂弹，大珠小珠落玉盘❷。间关莺语花底滑❸，幽咽❹泉流冰下难❺。冰泉冷涩弦凝绝❻，凝绝不通声暂歇。别有幽愁暗恨生，此时无声胜有声。银瓶乍破水浆迸，铁骑突出刀枪鸣❼。曲终收拨当心画❽，四弦一声如裂帛。东船西舫悄无言，唯见江心秋月白。

沉吟❾放拨插弦中，整顿衣裳起敛容❿。自言本是京城女，家在虾蟆陵⓫下住。十三学得琵琶成，名属教坊⓬第一部。曲罢曾教善才服，妆成每被秋娘⓭妒。五陵年少⓮争缠头⓯，一曲红绡不知数⓰。钿头银篦⓱击节碎⓲，血色罗裙翻酒污⓳。今年欢笑复明年，秋月春风等闲度。弟走从军阿姨死，暮去朝来颜色故⓴。门前冷落鞍马稀，老大㉑嫁作商人妇。商人重利轻别离，前月浮梁㉒买茶去。去来㉓江口守空船，绕船月明江水寒。夜深忽梦少年事，梦啼妆泪红阑干㉔。

我闻琵琶已叹息，又闻此语重唧唧。同是天涯沦落人，相逢何必曾相识！我从去年辞帝京，谪居卧病浔阳城。浔阳地僻无音乐，终岁不闻丝竹声。住近湓江地低湿，黄芦苦竹绕宅生。其间旦暮闻何物？杜鹃啼血㉕猿哀鸣。春江花朝秋月夜，往往取酒还独倾㉖。岂无山歌与村笛，呕哑㉗嘲哳㉘难为听㉙。今夜闻君琵琶语㉚，如听仙乐耳暂明。莫辞更坐弹一曲，为君翻作㉛《琵琶行》。

感我此言良久立，却坐㉜促弦㉝弦转急。凄凄不似向前声，满座重闻皆掩泣㉞。座中泣下谁最多？江州司马青衫湿。

---

❶［切切］形容声音的轻细。❷［大珠小珠落玉盘］这是比喻乐声的清脆圆润。❸［间关莺语花底滑］像黄莺在花下啼叫一样婉转流利。间关，形容鸟声婉转。❹［幽咽］低泣声，这里形容遏塞不畅的水流声。❺［冰下难］用泉流冰下阻塞难通来形容由流畅变为冷涩。冰下难，一作“水下滩”。❻［弦凝绝］像泉水又冷又涩不能畅流，弦似乎凝结不动了。这是形容弦声愈来愈低沉，以至停顿。❼［银瓶乍破水浆迸（bèng），铁骑突出刀枪鸣］这是形容琵琶声在沉咽、暂歇后，忽然又爆发出激越、雄壮的乐声。银屏，汲水器。乍，突然。迸，溅射。铁骑，带甲的骑兵。❽［曲终收拨当心画］乐曲终了，用拨子对着琵琶中心划一下。这是弹琵琶到一曲结束时的常用手法，拨，拨子，弹奏弦乐时所用的工具。画，同“划”。❾［沉吟］要说话又有些迟疑的样子。❿［敛容］正容，显出严肃的脸色。⓫［虾（há）蟆陵］在长安城东南。⓬［教坊］唐代官办管领音乐杂技、教练歌舞的机关。⓭［秋娘］唐代歌伎常用的名字，这里用为善歌貌美的歌伎的通称。⓮［五陵年少］指京城富贵人家的子弟。五陵，长安附近汉代五个皇帝的陵墓，富豪人家多聚居在这一带。⓯［缠头］古代送给歌伎舞女的锦帛叫“缠头”。⓰［一曲红绡不知数］（弹完）一个曲子，（所得的）红绡不计其数。绡，一种丝织品。⓱［钿（diàn）头银篦］上端镶着金花的银钗。钿，金花。篦，一种有密齿的梳发用具。钗，古时妇女戴在发髻上的一种装饰品。⓲［击节碎］（给音乐）打拍子敲碎了。节，节拍。⓳［翻酒污］泼翻了酒被玷污。⓴［颜色故］这里指容貌衰老。㉑［老大］年纪大了。㉒［浮梁］旧县名，故城在现在江西省景德镇北。㉓［去来］走了以后。来，助词，无义。㉔［梦啼妆泪红阑干］梦中啼哭，擦了脂粉的脸上流满了一道道红色的（泪痕）。妆，这里指脸上的脂粉。阑干，纵横散乱的样子。㉕［杜鹃啼血］传说杜鹃啼叫时，嘴里会流出血来，这是形容杜鹃啼声的悲切。㉖［独倾］独酌。㉗［呕（ōu）哑（yā）］象声词，形容乐声的嘈杂。㉘［嘲（zhāo）哳（zhā）］也作“啁哳”，象声词，形容声音的细碎。㉙［难为听］意思是叫人听不下去。㉚［琵琶语］指用琵琶弹出的曲调。㉛［翻作］写作。翻，编写。㉜［却坐］退回（原处）坐下。㉝［促弦］把弦拧紧。促，紧、迫。㉞［掩泣］掩面哭泣。下面“泣下”的“泣”，是“眼泪”的意思。

白居易及其新乐府运动的主张

新乐府是一种用新题写时事的乐府式的诗。首创于杜甫，即“即事名篇，无复依傍”，意思是杜甫写诗就某一事给诗歌命名。如《兵车行》写出征的，他便命此名，而不去按乐府古题《从军行》的格式写。杜甫之后由元结、顾况等一脉相承，到白居易便形成一个现实主义诗歌运动。领袖是白居易，成员是元稹、张籍、王建等人。

关于新乐府运动的理论主张有以下几点。首先认为诗歌应该为政治服务，负起“补察时政”、“泄导人情”的政治使命。“文章合为时而著，诗歌合为事而作”，是他们的创作指南，批评标准和运动纲领。

其次强调文学要植根于现实生活，“感于事则必动于情”。要诗歌反映政治，必须关心政治，他“每于人言，多询时务”。

第三，结合诗歌“根情、苗言、华声、实义”的特点，强调了诗的教育作用和社会功能。

第四，强调内容与形式的统一，主张形式决定于内容，语言要通俗，音韵要优美。

新乐府即在上述理论指导下开展起来的。

课后训练

【基础训练】

一、用现代汉语翻译下列诗句。

1. 尔来四万八千岁，不与秦塞通人烟。

2. 一夫当关，万夫莫开。

3. 万里悲秋常作客，百年多病独登台。

4. 同是天涯沦落人，相逢何必曾相识。

二、阅读《蜀道难》，回答下面的问题，体会诗人热烈奔放的感情和雄奇飘逸的艺术风格。

1. 诗的开头分几层叙述蜀道的来历？引用五丁开山的传说有什么作用？

2. “蜀道难，难于上青天”这句诗有什么含义？它反复出现三次，有什么作用？

3. 诗人用哪些手法来表现蜀道的雄奇险峻，为“畏途”营造了怎样的气氛？

三、《登高》在写景上有何特点？前四句写景与后四句抒情有何联系？

四、试分析《琵琶行》的艺术特色。

五、背诵这三首诗。

【能力训练】

一、《蜀道难》是一首乐府诗，以七言为主，又间以杂言，节奏多变化，与散文句法相似。试给下面的诗句划分节奏，并朗读几遍。

1. 噫吁嚱，危乎高哉！蜀道之难，难于上青天！

2. 上有六龙回日之高标，下有冲波逆折之回川。

3. 其险也如此，嗟尔远道之人胡为乎来哉！

4. 剑阁峥嵘而崔嵬，一夫当关，万夫莫开。

二、比较分析白居易《夜闻歌者》和《琵琶行》，说说两者在思想内容和表现手法上有何异同？

夜泊鹦鹉州，秋江月澄澈。邻船有歌者，发调堪愁绝。歌罢继以泣，泣声通复咽。寻声见其人，有妇颜如雪。独倚帆樯立，娉婷十七八。夜泪如真珠，双双堕明月。借问谁家妇，歌泣何凄切？一问一沾襟，低头终不说。

三、试写一首绝句，题目自拟，可以不管平仄，但要上口，有诗意。

7 宋词一组

学习提示

这里选了三首宋词。时间不同，风格各异。北宋初年，词人不多，所作限于小令和中调；到柳永、苏轼时，词才发展到全盛时期。柳永被认为是婉约派的创新者。苏轼扩大了词的表现范围，开宋代豪放词的先河。南宋初年，词人目睹中原沦陷，欲图收复河山而不能，词中常含激愤之情，代表作家是辛弃疾。待局势稍定，部分词人又把精力放到音律和辞藻上来。

《雨霖铃》是柳永的代表作，抒写了自己离开京城时，与情人话别时难以割舍的离情别绪。这首词或景中见情，或以情带景，用语凝练，情真意切，堪称婉约派词的典范之作。

《念奴娇·赤壁怀古》是宋神宗元丰五年（1082年），苏轼在黄州任团练副使期间游览赤鼻矶时所写，是我国古典诗词中脍炙人口的名篇。词上阕写景，下阕怀古抒情，着力刻画周瑜的英雄形象，抒发了自己不能为国建功立业的感慨。全词感情激荡，气势雄伟，风格豪放。

《声声慢》是李清照的晚年之作。当时异族入侵，国破家亡，只身流落，晚景凄凉。这首词就是她当时心境的写照。全词几乎都是用口语写成，韵律感极强，又创造性地运用了九组叠字表情达意，真挚感人，可见其驾驭语言的工夫已至纯熟的地步。

雨霖铃❶

柳永

寒蝉凄切，对长亭❷晚，骤雨初歇。都门帐饮❸无绪❹，留恋处，兰舟❺催发。执手相看泪眼，竟无语凝噎❻。念去去❼千里烟波，暮霭❽沉沉楚天❾阔。

---

❶ 选自《全宋词》。雨霖铃，词牌名。柳永（约987—约1053），原名三变，后改名为永，字耆卿。宋朝崇安（今属福建）人，北宋前期著名词人。他的词反映了当时的市民生活，特别是一些描写羁旅行役、离情别绪的作品，表现了封建知识分子怀才不遇的苦闷，曲折地流露出对现实的不满。柳永写作了大量的慢词，开拓了词的题材内容，把写景、叙事、抒情融为一体，在词的发展史上产生了一定的影响。 ❷［长亭］古代大路边每五里设一短亭，十里设一长亭，供行人休息，人们也常在此送别。 ❸［都门帐饮］在京都（汴京）城门外设帐饯别。 ❹［无绪］心情不好，没有好的情绪。 ❺［兰舟］兰木制造的船，文学作品中对船的美称。 ❻［凝噎］喉头哽塞，说不出话来。 ❼［去去］一程又一程地向前去。表示行程很远。 ❽［暮霭（ǎi）］傍晚的云气。 ❾［楚天］楚地的天空。泛指南方的天空。

多情❶自古伤离别，更那堪、冷落清秋节❷！今宵酒醒何处？杨柳岸、晓风残月。此去经年❸，应是良辰好景虚设。便纵有千种风情❹，更与何人说！

念奴娇·赤壁怀古❺

苏　轼

大江❻东去，浪淘❼尽，千古风流人物❽。故垒❾西边，人道是，三国周郎赤壁❿。乱石穿空，惊涛拍岸，卷起千堆雪⓫。江山如画，一时多少豪杰！

遥想公瑾⓬当年，小乔⓭初嫁了，雄姿英发⓮，羽扇纶巾⓯，谈笑间⓰，樯橹⓱灰飞烟灭。故国神游⓲，多情应笑我，早生华发⓳。人生如梦，一尊⓴还酹㉑江月。

词牌简介

雨霖铃　唐教坊曲名。据王灼《碧鸡漫志》引《明皇杂录》及《太真外传》所记，唐玄宗避安禄山乱入蜀，连日霖雨，栈道中听到铃声。他正悼念杨贵妃，便作《雨霖铃曲》以寄恨，叫伶人张野狐吹奏，因此流传于世。一百零三字。前片九句五十一字，后片八句五十二字。又名《雨霖铃慢》。

念奴娇　念奴是唐天宝年间的著名歌妓，因音调高亢，遂取为调名。此调有平仄二体。一百字，前片四十九字，后片五十一字。宜于抒写豪迈感情。又有《大江东去》《千秋岁》《酹江月》《杏花天》《赤壁谣》《壶中天》《大江西上曲》《百字令》等十多个名称。

声声慢　原名《胜胜慢》。因后蒋捷用此调咏秋声，全词都以"声"押韵，改为《声声慢》。又名《人在楼上》《寒松叹》《凤求凰》。

永遇乐　此调有平仄两体。仄体始自北宋。一百零四字，又名《消息》。

鹊桥仙　此调最初是咏牛郎织女在七夕借鹊桥相会事的，故有此名。以后作一般词牌使用，始见欧阳修词，词有"鹊迎桥路接天津"句，故名。双调，五十六字。又名《鹊桥仙令》《忆人人》《广寒秋》《梅已谢》《蕙香囊》等。

---

❶［多情］指多情的人。❷［清秋节］冷落凄凉的秋天。❸［经年］一年。此处意为多年。❹［风情］深情蜜意。❺选自《东坡乐府》。苏轼（1037—1101），字子瞻，号东坡居士。眉山（今四川眉山县）人，是宋代文学成就最为全面的一位作家。他的散文汪洋恣肆，明白畅达；诗歌清新豪健，自成一家；词开豪放一派，对后代有很大影响；在书法、绘画等方面也有很高的造诣。念奴娇，词牌名。赤壁，三国时吴将周瑜击败曹操大军的地方，在今湖北省嘉鱼县东北。苏轼所游"赤壁"，在今湖北省黄冈县，应是"赤鼻矶"。❻［大江］长江。❼［淘］冲洗。❽［风流人物］杰出的人物。❾［故垒］旧时的营垒。❿［人道是，三国周郎赤壁］人们说这就是三国时周瑜大破曹军的赤壁。周郎即周瑜，周瑜为东吴大将时，年仅二十四岁，吴中称他为"周郎"。⓫［雪］喻指浪花。⓬［公瑾］周瑜的字。⓭［小乔］乔玄的小女儿，嫁给周瑜为妻。⓮［英发］英气风发，形容周瑜言论、见解卓越不凡的气概。⓯［羽扇纶（guān）巾］手握羽扇，头戴纶巾。这是当时儒将的装束。这里形容周瑜态度从容闲雅。纶巾，青丝织品做的头巾。⓰［谈笑间］谈笑之间。形容轻而易举，指挥若定。⓱［樯橹］原指桅杆和橹桨，这里代指曹军的船舰。⓲［故国神游］神游于故国。这是想像当年周瑜破曹的情景。故国，旧国，这里指旧地。⓳［多情应笑我，早生华发］应该笑我多情善感，头发早斑白了。华发，花白的头发。⓴［尊］通"樽"。㉑［酹（lèi）］用酒来祭。古人祭奠时，把酒洒在地上，以寄托自己的感情。这里是以酒洒在江中酬月，寄托自己的感情。

声　声　慢❶

李清照

寻寻觅觅，冷冷清清，凄凄惨惨戚戚❷。乍暖还寒时候❸，最难将息❹。三杯两盏淡酒，怎敌他、晚来风急❺！雁过也，正伤心，却是旧时相识❻。满地黄花❼堆积，憔悴损❽，如今有谁堪摘❾！守着窗儿，独自怎生得黑❿！梧桐更兼细雨，到黄昏，点点滴滴。这次第，怎一个愁字了得⓫！

“归来堂”的烛光

“归来堂”的屋宇虽不宏大，里面却整齐地排列着书橱大柜。柜里堆满了商彝周鼎、古史字画。每天晚上，堂里烛光荧荧，映照着一对年轻夫妻在鉴赏字画，勘校古籍。

他俩就是南宋杰出女词人李清照和她的丈夫赵明诚。

赵明诚是金石学家，研究钟鼎彝器、碑碣石鼓一类的东西。他不仅是欣赏，而且还从中研究古文字的演变、订正古史的伪谬。李清照虽是诗人，对研究金石也有极大的兴趣。为了收集资料，他们在街上看见名人字画，钱不够，即使脱衣服当了，也要买回来。后来，赵明诚当了莱州（今山东掖县）、淄州（今山东淄博市）的太守，他俩仍然节衣缩食，不要明珠翡翠首饰，不要涂金刺绣的器物，而省下俸禄，购买文物。在李清照的支持和帮助下，赵明诚终于写出了一部三十卷的《金石录》，成为中国考古史上的著名人物。

后来，赵明诚得病死了，李清照非常悲痛，当《金石录》印行时，李清照写了篇《后序》，直到今天，谁读一读它，仍然能被他们夫妻的恩爱所感动，依稀可见“归来堂”的荧荧烛光！

课后训练

【基础训练】

一、解释下列词句中画线的词语。

1. 暮霭沉沉楚天阔。

---

❶ 选自《全宋词》。李清照（1084—约1151），号易安居士，济南（今山东省济南市）人，宋代杰出女词人，婉约派词的代表作家之一。她的词作以南渡为界，分为前后期。前期词以反映少女、少妇时的优裕生活为主，内容狭窄，词风清丽婉转；后期词多写国破家亡的凄惨情境和痛苦之情，具有一定的社会意义，词风沉哀凄苦。声声慢，词牌名。 ❷［寻寻觅觅，冷冷清清，凄凄惨惨戚戚］意思是想找回失去的一切，但寻觅无果，反而有一种孤寂清冷气氛袭来，使自己更感凄惨哀戚，戚戚，忧愁的样子。 ❸［乍（zhà）暖还寒时候］忽暖忽冷的深秋天气。乍，忽然。 ❹［将息］调养休息的意思。 ❺［三杯两盏淡酒，怎敌他、晚来风急］意思是说，喝点淡薄的酒，怎能抵挡住夜晚的寒气。敌，抵挡。 ❻［雁过也，正伤心，却是旧时相识］意思是说，雁儿飞过，（可是丈夫已死，还捎信给谁呢？）正伤心时，细看雁儿却是给她带过信的“旧时相识”，这就使她更加难受了。 ❼［黄花］菊花。 ❽［憔悴损］枯萎凋谢的意思。 ❾［堪摘］可采。 ❿［怎生得黑］怎样才能挨到天黑呢？怎生，怎样。 ⓫［这次第，怎一个愁字了得］这种种情况，一个愁字怎么能概括得尽呢！这次第，这一连串的情况。了，完毕，了结。

2. 羽扇纶巾。

3. 一尊还酹江月。

4. 千古风流人物。

5. 这次第，怎一个愁字了得！

二、用现代汉语翻译下列词句。

1. 执手相看泪眼，竟无语凝噎。

2. 大江东去，浪淘尽、千古风流人物。

3. 故国神游，多情应笑我早生华发。

三、与诗相比，词里倒置的语序要多得多。试用现代汉语的正常语序改写下边的句子，并领会原句的表达效果。

1. 多情应笑我，早生华发。

2. 今宵酒醒何处？杨柳岸、晓风残月。

四、中长调的词都分片，一片就是一乐段。分两片的最常见，上片大多侧重写景、叙事，下片侧重抒情。回答下边的问题，体会词人怎样创造性地运用这种章法。

1.《雨霖铃》上片写情人话别时的种种情态，似乎已将离情说尽。先想想下片该怎么写，再分析作者这样写好在哪里。

2.《念奴娇》下片从周瑜的功业说到作者的感慨，说说它的上片是怎样为此铺垫的？

五、阅读下边的短文，然后回答问题。

东坡在玉堂（官署名，又称玉署，在学士院内）日，有幕士善歌，因问："我词何如柳七（柳永）?"对曰："柳郎中（官名）词只合十七八女郎，执红牙板，歌'杨柳岸，晓风残月'；学士（官名）词须关西大汉，铜琵琶，铁绰板，唱'大江东去'。"东坡为之绝倒（笑得直不起身子）。

（俞文豹《吹剑录》）

1. 这位幕士给柳词和苏词选择了不同的歌者和不同的乐器伴奏，意味着什么？

2. 幕士用"杨柳岸、晓风残月"和"大江东去"分别代表柳词和苏词，是否恰当？

3. 结合全词内容说说上面这两个句子里的意象。

六、背诵这三首词。

【能力训练】

一、《念奴娇·赤壁怀古》这首词中用了哪几个典故？试以阅读经历为例，说说典故的运用对表现作者思想感情的作用。

二、用学过的词牌或其他词牌填一首词，词题自定，平仄可不拘，但要押韵。

豪放派与婉约派

豪放派和婉约派是宋代词坛上的两大流派，其作品分别表现出不同的风格，豪放派作品气势豪放，意境雄浑，词中充满豪情壮志，给人一种积极向上的力量。代表作家以苏轼、辛弃疾为主，代表作品为苏轼的《念奴娇·赤壁怀古》和辛弃疾《永遇乐 京口北固亭怀古》。婉约派作品语言清丽、含蓄，词内容中抒写的感情婉转缠绵，情调或轻松活泼，或离愁别绪，或深沉幽怨，刻画精细，题材较狭窄，往往多是写个人遭遇、男女恋情，也间有写山水，融情于景的。婉约派的代表词人有柳永、秦观、李清照等。代表作品有柳永的《雨霖铃》和姜夔的《扬州慢》。

8 中外诗歌一组

学习提示

中国新诗诞生于“五四”运动前夕，它不断接受外来影响并融合在自己的民族风格中，此时涌现了大批诗人、作品和众多的艺术流派。新中国成立后，当代新诗继承了“五四”以来新诗的优良传统，并从古典诗歌中汲取养料，取得显著成就。

毛泽东诗词是用古典诗词形式写成的现代诗歌，是中国现代诗歌百花园中的奇葩。长沙是毛泽东早年求学和从事革命活动的地方。1925年秋，毛泽东离开故乡韶山，去广州主持农民运动讲习所，途经长沙，重游橘子洲，感慨万分，写下这首《沁园春·长沙》，最早发表于《诗刊》1957年1月号。上阕写眼前的景物和心中所思——祖国的沉浮，以写景为主，下阕追忆往事，重在抒情，表现青年时代的博大情怀和革命壮志。

外国诗人及作品众多，这里仅选两首。

《假如生活欺骗了你》是普希金1825年题在奥西波娃的女儿纪念册上的一首诗。诗中普希金劝慰女友对人生、对生活要持乐观豁达的态度。悲哀是暂时的，而快乐是永恒的。本诗还传达了另一重要哲理：令人悲哀的事情一旦过去，就会变成一种亲切的回忆。这首诗语调亲切，热诚坦率，具有浓郁的人情味。

《我愿意是激流》是裴多菲献给未婚妻尤丽亚的一首爱情诗。诗人热情、真挚地向爱人倾诉衷肠，咏唱对爱情的渴望与坚贞。诗中运用比喻和对比的手法，形象鲜明，寓意深长，句式相似，循环往复，具有浓郁的民歌风格。

假如生活欺骗了你[1]

（俄）普希金

假如生活欺骗了你，
不要忧郁，也不要愤慨！

---

[1] 选自《普希金抒情诗选集》下集，查良铮译（江苏人民出版社，1982年版）。普希金（1799—1837）俄国诗人，俄国积极浪漫主义文学的主要代表和批判现实主义文学的奠基人。他出身贵族家庭，酷爱民主和自由，痛恨沙皇统治，反对农奴制度。他一生创作了大量诗歌，《鲁斯兰和柳德密拉》《茨冈》以及长篇诗体小说《叶甫根尼·奥涅金》等都是广为传诵的名作。普希金的诗歌优美、完整、匀称、精巧，真挚淳朴、铿锵有力，具有哀歌式的忧郁和强烈的艺术魅力。不仅如此，他在小说、散文、戏剧等方面也有划时代的成就。高尔基赞誉普希金是“俄国文学之始祖”，是“伟大的俄国人民诗人”。人们誉他为“俄罗斯诗歌的太阳”。

不顺心时暂且克服自己，
相信吧，快乐的日子就会到来。

我们的心儿憧憬着未来，
现今总是令人悲哀：
一切都是暂时的，转瞬即逝，
而那逝去的将变为可爱。

我愿意是激流❶

（匈）裴多菲

我愿意是激流，
在山里的小河，
在崎岖的路上，
岩石上经过……
只要我的爱人
是一条小鱼，
在我的浪花中，
快乐地游来游去。

我愿意是荒林，
在河流的两岸，
对一阵阵的狂风，
勇敢地作战……
只要我的爱人，
是一只小鸟，
在我的稠密的
树枝间做巢鸣叫。

我愿意是废墟，
在峻峭的山岩上，
这静默的毁灭，

---

❶ 选自《裴多菲诗选》（人民文学出版社，1979 年版）。裴多菲（1823—1849），匈牙利 19 世纪最伟大的诗人，资产阶级民主主义革命家。他出身于贫苦的农民家庭，做过流浪艺人。1849 年在匈牙利卫国战争中战死疆场，年仅 26 岁。裴多菲 15 岁开始写诗，题材多取自人民生活，一生共写了 800 多首抒情诗和 8 部长篇叙事诗和一些小说、戏剧。著名长诗《使徒》是他后期总结性作品。他的诗歌充满革命激情，风格清新，语言通俗，富有民歌风味。他的作品对匈牙利民族文学发展影响很大。

并不使我恼丧……
只要我的爱人
是青青的常春藤，
沿着我荒凉的额，
亲密地攀援上升。

我愿意是草屋，
在深深的山谷底，
草屋的顶上，
饱受风雨的打击……
只要我的爱人
是可爱的火焰，
在我的炉子里，
愉快地缓缓闪现。

我愿意是云朵，
是灰色的破旗，
在广漠的空中，
懒懒地飘来飘去，
只要我的爱人
是珊瑚似的夕阳，
傍着我苍白的脸，
显出鲜艳的辉煌。

沁园春·长沙[1]

毛泽东

独立寒秋，湘江北去，橘子洲[2]头。看万山红遍，层林尽染[3]；漫江[4]碧透，百舸[5]争流。鹰击长空，鱼翔浅底[6]，万类霜天竞自由[7]。怅[8]寥廓[9]，问苍茫[10]大地，谁主[11]沉浮[12]？

携来百侣[13]曾游。忆往昔峥嵘岁月稠[14]。恰同学少年，风华正

---

[1] 选自《毛泽东诗词集》（中央文献出版社，1996年版）。[2]［橘子洲］又名水陆洲，在长沙西面湘江中。[3]［层林尽染］山上一层层的树林经霜变红，像染过一样。[4]［漫江］满江。[5]［百舸（gě）］许多船。舸，大船。[6]［鹰击长空，鱼翔浅底］鹰在广阔的天空里飞，鱼在清澈的水里游。击，搏击，这里形容飞得矫健有力。翔，本指鸟盘旋地飞，这里形容鱼游得轻快自由。[7]［万类霜天竞自由］万物都在秋光中争过自由自在的生活。[8]［怅］原意是失意，这里用来表达由深思而激昂慷慨的心绪。[9]［寥廓］指宇宙的广阔。[10]［苍茫］旷远迷茫。[11]［主］主宰。[12]［沉浮］同“升沉（上升和没落）”意思接近。这里指盛衰。[13]［百侣］很多的伴侣。这里指战友。[14]［峥嵘岁月稠］过得不平常的日子是很多的。峥嵘，不平凡，不寻常。稠，多。

茂❶；书生意气，挥斥方遒❷。指点江山，激扬文字❸，粪土当年万户侯❹。曾记否，到中流❺击水❻，浪遏❼飞舟？

再别康桥❽

徐志摩

轻轻的我走了，
　　正如我轻轻的来；
我轻轻的招手，
　　作别西天的云彩。
那河畔的金柳，
　　是夕阳中的新娘；
波光里的艳影，
　　在我的心头荡漾。

软泥上的青荇❾，
　　油油的在水底招摇；
在康河的柔波里，
　　我甘心做一条水草！

那榆荫下的一潭，
　　不是清泉，是天上的虹，
揉碎在浮藻间，

---

❶［风华正茂］风采才华正盛。❷［书生意气，挥斥方遒（qiú）］同学们意气奔放，正强劲有力。挥斥，奔放。遒，强劲有力。❸［指点江山，激扬文字］评论国家大事，写出激浊扬清的文章。指点，这里是评论的意思。江山，指国家。激扬，激浊扬清，抨击恶浊的褒扬善良的。❹［粪土当年万户侯］意思是把当时的军阀官僚看得同粪土一样，粪土，作动词用，视……如粪土。万户侯，汉代设置的最高一级侯爵。万户，指侯爵封地内的户口，他们要向受封者交租税，为他们服劳役，这里借指大军阀、大官僚。❺［中流］江心水流急的地方。❻［击水］指游泳。❼［遏（è）］阻止。❽选自《徐志摩诗全编》（浙江文艺出版社，1987年版）。徐志摩（1896—1931），浙江海宁人。1918～1922年先后留学美国、英国。1922年回国后，先后在北京大学、光华大学等校任教。1923年成立“新月社”，是其主要成员。1928年主编《新月》月刊。1931年因飞机失事遇难。徐志摩是中国现代文学流派“新月派”的代表诗人，著有诗集《志摩的诗》（1925）、《翡冷翠的夜》（1927）、《猛虎集》（1931）、《云游》（1932）。早期诗歌多表现对资产阶级理想的向往和追求，也有同情下层人民痛苦生活和不满现实的诗篇；后期诗歌多表现理想破灭后的彷徨、感伤、空虚和颓废情绪。其诗形象性强，比喻贴切，音节和谐，语言清新，形式也比较多样，有较高的艺术性。康桥，即英国剑桥。1922年8月，他归国前夕曾作《康桥再会吧》。1928年徐志摩游学再至英国剑桥大学。归国途中写下《再别康桥》。诗人以缠绵委婉的笔调，抒写了对康桥无限留恋、依依惜别的感情，微妙地流露了因理想的破灭而无限哀伤的情怀。诗人很注意追求语言的独创和新鲜感，全诗意境柔美，音节和谐，节奏舒缓，句式匀称。诗人独特的艺术造诣，使这首诗成为新月派的代表作，赢得广大读者的一致赞赏。❾［青荇（xìng）］即荇菜，一种水生植物。

沉淀着彩虹似的梦。

寻梦？撑一支长篙，
向青草更青处漫溯，
满载一船星辉，
在星辉斑斓里放歌。

但我不能放歌，
悄悄是别离的笙箫；
夏虫也为我沉默，
沉默是今晚的康桥！

悄悄的我走了，
正如我悄悄的来；
我挥一挥衣袖，
不带走一片云彩。

1928年11月6日

课后训练

【基础训练】

一、《沁园春·长沙》上阕主要是通过哪些意象表现诗人独特感受和思想感情的？下阕围绕“同学少年”又表现了怎样的感情？

二、有感情地朗读《再别康桥》，回答问题。

1. 诗人对大自然是怎样的态度？表达出对母校怎样的感情？

2. 第一节和最后一节语意相似，“轻轻”、“悄悄”这两个词语前置有何意味？

三、《假如生活欺骗了你》一诗所含的哲理是什么？对你有何启示？

【能力训练】

一、朗诵这四首诗，把握朗诵技巧，注意其节奏与韵律。

二、比较《沁园春·长沙》和《沁园春·雪》，自选角度写一篇赏析短文。

三、以《我愿意是激流》为例，谈谈诗歌内容和形式的关系。

沁园春·雪

1936年2月

毛泽东

北国风光，千里冰封，万里雪飘。望长城内外，惟余莽莽；大河上下，顿失滔滔。山舞银蛇，原驰蜡象，欲与天公试比高。须晴日，看红装素裹，分外妖娆。

江山如此多娇，引无数英雄竞折腰。惜秦皇汉武，略输文采；唐宗宋祖，稍逊风骚。一代天骄，成吉思汗，只识弯弓射大雕。俱往矣，数风流人物，还看今朝。

四、试以时代的主旋律为题，写作一首自由体诗歌。

这是一首叙旧诗，经过谱曲，成为一支举世闻名广为流传的歌曲。“往昔的时光”重复出现，诗歌通过儿时欢乐与后来饱经风霜的对照，集中表达了对时光流逝的痛惜，对旧日年华的共同追忆。

往昔的时光

彭　斯

（合唱）为了往昔的时光，老朋友，
为了往昔的时光，
再干一杯友情的酒，
为了往昔的时光。

老朋友哪能遗忘，
哪能不放在心上？
老朋友哪能遗忘，
还有往昔的时光？

你来痛饮一大杯，
我也买酒来相陪。
干一杯友情的酒又何妨？
为了往昔的时光。

我们曾遨游山冈，
到处将野花拜访。
但以后走上疲惫的旅程，
逝去了往昔的时光！

我们曾赤脚趟过河流，
水声笑语里将时间忘。
如今大海的怒涛把我们隔开，
逝去了往昔的时光！

忠实的朋友，伸出你的手，
让我们握手聚一堂。
再来痛饮一杯欢乐酒，
为了往昔的时光！

——选自《外国抒情诗赏析辞典》

【思维训练】

一、谈谈形象思维在古诗词阅读与欣赏中的作用。

二、从文字描绘的形象出发，结合对作品的创作背景和作者创作意图的了解并联系自己的生活经验，谈谈怎样培养读诗的情趣。

三、苏轼在《题西林壁》一诗中写道

横看成岭侧成峰，远近高低各不同。
不识庐山真面目，只缘身在此山中。

结合事例谈谈观察的角度对见识的作用。

【阅读训练】

一、填上下列名诗的上下句，测试一下自己的知识面。

1. 蒹葭苍苍，白露为霜。________，__________。

2. 孔雀东南飞，__________。

中有双飞鸟，__________。仰头相向鸣，____________。

3. ________，水不厌深，周公吐哺，________。

采菊东篱下，____________。

4. ______________，千金散尽还复来。

5. 蜀道之难，______________！

6. 无边落木萧萧下，______________。

7. 大弦嘈嘈如急雨，______________。

8. ______________，相逢何必曾相识。

黄沙百战穿金甲，______________。

9. 大江东去，浪淘尽、______________。

10. ________，________，凄凄惨惨戚戚。

舞榭歌台，__________________。

夕阳西下，______________。

11. 此曲只应天上有，______________。

12. 问渠哪得清如许，______________。

13. 沉舟侧畔千帆过，______________。

14. 曾经沧海难为水，______________。

15. 何当共剪西窗烛，______________。

16. 落红不是无情物，____________。

17. 别有忧愁暗恨生，____________。

18. 心事浩茫连广宇，____________。

19. 拼将十万头颅血，____________。

春江潮水连海平，____________。

20. 如此星辰如此夜，____________。

二、按要求完成下列各题。

1. 阅读《关雎》，完成（1）～（2）题。

关关雎鸠[①]，在河之洲。窈窕淑女，君子好逑[②]。
参差荇菜[③]，左右流[④]之。窈窕淑女，寤寐求之。求之不得，寤寐思服[⑤]。优哉游哉，辗转反侧。
参差荇菜，左右采之，窈窕淑女，琴瑟友之。参差荇菜，左右芼[⑥]之。窈窕淑女，钟鼓乐之。

［注］① 雎鸠：鸟名。② 逑（qiú）：匹配。③ 荇（xìng）菜：水生植物，可食。④ 流：求取。⑤ 思服：思念。⑥ 芼（mào）：择取。

（1）对这首诗分析有误的一项是（　　）。

A. 这是赞美贵夫人的风采多姿、贞洁文静的诗。

B. 这是一首描写男女恋爱的诗。

C. 它描写了“君子”对“淑女”的追求。

D. 采用重章复唱手法，写出了“君子”追求“淑女”的过程，曲折生动。

（2）这首诗与课文中两首诗比较有误的一项是（　　）。

A. 和《氓》一样都运用了兴的手法，《关雎》中兴的句子与下文的关系属“触景生情”一类。

B. 都运用了比的手法，“参差荇菜，左右流之”比喻“君子”努力追求“淑女”。

C. 都采用重章复唱的手法。

D. 它们都注意押韵，既加强音乐节奏感，又扩展内容，增强了感情的抒发。

2. 阅读《鸟鸣涧》，完成（1）～（2）题。

人闲桂花落，夜静春山空。月出惊山鸟，时鸣春涧中。

（1）对这首诗的赏析，不恰当的一项是（　　）。

A. 诗人用花落、山空、月出、鸟鸣这些动态的描写，来反衬出春山月夜静无人声的幽寂。

B. 第四句中诗人用“时”来修饰“鸣”，从听觉上给人动静的对比，起了更生动的烘托作用。

C. 全诗为我们描绘了一幅淡雅而意境幽远的春山月夜图，真是“诗中有画，画中有诗”。

D. 全诗语言清新自然，不堆砌典故，但却细致地表现出自然界光色和音响的变化。

（2）诗人将静与动巧妙地统一，共同构成意境，颇有艺术辩证法。下列唐诗中没有运用动静相衬手法的一项是（　　）。

A. 桥响犬遥吠，庭空人散眠。（许浑《夜归丁卯村舍》）

B. 炉火照天地，红星乱紫烟。（李白《秋浦歌》）

C. 寒树鸟初动，霜桥人未行。（刘禹锡《途中早发》）

D. 鹤鸣楚山静，露白秋江晓。（柳宗元《与崔策登西山》）

3. 阅读苏轼的《江城子·密州出猎》，完成（1）～（2）题。

老夫聊发少年狂，左牵黄，右擎苍，锦帽貂裘，千骑卷平冈。为报倾城随太守，亲射虎，看孙郎[①]。酒酣胸胆尚开张，鬓微霜，又何妨。持节云中，何日遣冯唐[②]？会挽雕弓如满月，西北望，射天狼。

［注］①孙郎：孙权。②冯唐：汉文帝时大臣。时魏尚为云中太守，抗击匈奴有功，但因报功不实而获罪削职，后来文帝派冯唐持节去赦免魏尚，仍叫他当云中太守。

（1）对这首词的字句的解说，不恰当的一项是（　　）。

A. “左牵黄，右擎苍”中的“黄”指黄犬，“苍”指苍鹰。这一句塑造了词人出猎时的形象。

B. “为报倾城随太守”的意思是：为了报答我的恩德，全城出动随我去打猎。“太守”指词人。

C. “持节云中，何日遣冯唐”一句，词人以守卫边疆的魏尚自比，希望能得到朝廷重任。

D. “射天狼”中的“天狼”是星名，这里指数犯大宋边境的辽国和西夏国。

(2) 对这首词的分析，不恰当的一项是（　　）。

A. 词中抒发了词人渴望抗敌戍边、建功立业、报效朝廷的爱国热情。

B. 词的上阕表达了词人对古代英雄的仰慕，并具体刻画了孙权出猎时的英雄形象。

C. 词的下阕写作者“少年狂”的胸怀，抒发由打猎激发起来的壮志豪情。

D. 这首词通篇纵情放笔，气概豪迈，所写场面壮观热烈，所塑造的人物情豪志壮。可谓豪放词的出色之作。

4. 比较阅读下面两首词，回答（1）～（2）题。

卜算子·咏梅

陆　游

驿外断桥边，寂寞开无主。已是黄昏独自愁，更著风和雨。无意苦争春，一任群芳妒。零落成泥碾作尘，只有香如故。

卜算子·咏梅

毛泽东

读陆游咏梅词，反其意而用之。

风雨送春归，飞雪迎春到。已是悬崖百丈冰，犹有花枝俏。俏也不争春，只把春来报。待到山花烂漫时，她在丛中笑。

(1) 对两首词的词意理解有误的一项是（　　）

A. “驿外”、“断桥”、“黄昏”、“更著风和雨”，写出了梅花所处环境的荒凉、恶劣，写出了受到打击的情景。

B.“一任群芳妒”，表明了作者面对排斥、打击而无可奈何的心境，孤独苦闷的心情。

C. 毛泽东主席的词用“飞雪”、“悬崖”、“百丈冰”，写出了梅花凌风傲雪，不畏严寒的品质。

D. “待到山花烂漫时，她在丛中笑”，意为当春天来临，百花盛开之时，梅花虽已凋谢，但凋落的花瓣处在万花丛中，仍露出欣慰的笑容。

(2) 对两首词的赏析，不恰当的一项是（　　）

A. 两首词都表现出梅花不与百花争春，甘愿自己经风着雨，也要保持高尚节操的优秀品格。

B. 两首词均从写景入手，通过景物描写很好地渲染了气氛，为梅花形象的塑造提供了有效的背景。

C. 两首词的意境是不同的。陆游的词流露出寂寞无奈、孤芳自赏的消极心态，毛泽东主席的词表现了与群芳同春、积极向上的思想。

D. 毛泽东主席词中的梅花是威武不屈的，迎着严寒冰雪，傲然挺立，坚持真理的革命者形象，陆游词中的梅花则是封建士大夫既保持节操，又消极无奈情景的写照。

5. 对下面这首诗的赏析，不恰当的一项是（　　）

帆

［俄］莱蒙托夫

在那大海上淡蓝色的云雾里，
有一片孤帆在闪耀着白光！……
它寻求什么，在遥远的异地？
它抛下什么，在可爱的故乡？……

波涛在汹涌——海风在呼啸，
桅杆弓起了腰轧轧在作响……
唉！它不是在寻求什么幸福，
也不是逃避幸福而奔向他方！

下面是比蓝天还要清澄的碧波，
上面是金黄色的灿烂的阳光……
而它，不安的，在祈求风暴，
仿佛是在风暴中才有安详。　　（1832 年）

A. 第一节写远景，诗人用极简练的笔触勾画了一幅大海孤帆的动人情景，然后用两个充满感情色彩的疑问句勾起读者对“帆”的探究欲望。

B. 第二节写近景，把帆船与风浪搏斗的情景生动地展现在我们面前，然后又用两个感慨万千的否定句把读者的思绪引向深入。

C. 第三节近乎特写镜头。一上一下，突出了“帆”与周围环境的巨大反差，从而强调出“帆”执著地祈求风暴的叛逆性格。

D. 全诗一共三节，每一节都是前两句抒情，后两句写景。大海上这只孤独的白帆，其实正是诗人那骚动不安的心灵的象征。

【写作训练】

一、写作指导

诗歌是由精练、形象、富有节奏感、音乐性的语言，比兴、夸张、象征等表现手法，通过丰富的联想和想象抒发感情，创造鲜明的形象和深远意境，来集中概括地反映现实生活。因而在写作时须注意这一文学样式的要求。

1. 写诗要含蓄

诗的含蓄在于意象的运用。诗人不直接表达感情，而是通过意象，委婉表现，即所谓“不着一字，尽得风流”。其技巧有以下几点。

（1）精心选取典型意象　如下文。

一代人

顾　城

黑夜给了我黑色的眼睛，
我却用它寻找光明。

诗中以“黑夜”和“黑色的眼睛”两个意象叠印在一起，表达“一代人”在黑暗中奋斗，渴望光明的心情。

(2) 充分利用比喻、象征　比喻、象征，化抽象为具体，能使意象丰富、形象，意蕴深厚。如裴多菲《我愿意是激流》通篇设喻用“激流”、“荒林”、“废墟”、“云朵”、“破旗”来比喻自己；用“小鱼”、“小鸟”、“常春藤”、“火焰”、“夕阳”来比喻恋人，反映了诗人甘为恋人的幸福献出自己的一切，对爱情忠贞不渝的思想感情。

(3) 借鉴古诗的“列锦”修辞方法　列锦是“以名词或以名词为中心的定名词组，组合成一种多系列项的特殊非主谓句，用来写景抒情，叙事述怀”的一种修辞格。这种修辞格，将几个在内容上有密切联系的名词或以名词为中心的偏正短语联结起来，构成由一个个意象组接而成的意象群，在简洁、凝聚的语言表层形式下，蕴含着丰富的深层含义。如马致远的《秋思》用了九个名词，构成九幅图画，展现三组特写镜头，为“断肠人”的活动创设了典型环境衬托天涯游子的羁旅之苦，达到了“状难写之景如在目前，含不尽之意见于言外”的境地。

2. 写诗重在抒情

诗歌是通过抒情的方法表达作者的思想感情的，加之诗歌对生活进行高度集中的艺术概括，就使作者在诗歌中洋溢的感情显得尤为强烈、鲜明、动人，所以说优秀的诗歌是感情的产物。如《回延安》《周总理，你在哪里?》等。

诗歌的功用是言情，而情是千变万化、曲折微妙的，由此就出现了诗的主题的模糊性和多重性，它常表现为意识的一股细流流动，思维的一块残片闪光，情感的一片微澜泛起。这类诗富有神韵，如按传统方法解读，势必云山雾罩，难赏其美。如因此又将其拒之于诗的殿堂之外，那更是诗的悲哀。下举一例，请咀嚼品味。

你走在我的梦上

郝晓英

似落叶惊醒了秋湖的梦
似钟声摇撼了黄昏的静
你　无端叩响了我紧闭的门

当湖水失去了梦
当黄昏失去了静
心弦在微微颤抖

而你　却似晚风吹过树梢的叶
飘然而来　又飘然而去
请轻轻地走
因为你走在我的梦上

3. 写诗贵在新奇

(1) 语言的新奇　艾青说“诗是艺术的语言——最高的语言，最纯粹的语言”。诗人应该从“几千吨语言的矿藏中”去提炼那些新鲜的、有色调的、有光彩、有形象的语言，即古人所说的“百炼为字，千炼成句”。李清照词中“莫道不销魂，帘卷西风，人比黄花瘦”中“瘦”字用得大胆，“寻寻觅觅，冷冷清清，凄凄惨惨戚戚”一连用了十四个叠字，写诗人“憔悴损”，更是千古警绝。

(2) 构思的新奇　要想写好诗歌，必须认真进行构思，使写出来的诗歌令人感到新颖，给人以深刻的启示和教育。构思就是作者对主题思想的艺术处理。具体地说，就是指从产生写作动机到进行创作的一系列思考过程。构思要新，除了立意新、思想新外，布局安排、艺术表现手法也要新。构思不落俗套，有作者独特的感受，才会获得艺术的生命力。

（3）意象的新奇　诗美不美，有无诗味，主要体现在意象的新奇上。看下面这首诗。

春天的意象

赖　特

两个运动员
正跳舞在风的
教堂内

一只蝴蝶
飞落在你绿色话声的
枝头上

几匹小羚羊
熟睡在月亮的
灰烬里

赖特的诗是从心灵无意识的田野里摘取三个意象。“风的/教堂”、“绿色话声的/枝头”和“月亮的/灰烬”三联六行的名词搭配很奇特、新鲜，把平常不可能联系的事物蒙太奇式地联系在一起，把感知的世界作了奇妙的转换，有了深层的含义。

4. 写诗必须有韵

诗的韵律体现在诗歌语言的音乐性、节奏的押韵和结构的回环往复上。

（1）诗歌的节奏　主要是由语音的强弱和长短安排造成的，是诗歌思想感情的外在表现，激昂高扬的内容，常常随之以强烈、激越的节奏。诗人郭小川进行诗歌创作时特别注意节奏和韵律，如《青纱帐——甘蔗林》。

（2）诗歌的押韵　诗歌的韵律，就新诗来讲，主要是指押韵，即在诗句的末尾用韵母相同和相近的字。押韵可使诗歌读起来顺口、响亮、动听，富有音乐性，增强音乐感。常见的方式都是在双数句，即二行、四行、六行、八行的末尾上押韵。行数较多的诗，中间可以换韵；换韵的地方一般是内容和感情变化的地方。诗的节奏和韵律，都应当为充分、完美地表达内容服务，不能因此而束缚思想，更不可因辞害义。

（3）诗歌的回环往复　回环往复是为强化诗的思想感情服务的。用好了，会达到“余音绕梁，三日不绝”的效果，使读者沉浸于浓郁的诗味中，在诗人的感情的海洋里一波三荡，萦回翻卷。《诗经》的重章迭唱就是回环往复的典型体现。现代诗作中徐志摩的《再别康桥》、戴望舒的《雨巷》是这方面的杰作，我们应多加品味。

二、写作训练

1. 选择一个自己喜爱的贺年卡，为卡上的画面配诗。

提示：（1）诗不一定很长，要尽可能表现出画面的意境。

（2）不要过分拘泥于画面，应展开丰富的想象，精选意象表达自己的感情。

（3）真诚地祝福亲友，感情强烈。如下文。

写在贺卡上的诗

杨武平

就因为这是最后一个冬天
我害怕春天的来临
在寒冷的风里，我的黑树枝长出了雪花
粉红羽绒衣的你亭亭玉立
像一朵夜的轻云
让我们一同走进冬日的梦境
天真的你，幸福离你很近
你是灰冷的白桦林里的一个红色小亭
我们的岁月贴满你粉红的影子
就是在寂寞的时候也充满温馨
你不必盼望春天
把你最美丽的情意留给我
我将把雪花似的祝福一朵朵
降落在浅蓝的冰上
为你送行

2. 根据自己的兴趣，结合特别的节日、时令、场景、感悟等，自拟题目，写一首自由体诗歌。

3. 选一首喜欢的古诗词，写一篇赏析文（注意欣赏的角度和方法）。

课外阅读篇目

1. 屈原《离骚》
2. 李白《将进酒》
3. 杜甫《蜀相》
4. 白居易《长恨歌》
5.《毛泽东诗词选》

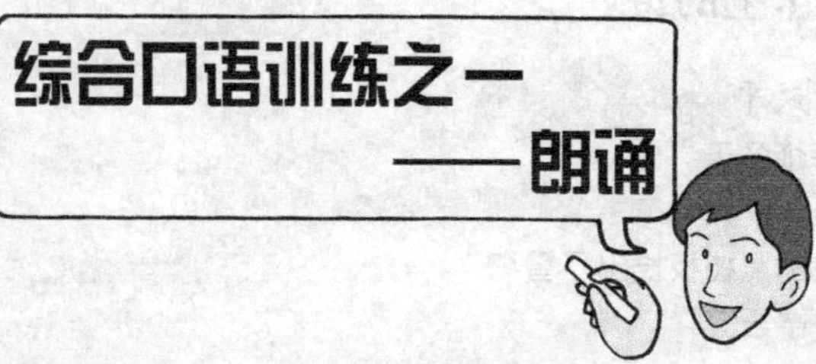

【训练目标】

1. 了解朗诵的有关知识。

2. 学习朗诵的技巧。

3. 掌握朗诵的基本方法，进行各类作品的朗诵。

【知识要点】

朗诵，是一种把书面语言转化成有声语言的表达方式，它是朗读的升华，它要求朗诵者语言、表情、动作、形体互相配合，以发挥更强的艺术感染力。因此，也可以说朗诵是一门综合性的语言艺术。

一、朗诵的作用

1. 培养敏锐的语感

所谓语感，即是指人们对语言的感受力，这种感受力包括对语法规律的全面掌握，对修辞是否恰当、用词是否妥帖的正确判断等。这些我们当然可以在课堂上通过语文教师的讲解、传授来慢慢体味，但同时朗诵的练习也是获得上述能力的一个重要途径。因为一般情况下，我们朗诵的材料，多是语法规范、文辞优美的典范之作，通过对这些优秀篇章的反复吟诵，就可以逐渐培养起我们敏锐的语感。

2. 提高口语表达能力

作为一种常见的语言活动，朗诵在培养和提高人们的口语表达能力方面有着重要的作用。虽然朗诵的材料是规范的书面语言，但这些书面语言在朗诵中要借助有声语言传达出来，同时在朗诵过程中还要掌握必要的、科学的发音方法及语调、重音、语速等技巧，这些都对口语表达能力的提高有着极好的促进作用。同时朗诵训练还能带动朗诵者普通话水平的提高，这也是口语表达能力的一个重要方面。

3. 陶冶性情

在朗诵前，人们一般都要仔细选择朗诵的作品。这些作品大都是文学性、思想性、艺术性都很高的佳作。通过朗诵这些作品，可以使朗诵者和听者不知不觉地受到感染和熏陶，从而达到愉悦性情、陶冶情操的目的。比如，朗诵毛泽东的《沁园春·雪》，我们能深切地体会到全词中的豪迈气概和革命激情，我们会为祖国的幅员辽阔、山河壮丽而感到由衷的自豪和骄傲。

4. 增强记忆力

朗诵不同于朗读，朗读一般是边看边读，而朗诵一般要求脱稿背诵。因此，在朗诵训练中，必须反复记忆朗诵材料，这对增强人们的记忆力是大有裨益的。

二、朗诵的要求

1. 准确把握作品基调

深入理解作品内涵，准确把握作品基调是朗诵成功的基础。对朗诵作品的主旨不理解，或理解得不深、不透、不准，朗诵的效果就不可能好。因此，在朗诵前，要对作品的内容仔细揣摩，把握文章的感情基调，是喜悦的，还是哀伤的，是豪迈的，还是凄婉的，都要做出准确的判断和把握，惟其如此，朗诵才有可能成功。

2. 语音准确、语句流畅

朗诵时，必须使用标准的普通话，发音要准确无误，吐字清晰，并掌握普通话的各种音变规律。此外，还要注意不要添读、漏读、倒读、重复，不要读破词或读破句（即在一个词或一句话中不该停顿的地方停顿，把一个完整的词或句从中间生硬的割裂开来）。要努力做到读音断句正确，换气巧妙，连贯自然，语法规范，语义周密，以达到最佳表达效果。

3. 声情并茂、富有感染力

真挚的感情是朗诵成功的另一个主要条件。朗诵过程中，朗诵者要善于运用声音的高低、强弱、快慢变化及语调的升降、轻重，并辅以必要的手势、动作、表情，准确传达出作品丰富的思想感情，使人听起来既有抑扬顿挫的节奏美又饱含深情，极富吸引力和感染力。相反，如果语调平直，缺少变化，或装腔作势，表情、动作夸张，则会直接导致朗诵的失败。

三、朗诵训练的基本环节

1. 深入研习作品，做好朗诵的准备工作

要朗诵好，第一个环节就是要深入研习朗诵作品。不仅要准确把握作品的体裁特点、主题思想、人物形象、语言风格，还要了解作品创作的背景材料、作家的创作意图、创作风格等，从而准确把握作品的思想内涵和感情基调，这是朗诵前最重要的准备工作。比如朗诵苏轼的《念奴娇·赤壁怀古》这首词，就要理解作者创作时矛盾的思想情绪：一方面他渴望像周瑜一样能早日建功立业，实现自己的远大抱负；另一方面，现实中他又不受重用，雄才大略难以施展。所以朗诵这首词时，上阕要有激情，下阕则要略带感伤，处理上要有差别。

2. 对朗诵材料作必要的技巧处理

所谓技巧处理，就是指根据自己对作品思想感情的理解，逐字逐句地对作品进行分析，什么地方要停顿、什么地方要重读、哪里要快、哪里要慢、哪句要用升调、哪句要用降调、什么地方要喜悦、什么地方要哀伤……都要做上详细的标记，以便朗诵时正确传达原作的思想感情。

3. 试读

按照已经做好的标记，反复读给周围的人听，并且可以请他们给予评判，以便发现问题并及时纠正，直至读准、读清、读熟。

4. 朗诵

在完成了上面的工作之后，就要下工夫去记忆了，不仅要记忆原作，还要记住自己对作品的处理。但切忌把朗诵作成机械的背诵。在朗诵时，朗诵者一定要全神贯注，感情投入，边朗诵边想像原作所描绘的画面、意境，只有沉浸其中，朗诵才会成功。

四、不同体裁的文学作品的朗诵技巧

文学作品的体裁是多样的，不同的文体有不同的特点，我们在朗诵时要善于把握这些特点，并通过朗诵把这些特点表现出来。

1. 诗词的朗诵

诗歌是以精练、形象、具有节奏韵律的语言，饱含着强烈的感情，高度集中地反映社会生活的一种文学体裁。诗词的这些特点，使其在结构上与一般的文章有很大区别，但也正因为如此，诗词作品更适合朗诵。朗诵诗词要注意以下三点。

（1）突出诗词精练的语言、幽远的意境　诗词的写作极其讲究锤炼语言，我国古典诗词更是如此，杜甫的“为人性僻耽佳句，语不惊人死不休”的诗句就是一个极好的证明。一首古诗词，虽然常常只有几十字，但内容并不单薄。如元代著名散曲家马致远的那首《天净沙·秋思》：“枯藤老树昏鸦，小桥流水人家。古道西风瘦马。夕阳西下，断肠人在天涯。”全词只有28字，但为我们勾画出一幅有动有静的秋郊夕照图，准确而委婉地刻画出旅人漂泊的心境。朗诵时要在声音上加以突出，尽量舒缓一些，给人以想象的余地，使人听后仿佛能看到那个在古道上踽踽而行的孤独的背影，听到他从心底发出的那声长长的叹息。

（2）抒发诗词中强烈的思想感情　任何文学作品都渗透着作者的思想感情，但是比较起来，诗歌的感情色彩更加浓厚。优秀的诗篇总是饱含着真挚而浓烈的感情。因此朗诵时要把自己设想成作者，明确诗歌的情感基调（是哀怨还是欣喜，是憎恶还是向往等），抓住其情感载体（杨柳——离别、梅花——高洁、圆月——思念、落叶——失意等），搞清其抒情方法（是直抒胸臆还是寓情于景、于事、于理），并善于运用声音技巧把原作中强烈的思想感情表达出来。

（3）表现诗词和谐的韵律节奏　诗的语言是最富有节奏感和音乐美的，诗歌的音乐美主要来源于平仄、韵脚和节拍三个方面。朗诵诗词时平声字要读得悠扬响亮，仄声字则要坚定有力，使语言抑扬顿挫；韵脚要读得清晰、饱满，使音韵和谐悦耳；而对节奏，则应视不同类别、不同时代的诗词区别对待。如朗诵五言诗一般是三顿，第一顿时间较长；而朗诵七言诗一般需要四顿，第二顿时间较长。五言有二一二的，也有二二一的；七言有二二二一的，也有二二一二的。这些在朗诵时要认真体会。如

锄禾//日/当午，　　二一二
汗滴//禾下/土。　　二二一
谁知//盘中/餐，　　二二一
粒粒//皆/辛苦。　　二一二

远上/寒山//石径/斜，　　二二二一
白云/生处//有/人家。　　二二一二
停车/坐爱//枫林/晚，　　二二二一
霜叶/红于//二月/花。　　二二二一

2. 散文的朗诵

散文最大的特点是“形散神不散”。它取材广泛但线索明晰，主旨明确，语言生动细腻，极富文采。朗诵散文作品时应注意以下两点。

（1）突出文章的线索，点明文章主旨　散文作品要做到形散神聚，就必须有明晰的线索贯穿全文，而且其线索在语言上往往有明显的标志，有许多散文的标题就是全文的线索，如朱自清的《背影》，巴金的《灯》都是如此。朗诵的时候要注意加以强调，以便使听众明了。把握住线索，全文的主旨也就容易掌握了。

（2）展示优美的语言风格　每篇散文、每个作家的语言风格是不相同的，有的朴实清新，有的辞藻华丽，有的委婉细腻如潺潺小溪，有的豪迈奔放如滔滔江河……但无论哪种风格，语言优美而富于表现力都是它们的共同之处。如朱自清的散文名作《春》，通篇大量使用比喻、拟人、排比等修辞，语言优美，为我们描绘了一幅幅生动的春天来临时的画面。朗诵时我们应在头脑中想象那一幅幅色彩斑斓的春花图、春草图、春雨图，声音要轻柔、亲切，语速平缓，切不可慷慨激昂，语速过快。

3. 其他体裁作品的朗诵

除诗词、散文外，朗诵的材料还很多。寓言故事、童话、小说、戏剧台词等都是朗诵时极好的选择。要朗诵好这些作品，依然是要先反复诵读原作，理解把握原作的深刻意蕴，并充分发挥想象力。必要的幽默甚至略带夸张的形体动作，往往更能体现寓言或童话作品的特色。

【口语训练】

一、什么是朗诵，朗诵的作用有哪些？

二、朗诵的基本要求是什么？

三、朗诵训练有几个环节？

四、朗读下列各组词语，注意读准字音。

1. 杂草、铡草　　2. 阻力、主力　　3. 新村、新春
4. 鱼刺、鱼翅　　5. 私人、诗人　　6. 散心、善心
7. 无奈、无赖　　8. 脑子、老子　　9. 开方、开荒
10. 划分、发昏

五、朗诵下面的散文诗，注意重音、停顿、语气和节奏。

浅　薄

汪国真

深刻的人以对别人的敬重显露其深刻，浅薄的人以对别人的贬低证明其浅薄。

常议论别人浅薄的人，意在表明自己深刻；而一个深刻的人是不会常去说别人浅薄的。

由此，反证出常议论别人浅薄的人与深刻无缘，倒与浅薄结缘了。就文学作品而言，浅显不是浅薄，浅薄往往并不浅显。

纵观中外文学历史，名小说、名诗歌、名散文，大都是浅显易懂，并不拒人于千里之外的，倒是一些貌似深奥和晦涩的东西，从骨子里透出了浅薄和一副小家子气。

它在当时引不起人的兴趣，在后世更被人遗忘。

浅薄的人在行动上常表现为张狂，在理论上常表现为轻狂，在追名逐利上常表现为疯狂。

浅薄的人常想通过奚落别人来证明自己的价值，但是，他总是让人感觉不到他的真正价值，他永远只能扮演一个“很闹”的小角色。

六、请根据不同文体的不同朗诵要求，声情并茂地朗诵下列作品。适当配上态势语。

狼和小羊

狼来到小溪边，看见小羊正在那儿喝水。

狼非常想吃小羊，就故意找碴说："你把我的水弄脏了！你安的什么心？"

小羊吃了一惊，温和地说："我怎么会把您喝的水弄脏呢？您站在上游，水是从您那儿流到我这儿来的，不是从我这儿流到您那儿去的。"

狼气冲冲地说："就算这样吧，你总是个坏家伙。我听说，去年你在背地里说我的坏话！"

可怜的小羊喊道："啊！亲爱的狼先生，那是不会有的事，去年我还没有生下来哪！"

狼不想再争辩了，龇着牙，逼近小羊，大声嚷道："你这个小坏蛋！说我坏话的不是你就是你爸爸，反正都一样。"说着就往小羊身上扑去。

怀鲁迅

郁达夫

真是晴天的霹雳，在南台的宴会席上，忽而听到了鲁迅的死！

发出了几通电报，草草了一夜行李，第二天我就匆匆跳上了开往上海的轮船。

二十二日上午十时船靠了岸，到家洗一个澡，吞了两口饭，跑到胶州路万国殡仪馆去，遇见的只是真诚的脸，热烈的脸，悲愤的脸，和千千万万将要破裂似的青年男女的心肺与紧捏的拳头。

这不是寻常的丧葬，这也不是沉郁的悲哀，这正像是大地震要来，或黎明将到时充塞在天地之间的一瞬间的寂静。

生死，肉体，灵魂，眼泪，悲叹，这些问题与感觉，在此地似乎太渺小了，在鲁迅的死的彼岸，还照耀着一道更伟大、更猛烈的寂光。

没有伟大的人物出现的民族，是世界上最可怜的生物之群；有了伟大的人物，而不知拥护、爱戴、崇仰的国家，是没有希望的奴隶之邦。因鲁迅的一死，使人们自觉出了民族的尚可以有为；也因鲁迅之一死，使人家看出了中国还是奴隶性很浓厚的半绝望的国家。

鲁迅的灵柩，在夜阴里被埋进入浅土中去了；西天角却出现了一片微红的新月。

中国的牛

小　思

对于中国的牛，我有特别的尊敬感情。

留给我印象最深的，要算一回在田垄上的"相遇"。

一群朋友郊游，我领头在狭窄的阡陌上走，怎料迎面来了几头耕牛，狭道容不下人和牛，终有一方要让路。它们还没有走近，我们已经预计斗不过畜生，恐怕难免踩到稻田泥水里，弄得鞋袜又泥又水了。正在踟蹰的时候，带头的一只牛，在离我们不远的地方停下来，抬起头看看，稍迟疑一下，就自动走下田去，一队耕牛，跟住它全走离阡陌，从我们身边经过。

我们都呆了，回过头来，望着深褐色的牛队，在路的尽头消失，忽然觉得自己受了很大的恩惠。

中国的牛，永远沉默地为人做着沉重的工作。在大地上，晨光或烈日下，它拖着沉重的犁，低头一步又一步，拖出了身后一列又一列松土，好让人们下种。等到满地金黄或农闲时候，它可能还得担当搬运负重的工作，或终日绕着石磨，朝同一方向，走不计程的路。

在它沉默劳动中，人便得到应得的收成。

那时候，也许，它可以松一肩重担，站在树下，吃几口嫩草。

偶然摇摇尾巴，摆摆耳朵，赶走飞附身上的苍蝇，已经算是它最闲适的生活了。

中国的牛，没有成群奔跑的习惯，永远沉沉实实的。它们不像印度的牛，负着神圣之名，摇着尾巴在大街上闲荡。

它们不像荷兰乳牛、日本肉牛，终日无事可做，悠闲只等一死。它们不像西班牙斗牛，全身精力，都尽付狂暴斗争中。

默默地工作，平心静气，这就是中国的牛。

请　求

郑玛丽

妈妈，请放开你的
春天一样温暖的手
让我独个在坎坷的路中
磕磕碰碰向前走

别担心我会跌跤
即使摔破细嫩的皮肉
我也不会拉着你的衣角哭泣
在阳光或风雨里浑身发抖

妈妈，请你相信
我不是一只胆小的狗
在一次次摔跤之后
肩挑泰山也走得过九十九条沟

妈妈，亲爱的妈妈
请松开你慈惠的手
让我踩着坚实的土地
与一切困难一切胜利交朋友

第三单元　文学作品欣赏（二）

训练目标

1. 了解现代散文的基本特点，学习散文欣赏的基本方法。
2. 把握现代散文构思立意和写景抒情的常用技巧。
3. 欣赏现代散文优美的语言。
4. 提高审美能力，培养热爱大自然、热爱生活的美好情感。
5. 把握朗读技巧，进行朗读训练。

知识要点

散文是文学的一大样式。中国古代，为了与韵文和骈文区别，把凡不押韵、不重排偶的散体文章（包括经传史书在内），概称“散文”。现代散文是指与诗歌、小说、戏剧并称的一类文学体裁。一般认为，它是指偏重于表现作者对生活的情思，以抒情为主，又含有叙事、状物、写景、说理等成分的狭义散文，常见的有小品、随笔、杂感、游记等。

一、散文的特点

在文学的百花园中，现代散文异彩独放，有着很高的审美价值，它用“我”（作者）的自由之笔，写“我”的自得之见，抒“我”的自然之情，显“我”的自在之趣，它的真诚、自由、散淡的情怀表白，表现出现代人的心灵对时代、社会、生活、自然的种种体验和领悟。其主要特点如下。

（1）篇幅短小，意味隽永　它往往撷取朵朵时代的浪花，反映波澜壮阔的时代精神，给人以深长的回味。

（2）取材广泛，想象丰富　基于表达主题的需要，散文题材十分广阔，不受时间、空间的限制，它从一事一物入笔，时而回忆往事，谈古论今，浮想联翩；时而立足现实，畅想未来，展示光明灿烂的前景。

（3）结构自由，形式不拘　它可以根据内容的需要，精心剪裁，散得开，收得拢。曲径回廊，跌宕多姿，形成“形散神聚”的特点。

（4）表达灵活，富于变化　根据内容和表达方法的不同，散文一般可分为两类：一是叙事散文，侧重叙事写人，主要通过叙述事情的经过和描写人物来表达作者的思想感情，反映社会生活，提示事物的本质；二是抒情散文，侧重于抒发情感，或托物言志，因事缘情，借景抒情；或直抒胸臆，以此来激起人们的爱憎，鼓舞人民的斗志，感染和教育读者。

二、散文的结构线索和表达方式

1. 散文常见的结构线索安排方式

（1）以作者观察认识的过程为线索　它围绕对某人某事的认识，层层深入，使作品的

主题逐步得到形象的展示。

(2) 以事物的内部联系为线索　它往往以某一具有寓言或象征意义的事物为中心，把同一类型的多种事物，或把许多事物之间相类似的片断组成一有机的整体。

(3) 以作者感情的变化发展为线索　这是一种抒情色彩极为浓厚的散文。

2. 散文的表达方式

由于散文题材广泛，形式多样，因而要求表达方式活泼多样，变化多端。

(1) 叙述　散文要靠叙述来表达事件的经过，特别是叙事散文，叙述方法更为重要。

(2) 描写　是散文刻画人物、渲染气氛、再现场景的主要表达方式。

(3) 议论　一般是作者对描写对象所独具的感受和认识，做到“情理并茂”。

(4) 抒情　散文长于抒情，作者运用抒情的方法直接或间接表达自己的喜怒哀乐，激起读者强烈的共鸣，从而产生巨大的鼓舞和感染力量。

三、散文欣赏的角度

散文的阅读欣赏，需要有较高的文学素养，从以下几个角度出发，审视欣赏散文，也许可以有效地提高散文阅读和欣赏的水平。

(1) 辨析表现手法，了解艺术构思　散文的写作特别讲究艺术手法的运用，诸如即景生情、寓情于景、情景交融、托物言志，借物说事，因物述理，象征和隐喻，映衬和对比，渲染和铺垫等都是散文常用的表现手法，如能准确把握，便可洞悉作者的艺术匠心，感受文章构思的功力。

(2) 把握优美意境，领悟作者情思　散文之美在于有意蕴，意蕴产生于作者精心创造的艺术境界之中，散文作家把对生活、对现实、对人生的某种情思倾注、凝聚、寄寓在作品的具体写作对象上，通过对人、事、景、物的形象刻画和虚实相间的描写，使其深刻内涵形象化、艺术化，从而创设了优美的意境。进入文章的艺术境界，与作者心灵沟通，其中情思不难领悟。

(3) 品味诗情文采，欣赏语言风格　散文的语言要有诗情画意，具有浓郁的文采。诗情即散文的情调；画意，是指散文语言的生动、形象、惟妙惟肖。脍炙人口的优秀散文，语言都是极其精美的。具体地说，散文语言特别讲究用词的简洁、精练和准确。散文语言的美，主要表现为朴实、清新、明快、生动、形象和不失优雅的绚丽多彩，而因思想个性、品格气质、文化内涵的不同，又使作家形成了独特的语言风格。

(4) 感受健康情趣，注重思想启示　散文的立意应突出事物美好本质的一面，应展示生活中明丽的色彩，高雅的情趣，或是一种正确的思想启示，或是艺术的审美感受，阅读作品可使作者的审美得到满足，思想得到启迪。

总之，散文的鉴赏要强调意境的审美，意境是散文的灵魂所在，意境深远，散文才能勾魂摄魄。

9 都江堰❶

余秋雨

学习提示

这是一篇游记散文，在描写自然景物的基础上，立足现代，张扬笔墨，对历史上的人物与事件进行审视，并做出纵横捭阖的评说，具有较强的思辨色彩，给读者以启迪。

本文综合运用了叙述、描写、抒情、议论等表达方式并且多处使用了对比的手法。语言精练、容量大、含义深、耐人寻味。

预习时请思考，作者为什么要将都江堰与长城对照？课文的四部分各写了什么内容？

一

我以为，中国历史上最激动人心的工程不是长城，而是都江堰。

长城当然也非常伟大，不管孟姜女们如何痛哭流涕，站远了看，这个苦难的民族竟用人力在野山荒漠间修了一条万里屏障，为我们生存的星球留下了一种人类意志力的骄傲。长城到了八达岭一带已经没有什么味道，而在甘肃、陕西、山西、内蒙古一带，劲厉❷的寒风在时断时续的颓壁残垣❸间呼啸，淡淡的夕照、荒凉的旷野溶成一气，让人全身心地投入对历史、对岁月、对民族的巨大惊悸，感觉就深厚得多了。

但是，就在秦始皇下令修长城的数十年前，四川平原上已经完成了一个了不起的工程。它的规模从表面上看远不如长城宏大，却注定要稳稳当当地造福千年。如果说，长城占据了辽阔的空间，那么，它却实实在在地占据了邈远❹的时间。长城的社会功能早就废弛，而它至今还在为无数民众输送汩汩❺清流。有了它，旱涝无常的四川平原成了天府之国，每当我们民族有了重大灾难，天府之国总是沉着地提供庇护和濡养❻。因此，可以毫不夸张地

❶ 本文选自散文集《文化苦旅》。都江堰，我国古代著名水利工程，位于今四川省都江堰市。余秋雨（1946年生），我国当代艺术理论家、散文家。主要著作有《戏剧审美心理学》《中国戏剧文化史述》《艺术创造工程》和散文集《文化苦旅》等。❷［劲（jìng）厉］强劲而猛烈。❸［颓壁残垣（yuán）］倒塌的、不完整的墙壁。垣，墙。❹［邈（miǎo）远］遥远。❺［汩（gǔ）汩］水轻轻流动的声音或样子。❻［濡（rú）养］滋润哺育。

说，它永久性地灌溉了中华民族。

有了它，才有诸葛亮、刘备的雄才大略，才有李白、杜甫、陆游的川行华章❶。说得近一点，有了它，抗日战争中的中国才有了一个比较安定的后方。

它的水流不像万里长城那样突兀在外，而是细细浸润、节节延伸，延伸的距离并不比长城短。长城的文明是一种僵硬的雕塑，它的文明是一种灵动的生活。长城摆出一副老资格等待人们的修缮❷，它却卑处一隅，像一位绝不炫耀、毫无所求的乡间母亲，只知贡献。一查履历，长城还只是它的后辈。

它，就是都江堰。

二

我去都江堰之前，以为它只是一个水利工程罢了，不会有太大的游观价值。连葛洲坝都看过了，它还能怎么样？只是要去青城山玩，得路过灌县县城，它就在近旁，就乘便看一眼吧。因此，在灌县下车，心绪懒懒的，脚步散散的，在街上胡逛，一心只想看青城山。

七转八弯，从简朴的街市走进了一个草木茂盛的所在。脸面渐觉滋润，眼前愈显清朗，也没有谁指路，只向更滋润、更清朗的去处走。忽然，天地间开始有些异常，一种隐隐然的骚动，一种还不太响却一定是非常响的声音，充斥周际。如地震前兆，如海啸将临，如山崩即至，浑身起一种莫名的紧张，又紧张得急于趋附❸。不知是自己走去的还是被它吸去的，终于陡然一惊，我已站在伏龙馆前，眼前，急流浩荡，大地震颤。

即便是站在海边礁石上，也没有像这里这样强烈地领受到水的魅力。海水是雍容❹大度的聚会，聚会得太多太深，茫茫一片，让人忘记它是切切实实的水，可掬可捧的水。这里的水却不同，要说多也不算太多，但股股叠叠都精神焕发，合在一起比赛着飞奔的力量，踊跃着喧嚣的生命。这种比赛又极有规矩，奔着奔着，遇到江心的分水堤，刷地一下裁割为二，直窜出去，两股水分别撞到了一道坚坝，立即乖乖地转身改向，再在另一道坚坝上撞一下，于是又根据筑坝者的指令来一番调整……也许水流对自己的驯顺有点恼怒了，突然撒起野来，猛地翻卷咆哮，但越是这样越是显现出一种更壮丽的驯顺。已经咆哮到让人心魄俱夺，也没有一滴水溅错了方位。阴气森森间，延续着一场千年的收服战。水在这里，吃够了苦头也出足了风头，就像一大拨翻越各种障碍的

❶［川行华章］到四川游览而写就的华美诗章。❷［修缮（shàn）］修理（建筑物）。❸［趋附］迎合投靠。这里有走近、靠近的意思。❹［雍（yōng）容］形容文雅大方，从容不迫。

马拉松健儿，把最强悍的生命付之于规整，付之于企盼，付之于众目睽睽。看云看雾看日出各有胜地，要看水，万不可忘了都江堰。

三

这一切，首先要归功于遥远得看不出面影的李冰。

四川有幸，中国有幸，公元前 251 年出现过一项毫不惹人注目的任命：李冰任蜀郡守。

此后中国千年官场的惯例，是把一批批有所执持的学者遴选❶为无所专攻的官僚，而李冰，却因官位而成了一名实践科学家。这里明显地出现了两种判然不同的政治走向，在李冰看来，政治的含义是浚理，是消灾，是滋润，是濡养，它要实施的事儿，既具体又质朴。他领受了一个连孩童都能领悟的简单道理：既然四川最大的困扰是旱涝，那么四川的统治者必须成为水利专家。

前不久我曾接到一位极有作为的市长的名片，上面的头衔只印了“土木工程师”，我立即追想到了李冰。

没有证据可以说明李冰的政治才能，但因有过他，中国也就有过了一种冰清玉洁的政治纲领。

他是郡守，手握一把长锸❷，站在滔滔的江边，完成了一个“守”字的原始造型。那把长锸，千年来始终与金杖玉玺、铁戟钢锤反复辩论。他失败了，终究又胜利了。

他开始叫人绘制水系图谱。这图谱，可与今天的裁军数据、登月线路遥相呼应。

他当然没有在哪里学过水利。但是，以使命为学校，死钻几载，他总结出治水三字经（“深淘滩，低作堰”）、八字真言（“遇湾截角，逢正抽心”），直到 20 世纪仍是水利工程的圭臬❸。他的这点学问，永远水气淋漓，而后于他不知多少年的厚厚典籍，却早已风干，松脆得无法翻阅。

他没有料到，他治水的韬略❹很快被替代成治人的计谋；他没有料到，他想灌溉的沃土将会时时成为战场，沃土上的稻谷将有大半充作军粮。他只知道，这个人种要想不灭绝，就必须要有清泉和米粮。

他大愚，又大智。他大拙，又大巧。他以田间老农的思维，进入了最澄彻的人类学的思考。

他未曾留下什么生平资料，只留下硬扎扎的水坝一座，让人们去猜想。人们到这儿一次次纳闷：这是谁呢？死于两千年前，

---

❶［遴（lín）选］选拔。❷［锸（chā）］挖土的工具。❸［圭（guī）臬（niè）］原指圭表（臬就是测日影的表），这里比喻准则或法度。❹［韬略］计谋。

却明明还在指挥水流。站在江心的岗亭前，“你走这边，他走那边”的吆喝声、劝诫声、慰抚声，声声入耳。没有一个人能活的这样长寿。

秦始皇筑长城的指令，雄壮、蛮吓、残忍；他筑堰的指令，智慧、仁慈、透明。

有什么样的起点就会有什么样的延续。长城半是壮胆半是排场，世世代代，大体是这样。直到今天，长城还常常成为排场。都江堰一开始就清朗可鉴，结果，它的历史也总显出超乎寻常的格调。李冰在世时已考虑事业的承续，命令自己的儿子作三个石人，镇于江间，测量水位。李冰逝世400年后，也许三个石人已经损缺，汉代水官重造高及3米的“三神石人”测量水位。这“三神石人”其中一尊即是李冰雕像。这位汉代水官一定是承接了李冰的伟大精魂，竟敢于把自己尊敬的祖师，放在江中镇水测量。他懂得李冰的心意，唯有那里才是他最合适的岗位。这个设计竟然没有遭到反对而顺利实施，只能说都江堰为自己流泻出了一个独特的精神世界。

石像终于被岁月的淤泥掩埋，本世纪70年代出土时，有一尊石像头部已经残缺，手上还紧握长锸。有人说，这是李冰的儿子。即使不是，我仍然把他看成是李冰的儿子。一位现代作家见到这尊塑像怦然心动，“没淤泥而蔼然含笑，断颈项而长锸在握”，作家由此而向现代官场衮衮诸公❶诘问：活着或死了应该站在哪里？

出土的石像现正在伏龙馆里展览。人们在轰鸣如雷的水声中向他们默默祭奠。在这里，我忽然产生了对中国历史的某种乐观。只要都江堰不坍，李冰的精魂就不会消散，李冰的儿子会代代繁衍。轰鸣的江水便是至圣至善的遗言。

四

继续往前走，看到了一条横江索桥。桥很高，桥索由麻绳、竹篾编成。跨上去，桥身就猛烈摆动，越犹豫进退，摆动就越大。在这样高的地方偷看桥下会神志慌乱，但这是索桥，到处漏空，由不得你不看。一看之下，先是惊吓，后是惊叹。脚下的江流，从那么遥远的地方奔来，一派义无反顾的决绝势头，挟着寒风，吐着白沫，凌厉锐进。我站得这么高还感觉到了它的砭肤冷气❷，估计它是从雪山赶来的罢。但是，再看桥的另一边，它硬是化作许多亮闪闪的河渠，改恶从善。人对自然力的驯服，干得多么爽利。如果人类干什么事都这么爽利，地球早已是另一副模样。

❶［衮（gǔn）衮诸公］指居高位而无所作为的官僚。❷［砭（biān）肤冷气］刺痛皮肤的冷气。砭，用石针扎皮肉治病。

但是，人类总是缺乏自信，进进退退，走走停停，不断地自我耗损，又不断地为耗损而再耗损。结果，仅仅多了一点自信的李冰，倒成了人们心中的神。离索桥东端不远的玉垒山麓，建有一座二王庙，祭祀李冰父子。人们在虔诚膜拜，膜拜自己同类中更像一点人的人。钟鼓钹磬❶，朝朝暮暮，重一声，轻一声，伴和着江涛轰鸣。

李冰这样的人，是应该找个安静的地方好好纪念一下的，造个二王庙，也合民众心意。

实实在在为民造福的人升格为神，神的世界也就会变得通情达理、平适可亲。中国宗教颇多世俗气息，因此，世俗人情也会染上宗教式的光斑。一来二去，都江堰倒成了连接两界的桥墩。

我到边远地区看傩戏❷，对许多内容不感兴趣，特别使我愉快的是，傩戏中的水神河伯，换成了灌县李冰。傩戏中的水神李冰比二王庙中的李冰活跃得多，民众围着他狂舞呐喊，祈求有无数个都江堰带来全国的风调雨顺，水土滋润。傩戏本来都以神话开头的，有了一个李冰，神话走向实际，幽深的精神天国一下子贴近了大地，贴近了苍生。

课后训练

【基础训练】

一、都江堰是至今仍造福于一方百姓的古代著名水利工程。作者为什么要在《都江堰》一开头把都江堰和长城作对比？作用如何？请谈谈你的认识。

二、线索，就是事物发展的脉络。散文的线索多种多样，有的以时间为线索，有的以空间为线索，有的以实物为线索，有的以感情为线索，有的以中心事件为线索，有的以议论为线索。请指出本文的线索。

三、指出下列各段文字用了什么修辞手法？各有何作用？

1. 忽然，天地间开始有些异常，一种隐隐然的骚动，一种还不太响却一定是非常响的声音，充斥周际。如地震前兆，如海啸将临，如山崩即至，浑身起一种莫名的紧张，又紧张得急于趋附。

2. 水在这里，吃够了苦头也出足了风头，就像一大拨翻越各种障碍的马拉松健儿，把最强悍的生命付之于规整，付之于企盼，付之于众目睽睽。

3. 他是郡守，手握一把长锸，站在滔滔的江边，完成了一个“守”字的原始造型。那把长锸，千年来始终与金杖玉玺、铁戟钢锤反复辩论。他失败了，终究又胜利了。

---

❶［钟鼓钹（bó）磬（qìng）］四种乐器。钹，打击乐器，用两个圆铜片相互拍打发声。磬，古代乐器，用石或玉雕成，悬挂于架上，击之而鸣。❷［傩（nuó）戏］驱鬼逐疫、表现鬼神生活的戏剧。

四、阅读下面的一段文字并回答问题。

长城的文明是一种僵硬的雕塑，它的文明是一种灵动的生活。长城摆出一副老资格等待人们的修缮，它却卑处一隅，像一位绝不炫耀、毫无所求的乡间母亲，只知贡献。一查履历，长城还只是它的后辈。

1. 作者为什么把都江堰比作“乡间母亲”？

2. 作者为什么说都江堰的文明“是一种灵动的生活”？

3. 作者在这里赞颂都江堰，主要用了什么手法？

【能力训练】

一、写作思路是决定文章结构的内在因素。思路需要不断拓展，其思维方式多种多样，诸如形象思维与抽象思维，求同思维与求异思维，顺向思维与逆向思维，横向思维与纵向思维，发散思维与聚合思维等。以课文为例，谈谈作者采用了哪几种思维方式才使文章思路如此开阔的。

二、考察学校所在地的著名古迹写一段文字。要求从文化角度进行评说。

余秋雨　1946年出生，浙江余姚人。在家乡读完小学后到上海读中学和大学，大学毕业后留校任教至今。在海内外出版过史论专著多部，曾被授予“国家突出贡献专家”、“上海十大高教精英”等荣誉称号。做过几年学院院长，他辞职后潜心写作，在繁多的头衔中比较重视上海市写作学会会长一职，因为这个学会由上海各大学的教授们组成，专门研究“写作”究竟是怎么回事。近年来在教学和学术研究之余所著散文集《文化苦旅》先后获上海市文学艺术优秀成果奖、台湾联合报读书最佳书奖、金石堂最具影响力的书奖、上海市出版一等奖等。

10 故都的秋[1]

郁达夫

学习提示

这是一篇借赞美北京的秋抒写自己内心“深远的忧虑和孤独的冷落”的记游散文。作者有意拿故乡的秋和北京故都的秋作比，以南国之秋的色淡、味浅来反衬北京秋天特有的清醇、静谧和悲凉，流露出作者对北方，对故都秋天的神往和沉醉。

本文将记叙、描写、议论、抒情交错运用，笔触所至，神韵俱显，语言明白晓畅，简洁清丽。

预习时请思考：作者是从哪几个方面描写和赞美故都之秋的，又是怎样将对故都清秋美景的“品味”与写景状物融合在一起的？

秋天，无论在什么地方的秋天，总是好的；可是啊，北国的秋，却特别地来得清，来得静，来的悲凉。我的不远千里，要从杭州赶上青岛，更要从青岛赶上北平来的理由，也不过想饱尝一尝这“秋”，这故都的秋味。

江南，秋当然也是有的；但草木凋得慢，空气来的润，天的颜色显得淡，并且又时常多雨而少风；一个人夹在苏州上海杭州，或厦门香港广州的市民中间，浑浑沌沌地过去，只能感到一点点清凉，秋的味，秋的色，秋的意境与姿态，总看不饱，尝不透，赏玩不到十足。秋并不是名花，也并不是美酒，那一种半开半醉的状态，在领略秋的过程上，是不合适的。

不逢北国之秋，已将近十余年了。在南方每年到了秋天，总要想起陶然亭[2]的芦花，钓鱼台[3]的柳影，西山的虫唱，玉泉的夜月[4]，潭柘寺[5]的钟声。在北平即使不出门去吧，就是在皇城[6]

---

❶ 选自《郁达夫文集》第三卷（花城出版社、生活·读书·新知三联书店，1991 年版）。郁达夫（1896—1945），原名郁文，浙江富阳人，现代著名小说家、散文家。因在南洋从事抗日工作，1945 年 9 月 17 日被日本宪兵秘密杀害于苏门答腊。1952 年，中央人民政府追认他为革命烈士。 ❷［陶然亭］在北京先农坛西，现在陶然亭公园内。陶然亭的名字取于白居易“更待菊黄家酿熟，共君一醉一陶然”诗句。 ❸［钓鱼台］在北京阜成门外三里河，玉渊潭公园东面，环境清幽，“台下有泉涌出，汇成池，其水至冬不竭”（《明一统志》）。 ❹［西山的虫唱，玉泉的月夜］西山、玉泉，都在北京西郊。 ❺［潭柘（zhè）寺］在西山的潭柘山腰，距城 40 公里，相传“寺址本在青龙潭上，有古柘千章，寺以此得名”。 ❻［皇城］明清两代在北京城内以故宫为中心的内城。

人海之中，租人家一椽❶破屋来住着，早晨起来，泡一碗浓茶，向院子一坐，你也能看到很高很高的碧绿的天色，听得到青天下驯鸽的飞声。从槐树叶底，朝东细数着一丝一丝漏下来的日光，或在破壁腰中，静对着像喇叭似的牵牛花（朝荣）的蓝朵，自然而然地也能感觉到十分的秋意。说到了牵牛花，我以为以蓝色或白色者为佳，紫黑色次之，淡红者最下。最好，还要在牵牛花底，叫长着几根疏疏落落的尖细且长的秋草，使作陪衬。

北国的槐树，也是一种能使人联想起秋来的点缀。像花而又不是花的那一种落蕊，早晨起来，会铺得满地。脚踏上去，声音也没有，气味也没有，只能感出一点点极微细极柔软的触觉。扫街的在树影下一阵扫后，灰土上留下来的一条条扫帚的丝纹，看起来既觉得细腻，又觉得清闲，潜意识❷下并且还觉得有点儿落寞，古人所说的梧桐一叶而天下知秋❸的遥想，大约也就在这些深沉的地方。

秋蝉的衰弱的残声，更是北国的特产；因为北平处处全长着树，屋子又低，所以无论在什么地方，都听得见它们的啼唱。在南方是非要上郊外或山上去才听得到的。这秋蝉的嘶叫，在北平可和蟋蟀耗子一样，简直像是家家户户都养在家里的家虫。

还有秋雨哩，北方的秋雨，也似乎比南方下的奇，下得有味，下得更像样。

在灰沉沉的天底下，忽而来一阵凉风，便息列索落地下起雨来了。一层雨过，云渐渐地卷向了西去，天又晴了，太阳又露出脸来了；著着❹很厚的青布单衣或夹袄的都市闲人，咬着烟管，在雨后的斜桥影里，上桥头树底去一立，遇见熟人，便会用了缓慢悠闲的声调，微叹着互答着的说：

“唉，天可真凉了——”（这了字念得很高，拖得很长）

“可不是么？一层秋雨一层凉啦!”

北方人念阵字，总老像是层字，平平仄仄起来❺，这念错的歧韵，倒来得正好。

北方的果树，到秋来，也是一种奇景。第一是枣子树；屋角，墙头，茅房边上，灶房门口，它都会一株株地长大起来。像橄榄又像鸽蛋似的这枣子颗儿，在小椭圆形的细叶中间，显出淡绿微黄的颜色的时候，正是秋的全盛时期；等枣树叶落，枣子红完，西北风就要起来了。北方便是尘沙灰土的世界，只有这枣子，柿子，葡萄，成熟到八九分的七八月之交，是北国的清秋的佳日，

---

❶［椽（chuán）］椽子，即放在房檩（lǐn）上架着木板或瓦的木条，这里指代普通平房。❷［潜意识］人们没有经过细想的感觉与反应，也叫下意识。❸［梧桐一叶而天下知秋］《淮南子·说山》：“以小明大，见叶落而知岁之将暮。”《太平御览》卷二十四引作“一叶落而知天下秋”。民间认为立秋时梧桐开始落叶。❹［著着］穿着。著，通“着（zhuó）”，穿（衣）。❺［平平仄仄起来］意即推敲起字的韵律来。

是一年之中最好也没有的 Golden Days❶。

有些批评家说，中国的文人学士，尤其是诗人，都带着很浓厚的颓废❷色彩，所以中国的诗文里，颂赞秋的文字特别的多。但外国的诗人，又何尝不然？我虽则外国诗文念得不多，也不想开出账来，做一篇秋的诗歌散文钞，但你若去一翻英德法意等诗人的集子，或各国的诗文的 Anthology❸ 来，总能够看到许多关于秋的歌颂与悲啼。各著名的大诗人的长篇田园诗或四季诗里，也总以关于秋的部分，写得最出色而最有味。足见有感觉的动物，有情趣的人类，对于秋，总是一样的能特别引起深沉，幽远，严厉，萧索的感触来的。不单是诗人，就是被关闭在牢狱里的囚犯，到了秋天，我想也一定会感到一种不能自已的神情；秋之于人，何尝有国别，更何尝有人种阶级的区别呢？不过在中国，文字里有一个"秋士"❹ 的成语，读本里又有着很普遍的欧阳子的秋声与苏东坡的赤壁赋等，就觉得中国的文人，与秋的关系特别深了。可是这秋的深味，尤其是中国的秋的深味，非要在北方，才感受得到底。

南国之秋，当然是也有它的特异的地方的，比如廿四桥的明月❺，钱塘江的秋潮❻，普陀山❼的凉雾，荔枝湾❽的残荷等等，可是色彩不浓，回味不永。比起北国的秋来，正像是黄酒之与白干，稀饭之与馍馍，鲈鱼之与大蟹，黄犬之与骆驼。

秋天，这北国的秋天，若留得住的话，我愿意把寿命的三分之二折去，换得一个三分之一的零头。

1934 年 8 月在北平

课后训练

【基础训练】

一、作者选取了哪些平常景物来描写故都的秋？这些景物描写融入了作者怎样的生活感受和情趣？

二、贯穿本文的中心线索是什么？

---

❶［Golden Days］英语"黄金般的日子"。❷［颓废］情绪消沉，不振作。❸［Anthology］英语（诗、文、曲、画等）"选集"。❹［秋士］古时指到了暮年仍不得志的知识分子。《淮南子·缪称》："春女思，秋士悲。"注："春女感阳则思，秋士见阴而悲。"❺［廿四桥的明月］杜牧《寄扬州韩绰判官》诗："青山隐隐水迢迢，秋尽江南草未凋。二十四桥明月夜，玉人何处教吹箫。""廿四桥"借指扬州。传说扬州城里原有二十四座桥。一说"廿四桥"即扬州吴家砖桥，因古时有二十四位美人吹箫于桥上而得名。❻［钱塘江的秋潮］钱塘江位于浙江，出杭州湾，入东海，江口为一喇叭状。每年中秋节前后来潮时，受江口地形收缩和水深骤减影响，江面波涛汹涌，潮水以排山倒海之势奔腾向前，形成"钱塘怒潮"壮观。❼［普陀山］位于浙江舟山群岛中的一座小岛，相传是观音菩萨显灵说法的道场。佛经有观音住南印度普陀洛伽之说，故该岛名普陀山。❽［荔枝湾］又名荔枝州，在广州市西郊，岸多红荔，风景幽胜。

三、阅读下面这段文字回答问题。

南国之秋，当然是也有它的特异的地方的，比如廿四桥的明月，钱塘江的秋潮，普陀山的凉雾，荔枝湾的残荷等等，可是色彩不浓，回味不永。比起北国的秋来，正像是黄酒之与白干，稀饭之与馍馍，鲈鱼之与大蟹，黄犬之与骆驼。

1. 这一段的中心意思是什么？

2. 运用了什么写作方法？

3. 所用的修辞手法有哪些？

【能力训练】

一、作者在本文说，江南的秋“只能感到一点点清凉，秋的味，秋的色，秋的意境与姿态，总看不饱，尝不透，赏玩不到十足”。江南的秋真是这样吗？那为什么毛泽东笔下的“湘江之秋”是“万山红遍，层林尽染”，“万类霜天竞自由”呢？结合自己的经历、感悟谈一谈你的看法。

二、在下边两段文字里，作者调动了听觉、视觉和触觉来感受故都的秋，使写景状物有声有色，有动有静，并融入了深沉而细腻的感受、情思。细细品味，仿写二三百字的短文。

1. 早晨起来，泡一碗浓茶，向院子一坐，你也能看到很高很高的碧绿的天色，听得到青天下驯鸽的飞声。从槐树叶底，朝东细数着一丝一丝漏下来的日光，或在破壁腰中，静对着像喇叭似的牵牛花（朝荣）的蓝朵，自然而然地也能感觉到十分的秋意。

2. 像花而又不是花的那一种落蕊，早晨起来，会铺得满地。脚踏上去，声音也没有，气味也没有，只能感出一点点极微细极柔软的触觉。

笑

冰　心

雨声渐渐的住了，窗帘后隐隐的透进清光来。推开窗户一看，呀！凉云散了，树叶上的残滴，映着月儿，好似荧光千点，闪闪烁烁的动着。——真没想到苦雨孤灯之后，会有这么一幅清美的图画！

凭窗站了一会儿，微微的觉得凉意侵人。转过身来，忽然眼花缭乱，屋子里的别的东西，都隐在光云里；一片幽辉，只浸着墙上画中的安琪儿。——这白衣的安琪儿，抱着花儿，扬着翅儿，向着我微微的笑。

“这笑容仿佛在哪见过似的，什么时候，我曾……”我不知不觉的便坐在窗口下想，——默默的想。

严闭的心幕，慢慢的拉开了，涌出五年前一个印象。——一条很长的古道。驴脚下的泥，兀自滑滑的。田沟里的水，潺潺的流着。近村的绿树，都笼在湿烟里。弓儿似的新月，挂在树梢。一边走着，似乎道旁有一个孩子，抱着一堆灿白的东西。驴儿过去了，无意中回头一看。——他抱着花儿，赤着脚儿，向着我微微的笑。

“这笑容又仿佛是哪儿看见过似的”，我仍是想——默默的想。

又现出一重心幕来，也慢慢的拉开了，涌出十年前的一个印象。——茅檐下的雨水，一滴一滴的落到衣上来。土阶边的水泡儿，泛来泛去的乱转。门前的麦垄和葡萄架子，都濯得新黄嫩绿的非常鲜丽。——一会儿好容易雨晴了，连忙走下坡儿去。迎头看见月儿从海面上来了，猛然记得有件东西忘下了，站住了，回过头来。这茅屋里的老妇人——她倚着门儿，抱着花儿，向着我微微的笑。

这同样微妙的神情，好似游丝一般，飘飘漾漾的合了拢来，绾在一起。

这时心下光明澄静，如登仙界，如归故乡。眼前浮现的三个笑容，一时融化在爱的调和里看不分明了。

11　假如给我三天光明（节选）[1]

海伦·凯勒

学习提示

这是一篇热情洋溢的散文佳作。作者凭借丰富的想象，描述了自己假定获得三天视力，所见到的光明世界和所体验到的精神愉悦。她深受失明之苦，却表现出坚强乐观、积极进取的生活态度、求知的渴望和对人类的真挚友爱。

阅读时注意领会作者在与残疾作斗争中表现出来的坚强不屈和积极乐观的精神以及对世人的强烈的爱和殷切的希望。本文想像丰富，对比鲜明，感情深挚，心理描写细腻生动。

阅读时请思考，读过本文以后，你在思想上受到了怎样的启迪？

啊，如果我有三天视力的话，我该看些什么东西呢？

第一天，我要看那些好心的、温和的、友好的、使我的生活变得有价值的人们。首先，我想长时间地凝视着我亲爱的教师安妮·莎莉文·麦西夫人的脸，当我还在孩稚时，她就来到我家，是她给我打开了外部世界。我不仅要看她的脸部的轮廓，为了将她牢牢地放进我的记忆，还要仔细研究那张脸，并从中找出同情的温柔和耐心的生动的形迹，她就是靠温柔与耐心来完成教育我的困难任务。我要从她的眼睛里看出那使她能坚定地面对困难的坚强毅力和她那经常向我显示出的对于人类的同情心。

第一天将是一个紧张的日子。我要将我的所有亲爱的朋友们都叫来，好好端详他们的面孔，将体现他们内在美的外貌深深地印在我的心上。我还要看一个婴儿的面孔，这样我就能看到一种有生气的、天真无邪的美，它是一种没有经历过生活斗争的美。

我还要看看我那群忠诚的、令人信赖的狗的眼睛——那沉着而机警的小斯科第、达基和那高大健壮而懂事的大戴恩、海尔加，它们的热情、温柔而淘气的友谊使我感到温暖。

在那紧张的第一天里，我还要仔细观察我家里那些简朴小巧的东西。我要看看脚下地毯的艳丽色彩，墙壁上的图画和那些把一所房屋改变成家的熟悉的小东西。我要用虔敬的目光凝视我所

[1] 节选自《我生活的故事》（广播出版社、北京盲文出版社，1981年版）。王海珍译，有改动。

读过的那些凸字书，不过这眼光将更加急于看到那些供有视力的人读给我听的书，已经变成一座伟大光明的灯塔，向我揭示出人类生活和人类精神的最深泉源。

在能看见东西的第一天下午，我将在森林里作一次长时间的漫步，让自己的眼睛陶醉在自然界的美色里，在这有限的几小时内我要如醉如痴地欣赏那永远向有视力的人敞开的壮丽奇景。结束短暂的森林之旅，回来的路上可能经过一个农场，这样我便能看到耐心的马匹犁田的情景（或许我能看到拖拉机了！）和那些以土地为生的人的宁静满足的生活。我还要为绚丽夺目而又辉煌壮观的落日祈祷。

当夜幕降临，我能看到人造光明，而体验到双重的喜悦。这是人类的天才在大自然规定为黑夜的时候，为扩大自己的视力而发明创造的。

在能看见东西的第一天夜里，我会无法入睡，脑海里尽翻腾着对白天的回忆。

翌日——也就是我能看见东西的第二天，我将伴着曙色起床，去看一看那由黑夜变成白天的激动人心的奇观。我将怀着敬畏的心情去观赏那光色的变幻莫测，正是在这变幻中太阳唤醒了沉睡的大地。

我要把这一天用来对整个世界，从古到今，作匆匆一瞥。我想看看人类所走过的艰难曲折的道路，看看历代的兴衰和沧桑之变。这么多的东西怎能压缩在一天之内看完呢？当然，这只能参观博物馆了。我经常到纽约自然历史博物馆去，无数次地用手抚摸过那里展出的物品，我多么渴望能用自己的眼睛看一看这经过缩写的地球的历史，以及陈列在那里的地球上的居民——各种动物和被天然环境描绘成不同肤色的人种；看看恐龙的巨大骨架和早在人类出现以前就漫游在地球上的柱牙象，当时的人类靠自己矮小的身躯和发达的大脑去征服动物的王国；看看那些表现动物和人类进化过程的逼真画面，和人类用来为自己在这个星球上建造安全居处的那些工具，还有许许多多自然历史的其他方面的东西。

我不知道本文读者中究竟有多少人曾仔细观察过在那个激动人心的博物馆里展出的那些栩栩如生的展品的全貌。当然不是人人都有这样的机会。不过我敢断言，许多人有这种机会却没有很好地利用。那里实在是一个使用眼睛的地方。你们有视力的人可以在那里度过无数个大有所获的日子，而我，在想像中能看东西的短短的三天里，对此只能作匆匆的一瞥便得离去。

我的下一站将是大都会艺术博物馆。正像自然历史博物馆揭示了世界的物质方面那样，大都会艺术博物馆将展现出人类精神

的无数个侧面。贯穿人类历史的那种对于艺术表现形式的强烈要求几乎和人类对于食物、住房、生育的要求同样强烈。在这里，在大都会博物馆的巨型大厅里，当我们观看埃及、希腊、罗马的艺术时就看到了这些国家的精神面貌。通过我的双手，我熟悉古埃及男女诸神的雕像，感觉得出复制的帕特农神庙的正中门楣，辨别得出进攻中的雅典武士的优美动作。阿波罗、维纳斯以及萨莫特雷斯岛❶的胜利女神雕像❷都是我指尖的朋友。荷马那多瘤而又留着长须的相貌对我来说尤为亲切，因为他了解盲人。

我的手在罗马以及晚期那些栩栩如生的大理石雕塑停留过，在米开朗基罗那激动人心的英雄摩西❸石膏像上抚摸过，我了解罗丹的才能，对哥特人❹木刻的虔诚精神感到敬畏。我能理解这些用手触摸过的艺术品的意义，然而那些只能看不能摸的东西，我只能猜测那一直躲避着我的美。我能欣赏希腊花瓶简朴的线条，然而对它那带有图案的装饰我却毫无所识。

就这么着，在我看见东西的第二天，我要设法通过艺术去探索人类的灵魂。我从手的触摸里了解的东西，现在可以用眼睛来看了。整个宏伟的绘画世界将向我敞开，从带有宁静的宗教虔诚的意大利原始艺术一直到具有狂热想像的现代派艺术。我要细细观察拉斐尔、列奥纳多·达·芬奇、提香❺、伦勃朗的油画，也想让眼睛享受一下委罗涅塞❻艳丽的色彩，研究一下艾尔·格里柯❼的奥秘，并从柯罗❽的风景画里捕捉到新的想像。啊，这么多世纪以来的艺术为你们有视力的人提供了如此绚丽的美和如此深广的意义！

凭着对这艺术圣殿的短暂访问，我将无法把那向你们敞开的伟大艺术世界每个细节都看清楚，我只能得到一个表面的印象。艺术家们告诉我，任何人如果想正确地和深刻地评价艺术，就必须训练自己的眼睛，他得从品评线条、构图、形式和色彩的经验中去学习。如果我的眼睛管用的话，我将会多么愉快地去着手这件令人心醉的研究工作！然而有人告诉我，对于你们许多有视力的人来说，艺术的世界是一个沉沉的黑夜，是一个无法探索和难以找到光明的世界。

我怀着无可奈何的心情，勉强离开大都会博物馆、离开那藏着发掘美的钥匙的所在——那是一种被忽略了的美啊。然而有视力的人并不需要从大都会博物馆里去找到发掘美的钥匙。它在较

---

❶［萨莫特雷斯岛］爱琴海上的一个小岛。 ❷［胜利女神雕像］欧洲古代雕刻艺术品。胜利女神是古希腊神话中的诸神之一，传说她身上生有双翼，携带橄榄枝，给人们带来胜利和礼物。 ❸［摩西］古代以色列人的先知、解放者。 ❹［哥特人］古代欧洲日耳曼族的一个重要的部落。最早生活在波罗的海沿岸，公元3世纪向南迁徙，袭扰罗马帝国，在罗马帝国的灭亡过程中起了重要作用。 ❺［提香（1490—1576）］意大利画家。 ❻［委罗涅塞（1528—1588）］意大利画家。 ❼［艾尔·格里柯（约1541—约1614）］意大利画家。 ❽［柯罗（1796—1875）］法国画家。

小的博物馆里，甚至在那些小图书馆书架上的书本里也能找到。而我，在想像中能看见东西的有限时间里，将选择这样一个地方，在那里，发掘美的钥匙能在最短的时间内打开最伟大的宝库。

我将在戏院或电影院度过这能看见东西的第二天的夜晚。我目前也经常出席各种类型的表演，可剧情却得让一位陪同者在我手上拼写。我多么想用自己的眼睛看一看哈姆莱特❶那迷人的形象和在穿五光十色的伊丽莎白式服装的人物中间来来去去的福斯泰夫❷。我多么想模仿幽雅的哈姆莱特的每一个动作和健壮的福斯泰夫高视阔步的一举一动。由于我只能看一场戏，这将使我处于进退两难的境地，因为我想看的戏实在太多了。你们有视力的人想看什么都行，不过我怀疑你们之中究竟有多少人在全神贯注于一场戏、一幕电影或别的景象的时候，会意识到并感激那让你们享受其色彩、优美和动作的视力的奇迹呢？

除了用手触摸的有限范围内，我无法享受有节奏感的动作的美。尽管我知道节奏欢快的奥妙，因为我经常从地板的颤动中去辨别音乐的拍节，然而我也只能朦胧地想像巴甫洛娃❸的魅力。我想像得出那富于节奏感的姿势，肯定是世间最赏心悦目的奇景。从用手指循着大理石雕像线条的触摸里我能推测出这一点。如果静止的美已是那么可爱的话，那么看到运动中的美肯定更令人振奋和激动。

我最深切的回忆之一是当约瑟夫·杰斐逊在排练可爱的瑞普·凡·温克尔❹，做着动作、讲着台词的时候，让我摸了他的脸和手。对戏剧的天地我就只有那么一点贫乏的接触，也将永远不会忘记那一时刻的欢乐。啊，我肯定还遗漏了许多东西。我多么羡慕你们有视力的人，能通过戏剧表演看动作和听台词而获得更多的享受。如果我能看戏，哪怕只看一场也行，我将弄明白我读过或通过手语字母的表达而进入我的脑海的一百场戏的情节。

这样，通过我想像中能看见东西的第二天的夜晚，戏剧文学中的许多高大形象将争先恐后地出现在我的眼前。

下一天的早晨，怀着发现新的欢乐的渴望，我将再次去迎接那初升的旭日，因为我深信，那些有眼睛能真正看到东西的人肯定会发现，每个黎明都会展现千姿万态、变幻无穷的美。

根据我想像中的奇迹的期限，这是我能看见东西的第三天，也是最后一天。我没有时间去悔恨或渴望，要看的东西实在太多了。我把第一天给了我的朋友，给了那些有生命和没有生命的东

---

❶［哈姆莱特］莎士比亚剧作《哈姆莱特》（又译作《王子复仇记》）中的丹麦王子。❷［福斯泰夫］莎士比亚剧作《亨利四世》中的喜剧角色。❸［巴甫洛娃］俄国著名芭蕾舞女演员，以表演《吉赛尔》和《天鹅湖》著称。❹［瑞普·凡·温克尔］美国作家华盛顿·欧文的小说中的主人公。这里指的是根据小说改编的戏剧中的该主角。

西，第二天我看到人类和自然的历史面目。今天我要在现实世界里，在从事日常生活的人们中间度过平凡的一天。除了纽约你还能在别的什么地方发现人们这么多的活动和这样纷繁的情景呢？于是这城市成了我选择的目标。

我从长岛森林山，我的恬静的乡间小屋出发。这里，在绿草坪、树木、鲜花的包围中，是一片整洁、小巧的房屋，到处充满妇女儿童谈笑奔走的快乐，真是城市劳动者的安静的休息之所。当我乘车穿过横跨东河的钢带式桥梁时，我又开了眼界，看到人类的巧夺天工和力大无穷。河上千帆竞发、百舸争流。如果我从前曾有过一段未盲的岁月，我将用许多时间来观赏河上的热闹风光。

举目前望，前面耸立着奇异的纽约塔，这城市仿佛是从神话故事的书页中跳出来似的。这是多么令人敬畏的奇景啊！那些灿烂夺目的尖塔，那些用钢铁和石块筑起的巨大堤岸，就像神为自己修造的一样。这幅富有生气的画卷是千百万人每日生活的一部分，我不知道究竟有多少人愿意对它多看一眼，恐怕是很少、很少。人们的眼睛之所以看不见这壮美的奇观，是因为这景象对他们来说太熟悉了。

我匆匆忙忙登上那些大型建筑之一——帝国大厦的顶层，不久之前我在这里通过秘书的眼睛“看到”了脚下的城市。我急于要把想像力和真实感作一次比较。我相信在我面前展开的这幅画卷决不会使我感到失望，因为对我来说它将是另一个世界的景象。

现在我开始周游这个城市。首先我站在热闹的一角，仅仅看看来往的人群，想从观察中去了解他们生活中的一些东西。看到微笑，我感到欣慰；看到果断，我感到骄傲；看到疾苦，我产生怜悯。

我漫游在第五大街，让视野从聚精会神的注视里解放出来，以便不去留意特殊的事物而只看一看那瞬息万变的色彩。我相信那穿流在人群中的妇女装束的色彩，肯定是我永远看不厌的灿烂奇观。不过，假如我的眼睛管用的话，或许我也会像大多数妇女一样，过多地注重个别的服装的风格和裁剪式样而忽略成群的色彩的壮美。我还确信我会变成一个橱窗前溜达的常客，看着那多姿多彩、五光十色的陈列品，一定感到赏心悦目。

我从第五大街开始游览整个城市——我要到花园大街去，到贫民区去，到工厂去，到孩子们玩耍的公园去。通过对外国居民的访问，我作了一次不离本土的异国旅行。对于欢乐和悲哀，我总是睁大眼睛去关心，以便能深刻探索和进一步了解人们是如何工作和生活的。我的心里充满了对人和物的憧憬，我不会轻易放过任何一个细小的东西，力求捕捉和把握所目击的每一件事物。

有些场面是令人愉快的，让我内心喜悦，可有些情景却使你感到悲哀和忧郁。对后者我也不会闭上眼睛，因为它们毕竟也是生活的一部分，对它们闭上眼睛就等于紧锁心灵，禁锢思想。

我能看见东西的第三天就要结束了，或许我应该把剩下的几小时用在许多重要的探索和追求上，可是我怕在这最后一天夜晚，我还会再次跑到剧院去看一出狂喜的滑稽戏，以便能欣赏人类精神世界里喜剧的泛音。

到午夜，我从盲人痛苦中得到的暂时解脱就要终结了，永久的黑夜将重新笼罩我周围。当然我在短暂的三天时间里，不可能看完我要看的全部事物，只有当黑暗重新降临时，我才会感到我没有看到的东西实在太多了。不过我脑海中会塞满那美妙的回忆，以至根本没时间去懊悔。今后无论摸到任何东西，它都会给我带来那原物是什么形状的鲜明回忆。

课后训练

【基础训练】

一、选出下列词语中没有错别字的一项（　　）。

A. 笼罩　懊悔　形状　重复　　B. 从新　滑稽　忧郁　心慰

C. 禁锢　憧憬　旭日　门楣　　D. 圣殿　短暂　端详　仓桑

二、下面各组词的字形、注音都正确的一项是（　　）。

A. 如醉如痴（chí）　　变换（huàn）无穷

B. 栩栩（xú）如生　　千帆竟（jìng）发

C. 无可耐（nài）何　　巧夺天工（gōng）

D. 全神贯（guàn）注　　瞬（shùn）息万变

三、下面四句话中的成语，使用得正确的一项是（　　）。

A. 这里，在树木、鲜花的包围中，一切都是那么恬静，我看到人类的巧夺天工。

B. 我想像得出那富于节奏感的姿势，肯定是世间最赏心悦目的奇景。

C. 我的确看到了那些真诚朋友的音容笑貌，令我倍感亲切。

D. 我对于那些萍水相逢似曾相识的老朋友只能有一个轮廓的印象。

四、下列各句依次排列最恰当的一组是（　　）。

① 力求捕捉和把握所目击的一切事物。

② 有的场面是令人愉快的，让你内心喜悦，

③ 我的心里充满了对人和物的憧憬，

④ 可有些情景却使你感到悲哀和忧郁。

⑤ 我不会轻易放过任何一个细小的东西，

⑥ 对它们闭上眼睛就等于紧锁心灵，禁锢思想。

⑦ 因为它们毕竟也是生活的一部分，

⑧ 对后者我也不会闭上眼睛。

A. ⑤③②④⑦⑥①⑧　　B. ③⑤②④⑧⑦⑥①

C. ③⑤①②④⑧⑦⑥　　D. ③⑤②①④⑦⑧⑥

【能力训练】

一、有感情地朗读这篇课文，说说海伦·凯勒精神力量的源泉是什么？

二、读过本文之后，你思想上受到什么启迪？

三、设想一下你失去三天光明，将如何安排这三天的生活，准备口头发言或写成一篇小散文。

海伦·凯勒，美国女作家、教育家。幼时患病，两耳失聪，双目失明。七岁时，安妮·莎莉文担任她的家庭教师，从此成了她的良师益友，相处达 50 年。在莎莉文的帮助下，1904 年海伦·凯勒以优异的成绩大学毕业。她在大学期间写了第一本《我生命的故事》，叙述她如何战胜病残，不仅给盲人而且给成千上万的正常人带来了鼓舞。这本书被译成 50 种文字，在世界各国流传。另外，她还有几部自传体小说，如《我所生活的世界》《从黑暗中出来》《我的信仰》等，在这些著作中，她表明黑暗与寂静并不存在。她到美国各地，到欧洲、亚洲发表演说，为盲人和聋哑人的教育筹集资金。1964 年被授予美国公民最高的荣誉——总统自由勋章。次年又被推选为世界十名杰出妇女之一。

12 箫声剑影[1]

耿林莽

学习提示

作家因喜爱龚自珍诗，而关注起龚诗中常常联袂出现的箫和剑这两个意象，从而对中国文人侠士所钟情、所寄意的两件文化瑰宝的深层文化寓意作了诗意的揭示和解说。作者信笔所至，却是左右逢源，盖在于作家思考之深，立意之新。

阅读时请思考：为何中国人对箫和剑情有独钟？

一

剑，不止是一种武器，用以自卫或杀人。剑是文化，是一种象征，诗的意象，优美的舞姿，抒情的依托。剑在语言中生成，从一代人到另一代人，作为武器的意义日渐丧失，作为意象和诗，闪光依然不减。

开篇先说剑，对“剑”意义的嬗变，表述生动有力。

我至今才说此顿悟，深感羞愧。这种无知半因对剑实物的近视，见物是物，何以言认识？另一半因对蕴藏丰富的文化遗产视而不见，迷失于时间的尘灰。其实，只需轻轻拂拭，寒光立现……

二

易水何在？在河北。燕赵多慷慨悲歌之士，其中的一位便是荆轲。“风萧萧兮易水寒，壮士一去兮不复还。”悲歌指高渐离的击筑。荆轲始之以悲，继之以壮，反复吟唱这两句诗。慷慨则是那支剑了。

宝剑伴壮士出场。开始写剑显然不仅仅是文化上的象征意义。

我引以为憾的那是筑而不是箫。箫与剑，民族文化的两缕幽魂，原应相依为命，难舍难分。“怨去吹箫，狂来说剑，两样销魂味。”箫属女性哀怨，弱者悲愤；剑是男性崛起，强者

遗憾有剑无箫，作家对箫之偏爱跃然纸上。

---

❶ 选自《耿林莽随笔》。耿林莽（1926年生），江苏如皋人。多年从事文学编辑工作，当代散文诗作家，以散文诗知名文坛，也写了不少散文随笔。著有《五月丁香》《醒来的鱼》《耿林莽散文诗精品选》《飞鸟的高度》以及《耿林莽随笔》等书。

壮志。她们同属于一个长久受压抑民族的柔顺或刚毅，忍气吞声又不屈不挠的民间义气，为我们的诗人，寒士们护育、仰慕，吟咏不已。

幸有风声与水声相助。那萧萧秋风与易水寒波乃是大自然的洞箫，或许这一合奏为任何人间的吹箫难以企及。对于那怒发冲冠，抱着“不复还”的决心以赴一死的壮士，一支微弱的箫管难以畅达其情，唯萧萧的风声水声，可以为剑击栏杆的壮士一吐壮行之悲声吧。

诗意的联想：大自然乃一巨箫。作家诗人本色宛然。

三

剑是美的，在一切古代和现代的武器中，谁堪与匹敌？修长而烁烁闪光的身姿，坚韧又柔和地弹性颤动，不是蛇，是鱼。专诸刺王僚时是将剑放在鱼腹中的。鱼肠剑，或是鱼藏剑。她委实像我们刚从海中捕来的那银子般亮着的刀鱼。而人们复系一红缨为穗，配在勇士腰间，何等英气逼人？龚自珍写道：

赞美剑的外形，美冠天下。

由形而蛇而鱼而刺客而诗篇，作者跳跃的思维。

“漠漠郁金香在臂，亭亭古玉佩当腰。
气寒西北何人剑，声满东南几处箫。”

人、剑、箫凝为一体，共塑了一个古代文化人的壮美性格与悲剧形象。“斗牛之间，常有紫气”。那便是西北天际的寒光。西北的粗犷和荒寒是属于剑的；而箫在东南，箫是柔丽而悠远的悲声。剑是视觉的，箫是听觉的，一经入诗，全部人格化了。

握在强暴者手中的剑当然是残忍的利器，制造流血与死亡。诗人从不为之唱赞歌。诗人的剑属于弱者，属于正义，属于复仇女神，是意志的化身，且具有悲剧的崇高美。她首先与游侠为伍，闯荡江湖，扶弱济困，那剑便是侠义的象征。李白“十五好剑术”，二十五岁“仗剑去国”，离蜀远游，诗人之剑，伴其一生。箫的飘零感，孤独感，更是流浪者动人的音乐化身。伍原吹箫，落魄异乡，一夜白发，行乞街头，那箫声何其凄楚。苏东坡赤壁泛舟，“客有吹洞箫者，倚歌而和之，其声呜呜然，如怨如慕，如泣如诉，余音袅袅，不绝如缕。舞幽壑之潜蛟，泣孤舟之嫠妇。”江上秋月，飞叶流声，若有一人于闪闪月光中舞青霜之剑，又是怎样的情怀？

情接八荒，视通万里。散文之散，在此得以充分体现。散得开，又收得拢，剑不离箫，箫不离剑深得散文之法。

“十年磨一剑，霜刃未曾试。
今日把示君，谁未不平事？”

贾岛的《剑客》，持的是复仇之剑。“宝剑锋从磨砺出”，这种坚韧是弱者复仇意志的体现。“感激念知己，匣中孤剑鸣”

人性化的剑发出的鸣声，在辛弃疾笔下更是扣人心弦。我最喜欢《破阵子》中这两句：

“醉里挑灯看剑，梦回吹角连营。”

灯下看剑的痴情，将一个壮志未酬心潮难平的爱国者的心意、神采活活道出来了。

旁征博引，汪洋恣肆，议论风生，痛快淋漓。

“唤起一片明月，照我满怀冰雪，浩荡百川流。

鲸饮未吞海，剑气已横秋。”

这是一幅更完整的剑气图。明月满怀，壮怀畅饮，剑在舞者的挥旋中，由静而动，“天地为之久低昂”。在公孙大娘的手中，在杜甫的笔下，这剑气岂仅是横贯秋空，“来如雷霆收震怒，罢如江海凝清光。”剑与舞的结合，龙腾虎跃了。进入书法家的笔下，化为张旭的狂草，那气概，又是一番风情了。

四

龚自珍在他的诗中多次将箫与剑并提，或许不是偶然的。在《漫感》中，他吟道：

前例或剑或箫，各自为政，龚自珍剑箫合一，故自成一段。

“绝域从军意惘然，东南幽恨满词笺。

一箫一剑平生意，负尽狂名十五年。”

这是一种少年意气吧，辞官南归途中，他回忆道：

“少年击剑更吹箫，剑气箫心一例消。”

意气略感消沉，然而却终不能忘怀于箫剑的浪漫。为什么中国的文人对之投注如许的深情呢？

作者探究原因

一层：

剑与箫都是精神化身。

我想得远些，这是与国情有关的吧。小农经济长期封闭，集权统治封建王朝，区区小民申冤无门，积怨烦忧何由而发？于是寄之于由羌❶笛演变而来的“尺八”之箫，于古堡、于山隈❷、于孤村、于野舟，呜呜咽咽，诉出寸断愁肠。剑光闪处，孤立无援的人们心灵上受到的慰藉或尤其甚于那只持剑之臂。因而我倾向于箫与剑都是一种精神的化身，浪漫主义远胜于现实主义，抒情作用超过了行为自身。寓言，象征，在诗歌舞蹈中，戏剧舞台上，在历久不衰的武侠小说里。

二层：

剑与箫为历史代言。

三层：剑兴箫哀，却同样代表着民族魂。

点题：

剑箫俱是悲剧象征。

在我看来，屈原的《离骚》便是湘江沅水间悠然长鸣的楚箫。汉刘邦斩蛇起义始于一把剑，楚项羽垓下❸自刎终于一把剑，也许是历史的巧合。后人串演的《霸王别姬》为这位失败的英雄投注了一脉动情的余晖：“力拔山兮气盖世，时不利兮骓❹不逝。骓不逝兮可奈何，虞兮虞兮奈若何。”失败者无可

---

❶［羌（qiāng）］我国古代西部的民族。❷［山隈（wēi）］山弯曲的地方。❸［垓（gāi）下］古地名，在今安徽灵璧东南沱河北岸，公元前202年，项羽被刘邦击溃在此。❹［骓（zhuī）］青白杂色的马。

奈何的哀叹，美人舞剑，楚歌四起，这时能没有一管箫么？

儒家重义，武侠因之以兴。剑在侠士的腰间悬挂，称为“辟邪”的标记，复仇的信号。干将莫邪❶的神话被鲁迅先生演义为著名的历史小说《铸剑》。剑起头落，头在沸水中继续撕咬格斗，仇恨被表现得淋漓尽致，不免过于残酷。汪曾祺先生的小说《复仇》，用了意识流手法，将一个持剑复仇的故事融入寺庙“语境”，僧衣，素烛，蜂蜜，莲花，淡化了那“仇”，温暖了人情。“他的剑落回鞘里”，汪曾祺“化干戈为玉帛”，有了“由另一面射进来的光”。我喜欢这篇小说。剑，在这里露出了人间的微笑。

而我们依然手握这剑。东方之剑，民族的魂魄，在少林寺，在武术场，在戏剧舞台和运动场，剑光如不灭的闪电，箫声却少见于音乐会。她原不适于大庭广众间亮相，她不善于哗众取宠，只默默地，默默地于月下丛林，小河之渚，茅舍窗前，思念沅人的荒草小径，独自一人去吹，吹出一片音乐的浮云，那是灵魂的独语，或踽踽的散步。

“为什么年红灯的万花筒，
还飘着一缕凄凉的古香？”

诗人卞之琳在《尺八》诗中问道。我想，这一缕民族的幽魂，不论在什么时候也会依恋我们。人间总有悲愁事，剑与箫的悲剧美，将永远为我们所珍视。

这首诗是叶芝1893年为毛特·岗而作。毛特·岗是爱尔兰自治运动中的主要人物，曾经为爱尔兰的独立事业终生奋斗，是叶芝长期追求的对象，也可以喻为叶芝一生的理想与信仰的化身。当我们读完这首诗后，会体会到一种极崇敬的情意，体味到一种蕴藉在内心深处的情感，这种情感表现得那样深沉，丝毫没有些微的轻狂。

当你老了

［英］叶芝

当你老了，头白了，睡思昏沉，
炉火旁打盹，请取下这部诗歌，
慢慢读，回想你过去眼神的柔和，
回想它们昔日浓重的阴影；

❶［莫（mò）邪（yé）］亦作“镆铘”，古代人名，转为宝剑名。陆广微《吴地记·匠门》载：吴王阖闾使干将铸剑，铁汁不下。干将妻莫邪问计，干将说：从前先师欧冶子铸剑时，曾以女人配炉神，即得。莫邪闻言就投身炉中，铁汁出，铸成二剑。雄剑叫“干将”，雌剑叫“莫邪”。

多少人爱你青春欢畅的时辰，
爱慕你的美丽，假意或真心，
只有一个人爱你那朝圣者的灵魂，
爱你衰老了的脸上痛苦的皱纹；

垂下头来，在红光闪耀的炉子旁，
凄然地轻轻诉说那爱情的消逝，
在头顶的山上它缓缓踱着步子，
在一群星星中间隐藏着脸庞。

读写综合能力训练

【思维训练】

一、以本单元学过的课文为例，说说怎样欣赏现代散文。

二、以《阅读·欣赏·写作》《模仿·借鉴·创新》《鲜花·根须·泥土》为题，组织讨论，发表见解。讨论时注意三个题目不同的思维特点。第一题概念间的关系是并列的，第二题是层层递进的，第三题是相互制约的。

【阅读训练】

一、阅读本单元各篇散文，完成下列各题

1. 下列各组加点的字注音全对的一组是（　　）。

A. 遴（lín）选　　韬（tāo）略　　砭（biān）肤冷气　　傩（nuó）戏

B. 咀嚼（zǔjué）　　真谛（dì）　　憧憬（chōngjǐng）　　恬（tián）静

C. 梦寐（mèi）　　窒（zhì）闷　　殉（xún）情　　回溯（sù）

D. 混沌（tún）　　潭柘（zhè）寺　　平仄（zè）　　点缀（duò）

2. 选出下列各句中没有错别字的一句是（　　）。

A. 那一点灯光居然鼓舞一个出门求死的人多活了这许多年，而且使他到现在还活得健壮。

B. 树色一例是阴阴的，乍看像一团烟雾；但杨柳的丰姿，便在烟雾里也辩得出。

C. 只在树与树之间漏出一些建筑的线条，一角活泼翘起的屋檐，一排整齐的图案似的屋瓦。

D. 我想象得出那富于节奏感的姿势，恳定是世间最赏心悦目的奇景。

3. 下列各句中，加点的成语使用不恰当的一句是（　　）。

A. 只有刻苦勤奋，珍惜时间，迎难而上，才能登上理想的空中楼阁。

B. 一个献出自己的芳华，也要向人间启示“春花秋实”的哲理的人，那枝头硕果就是他赠与耕耘者的甘美的记忆。

C. 寒冷，饥饿，憎恨，嘲弄，蔑视，侮辱，监狱，疾病，甚至于死亡，她都无所畏惧，她义无反顾地跨进了门槛。

D. 我将怀着敬畏的心情去观赏那光色的变幻莫测，正是在这变幻中太阳唤醒了沉睡的大地。

4. 选出修辞手法与其他三句不同的一句是（　　）。

A. 微风过处，送来缕缕清香，仿佛远处高楼上渺茫的歌声似的。

B. 山上有了小屋，好比一望无际的水面飘过一片风帆，辽阔无际的天空掠过一只飞雁。

C. 塘中的月色并不均匀；但光与影有着和谐的旋律，如梵婀玲上奏着的名曲。

D. 突然是绿茸茸的草坂，像一支充满幽情的乐曲。

5. 下列关于文学常识的表述，错误的一项是（　　）。

A. 郁达夫是现代作家，曾与郭沫若、成仿吾等组织了“创造社”，主要作品有短篇小说《沉沦》《春风沉醉的晚上》《茫茫夜》，散文集《达夫散文集》《达夫游记》等。

B. 《灯》是现代著名作家巴金的散文，巴金的小说有著名的“激流三部曲”《家》《春》《秋》。

C. 《都江堰》是一篇写景散文，写心中景，意中画，其艺术手法与《荷塘月色》近乎白描的手法相近。

D. 现代散文是与诗歌、小说、戏剧文学并列的一种文学样式，包括叙事性散文、抒情性散文、议论性散文。

二、阅读《故都的秋》，完成下列各题

1. 下列各组中有两处错别字的一组是（　　）。

A. 严历　璧玉　衰弱　遥想　　B. 蟋蟀　歧韵　饱尝　恣态

C. 既使　浓茶　落蕊　细腻　　D. 凋谢　意境　疏落　嘶叫

2. 下列各句标点有错误的一项是（　　）。

A. 我的不远千里，要从杭州赶上青岛，更要从青岛赶上北平来的理由，也不过想饱尝一尝这“秋”，这故都的秋味。

B. 脚踏上去，声音也没有，气味也没有，只能感出一点点极细微极柔软的触觉。

C. “唉，天可真凉了——”（这了字念得很高，拖得很长）。

D. 只有这枣子，柿子，葡萄，成熟到八、九分的七、八月之交，是北国的清秋的佳日。

3. 选词填空

秋蝉的____的残声，更是北国的特产；因为北平处处全长着树，屋子又低，所以无论在什么地方，都听得见它们的____。

A. 微弱、啼叫　B. 悲弱、啼哭　C. 衰弱、啼唱　D. 衰弱、歌唱

4. 下边横线处应填入的恰当的关联词语是（　　）。

有些批评家说，中国的文人学士，____是诗人，____带着很浓厚的颓废色彩，____中国的诗文里，颂赞秋的文字特别多。

A. 如果……都……因为……　　B. 尤其……都……所以……

C. 即使……也……所以……　　D. 尤其……也……因为……

5. “秋风一阵阵地吹来”后面接下去最顺当的一项是（　　）。

A. 树枝摇曳着，月光和树影也一齐晃动起来，发出沙沙的响声。

B. 月光和树影一齐晃动起来，树枝摇曳着，发出沙沙的响声。

C. 发出沙沙的响声，树枝摇曳着，月光和树影一起晃动起来。

D. 树枝摇曳着，发出沙沙的响声，月光和树影一起晃动起来。

6. 在下面的四句话中，哪一句比较符合原句的意思（　　）。

原句：秋天，这北国的秋天，若留得住的话，我愿把寿命的三分之二折去，换得

一个三分之一的零头。

A. 秋天，这北国的秋天，若留不住的话，我愿把寿命的三分之二折去，换得一个三分之一的零头。

B. 秋天，这北国的秋天，若留得住的话，我不愿把寿命的三分之二折去，换得一个三分之一的零头。

C. 秋天，这北国的秋天，若不是留不住的话，我愿把寿命的三分之二折去，换得一个三分之一的零头。

D. 秋天，这北国的秋天，若留不住的话，我没有不愿意把寿命的三分之二折去，换得一个三分之一的零头的。

7. 对本文的语言特点归纳得最正确的一项是（　　）。

A. 清新细腻，朴实无华　　B. 精刻细腻，蕴蓄很深

C. 明白晓畅，简洁清丽　　D. 生动流畅，含蓄激昂

8. 试判断下列的北国景色，哪些是“暖色”，哪些是“冷色”？

①疏疏落落的尖细且长的秋草　　②蓝色的牵牛花

③一丝一丝漏下来的日光　　④香山的红叶

⑤租人家一椽破屋　　⑥颐和园的游舟

⑦很高很高的碧绿的天色　　⑧秋蝉的衰弱的残声

暖色：____________________

冷色：____________________

三、阅读下面的文章，完成下列各题

我的空中楼阁

李乐薇

山如眉黛，小屋恰似眉梢的痣一点。

十分清新，十分自然，我的小屋玲珑地立于山脊一个柔和的角度上。

世界上有很多已经很美的东西，还需要一些点缀，山也是。小屋的出现，点破了山的寂寞，增加风景的内容。山上有了小屋，好比一望无际的水面飘过一片风帆，辽阔无边的天空掠过一只飞雁，是单纯的底色上一点灵动的色彩，是山川美景中的一点生气，一点情调。

小屋点缀了山，什么来点缀小屋呢？是树！

山上有一片纯绿色的无花树；花是美丽的，树的美丽也不逊于花。花好比人的面庞。树好比人的姿态。树的美在于姿势的清健和挺拔，苗条和婀娜，在于活力，在于精神！

有了这许多树，小屋就有了许多特点。树总是轻轻摇动着。树的动，显出小屋的静；树的高大，显出小屋的小巧；而小屋的别致出色，乃是由于满山皆树，为小屋布置了一个美妙的绿的背景。

小屋后面有一棵高过屋顶的大树，细而密的枝叶伸展在小屋的上面，美而浓的树阴把小屋笼罩起来。这棵树使小屋给予人另一种印象，使小屋显得含蓄而有风度。

换个角度，近看改为远观，小屋却又变换位置，出现在另一些树的上面。这个角度是远远地站在山下看。首先看到的是小屋前面的树，那些树把小屋遮掩了。只在树与树之间露出一些建筑的线条，一角活泼翘起的屋檐，一排整齐的图案式的屋瓦。一片蓝，那是墙；一片白，那是窗。我的小屋在树与树之间若隐若现，凌空而起，姿态翩然。本质上，它是一幢房屋；形式上，却像鸟一样，蝶一样，憩于枝头，轻灵而自由！

小屋之小，是受了土地的限制。论“领土”，只有有限的一点。在有限的土地上，房屋比土地小，

花园比房屋小，花园中的路又比花园小，这条小路是我袖珍型的花园的大道。和领土相对的是“领空”，却又是无限的，足以举目千里，足以俯仰天地，左顾有山外青山，右盼有绿野阡陌。适于心灵散步，眼睛旅行，也就是古人说的游目骋怀。这个无限大的“领空”，是我开放性的院子。

有形的围墙围住一些花，有紫藤、月季、喇叭花、圣诞红之类。天地相连的那一道弧线，是另一重无形的围墙，也围住一些花，那些花有朵状，有片状，有红，有白，有绚烂，也有飘落。也许那是上帝玩赏的牡丹和芍药，我们叫它云或霞。

空气在山上特别清新，清新的空气使我觉得呼吸的是香！

光线以明亮为好，小屋的光线是明亮的，因为屋虽小，窗很多。例外的只有破晓或入暮，那时山上只有一片微光，一片柔静，一片宁谧。小屋在山的怀抱中，犹如在花蕊中一般，慢慢地花蕊绽开了一些，好像层山后退了一些。山是不动的，那是光线加强了，是早晨来到了山中。当花瓣微微收拢，那就是夜晚来临了。小屋的光线既富于科学的时间性，也富于浪漫的文学性。

山上的环境是独立的，安静的。身在小屋享受着人间清福，享受着充足睡眠，以及一天一个美梦。

出入的交通要道，是一条类似苏花公路的山路。一边是山，一边面临稻浪起伏的绿海和那高高的山坡。山路和山坡不便于行车，然而便于我行走。我出外，小屋是我快乐的起点；我归来，小屋是我幸福的终点。往返于快乐与幸福之间，哪儿还有不好走的路呢？我只觉得出外时身轻如飞，山路自动地后退；归来时带几分雀跃的心情，一跳一跳就跳过了那些山坡。我替山坡起了个名字，叫幸福的阶梯，山路被我唤做空中走廊！

我把一切应用的东西当作艺术，我在生活中的第一件艺术品——就是小屋。白天它是清晰的，夜晚它是朦胧的。每个夜幕深垂的晚上，山下的灯把黑暗照淡了，淡如烟，淡如雾，山也虚无，树也缥缈。小屋迷失于雾失楼台的情景中，它不再是清晰的小屋，而是烟雾之中、星点之下、月影之侧的空中楼阁！

这座空中楼阁占了地利之便，可以省去许多室内设计和其他的装饰。

虽不养鸟，每天有鸟语盈耳。

无须挂画，门外有幅巨画——名叫自然。

1. 下列词语中没有错别字的一组是（　　）。

A. 淋漓尽致　　眉稍　　寂寞　　一望无际

B. 婀娜多恣　　面庞　　挺拔　　俯仰天地

C. 若隐若现　　别致　　笼罩　　鸟语盈耳

D. 游目骋怀　　紫滕　　绚烂　　举目千里

2. 下列各组句子不相对应的一组是（　　）。

A. 白天它是清晰的，夜晚它是朦胧的。

B. 树的动，显出小屋的静；树的高大，显出小屋的小巧。

C. 花好比人的面庞，树好比人的姿态。

D. 世界上有很多已经很美的东西，还需要一些点缀，山也是。

3. 从（遐、瑕、暇）中选择合适的字填在下列词语的空白处。

____迩闻名　　目不____接　　____不掩玉　　白璧微____

无____顾及　　自顾不____　　蜚声____迩　　____龄高寿

4. 下列各句没有歧义的一项是（　　）。

A. 老师看到我们非常高兴，就把我们拉到他办公室里去坐。

B. 爱护人民的政府，永远得到人民的拥护。

C. 天色晚了，自行车还没修好，修车的急坏了。

D. 强强和铃铃的爸爸到学校来了。

5. 对标题《我的空中楼阁》的理解，最正确的一项是（　　）。

A. 运用了比喻的修辞方法。比喻自己的小屋因建于山上，又处在朦胧烟雾中，犹如耸入云际的楼阁。

B. 运用了双关的修辞方法，既指建于山上的我的家居的小屋，即在“烟雾之中，星点之下，月影之侧的空中楼阁”，又指理想中的“独立”、“安静”的生活环境，即脱离人为的文明，超然世外的空中楼阁。

C. 运用了含蓄的写法。通过对建于山上的我的小屋的描写，充分地表现了作者对独立、安静的生活环境的热烈追求。

D. 运用了象征的手法。位于山上的小屋，象征着作者对独立安静的环境的向往与追求。

6. 由文章的前半部分内容看，作者观察点的变化顺序，正确的应是下列哪一项（　　）。

A. 在山上仰望，远视——在山上近看，看局部——在山下远看，看全景。

B. 在山下远看，看全景——在山上近看，看局部——在山下仰望，远视。

C. 在山上近看，看局部——在山下远看，看全景——在山下仰望，远视。

D. 在山上近看，看局部——在山下仰望，远视——在山下远看，看全景。

7. 对本文语言特色的理解，哪一项不完全恰当（　　）。

A. 本文的笔调清新，语言优美。全文用短句，节奏舒徐流畅，形成了幽雅、恬淡的基调。

B. 本文适当地运用了文言词汇、文言句式，例如“山如眉黛”、“凌空而起”、“足以举目千里”等，使语言更显得隽逸潇洒。

C. 恰当地、创造性地运用了一些常见词汇，如“领空”、“领土”、“空中走廊”等，为文章注进了清新气息。

D. 文中运用了比喻、拟人、排比、夸张、借代等修辞方法，为文章增添了绚丽的色彩。

8. 对文章中心意思的归纳，哪一项最恰当（　　）。

A. 这篇托物言志的抒情散文，寄托了作者对美好生活的向往和追求。

B. 文章寄情于景，通过对“空中楼阁”的生动描写，寄寓了作者对“独立的、安静的”生活的向往。

C. 作者笔下的“空中楼阁”寄寓了他对“独立的、安静的”生活的向往，表现了他热爱大自然的情怀。

D. 在这篇富有韵味的抒情散文中，寄寓了作者对生活的崇高理想。

9. 朗读这篇散文。

【写作训练】

一、散文写作指导

散文是一种以情思为元素、以自由感知为方式、以营造韵致情味为重心、以本色为基调的语言艺术。写作散文必须注意体会散文的文体特点。

1. 散文的基本元素：情思

散文中的情思指的就是情理相依的情思。人生于世，总有些超出感性层面的复杂的生命领悟；那些独到的审美发现，悦人心神之处也定然思理深沉。情思作为散文文体的基本元素，展现着审美价值与理性思维之间的张力。叶圣陶的名篇《藕和莼菜》中有这样一段文字

这藕离开它的家乡大约有好些时候了，所以不复呈玉样的颜色，却满被着许多锈斑。削去皮的时候，刀锋过处，很不顺爽。切成了片，送入口里嚼着，颇有点甘味，但没有一种鲜嫩的感觉，而且似乎含了满口的渣，第二片就不想吃了。只有孩子很高兴，他把这许多片嚼完，居然半点钟工夫不再作别的要求。

两代人之间人生体验的差异背后，是作者对故乡所承载的那段独特的青春岁月的苍凉回味与深沉感慨。而中年人对生命的感慨总是超越了单纯的“情”的，是情理交融的甚至带一点“曾经沧海”的智慧。把散文当作抒情的艺术是片面的，散文也可以说理，但这种

说理必须是情感化的，经过情感渗透的。

2. 散文的思维方式：自由感知

马拉美曾说过：诗是舞蹈，散文是漫步。如果说“舞蹈”是想象的诗性比喻，那么“漫步”无疑就是自由感知的形象描摹了。何谓自由感知？即在感知中折射自由、折射情思。感知正是人生在世的基本的生命活动方式：人之区别于草木顽石之处正在于他每分每秒都透过感官、透过全部的血肉身心感知着天地万物的存在，感知着生命与其所栖息的外部世界那水乳交融的往来。这种感知平凡而温暖。而自由感知是以自由的心灵状态去感知天地万物。“漫步”则形式不拘一格，选材无所局限，行云流水，天马行空，即“形散”。

3. 需要突出强调的是散文的文体重心：营造韵致情味

散文之要在于“情调”或“情味”，即“韵致情味”。无论写景、叙事、咏物、论理，都要能实现双重超越：在摹写景、事、物、理时主体的审美观照超越于对景、事、物、理的现实形态的认知；在观照景、事、物、理时，主体的心灵境界又超越于对景、事、物、理的情感意蕴的执著这样，作家便真正做到“神与物游”，达到游刃有余的境界。

4. 散文文体的基调：本色

作为散文的基调，袒露本色的写作将作家的真性情、真体悟直接呈现给了读者。在与读者对话的过程中，散文既不能像诗歌那样兀自腾入幻境，又不能像小说那样在叙述中隐去自身。它的语言是最贴近日常语言的，因而它的情思、感知与韵致都是真实真切的，无法作伪，也瞒不过读者。本色为文，不加雕饰，既是散文文体的美学标准，又是写作主体的道德价值。

在了解散文的文体意识的基础上，作者须注意观察生活，把握灵感，进行思维赋形操作，从而完成散文的创作。

二、散文的写作

1. 阅读下面的文字，写作一篇文章。

一位先哲问古罗马两面神：“请问尊神，你为什么一个头长着两副面孔？”“为的是一面回顾过去，记取历史教训；一面展望未来，给人以美好的憧憬。”

“可是，你为什么不注视最有意义的现在呢？”先哲问。

“现在……”两面神哑然了。

“要知道，”先哲说道，“过去是现在的逝去，明天是今天的继续，你既然无视现在，对那逝去者即使了如指掌，对未来纵然明察秋毫，又意义安在呢？”

“呜呜……”两面神听到此，忍不住抽泣起来。

毫无疑问，“现在”是十分重要的，失去了现在，也便失去了未来。你有这样的经历、体验、见闻或认识吗？请以“现在和将来”为话题写一篇散文。

要求：(1) 这个话题很广泛，只要与现在这个话题有关，都符合题意。

(2) 可以记叙经历，编写故事，抒发感情，发表议论，展开想象。

(3) 题目自拟。

2. 根据自己的写作兴趣，自拟题目写一篇散文。

3. 请在以下四项内容中选两项作为课外作业。

(1) 写观察笔记。

(2) 写情感体验。

(3) 记思想火花。

（4）写读书心得。

课外阅读篇目

1. 鲁迅 《秋夜》
2. 冰心 《我梦中的小翠鸟》
3. 老舍 《想北平》
4. 季羡林 《清塘荷韵》
5. (法)布封 《马》

世界最美的坟墓

——记1928年的一次俄国旅行

（奥）斯·茨威格

我在俄国所见到的景物再也没有比托尔斯泰墓更宏伟、更感人的了。这块将被后代永远怀着敬畏之情朝拜的尊严圣地，远离尘嚣，孤零零地躺在林荫里。顺着一条羊肠小路信步走去，穿过林间空地和灌木丛，便到了墓冢前；这只是一个长方形的土堆而已。无人守护，无人管理，只有几株大树荫庇。他的外孙女跟我讲，这些高大挺拔、在初秋的风中微微摇动的树木是托尔斯泰亲手栽种的。小的时候，他的哥哥尼古莱和他听保姆或村妇讲过一个古老传说，提到亲手种树的地方会变成幸福的所在。于是他们俩就在自己庄园的某块地上栽了几株树苗，这个儿童游戏不久也就忘了。托尔斯泰晚年才想起这桩儿时往事和关于幸福的奇妙许诺，饱经忧患的老人突然从中获得了一个新的、更美好的启示。他当即表示愿意将来埋在那些亲手栽种的树木之下。

后来就这样办了，完全按照托尔斯泰的愿望；他的墓成了世间最美的、给人印象最深刻的、最感人的坟墓。它只是树林中的一个小小的长方形土丘，上面开满鲜花，没有十字架，没有墓碑，没有墓志铭，连托尔斯泰这个名字也没有。这个比谁都感到受自己声名所累的伟人，就像偶尔被发现的流浪汉、不为人知的士兵那样不留姓名地被人埋葬了。谁都可以踏进他最后的安息地，围在四周的稀疏的木栅栏是不关闭的——保护列夫·托尔斯泰得以安息的没有任何别的东西，惟有人们的敬意；而通常人们却总是怀着好奇，去破坏伟人的墓地的宁静。这里，逼人的朴素禁锢住任何一种观赏的闲情，并且不允许你大声说话。风儿在俯临这座无名者之墓的树木之间飒飒响着，和暖的阳光在坟头嬉戏；冬天，白雪温柔地覆盖这片幽暗的土地。无论你在夏天还是冬天经过这儿，你都想像不到，这个小小的、隆起的长方形包容着当代最伟大的人物当中的一个。然而，恰恰是不留姓名，比所有挖空心思置办的大理石和奢华装饰更扣人心弦；今天，在这特殊的日子里，成百上千到他的安息地来的人中间没有一个有勇气，哪怕仅仅从这幽暗的土丘上摘下一朵花留作纪念。人们重新感到，这个世界上再也没有比这最后留下的、纪念碑式的朴素更能打动人心的了，残废者大教堂大理石穹隆底下拿破仑的墓穴，魏玛公侯之墓中歌德的灵寝，西敏司寺里莎士比亚的石棺，看上去都不像树林中的这个只有风儿低吟，甚至全无人语声，庄严肃穆，感人至深的无名墓冢那样能剧烈震撼每一个人内心深藏着的感情。

第四单元　实用文体写作（一）

训练目标

1. 掌握条据、信函、启事的定义、分类、体式、特点等知识。

2. 掌握日常应用文的写作技巧与相关的应酬方略，写出符合要求的条据、信函、启事。

3. 通过实践活动培养学生适应社会的能力。

知识要点

在日常生活中，人们传递信息、交流思想、学习知识、谋职工作、采购物品、处理家庭事务等，都离不开日常文书。虽然是日常生活小事，却一点也马虎不得，轻者伤害感情，重者贻误工作，严重的时候，还会引起诉讼纠纷。日常应用文写作是一个人立身处世的基本素质，是一种最基本的生活能力。

日常应用文写作包括条据、便条、日记、书信、海报、启事、声明、就业文书等，这些和我们的生活、学习和工作的关系最为密切，即使不是很常用，但多少也要了解并掌握一些。本单元选择了常用的条据、信函、启事等三种应用文进行知识介绍和例文讲解，以便学习和掌握。

一、条据

条据是在公务或私务活动中，在办理签收手续时根据规定履行一定手续而形成的文字凭证。

1. 单据

单据主要是财务、保管工作中的一种凭证，是有关部门收入、支出的根据，可供事后存查。常用的有收条、发条、借条、领条、欠条等。

条据的结构一般由标题、正文、尾语和落款四部分组成。标题一般是条据的细化分类，如"领条"、"收条"、"借条"、"欠条"等，写在条据上方中间部位，字体稍大些。正文一般用"今领到"、"今收到"、"今借到"等开头，然后写清对方（单位和个人）的名称以及标的物件的名称、数量和金额等。数字要大写，末位数字后面常常加上"整"字以示严谨。如果需要改动，应在改动的地方加盖图章，以示负责。尾语写上"此据"、"此凭"、"立此为凭"等，以示慎重。尾语可写在正文之后，也可另起一行。落款位置在条据的右下方，由经手人署名和标明立据的时间。

2. 便条

便条是一种以传递信息、介绍情况、表达情意为主的简明信函。常用的有请假条、留言条、托事条等。便条的内容一般很简单，通常都是一条一事，而且事情多半也不太复杂，常常是三言两语就能说清。便条一般不需要写标题，它由称呼、正文、尾语和落款四

部分组成。由于内容不同、人物身份不同，所使用的尾语也不尽相同，如：专此布达、此托、为感、为谢、为盼、此致——敬礼等，以示谦恭、期盼、谢忱、尊敬等心情。

二、信函

信函是人们在学习、工作和生活中普遍使用的一种用于沟通情感和联络工作的应用文体。既有一般书信，也有专用书信。这里所选的是与职业院校学生学习工作息息相关的几种。

1. 推荐信

推荐信是指写给用人单位、向用人单位推荐优秀人才或者向自己的熟人和朋友介绍某个人去做某件事以便使之采纳的专用书信。

推荐信的适用范围有三个，一是写推荐信的人是有地位、有身份的人，因为受人之托或其他原因遇到了适合于某项工作的人才，而向某用人单位进行推荐；二是向熟人或朋友推荐人才，在这种情况下，写信人往往靠自己同某单位或个人的良好关系而出面为别人牵线搭桥；三是推荐信也适用于个人直接向自己希望前往谋职的单位介绍自己的情况，这种推荐信称为自荐信。

推荐信的特点有二，一是荐举贤能，二是公私兼顾。

从推荐者的情况来分，可以分为“自荐信”和“推荐信”两种。所谓自荐信是指写信人为了在某单位谋求一份工作或在自己原有的单位谋到更好的职位而写的一种推荐自己的信件，推荐信则是写信人向某单位或个人推荐别人的一种信。

推荐信一般由标题、称呼、正文和落款四部分组成。

推荐信的标题一般由文种名构成，即在第一行正中写上“推荐信”三个字。有的推荐信由于双方关系较熟则可以不要标题。

推荐信要在第二行顶格写上收信方领导的姓名和称呼或只写对方领导的职务，如“尊敬的××局局长”，如果推荐人同收推荐信的人是熟人朋友，则也可以用常见的私人信件一样的称呼，如“英华兄”。

推荐信的正文可由开头、主体和结尾三部分构成。

推荐信的开头既可以先问候一下对方，略叙思念之情，也可以开门见山直说其事，这要视和对方的关系而定。假如你和对方见面较多，关系也较为密切，就无须太多的客套话了。要在开头介绍自己（或推荐人）的身份，以及自己同被推荐人之间的关系，同时说明写此信的意图。

主体是推荐信的展开部分，要针对用人单位的情况需要，介绍被推荐人的一些情况，如学历、学位、专业特长、外语水平、业务能力以及其他能力，以使对方能通过引荐信对被引荐人产生好感，从而达到推荐人才的目的。如果是自荐信，更要写明自己在原来岗位未能发挥或没有机会发挥的潜能和特长。

结尾再次表达自己希望能办成此事的愿望，恳请领导给予被推荐人工作或晋升机会，并向对方致以感激祝福之情。结尾处也可附上一些被推荐人业绩的有关材料。

推荐信的落款要在正文右下方署上推荐者的姓名，以及成文日期。有些推荐信还可以注明自己的详细通信地址，以备以后必要时联系之用。

写推荐信的要求有以下两个。一要实事求是，客观推荐。写推荐信的人要本着对自己、对用人单位、对被推荐人负责的态度，客观、公正地向用人单位提供被推荐人的真实情况。自荐信所列的个人材料也要真实、具体，既表现出自己胜任某项工作的信心，同时也应诚恳、谦虚。二要短小精悍，礼节周全。介绍被推荐人时，不要面面俱到，只需把他具有能胜任某一方面的工作才能说清楚即可，所以推荐信的内容要详略得当。推荐信里面一般包含了请求的意思，写推荐信的人目的在于能推荐成功，所以语言要简洁明快，文明有礼，不能用命令、指示等口气讲话，以免造成反感。

2. 求职信

求职信是学校毕业生、无业、下岗待业和欲转岗就业者向公私机构求职的专用书信。其特点有二，一是自我推荐的特性；二是个人对单位、组织的行文关系。

我国每年有大量的大、中专学生和各种职业技能学校的毕业生，其中大部分需靠自己去联系工作，寻求合适的用人单位，这些毕业生就业时同用人单位的交往主要就是以求职信的方式来进行的。非学校毕业的许多将参加工作的人称为待业者，他们求职大都也主要靠向用人单位介绍自己，以发求职信的方式来求得工作岗位。在社会主义市场经济的条件下，由于市场的竞争，劳工的重新组合，会出现许多的下岗工人。他们要谋求到新的工作岗位，除了进行相应的技能培训外，还得学会客观真实地把自己推荐给有关单位。因此求职信对再就业者来说也是极其重要的一个工具。已有工作岗位的人，由于不适应该岗位，或学无所用，潜能得不到发挥，或为了谋求更好的职位，也会向用人单位“发文”寻求新的工作岗位。这种状况下所写的求职信，称为在岗者求职信。

有明确单位的求职信是指求职者有确定的求职单位，求职信只是写给该单位，意欲在此单位谋职。这类求职信，可以根据该单位的用人情况，目的明确地介绍自己的情况，达到用人单位的使用要求。

广泛性的求职信是指求职者无确定的求职单位，求职信是写给所有同类性质的单位。这种求职信只能根据自己的专长和技能，凭借用人单位通常的用人标准来进行写作。

求职信既然是一种书信文体，所以它同书信的写作格式基本是一致的，一般包括标题、称呼、正文和落款等部分。

求职信的标题通常只由文种名称组成，即在第一行中间写上“求职信”三个字。

求职信要顶格写明求职单位的领导或负责人的姓名和称呼，有时也可直接称呼其职务，如“尊敬的××局局长”。并且要在称呼后加冒号。

求职信的正文一般由开头、中间、结尾三部分组成。

写求职信，开头要交代清楚自己的身份、年龄、学历等基本情况，给用人单位一个初步的完整印象。如果是有明确目标的求职信，还可先谈谈自己看到了该单位的征招信息，以及意欲应聘的想法。

求职信的中间部分要展开。主要是针对用人单位的征招信息或者根据自己了解到的用人单位通常的要求来具体地介绍自己，这其中要把自己的专业特长、业务技能、外语水平及其他潜在的能力和优点全部表呈出来，以使用人单位意识到你正是他们用人的最佳人选。这一部分是求职信的关键，所以要多了解用人信息，真正地使自己可以有较强的针对性来推荐和介绍自己。

求职信的结尾要再次强调自己的求职愿望，恳请用人单位给自己一次工作机会。为了更好地证明自己的能力，可将能证明自己才能的材料附于信后。

求职信的落款，就是在正文的右下方署上求职者的姓名及成文的日期。

写求职信有以下三个需要注意的问题：一是实事求是，客观地评价自己；二是求职态度要诚恳、谦虚；三是要篇幅短小、语言简洁。

3. 函

函是党政机关、人民团体、企事业单位相互洽谈工作、询问和答复问题、向有关主管部门请求批准等使用的一种公文。函，短小、灵活、方便，使用范围广泛。

从不同的角度，函可分为许多种类。按使用范围分有：商洽函、问答函、请批函。按来往关系分，又可分为发函和复函。按重要程度分，函中还有一种叫便函，是指用来联系一般事物的函。便函用机关信笺誊写或打印，通常不编发文字号。

函的格式，一般有标题、文号、主送机关、正文、发文机关（印章）、日期等部分组成。

文号，由发文机关的代字、年号、顺序号组成，在代字后面加函字，如冀政函〔2000〕32号。联系较重要事项的函一定要有发文字号，联系一般事项的函（便函），则可以没有发文字号。

主送机关名称，和一般书信的写法一样，单独占一行，顶格写，要写全称。

正文是函的主体部分，内容包括原由、事项、结语三部分。原由即发函的起因，一般放在第一段陈述。事项即所要解决的具体问题，根据内容需要可用一段，也可分段表述。正文的最后一般用“请复”、“以上意见，请即函复”、“特此函告”、“特此函告，请复”等话作为结语。也有正文写完事项即结束，不用专用结语的。如果是复函，原由部分开头必须对对方来函受理情况加以说明，以表明复函的针对性。结语多用“此复”、“特此函复”。要注意的是，“此复”只用于下行函。

函的写作，除了要注意格式的规范外，还要注意以下两点。

① 行文要直陈其事、言简意赅。这是为了提高办事效率，对内容表达上提出的要求，切忌啰嗦冗长，不得要领。写作时要开门见山、直陈事实，力戒套话、空话。

② 语言要有分寸感。函可以多向行文，行文关系复杂多样，更要注意语言得体。无论对谁行文，不论是有求于人，还是人求于我，都应该采取诚恳合作、平等待人的态度。

三、启事

启事是为了公开声明某件事或希望公众协助办理某件事而使用的应用文，带有广泛告知的意思。

启事具有告启性，而不具有强制性和约束力，单位和个人均可使用，可在公共场所张贴，也可以在报纸杂志上刊发、在广播、电视上播出。

按照内容与用途的不同，启事可分为寻人启事、寻物启事、征婚启事、招工启事、招生启事、征稿启事、开业启事等许多类。

启事的格式和要求如下。

1. 标题

可写明内容名称，如征文启事、寻人启事等，也可省去“启事”二字，直接写出内容“征文”、“寻人”、“招工”等。

“启事”不可写成“启示”。启示是启发、开导、使人有所领悟的意思。前者是名词、后者是动词。

2. 正文

正文要写明启事的原因、目的、要求等。语言要直截了当，简明扼要。如果希望协助办理某件事时，语言要恳切有礼。如用“诚聘”、“请”、“欢迎社会各界人士合作”等。正文内容复杂的，要注意条理清楚，有的可用数字标出顺序，有的可分条列项加以说明。

启事的种类不同，正文的具体要求也有区别。

招工启事，正文要写明招工的原因、对象、条件、报名时间、地点、应带的证件及招工方法（笔试、面试）等。招聘启事与招工启事大同小异，只是招聘对象多为专业技术人员，要求较高，待遇较优厚。

征文启事要写明征文原因、内容、具体要求、截稿时间、投递地点、奖励办法等。

征订启事要写明所征订报刊书籍的性质、内容、特点、价目、征订单位及截止时间等。

寻人寻物启事，正文要说明所寻找的人或物的基本特征、丢失时间、联系地址及对协助寻找者的酬谢等。

3. 落款

落款要注明启事的单位、个人姓名和日期。张贴或依法的重要启事要加盖印章，以示郑重和负责。在报纸杂志或电台、电视台播放的，日期以刊出或播放日期为准。

13 条　　据

【例文一】

学习提示

收条要求将所收到的物品、钱款的具体数目以及物品的大小规格式样等一一说明，同时还要写清是从谁那里收的。收条的落款要求经手人签名盖章，注明日期，而不能仅仅有个单位的名称。这则收条交代了送款人的具体姓名、送款数目及送款理由，只有一句话，但将收条的内容全部写出，体现了收条写作该说则说、越简越好的特点。

收　　条

今收到高山乡铁匠沟大队马胜田、牛兴旺二同志送来的棉花技术承包合同资金叁仟元整。

××省农业科学研究所

经手人：张玉山

×年×月×日

【例文二】

学习提示

发条是个人或单位出售物品、货物时给顾客开的作为提货和报销的一种凭证。要求将所卖的物品，所卖的对象、物品、数量的多少，总计钱款的数额一一写清楚。落款处要求写出售物品的单位名称以及经手人的签名盖章等。同其他契据一样，发条在涉及钱款数目时也要求大写。说明简洁明了，不用赘语是条据写作的基本要求。本文做到了这一点。

发　　条

今售给××学校联想 586 型电脑叁拾台，标准配置，每台售价叁仟元整，总计人民币玖万元整。

此据

吉星电脑科技发展有限公司

经办人：×××
×年×月×日

【例文三】

学习提示

这是一张以班级名义写的借据（借条），有经手人的签名或盖章。借据要将从哪里借的，借的什么，数量多少，以及归还的时间一一写清。另外，借据仅仅是个人或单位借东西的一个凭证，要言简意赅，简明清楚，只需将借、还的东西、日期等写出就可以了。在这一点上下面这张借据做得很好。

借　据

今向院团委借到男女演出服装共捌套，大、小锣各壹面，三天后归还。此据。

经贸外语系一二级三班
经手人：白洁
2012年5月10日

【例文四】

学习提示

领条是单位或个人在领到钱物后，向发放物品或钱物的单位或个人所写的一种凭据。内容上将从何处领取、领取的什么、数目多少、经办人、领取的时间等均应交代清楚。

领　条

今领到办公室新发办公用品钢笔50支、拖把10把、垃圾斗10个、蓝墨水20瓶、信封50个、稿纸20本。

机要科：张红彤
×年×月×日

【例文五】

学习提示

这张欠条是已归还了原来借的部分欠款，尚有一部分未还。因此写下欠条，作为欠款

的凭据。欠条中具体交待了原借钱的数量，以及现在所欠钱款归还的具体期限。在提及钱款数字时注意了大写的使用，用语通俗明白，不会引起人们的误解 。篇幅短小精悍，说明清楚。

欠　　条

原借杜小强同志人民币叁佰元整，已还壹佰伍拾元整，尚欠壹佰伍拾元整，两个月内还清。

刘玉刚

×年×月×日

【例文六】

学习提示

这则留言条是寻人未果而留，言简意赅，点明联系方式、留言期限和去向，内容清楚，一望便知。

留　言　条

曾昭：

请您见条后速去滨河宾馆（××大街×号）918 房间找我，或打电话联系（77548258—918)。如您两天不到，我就去北京了。

西安钢厂　李明

3 月 5 日

【例文七】

学习提示

这则请假条请假原因清楚，内容具体，有事由说明，还点明了请假所需时间。语言简洁，以礼待人，在时间上打出提前量，便于答复。

请　假　条

王主任：

下班得知我姑妈明天上午 9 时从美国来家探亲。我父母年迈，

无法接机，所以我明天上午请假半天到机场接人，望批准。

此致

敬礼

李　源

2003年9月28日

【例文八】

学习提示

这两则托事条，第一则为请客；第二则是索要。二者如同书信一样有称呼、正文、落款等几部分，结尾问候语又视情况而定。标题通常是省略的，三言两语，把事说清。

请客条

××兄：

本月20日是家母50岁生日，我们邀请了部分好友聚一聚，那天，无论如何，请你赏光。时间：下午6点。地点：世纪饭店202包。

即请

台安！

弟××即日

索要条

××老兄：

你借若干元，约定上月内归还。现在已经过期了，不见掷下。想是你忘记了。如果你手头宽裕，请还我。

弟××上

课后训练

【基础训练】

一、说说条据和便条的区别。

二、写作条据时应注意什么问题？

【能力训练】

一、吴迪向张玉佩借了人民币 1000 元，答应张 2011 年 5 月 1 日前还。借款时间是 2008 年 2 月 10 日。2011 年 4 月 28 日，吴将钱款如数还清，请代吴迪、张玉佩分别打一借条、收条。

二、请拟一张请假条。

三、周明到同学钟舒家商量班级春游一事，不巧钟不在家，周拟于第二天再来，请代周拟一留言条。

14 信 函

【例文一】

学习提示

这是由一位高职毕业生直接向自己希望前往谋职的公司介绍自己的情况、推销自己、希望得到公司的欣赏与信赖、为达到谋求一份工作的目的而写的自荐信。这位学生刚跨出学校大门，即将步入社会，对未来充满信心。自荐信首先介绍了自己个性特点以及学习成绩。其次介绍自己的专业能力，实践经验和个人素质。最后提出为公司效力的愿望。一方面作者真实具体地把自己与众不同的特长优势展示给公司，证明自己是个可用之才；另一方面作者也诚恳、谦虚地表达了自己的求职意愿，愿为公司效力。作为公司领导，当然希望自己能够物色到肯为自己公司努力做贡献的人才。所以这封自荐信值得借鉴。

自 荐 信

尊敬的领导：

您好！

首先非常感谢您能看我的自荐信。我叫××，是一名即将于×年×月毕业于××学院××系的学生。毕业之际，我诚恳地向贵公司推荐自己。

最近从贵公司的网站上获悉贵公司正在招聘营销人员，我非常热爱营销专业，上进心很强，善于团队协作，能吃苦耐劳，性格外向开朗，兴趣爱好广泛。在校期间，成绩优异，并担任学生干部，在人际关系处理方面比较成熟。

三年的市场营销专业知识的学习和丰富的房地产市场兼职实践经历，使我对营销职业产生了浓厚的兴趣，在房产营销的技能方面也获益匪浅。我从坎坷曲折中一步步走过，脱离了幼稚、浮躁和不切实际，心理上更加成熟、坚定，专业功底更加扎实。

在专业方面，我系统学习了市场营销、营销企划实务、公共关系、商务谈判等专业知识，掌握了大量营销专业理论和营销技能。同时在计算机应用、英语方面也取得了一定的成绩，先后通过了计算机国家二级考试和全国英语四级考试（此外，一些主要课程成绩在附页中，敬请浏览）。

完成学业的同时，我在学院学生创业小组担任副组长职务，边上学，边实践。我还利用假期参加社会实践，在一家房地产公司业务部任职，对营销业务有了一定的了解。在公司工作期间，可以直接为客户提供优质服务，工作适应能力很强，得到了上司与客户的认可。

在工作态度方面，我对工作认真负责，有良好的工作作风和团队意识，我能够多角度了解和觉察客户的购买需求，全方位进行客户服务工作，具有埋头苦干的求实精神以及随机应变的推销能力等。相信在今后的工作中，我会紧密配合公司销售需要，任劳任怨地工作，成为一名称职的营销人员。

当然，作为一名刚走出校门的毕业生，我自身还有许多不足，但我有足够的信心完善自我，在工作中学习，在学习中进步，在进步中更加努力工作。“初生牛犊不怕虎”，我相信贵公司最需要的就是这种精神。

在个人素质方面，我很注重道德修养，做事讲诚信，勇于拼搏，吃苦耐劳，不怕困难。

对我个人的工作能力与专业技术能力，我很有信心，希望贵公司能够相信我的能力，并给予我一次证明自我能力的机会。

祝您工作顺利，身体健康！

自荐人：××

×年×月×日

通信地址：××市××区××路×号　邮编：××××××

联系电话：××××××　手机：139××××××××

附件：

1. 学历证书
2. 成绩单
3. 获奖证书
4. 技能证书

【例文二】

学习提示

这是一封由大学教授给某制片厂负责人推荐毕业生的推荐信。信中介绍了成坤在校期间的学习成绩和文学成就，还用简略而概括的语言评价了成坤的业务专长，说明他能够胜任系列片的编写工作。全文短小而注重礼节，所涉及的个人材料真实、具体、客观。

推　荐　信

徐良先生：

成坤先生 1984 年毕业于复旦大学中文系文学专业。在校学习期间各科成绩优良，曾先后发表过小说《×××》、剧本《×××》等十多部作品，还翻译过外国文学剧本《×××》。

成坤先生有较强的研究能力，社会知识比较丰富，富有钻研精神。近闻贵厂想请他参加系列片的编写工作，我深信他是可以胜任的。顺颂近安。

复旦大学中文系教授　××

×年×月×日

【例文三】

学习提示

下面有两份求职信，前一封是一位高职毕业生在即将毕业时为谋求工作岗位而向用人单位发出的一封求职信。求职者在求职信中首先实事求是、客观地介绍自己的年龄、专业、学历以及能力专长等基本情况，给用人单位一个初步完整的印象以达到推荐自己的目的，使用人单位意识到自己正是他们所需人选。然后表明意欲谋职的意向，并留下联系方式。这封篇幅短小，语言简洁的求职信至此便完成了。它简洁、明快地体现出求职者的工作能力及内在素质。寥寥数语既推荐了自己又表明了自己的意愿。后一封是欧洲文艺复兴时期意大利著名画家达·芬奇向米兰大公的求职信，信中画家用充满自信且幽默的语言分十个方面介绍了自己的才能，使人眼前顿时一亮。

求　职　信

尊敬的领导：

您好！

首先感谢您在百忙中抽时间阅读这封求职信。

我是×××，××职业技术学院 09 级电子商务专业的毕业生，从 2009 年入学到现在，我一直恪守"奋力攻坚志在必夺"这句格言，努力学习，奋发进取。

在校期间，我主要学习了企业管理概论、网络财务、电子商务基础、网络企业管理、计算机及相关设备、国家贸易理论与实务、市场营销、经济学、数据库及应用网页设计与制作、ASP 电子商务网站建设、网络广告、网络营销、电子商务法规、商务管理、电子商务案例分析、网络信息安全与管理等课程。在老师的指点下，在知识的熏陶中，在实践的砥砺上，我逐渐成长为一名

品学兼优的大学生。

我深知电子商务专业是个具有创新、面向世界、面向未来的新型专业，因此，在校期间，我十分珍惜时间，努力攻读。通过三年的系统学习，本人掌握了网络经济时代的现代企业经营与管理技术、电子商务技术和信息技术，能将管理学、计算机科学与信息技术科学知识有机结合，将信息技术和现代商业与管理的理论与实践相结合，为现代商务模式和电子商务模式的企业制订战略规划，并能够担负起电子商务系统策划、建设、运营和管理任务。

为了更加丰富自己的知识，在大二就考取了国家人力资源管理师资格证、物流师资格证。平时勤于思考，培养自己独立解决问题的能力。同时我还通过国家计算机二级考试，而且在网页制作、维护等方面已有一定水平。

事业上的成功需要知识、毅力、汗水、机会的完美组合。同样，一个公司的荣誉需要承载她的载体——人的无私奉献。我恳请贵公司给我一个机会，让我成为你们中的一员，我将以无比的热情和勤奋的工作回报您的知遇之恩，并非常乐意与未来的同事合作，为我们共同的事业奉献全部的才智。

最后祝贵公司万事如意！

此致

敬礼

求职人：×××

×年×月×日

致米兰大公书

（意）达·芬奇❶

黄继忠译

显贵的大公阁下，我对那些冒充作战器械发明家的人所进行的试验作了观察和思考，发现他们发明的东西与平常使用的并无两样，故此斗胆求见阁下，以便面陈机密，但对他人不抱任何成见。

一、我能建造轻便、坚固、搬运便利的桥梁。可用来追逐和击败敌军；也能建造坚固的桥梁，用以抵御敌军的炮火和进攻，这种桥梁装卸非常方便；我也能焚毁、破坏敌军的桥梁 。

二、在围攻城池之际，我能从战壕中切断水源，还能制造浮桥、云梯和其他类似设备。

三、一个地势太高，或坚不可摧、因而无法用炮火轰击的据点，只要它的地基不是用石头筑的，我能摧毁它的每一个碉堡。

---

❶ 达·芬奇（1452—1519），文艺复兴时期意大利著名艺术家、科学家。他 33 岁时离开故乡佛罗伦萨，前往米兰，致函当时统治米兰的洛多维可·斯福尔扎以求官职，其后得以录用，供职 16 年。

四、我还能制造一种既轻便又易于搬运的大炮，可用来投小石块，犹似下冰雹一般，其中喷出的烟雾会使敌军惊惶失措，因而遭受沉重损失，并造成巨大混乱。

五、我能在任何指定地点挖掘地道，无论是直的或弯的，不出半点声响，必要时可以在战壕和河流下面挖。

六、我能制造装有大炮的铁甲车，可用来冲破敌军最密集的队伍，从而打开一条向敌军步兵进攻的安全通道。

七、在必要情况下，我能建造既美观又实用的大炮、迫击炮和其他轻便军械，不同于通常所使用者。

八、不能使用大炮时，我能代之以弹弓、投石机、陷阱和其他效果显著的器械，不同于通常所用者——总之，必要时我能提供不胜枚举的进攻和防御器械。

九、倘若在海上作战，我能建造多种极其适宜于进攻和防守的器械，也能制造可以抵御最重型火炮炮火的兵船以及各种火药和武器。

十、在太平年代，我能营造公共建筑和民用房屋，还能疏导水源，自信技术绝不次于他人，而且保君满意。

此外，我还善于用大理石、黄铜或陶土雕塑；在绘画方面，我也绝不逊色于当今任何一位画家。

我还愿意应承雕塑铜马的任务，它将为您已故的父亲和声名显赫的斯福乐尔扎家族增添不朽的光彩和永恒的荣誉。

如果有人认为上述任何一项办不到或不切实际的话，我愿随时在阁下花园里或您指定的其他任何地点实地试验。谨此无限谦恭之忱，向阁下候安。

达·芬奇

×年×月×日

【例文四】

学习提示

函是公文中的一种，主要适用于不相隶属的机关之间相互商洽工作、询问和答复问题。函内容单一，一般一事一函。作为书信的一种，函在写作上比一般书信要求严格。下两则例文中所涉及单位是不相隶属的单位，联系公务只能用函这一文种。复函直截了当，开门见山；商调函语言朴实恳切，讲究礼貌。学习时应注意参照下列例文，掌握函的格式及语言要求。

国务院办公厅关于安徽合肥经济技术开发区的复函

国办函〔2000〕16号

安徽省人民政府：

你省《关于要求批准合肥经济技术开发区为国家级经济技术开发区的请示》（皖政秘〔1999〕138号）收悉。经国务院领导同意，现函复如下。

一、同意合肥经济技术开发区为国家经济技术开发区，实行现行的国家经济技术开发区的政策。

二、合肥经济技术开发区位于合肥市南郊，东以始信路、耕耘路、清潭路为界，西至合安公路、石门路、高压走廊、锦绣大道、合安公路，南至紫蓬路，北至繁华大道、明珠广场，规划范围总用地9.85平方公里。

三、合肥经济技术开发区的建设和发展，纳入合肥市经济技术发展总体规划，建设发展资金由你省自筹解决。

四、合肥经济技术开发区要坚持以工业项目为主、吸收外资为主、出口为主和致力于发展高新技术的方针，积极改善投资环境，逐步完善综合服务功能。

五、要加强领导和管理，促进合肥经济技术开发区各项工作的健康发展。

国务院办公厅

二〇〇〇年二月十三日

××大学人事处关于商洽
×××同志调动工作事宜的函

××××制造厂人事处：

我校××学院××系××教研室×××同志，19××年从××工业大学××专业本科毕业，分配到我校任教以来，工作认真负责，教学、科研都取得了显著成绩，于19××年被聘为讲师。

该同志一人单身在我校工作，家庭的其他成员全部住在你市，其妻×××同志在贵厂工作。不但夫妻分居两地，且上有体弱多病的母亲，下有不满周岁的儿子需要照顾。根据该同志多次申请，经我校领导研究，为解决×××同志夫妻两地分居并照顾家庭存在的特殊困难，我校同意该同志调往贵厂工作的要求。现特致函与你们商洽，并请尽快函复。若贵厂同意考虑×××同志的这一要求，接到你们复函后我们即将该同志的档案寄给你们审查。

××大学人事处

2000年×月×日

课后训练

【基础训练】

一、求职信最主要的特点有哪些？

二、达·芬奇在给米兰大公的信中说明了自己有哪些才能？

三、写作推荐信和自荐信应注意什么问题？

【能力训练】

一、学院广播站正在招聘编辑、播音员，请根据自己的专长和兴趣试写一封求职信。

二、根据下面材料写一份函。

××部于二〇××年×月×日，给××省人民政府一函，联系商洽的事务是拟请××省××××进出口分公司派一名熟悉业务并懂英语的业务员，参加中国××××进出口公司定于×月底派一贸易小组赴×国所进行的推销和调研活动。如同意，请将经××省审批的出国人员的批件，于×月底以前寄中国××××进出口总公司。

三、根据《××大学人事处关于商洽×××同志调动工作事宜的函》，写一份复函。答复意见为：同意接收×××同志，并请将该同志的档案材料寄给我们。要求格式规范，语言准确、得体。

写在纸尿片上的求职信

我有一个朋友，现在是国际4A广告公司的创意副总监。说到她的求职经历，直到今天依旧有如传奇一般。

当时她27岁，想应聘广告员，但她在广告这个行业的经验等于零。可她对那些小广告公司却不感兴趣，当她说要进国际排名50强的4A广告公司时，所有的朋友都认为那是痴人说梦。

但，事实是，她做到了！

她没有用普通的信封投递求职信，而是用一只包裹。她向所有她中意的公司全部投递了这样一只巨大的包裹，并且直达公司总经理。

试想一下，一个包裹，在一堆千篇一律的信封中已经鹤立鸡群，一下就抓住了所有的好奇视线。打开那只包裹后，里面空空如也，只有一张薄薄的纸尿片，上面写了一句话："在这个行业里，我只是个婴儿。"背面写了她的联系方式。

几乎所有收到这张纸尿片的广告公司老总都在第一时间内给她打了邀请面试的电话。无一例外，他们问她的第一个问题就是："为什么你要选择一张纸尿片？"她的回答同样富有创意。她说：我知道我不符合要求，因为我没有任何经验，但我就像这纸尿片一样，愿意学习，吸收性特别强。并且，没有经验并不等于我是白纸一张，我希望你们能通过这个小小的细节，看到我在创意上的能力。

15 启　　事

【例文一】

学习提示

这则寻人启事语言精练，篇幅短小精悍，格式规范。首先非常详细、具体地交待走失者的身份特征，如姓名、性别、年龄、外貌、衣着装束、说话口音等。便于知情者据此进行判断以便及时联系其家人。其次是指出丢失人于何时何地走失或出走的。最后详细说明寻找人的通信地址或联系方式以备发现人及时同寻找人联系找到失踪者。另外，还有酬谢之类的话语。总之，这则寻人启事，寻找人准确描述走失者的体貌特征，衣着装束，并提供了具体联系方式，把寻找人的急切焦虑之情蕴于其中，同时也方便知情者联系，早日找到走失者。

寻人启事

×××，女，67 岁，身高 1.55 米左右，神志有时不清，穿灰色上衣，黑色裤子，灯芯绒圆口布鞋，耳聋，牙齿已全部脱落，豫西口音，带一根木质拐杖，于 2 月 3 日出走至今未归。有知情者请与市机械安装厂联系，定有重谢。

联系人：何××

手机：××××××××××××

×年×月×日

【例文二】

学习提示

这是一则公开登在报缝中的寻物启事。标题“寻物启事”以较大的黑体字显示。以加强明显性，引起别人注意。失主在正文中指出失物的时间为 3 月 23 日晚 8：00 左右。具体地点（在淮河路一桥的车上）及丢失原因，遗失物为公文包，详细介绍内装物品如 5 万的存折一份，派遣证一个及他物；为感谢送还者，失主许诺重金酬谢，并留下了联系电话。这则文字精练 、篇幅短小的寻物启事详尽具体地介绍了丢失物的情况。一方面透露出失主急不可待的焦虑之态，另一方面也体现出失主为人处世中的诚恳真挚之情。

寻物启事

3月23日晚8：00左右，在淮河路一桥的车上遗失一个公文包，内有金额为5万元的存折一份、派遣证一个及他物，有拾到者请与失主联系，失主愿重金酬谢。

联系电话：13007628×××田先生
916-8817×××张先生

【例文三】

学习提示

这则招聘启事语言简练得体、庄重严肃而又不失礼貌热情，足可以看出该公司招贤纳士的诚意。虚席以待各位贤士加盟，所需职位分项列出。就每项而言又提出具体要求，如性别、年龄、特长要求。有的还有住址限制。另外，要求职位住宿公司，不吸烟等。这则启事还有一个“重点提示”更显出公司的非同寻常，不是普通的招工，另显示公司对招贤的严肃、认真与重视。最后提出应聘者面试的具体时间、乘车路线及将需交验的材料、寄往何处、邮编等。可谓是详而有致，毫无遗漏不当之处。总之，这则招聘启事主要目的很明显，是为了公司前途着想，诚恳地邀请社会各界贤士加盟，其认真、严肃的态度为公司的良好形象起了广告宣传作用。

华强塑胶公司高薪诚聘

本公司专营塑料包装袋多年，规模产值稳居全国同行业前列，前景广阔，正值高速发展阶段，诚邀管理精英加盟，公司将提供优厚的薪金待遇，也可由应聘者提出薪金要求商议。经省人才交流中心批准，现诚聘以下职位。

一、生产现场经理：男，45岁以下，口才特好，作风刻苦务实，分析判断力极强，有现场管理数千员工的实力和资历。

二、生产厂长：男，40岁以下，刻苦耐劳，处事果断，能独当一面解决千人以上生产现场问题，当班全过程在车间，用多种办法强化劳动纪律和提高产品质量。

三、人事部主任：男，45岁以下，分析能力强，擅长快速准确判别人才及适用岗位，口才好者优先。略逊以上条件者可任副职。

四、监事员：男，50岁以下，作风正派，敢于坚持原则，维护企业利益善财务监督，有纪检类领导经历优先。

五、工业会计：女，40岁以下，三年以上会计经历，持会计证及职称证，能独立处理全盘工业会计账目，字秀笔快，电脑熟

（广州一名，××省若干名）。

六、采购部主任：男，30～50岁，悟性相当强，采购经验丰富，具有极强的采购谈判能力和市场分析判断力，善于领导下属拓展工作，需经常接触废旧塑料。

七、销售部主任：男，45岁以下，有领导20名以上业务员资历，业绩公认突出，对稳定老客户和开拓新市场见解独到精辟。

以上各职位要求留公司住宿，不吸烟。除广州会计外，均在××省××市工作。（不收抵押金）。

重点提示：本公司要求相当高，应聘者须认真衡量职位要求，勿贸然来厂，以免浪费双方时间。一经正式录用，由公司报销单程硬卧或汽车单程路费，此外公司不负责任何费用。

欢迎应聘者直接面试：每周日10～13时，路线：××省××市北沿107国道18公里×× 县城入1.5公里铁西工贸区。或将近照、亲笔简历资料及联系电话寄××省××县铁西工贸区华强塑胶公司人事部，邮码：×××，信封注应聘职位，合则专约，资料恕不退回。

课后训练

【基础训练】

一、什么是启事？按内容与用途不同，启事可分为哪几种？

二、简评例文三的写作特色。

【能力训练】

一、学院准备召开世纪潮艺术节，请同学们利用这个机会好好练笔。请你以此为题，组织一场征文比赛活动，并为活动起草一份征文启事。

二、以你过去熟悉的人和物为假设对象，分别拟一寻人启事和一寻物启事。

【思维训练】

一、试说明专业书信与一般书信的异同？

二、日常应用文的各文体之间，除了彼此间均有区别外，相互间还有或多或少的相同或相近点。整体的，如标题，一般都处于首行居中位置，有一些文体则无标题；称谓都顶格写，但有的则将称谓写在正文中；具名和日期都署在右下方，但有些却不必署名，在报纸上刊发的则不必标明日期；祝颂语的格式位置在各种书信中是一致的。局部的，不同文种的侧重点各有不同；启事是有事情告诉大家，但内容、角度各异。试列表，从格式写法到内容和注意事项，将本单元的各种文体加以比较。

【阅读训练】

一、学校紧邻的某某工厂的新车间建筑工地装有高音喇叭，经常在学校上课时间播放音乐，直接影响学校正常的教学工作，为此，同学们意见纷纷。有的说应该由学校给某某工厂发个通知，让它们停止播放音乐。有的说，不能发通知，应该贴一张建议书在厂区，建议他们取下高音喇叭。也有的说应该由学校给某某工厂发函，提出我们的商洽意见。请问哪一种说法正确？为什么？

二、复函的正文开头一般都有引起回复的缘由作起首语，然后再用“经研究，现答复如下”之类的承启语过渡到答复意见部分。试从下面例文中找出回复的缘由来。

××县民政局关于××同学生活补助问题的复函

××学院人事处：

2003年×月×日关于××同学生活补助的来函收悉。

据国家有关规定，××同学在大学期间享受人民助学金就不能再享受遗属困难补助，但考虑该同学家庭生活困难的实际情况，经我局领导研究，同意从科局扶贫资金中为××同学解决生活补助费，每月120元，直到毕业为止。

请贵处转告××同学，望他不要辜负家乡人民的期望，努力学习，不断进步。

附定期补助证一份，请填发。

××县民政局（公章）

2010年×月×号

【写作训练】

一、运动会即将召开，为了提高本班的成绩，各班体育委员纷纷向校器材室借体育器材，供本班运动员赛前练习，请你以体育委员的身份写一个借据，以器材室负责人的身份

写一个收条。

二、请以一位即将毕业的高职生的身份写一封求职信。

三、小王在操场上打完篮球回到宿舍，发现钥匙丢了，他立即回去寻找，但没有找到，请为他拟一个寻物启事。

四、蓝星文学社举办建社十周年征文比赛，请代拟一个征稿启事。

五、在报纸上搜集启事 5 份，试比较它们在格式、写法上有何不同？看看还有哪些启事？

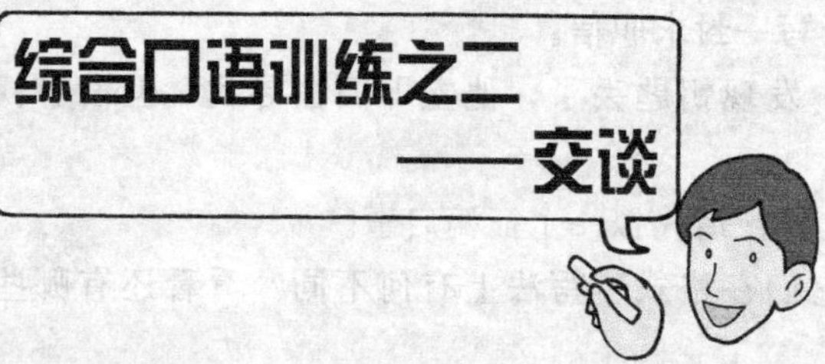

综合口语训练之二——交谈

【训练目标】

1. 了解交谈的基本知识。

2. 掌握交谈的基本形式及相关技巧。

3. 通过训练培养学生与人为善、谦虚谨慎的道德情操、人格风范及使用委婉语言与人交流的能力。

【知识要点】

日常生活中，我们常听人说“某某人非常健谈”。这里的“健谈”主要是赞扬其口语表达水平高、能力强，善于和别人交流。可以说，一个人口语表达能力高低的最直接的表现方式就是与他人的交谈。毕竟，与他人的交谈差不多是我们天天都在做的事情，是我们实现与他人交流思想、沟通情况、协调行动的最常见、最有效的口语交际方式。因此，学习一些交谈的基本知识，掌握一些与人交谈的基本技巧，将会使我们的口语表达水平有一个质的提高和飞跃。正如美国著名语言心理学家多罗西·萨尔诺夫所说：“说话艺术最重要的应用就是与人交谈。”

一、交谈的作用

1. 交流思想、沟通感情

现代社会中，每一个人都不能独立于社会之外，而不与他人交流。我们要了解别人，也需要被别人了解。即使是喜欢独处的人，也有与他人交流沟通的欲望，当然我们也有倾听别人诉说的必要，而与他人的交谈是相互之间交流思想、增进了解的一个最有效的途径。当我们成功时，需要有人分享我们的快乐；当我们失败时，也需要有人分担我们的痛苦。这时，与亲人、朋友的倾心交谈会是我们宣泄感情的一个很好的方式，是成功时的“醒脑丸”、失败时的“镇痛剂”。

2. 消除隔阂、增进友谊

日常生活中，我们与他人交往时，难免会发生摩擦、矛盾甚至冲突，有时也难免会受到别人的误解、非议、批评甚至责难。这时，如果双方采取不冷静、不理智的态度，可能会使事情走向僵局，矛盾会越积越深，天长日久甚至会演变成怨恨或仇恨，从而使朋友变成陌路；相反，如果这时两人坐下来，平心静气地、开诚布公地谈一谈，说明情况，及时消除误会、隔阂，则会化干戈为玉帛，使双方的友谊更进一步。

3. 获取信息、增长才干

中国有句俗语，叫“听君一席话，胜读十年书”。话虽有些夸张，但却不无道理。当然要谈后有收获，前提条件是谈话的对象必须是“君”，这里的“君”当然不是指帝王将

相，而是指那些学识渊博、品德高尚、素质超群的人。经常与这些人交谈，可以让我们获取新的信息，发现认识事物的新角度，找到解决问题的好办法。经常与这些人交谈，对我们知识的丰富、视野的拓展、素质的提高、才干的增长都是大有裨益的。

二、成功交谈的基本条件

交谈是一门艺术，要使之达到最佳效果，应注意以下几点。

1. 态度要谦虚、诚恳

不论交谈的目的是交流信息，还是沟通感情，也不论交谈的对象是长辈、晚辈抑或同学、朋友，交谈双方都要以诚相待、互相尊重，良好的态度是交谈成功的首要条件。与长辈、领导交谈，要谦逊有礼、稳重热情，不要不懂装懂，自以为是；与晚辈、下属交谈，也要平等待人，谆谆善诱，切不可高高在上，盛气凌人，以圣人、智者自居。交谈双方只有坦诚相见，不虚伪、不做作，才能推心置腹、情感互融，最终实现交谈的目的。相反，如果一方虚情假意，言不由衷，另一方也必然虚与委蛇，敷衍应付，那样的交谈还有什么意义呢？

2. 话题要因人而异随机应变

俗话说，“到什么山唱什么歌，见什么人说什么话”。虽然日常生活中，我们常用这句话讽刺那些见风使舵的人，但从语言表达的角度看，“见什么人说什么话”却也不无道理。要使交谈获得成功，我们就必须细心研究交谈对象，要根据对方的实际情况，包括年龄、职业、身份、地位、学识、修养、性别及至兴趣、爱好等，选择、确定双方都熟悉、都感兴趣的话题，并采用恰当的表达方式，交谈双方才易沟通。不能不顾对方的心情与感受自说自话，以免话不投机半句多。如，一位人口普查员问一位不识字的农村老太太：“有配偶吗？”老太太被问得莫名其妙，待普查员解释说：“就是老伴”，老太太才恍然大悟。这次交谈之所以不顺利，就是因为普查员没有考虑交谈对象的文化水平。同样，面对身处逆境、遭遇挫折的人，我们不能炫耀自己的成功，以免使对方以为你在讽刺他的失败；面对单亲家庭的朋友，我们也不能毫无顾忌地渲染自己如何受到父母无微不至的关心和疼爱以免加深对方的痛苦；面对婚姻不幸的人，我们也不能大谈特谈自己的爱情幸福，以免引起对方的反感甚至误解。

此外，一些涉及对方隐私的话题在交谈中也要尽量避免，如对方的履历、工资收入、女士年龄、婚姻状况、体重、衣饰价格等问题不要随意询问。一旦交谈出现冷场或尴尬场面，谈话难以继续时，要及时转换话题。

3. 要讲、听互动，默契配合

交谈，顾名思义应该是交互进行的谈话，交谈的过程，应该是双方互动的过程，是互相沟通、互相配合的过程。交谈双方自始至终都应该既是说话者，又是听众，这种角色应该是不断变换的。交谈时，作为说话者一方，既要清楚表达自己的思想，也要注意观察听者的反应，并根据对方的反应及时调整自己的谈话内容和表达方式，以求最好的交流效果；作为听者一方，不仅要认真倾听对方的谈话，也要主动、及时地向对方反馈自己的思想。这种反馈，可以是语言的反馈，如以“对”、“是的”等简短词语表示自己的赞同，也可以在对方停顿时，及时表明自己的不同意见，或作必要的补充；当然，这种反馈也可以不通过有声语言而通过一些简单的动作、手势或表情、眼神的变化来传达。如当对方所说与自己不谋而合时，可以点头示意；意见相左时，也可以通过眉头微蹙来暗示。但要注意，这些非语言形式的运用要恰到好处。动作幅度过大、手势过多，会显得不够稳重、礼貌，尤其在长辈和领导面前更要避讳；动作重复过多，则又会显得单调无味、缺乏艺术性。

总之，交谈过程中，只有讲、听互动，默契配合，才能使交谈气氛融洽并顺利进行；反之，一方侃侃而谈，另一方如木头一般毫无反应，则会让对方感到了然无趣，交谈也就很难再进行下去了。

4. 要言简意赅、幽默风趣

与人交谈常常是有目的的，要达到交谈的目的，交谈的语言就必须简洁、准确而又清楚、明白。要符合语法规范而又通俗易懂，要多用简单明了的短句、单句，少用结构复杂的长句或复句。否则，东拉西扯、啰啰嗦嗦，让人听后不知所云，自然也就不能实现交谈的初衷了。

需要说明的是简洁准确，不一定就是直来直去，有时委婉含蓄，但意思明确的表达在交谈中也是常常必要的。比如在拒绝别人的请求或者表达难以启齿的内容时，委婉含蓄的语言往往比直截了当地明示效果更好。

此外，在表达意思清楚的基础上，交谈双方都要力求语言的幽默风趣，尽量使交谈在轻松愉快的气氛中进行。尤其是在交谈陷入尴尬时，一句幽默风趣的话语往往能起到春风化雨的作用。比如，一辆公交车紧急刹车，一位男乘客撞到了一位女乘客，女乘客开口便骂："德性!"男子淡然一笑，"不是德性，是惯性。"面对对方缺乏修养的表现，男子没有反唇相讥，而是言语机敏、幽默，使即将激化的矛盾缓和了下来，避免了一场争吵。

当然，幽默风趣的语言，不是在任何时候、任何场合与任何人交谈时都可以使用的。如和生性严肃的人交谈，幽默风趣可能会被看成是有失稳重；若与刚失去亲人的人交谈，幽默风趣简直就是残忍和冷酷了。同时，需要注意的是，幽默风趣不同于滑稽搞笑，也不同于尖酸刻薄，只有思想深刻、学识渊博和情操高尚的人才有真正的幽默与风趣，正如英国伟大的戏剧家莎士比亚所说："幽默和风趣是智慧的闪光。"

5. 要善于觉察言外之意、弦外之音

虽然我们强调成功交谈的首要条件是态度的真诚，但在日常交谈中，言不由衷的情况仍然会时常出现。如恋爱中的女子对自己的心上人娇嗔地说"讨厌"时，表达的恰恰是爱恋的感情；或者当自己的愿望不太可能实现时，人们往往会用言语进行自我掩饰，甚至用相反的话语或非语言行为表现出来，也就是人们常说的"酸葡萄心理"。这时，交谈的另一方就要设法从对方的语言信息和非语言信息里进行探求，认真、系统地分析对方说话时词语的选择、声音表情的变化乃至语气的停顿、语调的升降等细节，从中洞察对方的真实目的与需要或力图掩饰的内心世界，以便做出有针对性的回应。这也是保证交谈获得成功的一个重要条件。

6. 要熟悉并遵守必要的交谈礼仪

与人交谈，我们要懂得必要的礼仪常识，并把这种礼貌和尊重贯穿于整个交谈过程。交谈中要使用礼貌语言；要自始至终保持相应的热情，不要一边做事一边与人交谈；要尽量避免摇摆双腿、剔牙齿、挖耳朵、剪指甲等不礼貌的动作，不要用手指指人；交谈双方不要离得太近或太远。在与来自不同国度或不同民族的人交谈时，更要注意尊重其民族感

情、民俗习惯以及宗教信养等。如若不小心犯了对方的忌讳，一经觉察，要立即表示歉意或转移话题。

此外，交谈常常不只是两人的交谈，而是多方参与。这时，就要注意不时与在场的所有人攀谈几句，不要只与一两个人交谈而冷落在场的其他人。如若需要参与到别人的交谈中，要先打招呼。别人在个别交谈时，不要凑前旁听。作为交谈双方，对第三方的参与要以握手或点头微笑表示欢迎。若交谈中有事需要离开，应表示歉意。

三、交谈的基本形式及技巧

交谈的内容虽然千差万别，丰富多彩，我们不难发现，交谈无外乎两种类型：一是无目的的交谈，即我们常说的聊天；二是有目的的交谈。依据其目的的不同，又可以分为访谈、劝导、批评等多种形式。

（一）聊天

聊天是交谈中最常见的一种形式，俗称“侃大山”。在紧张、忙碌的学习和工作之余，与亲朋好友经常聚在一起聊聊天，能够使我们在工作、学习中绷紧的神经得以放松，也可以缓解巨大的学习和工作压力。可以说，聊天是我们生活中不可或缺的一种精神休闲方式。如若在聊天中还能获取知识就更是一件乐事。

要“聊”得成功，“聊”有所获，首先就要善于寻找话题。寻找话题可以从多方面入手，可以找聊天者的共同点，也可以就地取材，还可以从聊天者的兴趣、爱好说起。话题是丰富的，关键要善于发现。

其次，聊天一般没有一个固定不变的主题，话题常常会随着聊天的进行而经常变换。当聊天的内容变得庸俗甚至低级，或者会涉及别人的隐私，伤害彼此间的关系时，就要及时转换话题。

此外，聊天自始至终应该是轻松愉快的，这就要求聊天者要努力使自己的语言幽默、风趣，以营造良好的聊天氛围。

（二）访谈

中华民族是一个非常讲究礼尚往来的民族，无论是节假日还是日常生活中，我们都经常要到别人家做客，要去拜访或回访亲朋好友，领导、同事甚至陌生人。这就要求我们必须掌握相应的宾主交谈技巧。

1. 要适当寒暄

拜访别人时，不要一进门就进入实质性话题。如若初次登门，自我介绍要谦虚。随后可以简单问候对方的工作，也可以夸奖对方的孩子，或者聊聊主人家的家居布置等。适当的寒暄可以尽快缩短双方的心理距离，待交谈气氛融洽时，再慢慢说明来意。

2. 要注意节制

寒暄过后，拜访者要用简洁的语言说明自己的来意，以免耽误对方的时间又影响拜访目的的实现。谈话没有节制是拜访一大忌。在节制内容的同时，还要节制音量。无所顾忌，高谈阔论会让对方感到不舒服，尤其是初次登门，更要避免这种情况。

客人要讲究语言技巧，才能实现拜访目的，主人也应注意自己的表达方式和方法，才能使交谈气氛融洽。比如，当对方有求于自己时，要尽量体谅对方的心情和处境，语气平和、亲切，即使自己无能为力，拒绝时也要注意措辞的委婉与含蓄，努力求得对方的理解和谅解。

（三）劝导

生活不是一帆风顺的，当一个人遭遇不幸，误入歧途或彷徨迷惑时，来自朋友、亲人的适时的理性的劝导，会促使悲观者重新振作、沉沦者幡然悔悟、迷惘者重新确立前进的方向。劝导是清醒者对身陷泥淖不能自拔的人伸出的一双热情的手，是递给失意者的一杯醇香的茶，是无私的帮助、热情的鼓励、心灵的安慰。那么，怎样才能收到良好的劝导效果呢？

1. 把握时机、晓之以理

当朋友遭受不幸或坎坷、处境艰难时，我们如果能雪中送炭般及时地送上安慰与鼓励的话语，定会让人备感温暖，从而激发起其战胜困难和挫折的信心和勇气。相反，如果我们对朋友、亲人的不良行为不予理会，而是当其在错误的路上走了很远之后，再去阐明利害关系，恐怕要事倍功半，甚至可能无功而返。可见，把握恰当的时机向对方讲明道理，是劝导成功的首要条件。

2. 动之以情、感化对方

晓之以理，还要动之以情，通情才能达理。要想打动对方、感化对方，动之以情会是使劝导见效的一个好办法。尤其是对于那些习惯形象思维的少年儿童，将心比心，真诚地给予同情和理解，更容易引起对方情感上的共鸣，收到理论说教所达不到的效果。

3. 讲究必要的劝导技巧

除了要晓之以理、动之以情外，成功的劝导还必须讲究恰当劝导的技巧。劝得巧，导得妙，才会为对方所接受，从而收到好的效果。

（1）逻辑归谬法　就是先肯定对方的论点是正确的，然后顺着对方的思路说下去，自然而然地得出一个荒谬的结论，从而使对方认识到自己的错误。最典型的就是“以子之矛攻子之盾”的例子，先肯定对方的矛是世上最锋利的，也承让他的盾是世上最坚固的，然后适时发问“以子之矛攻子之盾如何”，让对方哑口无言。

（2）委婉含蓄法　有许多时候，开门见山的劝导，常常会使对方难以接受，而采用打个比方，绕个弯子的迂回战术却常常有意想不到的惊喜出现。邹忌劝谏齐王广开言路时，先从自己不如城北徐公漂亮，但妻、妾、客众口一词“徐公何能及君也”说起，自然而然地让齐王认识到自己所受蒙蔽之甚。倘若邹忌直谏齐王，不仅收不到当初的效果，恐怕连性命都不保了。

（3）激将法　俗话说：“请将不如激将”。所谓激将，就是说话人从事理的反面相激，促使对方从正方思考，鼓动对方去做他原来不愿做或不敢做的事。如《三国演义》中，当孙权对联刘抗曹、赤壁决战犹豫不决时，诸葛亮就是正话反说，劝孙权投降曹操，孙权听后勃然大怒：“吾不能举全吴之地，十万之众，受制于人，吾计决矣！”而这正是诸葛亮原本所希望得到的结果。

（4）幽默风趣法　幽默风趣的劝导语言较之严肃刻板的说教，有时更容易被劝导者所接受。大家都非常喜欢看的电视连续剧《贫嘴张大民的幸福生活》中有这样一个情节：李云芳因失恋茶饭不思，精神消沉，谁也不理睬，张大民这样劝说：“你为什么不说话，江姐不说话是有原因的，你有什么革命秘密……人家董存瑞、黄继光都是为国捐躯，你呢？……”张大民的这段话，将李云芳与江姐、董存瑞、黄继光这些烈士相比较，用意十分明确，就是要提醒对方，他们是为国捐躯，死得其所，重于泰山；而为一个喜新厌旧的

人而痛苦、伤心、绝望，则完全没有必要，也不值得。话虽夸张，但俏皮、幽默，一语中的，终于使李云芳破涕为笑，从痛苦的情绪中解脱了出来，张大民也因此叩开了李云芳的心扉。

当然，劝导的技巧绝不止以上几种，这几种方法也不是孤立的，常常需要因人而异，综合运用。

（四）批评

人们常说："金无足赤，人无完人。"要使一个人及时发现自己的缺点、错误并加以改正，来自良师、益友抑或长辈的批评就显得弥足珍贵。批评就犹如在一个人身上动手术以铲除病灶，出了偏差，不仅治不好病，还可能伤人，所以特别要注意技巧。

1. 欲抑先扬

在批评一个人时，若能先肯定其长处、优点，取得双方心理上的融洽，再实事求是地分析他的缺点或错误，恐怕比开门见山的训斥、指责效果要好得多。当然，这种肯定要客观、真诚。其实，每个人身上都有闪光点，批评者要善于挖掘。

2. 力求公平、公正

【口语训练】

一、成功交谈的基本条件是什么?

二、交谈有哪些常见形式?

三、从下列话题中任选其一，展开交谈，不得跑题，并伴随恰当的态势语。

我的兴趣爱好　　我的梦想

我最喜欢的职业　　如何与同学友好相处

当受到别人误解时怎么办?

四、针对下列情况练习交谈。练习时可两人一组，现场模拟，然后互换角色，最后进行评议。

1. 小伙子 A 身高只有 1.60 米，人又长得很一般，家庭条件也不好，于是产生了很强的自卑心理，请你去劝慰他。

2. 同学小王因生活琐事和同学发生争吵，并将同学打伤，请你以班主任的身份找小王谈话，使其认识到自己的错误。

3. 同学小李入学一年来自由散漫，经常旷课泡网吧，期末几门功课不及格，学校团委书记工作经验丰富、善作思想工作。请设想一下，团委书记应如何劝导、批评小李，写出谈话提纲，并试着讲一讲。

4. 小张平时上班经常迟到，工作时懒懒散散，常出次品，而且还振振有词："又不止我一个人这样，有什么大不了的。"请你以车间主任的身份与小张谈一谈。试设计一段谈话，限时 15 分钟。

5. 小张的丈夫烟抽得很厉害，请以小张的身份劝其戒烟。

6. 朋友因失恋情绪不振，你该如何开导他并取得成效。

第五单元 实用文体写作（二）

训练目标

1. 掌握计划、总结、调查报告、致辞的含义、特点、类型、作用、结构、写法等知识。
2. 能写作合乎规范的计划、总结、致辞，能写作简单的调查报告。
3. 通过写作和实践培养学生的敬业意识和办公能力。

知识要点

事务文书是指国家机关和其他社会组织在日常工作过程中在公文范畴以外的一类常用的应用文体。这类应用文体应用广泛，内容可是专题性的，也可是综合性的。范围涉及学习、工作、科研生产等诸多方面，它起着指导、监督和保障各项工作具体落实的作用。

事务文书在写法上比较自由灵活，大多没有固定的模式，但随着办公自动化的深入，办公软件的不断开发和完善，事务文书将朝着规范化、标准化、职能化的方向发展。

事务文体包括的内容很多，本单元只介绍计划、总结和调查报告、致辞等几个类别。

一、计划

计划是党政机关、企事业单位、社会团体对今后一段时间的工作、活动做出预想和安排的一种事务性文书。广义的计划包括“安排”、“要点”、“设想”、“方案”、“规划”、“打算”等；狭义的计划指为完成较短时期内的工作所作的安排。

计划的意义表现在以下几个方面：一是可以使工作富有条理，提高工作效率；二是可以为达到一定的目的而活动，更好地实现其目的；三是可以督促人们的行动。

计划的内容包括：计划的对象，即要为何事做计划；目标，即计划完成后所要达到的目的；依据，即制订计划的根据；步骤，即完成计划的过程；时间，即完成计划的时间；措施，即完成计划的各种保障；指标，即对计划结果进行衡量的具体标准。

按照不同的分类标准，计划可分为多种类型。按其所指向的工作、活动的领域来分，可分为工作计划、学习计划、生产计划、教学计划、销售计划、采购计划、分配计划、财务计划等。按适用范围的大小不同，可分为国家计划、地区计划、单位计划、班组计划等。按指挥性的强弱不同，可分为指令性计划、指导性计划。按涉及面大小的不同，可分为综合性计划、专题性计划。

计划的标题常规写法是由单位名称、适用时间、指向事务、文种四个要素组成。未确定的计划还可以在标题的下面协商“草稿”或“初稿”加以提示。

正文是计划的主要部分，有以下几方面组成。

前言是计划的开头，说明制订计划的原因、根据、目的、指导思想等。前言不可过长，一般一两个自然段即可。

主体部分要一一列出准备开展的工作（学习）、任务，要明确、具体地写明要完成哪些任务，最终要达到的目标，并提出具体指标。要提出完成任务的具体步骤、方法、措施、要求，确定先做什么、后做什么，一项工作分几个阶段来开展，以及在何时完成各项任务。措施一般包括人力、物力、办法、手段、组织领导等内容。这是计划最重要的内容，也是篇幅最大的一部分。通常需要分层、分条撰写。

结尾主要写需要说明的问题，需要注意的事项，提出希望、发出号召、展望前景、明确执行要求等。

二、总结

总结，是人们对某一阶段或某项工作的回顾、分析和评价，从中得到规律性的认识，以便指导今后工作的一种应用文。它是党政机关、企事业单位、社会团体都广泛使用的常用文体。总结的写作过程，既是对自身社会实践活动的回顾过程，又是人们思想认识提高的过程。通过总结，人们可以把零散的、肤浅的感性认识上升为系统的、深刻的理性认识，从而得出科学的结论，以便发扬成绩，克服缺点，吸取经验教训，使今后的工作少走弯路，多出成果。还可以作为先进经验被推广开来，为其他单位所汲取、借鉴，推动某项工作的顺利开展。

总结的特点主要表现在下列 3 个方面。

1. 经验性

总结的根本目的，是把实践中的成功经验归纳出来，把教训分解出来，从而对过去的工作做出正确估计，得出科学的结论，以便增强工作中的自觉性和主动性。总结一般以回顾情况为主要内容，材料必须是自身实践的事实，必须从实际工作出发，让事实说话。所列举的事例和数据都必须完全可靠，确凿无误，任何夸大、缩小、随意杜撰、歪曲事实的做法都会使总结失去应有的价值。

2. 理论性

总结不仅要陈述工作情况，更要做理性认识的揭示。好的总结，能从实践活动总结归纳出带有规律性的东西，提炼出正确的观点。

3. 简明性

总结回顾的是自身的实践活动，一般以单位或本人名义写，必须用第一人称。作为应用文体，总结要求简明扼要的语言表达，它往往作概括叙述，而不必具体描写；作简要说明，而不必旁征博引；作直接议论，而不必多方论证。总结能否写得生动，主要靠典型事例本身。

根据不同的分类标准，可将总结分为许多不同的类型。按范围分，有班组总结、单位总结、行业总结、地区总结、个人总结等。按性质分，有工作总结、教学总结、学习总结、科研总结、思想总结、项目总结等。按时间分，有月份总结、季度总结、半年总结、年度总结等。按内容分，有全面总结、专题总结等。

总结主要包括以下 4 个方面的主要内容。

1. 基本情况

这是对自身情况和形势背景的简略介绍。自身情况包括单位名称、工作性质、基本建制、人员数量、主要工作任务等；形势背景包括国内外形势、有关政策、指导思想等。

2. 成绩和做法

工作取得了哪些主要成绩，采取了哪些方法、措施，收到了什么效果等，这些是工作的主要内容，需要较多事实和数据。

3. 经验和教训

通过对实践过程进行认真的分析，找出经验教训，发现规律性的东西，使感性认识上升到理性认识。

4. 今后打算

下一步将怎样发扬成绩、纠正错误，准备取得什么样的新成就，不必像计划那样具体，但一般不能少了这些内容。

总结的标题，要根据写作目的和具体内容来拟定，原则上标题要醒目、简洁、突出总结的内容。综合性总结的标题，一般包括单位名称、期限、主要内容、文种，如《××市财政局1999年工作总结》。专题性总结的标题较灵活，或揭示观点，或概括内容，如《走活三步棋，选好一把手》。为了使标题醒目、集中，突出主题，还可以加上副标题，如《加强医德修养树立医疗新风——南方医院惠侨科精神文明建设的经验》。

总结的正文一般分为开头、主体、结尾三部分，各部分均有其特定的内容。

1. 开头

总结的开头主要用来概述基本情况。包括单位名称、工作性质、主要任务、时代背景、指导思想，以及总结目的、主要内容提示等。作为开头部分，要注意简明扼要，文字不可过多。

2. 主体

这是总结的主要部分，内容包括成绩和做法、经验和教训、今后打算等方面。这部分篇幅大、内容多，要特别注意层次分明、条理清楚。

主体部分常见的结构形态有以下3种。

（1）纵式结构　就是按照事物或实践活动的过程安排层次。写作时，把总结所包括的时间划分为几个阶段，按时间顺序分别叙述每个阶段的成绩、做法、经验、体会。这种写法的好处是事物发展或社会活动的全过程清楚明白。

（2）横式结构　按内容的逻辑关系分成几个层次，分门别类地依次展开内容，使各层之间呈现相互并列的态势。这种写法的优点是各层次的内容鲜明集中。

（3）纵横式结构　安排内容时，纵横交错，事理结合，既体现事物发展过程，又注意内容的逻辑关系，是上面两种结构方式的综合运用。这种写法，多数是先采用纵式结构，写事物发展的各个阶段的情况或问题，然后用横式结构总结经验或教训。

3. 结尾

结尾是正文的收束，应在总结经验教训的基础上，指出存在的问题，提出今后的方向、任务和措施，表明决心、展望前景。除为了推广而专门总结的成功经验，可以不涉及存在问题外，一般总结都要指出不足和今后努力方向。这段内容要与开头相照应，篇幅不应过长。

写作总结时要注意以下几方面。

1. 占有材料，实事求是

占有材料，尤其是掌握原始材料，是写作总结的基础，是得出结论，寻找规律的依据。要写好总结必须了解实践活动的全过程，整个过程分几个阶段，碰到那些困难，如何

去克服，取得哪些成绩，在认识上有哪些提高等。要注意掌握典型材料、数字材料、背景材料。要坚持实事求是的原则，实事求是、一切从实际出发，是总结写作的基本原则。夸大成绩，隐瞒缺点，报喜不报忧等弄虚作假、浮夸邀功的坏作风，对单位、国家、事业、个人都没有任何益处，必须坚决制止。

2. 总结规律，提炼观点

总结过去，是为了指导今后的工作。写总结，只把已进行的工作罗列出来，是毫无意义的。只有对实践中的成败得失进行分析研究，把感性的、分散的印象上升为理性认识，提炼出有规律性的东西，才能更好地指导即将进行的工作。找到和反映出规律性的东西，提炼为明确的观点，是写好总结的关键。所谓规律，是指那些反映事物发展必然性的东西，也就是找出工作中的真正经验，存在的主要问题和教训。

3. 要详略得当，突出重点

面面俱到，贪大求全，是总结写作的常见病。有人写总结总想把一切成绩都写进去，不肯舍弃所有的正面材料，结果文章写得臃肿拖沓，没有重点，不能给人留下深刻印象。总结的选材不能求全贪多、主次不分，要根据实际情况和总结的目的，把那些既能显示本单位、本地区特点，又有一定普遍性的材料作为重点选用，写得详细、具体。而一般性的材料则要略写或舍弃。同时要有独到的发现、独到的体会、新鲜的角度、新颖的材料，以突出个性。

三、调查报告

调查报告是针对某一现象、某一事件或某一问题进行深入细致的调查，对获得材料进行认真分析研究，发现本质特征和基本规律之后写成的书面报告。调查报告具有“调查”和“报告”两种性质，“调查”的目的，在于要掌握大量真实确凿的客观事实和具体数据，对情况作全面、系统的了解，并进行分析，透过现象去揭示本质，从而得出结论。而“报告”则是要从事实出发，从理论上、本质上进行阐释，用书面形式说明结果。调查报告在报纸杂志上发表的时候，也可以叫做“新闻调查”。

（一）调查报告的特点

1. 鲜明的针对性

必定是某一情况、某一社会问题、某一成功经验，引起了一定程度的注意，为了进一步得到它的详情、真相，认识它的性质，才需要有人专门对它进行调查、研究，向有关机关提供报告。可见，调查报告是一种针对性很强的文体。

2. 广泛的社会性

调查报告在取材上具有广泛性，它反映面宽，历史的、现实的、正面的、反面的，都可以作为写作对象。既可以表现宏观方面，也可以反映具体的细微方面。凡是带有某种普遍意义或特殊意义的问题，都可以用这种形式。

3. 用事实说话

调查报告要通过具体的情况、数字、做法、经验和问题，来说明主旨，揭示规律，必须以具体事实为出发点，不可过多议论。材料的选择要注意真实性和典型性，不夸大、不缩小，实事求是。

4. 语言朴实、夹叙夹议

调查报告要求用平实、简朴的语言，叙述事实以叙述为主，必要时加以议论，力求既弄清事实，又说明观点。

5. 提供规律性认识

调查报告的价值不仅在于调查和报告，更在于研究。研究的结果就是得出规律性的认识，并把这些规律性认识提供给读者。

（二）调查报告的类型

1. 介绍典型经验的调查报告

某一地区、某一单位、某一企业，在思想政治、经济建设、科学教育等方面取得了突出的成绩，为了把他们的具体做法和成功奥秘体现出来，可以对他们进行专题的调查，然后写出调查报告，这种类型就是介绍经验的调查报告。介绍经验的调查报告跟工作中那些以反映工作成绩为主的类型有些近似。区别在于调查报告重在调查，特别注重对调查过程和调查所得数据的叙述和列举。

2. 揭露问题的调查报告

是针对某一存在问题展开调查，以揭示这一问题的种种现象和深层原因为主要目的的调查报告。它的主要功能是揭露和批判，探究问题产生的原因，分析问题的症结所在，提供解决问题的思路和方法。

3. 反映新生事物的调查报告

及时地反映现实生活中不断涌现的新人、新事、新思想、新创造与新经验。特点是“新”，体现时代精神，反映社会风貌。要求比较完整地说明事物产生的背景、发展规律、现实意义和作用。这是针对社会现实中某种新近产生或新近有了长足发展的事物而写的调查报告。

4. 反映基本情况的调查报告

这类调查报告反映的内容比较广泛，包括政治、经济、军事、文化等各方面的情况以及各行业的状况。进行各类民意测验、抽样调查、问卷调查后写成的报告多属于此类。

5. 研究性调查报告

针对现实生活中有争议的、有探讨价值的问题，经过深入的调查研究，提出自己的看法，对开展深入研讨、统一思想、行动起着积极的推动作用。

（三）调查报告的写法

从外部形式上看，调查报告由标题、前言、主体、结语四个部分组成。

调查报告的标题有单标题和双标题两种类型，公式化写法就是按照“调查对象＋调查课题＋文体名称”的公式拟制标题，如《一个富裕居委会的财务调查》就是这样的标题。双标题由正副标题组成，其中正标题一般采用常规文章标题写法，副标题则采用公式化写法，由调查对象、调查课题、文体名称组成，如《明晰产权起风波——对太原市一集体企业被强行接管的调查》。

调查报告的前言一般要根据主体部分组织材料的结构顺序来安排，常用的有以下几种类型。

① 提要式。把调查对象最主要的情况进行概括后写在开头，提纲挈领，统率全文。

② 交代式。在开头简单地交代调查的目的、方法、时间、范围、背景等，使读者在入篇时就对调查的过程和基本情况有所了解。

③ 问题式。在开头提出问题来，引起读者对调查课题的关注，促使读者对调查课题

进行思考。这样的开头可以采用提问的方式引出问题，也可以直接将问题摆出来。

前言之后、结语之前的文字，都属于主体。调查报告中关于事实的叙述和议论主要在这一部分里，是充分表现主体的重要部分。这部分的材料丰富、内容复杂，在写作中最主要的问题是结构的安排。其主要结构形态有以下 3 种。

① 纵式结构。可以按照调查的顺序、时间的顺序或事件发生的先后过程来写。这种结构比较简单，适合表达线索单一、内容集中的报告内容。特点是内容连贯，结构条理清楚。

② 横式结构。可以按调查的内容分为几个部分，加以叙述和说明。是比较常见的结构，特点是可以从几个不同的角度、侧面回答问题，论述比较全面、透彻，适合表达问题比较复杂，内容层次多的报告内容。写作是要注意安排好各部分之间的逻辑关系，分清主次、并列、从属等关系。

③ 对比结构。即把两个不同对象加以对比，从对比中让人们认识到不同的思想，不同的做法，会产生不同的结果。特点是可以引导读者进行对比，使读者在对比中做出是非、优劣判断。

不管采取哪种结构形式，都应该做到先后有序，主次分明，详略得当，联系紧密，层层深入，以便更好地表现主题。

调查报告的结尾多种多样，可以概括全文，明确主旨，深化主题；可以展望未来，提出希望；有的指出问题，启发思考；有的归纳主题，强调意义；有的针对问题，提出建议；也有的没有明显的结尾部分，全文由总到分，说完了事。结尾要简短有利，有话则长，无话则短。

16 计 划

【例文一】

学习提示

这是北国冰城哈尔滨市 2011 年制订的第 28 届中国·哈尔滨国际冰雪节工作方案。开头简要说明冰雪节开幕的时间，阐述了举办冰雪节的指导思想与总体目标。主体部分一一列出冰雪节的主要活动，具体写明要完成的主要任务，责任分工明确，并提出工作要求。项目清楚，责任清晰，措施得力，要求具体。对各项任务分条撰写，条理清晰，层次分明。

第 28 届中国·哈尔滨国际冰雪节工作方案

第 28 届中国·哈尔滨国际冰雪节定于 2012 年 1 月 5 日开幕。为确保高标准、高水平办好本届冰雪节，特制订本方案。

一、指导思想

按照黑龙江省委提出的把哈尔滨建设成现代化国际大城市的总体要求，紧紧围绕“北跃、南拓、中兴、强县”发展战略，强化“城市即旅游，旅游即城市”的发展理念，以“激情悦动，大美冰城”为主题，以冰雪旅游为载体促进经济发展，以增强国际交融性为途径扩大城市知名度，以拓展艺术观赏性为内涵提升节庆品牌，以增强参与体验性为主旨打造全民节日，努力把本届冰雪节办成更高层次、更大规模、更具国际影响力的冰雪盛会，向世界展示哈尔滨建设成果和现代化国际大都市形象。

二、主要活动

1. 冰雪节开幕式系列活动

（1）2012 年中国欢乐健康游—中俄旅游年启动仪式暨第 28 届中国·哈尔滨国际冰雪节开幕式。

（2）开幕式专场文艺晚会。

（3）招待酒会。

（4）冰城巡礼。招待酒会结束后，组织中外嘉宾乘车参加途经经开区、南岗区、道里区、松北区的冰城巡礼活动，沿途参观主要街路夜景和群众文化活动。

（5）冰雪大世界开园式。举行第 13 届哈尔滨冰雪大世界开园

式暨“林海雪原”实景演出。

2. 冰雪艺术活动

举办第13届冰雪大世界、第24届太阳岛雪雕艺术博览会、第38届冰灯艺术游园会、第4届国际大学生雪雕比赛、第18届全国雪雕比赛、第17届国际雪雕比赛、第26届国际冰雕比赛等活动。

3. 冰雪文化活动

举行群众性冰雪大巡游活动、“冰雪时装秀”演出、第24届哈尔滨冰雪电影节暨第2届华语电影产业盛典、第2届中国冰雪动漫展、冰雪节会徽设计艺术大奖赛、冰雪艺术摄影大赛、2012哈尔滨全球冰雪婚礼庆典暨第28届国际冰雪集体婚礼、第24届老年舞蹈百花赛、第6届亚洲表演艺术节联盟年会、第5届“冰雪情”国际青少年儿童综艺大赛、哈尔滨市儿童少年音乐会、第18届“冬之恋”万人相亲会、第16届图书博览会、2012新年音乐会及中外报纸、电视、网络媒体聚焦冰雪节等活动。

4. 冰雪体育活动

举办国际冰球邀请赛、哈尔滨第5届国际业余羽毛球邀请赛、国际毽球邀请赛、雪地足球赛、哈尔滨国际冬泳邀请赛暨第28届冰雪乐园开园式、2012年度哈尔滨市百万青少年上冰雪、哈尔滨市全民上冰雪及哈尔滨市家庭冰上趣味运动会等活动。

5. 冰雪经贸活动

举办第28届冰雪节经贸洽谈会、第28届冰雪节合作项目签约仪式、第10届中国企业家论坛年会、哈尔滨国际冰雪之约等活动。

6. 冰雪旅游活动

召开世界城市冰雪旅游合作组织筹备协调会议，举办世界雪日“带孩子们进入雪世界”、第2届“冰雪欢乐谷”、冰雪气模大巡游、驯鹿巡游、“冰雪斯巴鲁”驾驶体验、“冰雪达人”评选、第6届哈尔滨太平湖冬钓节、第2届伏尔加越野滑雪节、冰雪嘉年华-哈尔滨北大荒冰雪狂欢节、第2届白渔泡贡鱼节、第1届金河湾欢乐冰雪季、中国哈尔滨-红星湖第1届嬉雪节、第14届中国·黑龙江国际滑雪节开幕式及主题月等活动。

三、主要任务

1. 加强国际合作，实现提档升级。

筹建世界城市冰雪旅游合作组织，冰雪节期间邀请国内外相关城市代表参加筹备协调会议；积极申请举办世界雪日“带孩子们进入雪世界”活动，扩大国际影响力；整合、提高、做大做强国际冰雕比赛、国际雪雕比赛、国际大学生雪雕比赛、冬泳、非奥项目国际冰雪体育赛事等，并征集补充世界各国特色冰雪项目；

举办“冰雪时装秀”演出，聘请国际著名服装设计大师制作冰雪时装，展示哈尔滨冰雪名城形象。

2. 创新传统品牌，打造精品景观

创新和完善冰雪大世界、太阳岛雪博会、兆麟公园冰灯游园会三大景区，打造精品冰雪景观。第13届冰雪大世界以“林海雪原，动漫天地”为主题，推出“林海雪原”实景演出、“冰雪红磨坊”、“COOL大型冰上风情秀”、“灯光彩车巡游”表演，举办第2届国际冰雪动漫展；着力打造冰雪动漫主题活动，丰富冰雪大世界白天活动内容，提高吸引力，打造昼夜皆宜、娱乐互动与艺术观赏为一体的精品景区。第24届雪雕博览会以“雪阅俄罗斯，温情太阳岛”为主题，体现俄罗斯文化元素，继续打造“都市雪乡”等特色活动，以丰富、大气的形象展现世界级雪雕艺术魅力。第38届哈尔滨冰灯艺术游园会以“冰雪誉华夏，精美传世界”为主题，精雕细琢，突出精品，打造世界一流的冰灯、冰雕艺术。

3. 搭建娱乐平台，扩大群众参与

举办第2届“冰雪欢乐谷”，打造以冰雪为载体的主题公园，精心设置冰雪体验和动感娱乐项目，打造人人想玩、会玩、爱玩的冰雪游乐园；白渔泡、伏尔加庄园、金河湾等景区着力开发冬季休闲项目，开展形式多样的主题活动；加强与媒体合作，开展家庭冰雕比赛、家庭冰上运动会、冰上足球赛等参与性、娱乐性活动，以驯鹿巡游、万人冰雪徒步大赛、“冰雪进社区、百姓游冰城”等活动为载体，调动群众参与室外冰雪休闲运动的积极性；在城区辟建免费冰场，为市民冬季户外娱乐提供场地，积极倡导广大市民上冰雪、亲冰雪活动。

4. 打造满城冰雕雪塑，美化城市景观

以“一环、两岸、三桥、四站、六口、二十点、百条街”为规划建设重点，充分利用市区重要节点，如出城口、重点广场、主要街路、特色建筑等，建设冰雪景观，精心布置灯饰亮化，形成“满城尽是冰雕雪塑、入目皆是冰雪景观”的景象，同时做好日常维护和管理，搞好节庆氛围营造，让冰雪节美起来、亮起来、动起来，充分展示哈尔滨现代化、国际化大都市风采；搞好周边区、县（市）冰雪景观建设，营造冰雪节庆氛围。

5. 完善旅游市场，丰富旅游产品

抓好冰雪旅游产品开发，做好精品线路开辟、旅游推介、市场整顿、优质服务竞赛、旅游纪念品开发等工作，推出冰雪观光、滑雪体验、欧陆风情、民俗美食、休闲度假、夜游冰城等50余条冰雪特色旅游线路；充分发挥地中海俱乐部的作用，开展度假休闲滑雪旅游活动，做大滑雪旅游产品；抓好冰雪节商品开发，统一冰雪节标识，营业场所营造冰雪节氛围，在衣、食、住、玩等

各方面，充分体现冰雪节的浓厚气息；延长冰雪节期间商服网点营业时间，结合圣诞节、元旦、春节、元宵节等节日推出促销活动，开展“冰雪节购物周”、“冰雪节美食品尝”等活动，推出“逛冰城美景、吃特色美食、购时尚物品”系列活动；做好交通、宾馆、景区（点）等服务行业的培训和优质服务竞赛工作；加强滑雪场的建设管理工作，完善重点滑雪场的雪道、服务设施及场馆建设和管理工作，全面提升服务质量，不断提高市场竞争力。

6. 加强宣传营销，扩大对外影响

召开北京和哈尔滨两场冰雪节新闻发布会，积极对外宣传推介冰雪节主题内容；加强与国际、国内知名媒体合作，吸引媒体广泛聚焦冰雪节；全面宣传推介哈尔滨市新的发展战略和招商引资项目；加大主要客源地的广告投放和促销力度，做好客源开发和旅行商招徕；在全国范围内征集节歌、节徽，推广冰雪节吉祥物“雪娃”形象，制作冰雪节宣传片，在全球范围内征集冰屋设计方案，推介冰雪节主题形象；做好与各门户网站的链接与合作，开展网上“冰雪达人秀”等活动，加大网络宣传力度，打造网上冰雪节。

7. 广泛邀请嘉宾，做好对口接待

广泛邀请国内外嘉宾，全面展示哈尔滨市实施新战略以来的发展成果，扩大开放，加强对外交流与合作，引进项目与资金。按照“谁邀请，谁接待”的原则，全面落实陪同团制度，做好接待服务工作。

8. 抓好安全稳定，创造良好环境

加强安全稳定工作，抓好冰雪节期间的安全保卫和社会治安，交通安全和交通秩序维护，医疗、餐饮、食品、药品安全，群众信访和稳定，景区、景点建设及工程安全等。

积极做好评优创建工作。结合“三优”文明城市创建，提高市民素质，当好东道主，保持节日期间环境整洁、服务周到、生产生活稳定、市场秩序良好。开展优质服务竞赛和百城万店无假货活动，加强节日市场检查和规范。

四、责任分工

1. 开幕式系列活动的组织工作

冰雪节内容策划、专项活动工作执行方案制订、活动协调组织、各环节的衔接以及对外宣传工作等，由市冰雪办牵头，市委办公厅、市委宣传部、市政府办公厅、市接待办、市旅游局、市大型活动办和相关区政府及哈经开区管委会分别负责。

2. 重点景区景观建设工作

冰雪大世界、太阳岛雪博会、兆麟公园冰灯游园会三大景区建设及“冰雪欢乐谷”建设，由市冰雪办牵头，相关景区分别

负责。

3. 节日氛围营造工作

街路冰雪景观建设与管理、灯饰亮化和市容整治工作，由市城管局（市整治办）牵头，各区政府、哈经开区管委会分工负责；商业氛围营造工作由市商务局负责；周边各县（市）冰雕雪塑、灯饰亮化、迎宾氛围营造等工作，由各县（市）政府负责。

4. 冰雪旅游工作

冰雪旅游产品及旅游商品开发工作，由市旅游局负责；世界城市冰雪旅游合作组织筹备工作，由市外侨办、市旅游局负责。

5. 滑雪场的建设管理工作

滑雪场规划、建设、管理、服务工作，滑雪旅游的组织与宣传工作，由市体育局牵头，市旅游局、市工商局及相关区、县（市）政府按照职能分工负责。

6. 宣传和营销工作

组织中外媒体聚焦冰雪节活动，由市委宣传部牵头，市旅游局配合；召开冰雪节新闻发布会，由市冰雪办牵头，市政府新闻办、市旅游局配合；在重点地区举办宣传推介活动，加强网络推介，打造网上冰雪节，由市政府新闻办牵头，市旅游局配合。

7. 冰雪主题活动组织工作

宣传哈尔滨市新的发展战略、推介招商引资重点项目、举办冰雪节经济贸易洽谈会、冰雪节合作项目签约仪式、中国企业家论坛年会等活动，由市工信委牵头，市投资促进局、市商务局、市科技局、市旅游局分别负责；冰雪艺术、冰雪文化、冰雪体育、冰雪旅游等主题活动，由市冰雪办牵头，活动主办及承办单位分别负责。

8. 邀请和接待工作

市委办公厅、市政府办公厅、市旅游局、市外侨办负责以市委、市政府名义邀请国内外嘉宾，各成员单位和景区负责邀请本部门嘉宾；市接待办负责市级邀请的贵宾接待工作，市接待办指定成员单位负责兄弟城市代表团的接待工作，市外侨办负责市级邀请的外宾接待工作，各部门负责本单位邀请来宾的接待工作。

9. 采冰工作

由市水务局牵头，划分冰源，审核采冰资质，管控采运市场秩序，监控价格；市冰雪办负责协调相关工作；市城管局、马迭尔集团分别负责城区和大世界用冰的采运工作。

10. 安全稳定工作

冰雪节期间各项活动中涉及的安全生产工作的综合监管由市安全生产监管局负责；开幕式及节日期间的安全保卫和社会治安综合治理工作由市公安局、市国家安全局负责；交通安全、交通

秩序以及重点景区公交线路和延时服务，由市交通运输局、市公安交通管理局负责；医疗、餐饮、食品、药品安全由市卫生局、市食品药品监管局负责；群众信访和稳定工作由市信访局负责；保供电工作由哈电业局负责。

11. 节日期间优良环境、优质服务创建工作

开展“三优”文明城市创建，保持节日期间环境整洁、生产生活稳定、市场秩序良好，开展优质服务竞赛和百城万店无假货活动，加强节日市场检查和规范等工作，由市文明办牵头，市城管局、市商务局、市工商局、市物价监管局分别负责。

五、组织机构（略）

六、工作要求

1. 高度重视，扎实推进

哈尔滨冰雪节是国家级、国际化冰雪盛会，是哈尔滨最重要的城市名片，也是宣传哈尔滨市新的发展战略、展示经济社会发展成果的窗口。各地区各部门各单位要提高认识，加强领导、落实责任，细化分工、抓紧抓实。

2. 顾全大局，密切配合

冰雪节时间跨度大，活动内容多，涉及范围广。各地区各部门各单位要按照市委、市政府的统一部署，立足本职、服从大局，上下一心、密切配合。要建立通报制度和联络员制度，定期召开会议，研究解决问题。

3. 明确责任，务求实效

各地区各部门各单位要按照市委、市政府关于冰雪节的工作要求和方案确定的责任分工，结合本地区本部门本单位实际制订具体工作实施方案，成立冰雪节工作机构，确定专人分级负责，举全市之力确保高质量完成冰雪节工作任务。

【例文二】

学习提示

这是一份条文式指令性生产计划。该计划适应时间较短（三个月）、内容单一、措施具体、便于执行。全文层次清楚、简明扼要，是一篇写得较好的季度计划。

××厂铅印车间第四季度增产节约计划

为响应厂部关于“创造利润×××万，增产节约做贡献”的号召，特制订本计划。

一、全车间全季度增产节约总指标为××万元

1. 产量指标

全季度保证完成×××印令，较上季度提高百分之××，较上级下达计划提高百分之×。每月完成数：十月××令，十一月××令，十二月××令。

2. 质量指标

争取全季度甲级品率高于百分之××，报废率低于百分之×。

3. 降低原材料消耗指标

油墨单耗较定额降低百分之×。每月节约车油××千克，煤油××千克，抹布××千克。

二、具体措施

1. 合理调整劳动组织，充分利用现有设备，在十月开始实行三班制，并将产量落实到机台。

2. 十月中旬前组织讨论，公布岗位责任制。

3. 加强思想教育工作，严格执行操作规程，经常注意机车维修检查，防止工伤和停车事故。

4. 为了促使三班互相衔接，加强各班之间的联系，建立健全会议汇报制度：每星期五开各班班长会议一次，每两天开三班值班班长碰头会一次，每半月开全体技工技术研究会一次。

课后训练

【基础训练】

一、广义的计划有哪几种？试比较“规划”和“要点”的异同。

二、计划正文的主体一般采用标明序号、分条列项的方法来写，以求做到条理分明、结构清楚。试画出计划正文结构框架图。

三、计划中的具体措施，是计划得以顺利实施的重要保证。试以例文二为例，说明措施对完成指标的作用。

【能力训练】

一、下列各计划的标题使用得恰当吗？为什么？

1.《××市××乡发展高产优质生态农业五年安排》

2.《××市××厂七月份政治学习规划》

3.《××学校 2010 年开展职工体育活动的初步要点》

二、为校学生会拟写一份在全校开展学雷锋月活动的安排。内容包括：为什么要开展这项活动、活动的具体内容、组织人与负责人、方法与步骤、时间安排、要求与措施。

三、选下列一个题目，制订一份通过努力能完成的个人计划。

1. 课外阅读计划。
2. 锻炼身体计划。
3. 利用假期进行社会调查的计划。

职业生涯自我规划五步法

在许多机构和专家那里，职业生涯规划似乎非得借助他们。不可否认，这方面的研究必须有心理学等方面的知识和训练；而一个有基本人文素养的人，做职业生涯的规划，则可使用一些简便易行的方法，包括五步法。

这种笔者在工作实践中设计的、被许多人士成功应用的方法，依托的是归零思考的模式，从问自己是谁开始。然后一路问下去，共有五个问题——

1. 我是谁？
2. 我想做什么？
3. 我会做什么？
4. 环境支持或允许我做什么？
5. 我的职业与生活规划是什么？

回答了这五个问题，找到它们的最高共同点，您就有了自己的职业生涯规划。

如果您有兴趣，现在就可以试试。先取出五张白纸、一支铅笔、一块橡皮。在每张纸的最上边分别写上以上五个问题。然后，静下心来，排除干扰，按照顺序，独立地仔细思考每一个问题。

对于第一个问题“我是谁？”回答的要点是：面对自己，真实地写出每一个想到的答案；写完了再想想有没有遗漏，认为确实没有了，按重要性进行排序。

对于第二问题“我想做什么？”可将思绪回溯到孩童时代，从人生初次萌生第一个想干什么的念头开始，然后随年龄的增长，回忆自己真心向往过想干的事，并一一地记录下来，写完后再想想有无遗漏，确实没有了，就进行认真的排序。

对于第三个问题“我会做什么？”则把确实证明的能力和自认为还可以开发出来的潜能都一一列出来，认为没有遗漏了，就进行认真的排序。

第四个问题“环境支持或允许我做什么？”的回答则要稍做分析：环境，有本单位、本市、本省、本国和其他国家，自小向大，只要认为自己有可能借助的环境，都应在考虑范畴之内；在这些环境中，认真想想自己可能获得什么支持和允许，搞明白后一一写下来，再以重要性排列一下。

如果能够成功回答第五个问题“我的职业与生活规划是什么？”您就有了最后答案了。做法是：把前四张纸和第五张纸一字排开，然后认真比较第一至第四张纸上的答案，将内容或相近的答案用一条横线连起来，您会得到几条连线，而不与其他连线相交的又处于最上面的线，就是您最应该去做的事情，您的职业生涯就应该以此为方向。并在此方向上以三年为单位，提出近期、中期与远期的目标，再在近期的目标中提出今年的目标，将今年的目标分解为每季度目标、每月目标、每周目标、每天目标。这样，您每天睡觉前就可以对照自己的目标进行反省，总结当日成就与失误、经验与教训，修正明天的目标与方法，第二天醒过来后稍加温习就可以投入行动了！这样日积月累，没有不能实现的规划。

17 总 结

【例文】

学习提示

这是一篇经验推广性质的总结。首先，充分掌握原始材料，了解实践活动的全过程。将在医德医风建设方面碰到哪些问题，如何去克服，取得哪些成绩，在认识上有哪些提高等都交代得非常清楚。其次，注意运用典型材料，坚持实事求是的原则，一切从实际出发，详略得当，突出重点，避免了面面俱到，贪大求全的通病。把那些既能显示本单位特点，又有一定普遍性的材料作为重点选用，写得详细、具体，一般性的材料则略写或舍弃。最后，注意对实践进行理性分析，把感性的、分散的印象上升为理性认识，概括出三个方面的成功经验。找到和体现出规律性的东西，提炼为明确的观点，是写好总结的关键。这篇总结所反映的问题具有一定的代表性，总结出的经验具有很高的推广价值。

加强医德修养　树立医疗新风

——南方医院惠侨科精神文明建设的经验

中国共产党第一军医大学南方医院委员会

我院惠侨科于1979年成立，是全军创办最早的对外开放的综合性医疗科室。1995年，成为全军惟一的涉外医疗中心。现有床位400张，工作人员200余名，相当于一个中等医院的规模。20年来，南方医院先后收治了来自70个国家和地区的5万余名患者，没有出现任何政治、经济问题和医疗差错、事故，取得了良好的社会效益，赢得了广大患者的信赖；先后三次荣立集体二等功，两次荣立集体三等功。多次被广东省和广州市评为文明服务先进单位和精神文明建设先进单位。在1987年的全军英模代表大会上，惠侨科被誉为“卫生界南京路上好八连”、“传播社会主义精神文明的窗口”、“新时期社会主义医德医风建设的一面旗帜”。1995年3月，中央军委主席江泽民同志签署命令，授予惠侨科“模范医疗惠侨科”荣誉称号，并题词勉励：“救死扶伤，无私奉献，艰苦奋斗，永葆本色。”

近年来，在人们感叹卫生系统一些单位和个人医德滑坡、医

风不正的时候，惠侨科之所以能够成为一方“净土”，主要是院党委不断加强该科以医德医风为主要内容的精神文明建设。我们的主要做法如下。

把医德医风建设真正落到实处

随着改革开放和社会主义市场经济的逐步发展，医疗系统的精神文明建设遇到了前所未有的挑战和考验。人们不仅抱怨“看病就医难”，而且对那些态度生硬的医护人员，吃、拿、卡、要等医风不正、医德不好的现象表示了强烈不满。我们通过调查分析认为，惠侨科总的来说医德医风是好的，但仍存在一些不良现象和苗头。为此，我们把搞好医德医风教育作为惠侨科全面建设中的基础工程，坚持不懈地抓实抓好。

——实施医学伦理教育，增强做合格医务工作者的使命感。针对一些同志医学伦理学知识不足、医德理论欠缺的实际，我们发动大家收集整理古今中外有关医德医风的名言，组织大家逐条学习；请德高望重的老专家介绍中外医德的起源和发展，宣讲医务工作者的职业特点和职业规范。介绍自己在长期的实践中进行医德修养的体会；开展重温“从医誓言”和回顾“穿上白大褂的第一天”活动，使大家自觉做合格的医务工作者。

——实施宗旨教育，增强全心全意为患者服务的责任感。我们重点引导大家弄清社会主义市场经济条件下的医患关系，使大家认识到，在医疗服务领域，病人处于被动地位，医务人员处于主动地位；必须切实纠正和克服市场经济就不能讲全心全意为人民服务的错误思想，树立效益与宗旨相统一的医德观，牢记全心全意为人民服务的宗旨，让老百姓看得上病、看得起病、看得好病。

——实施传统教育，增强职业自豪感。我们经常组织医务人员讲传统、忆传统，使大家懂得，救死扶伤，实行革命的人道主义，对工作极端负责任，对伤病员极端热忱，对技术精益求精，面向部队、面向基层，为兵服务，艰苦奋斗，无私奉献，正是具有我军卫生工作特色的医德医风，是我军卫生工作光荣传统和优良作风的集中体现。作为医务工作者，应该为所从事的职业感到自豪，珍惜广大患者的信任。

——实施“窗口”教育，增强文明行医、廉洁行医的紧迫感。我们从卫生行业作为社会主义精神文明建设的“窗口”的地位和特点出发，对照《医务人员医德规范》，不间断地组织医务人员开展“四查四看”的揭短亮丑活动，即查服务思想，看全心全意为患者服务的宗旨树得牢不牢；查服务技术，看是否精益求精；查服务态度，看有无生、冷、硬、顶现象，查服务态度，看有无以

医谋私、吃请受礼现象。将查出的问题及时处理并向全体人员通报。同时，开展“微笑在病房”，“假如我是病人”，“让白求恩、赵雪芳精神在医护岗位上闪光”等活动，不断提高文明行医、廉洁行医的自觉性。

通过医德医风教育，惠侨科医务人员的精神面貌发生了很大变化，好人好事层出不穷。该科常年危重病人多、手术病人多、卧床病人多，在“一切为病人”的口号下，大家超负荷工作，毫无怨言。为了照顾危重病人，有的医生护士连续上几十个夜班。家住院外的同志，有时为了抢救危重病人，半夜打出租车也要赶到医院。对患者，不论是有钱的老板，还是穷困的打工仔，一视同仁。有的在护理精神病人时，无端受到打骂，依然面带微笑，劝慰、关心病人。有的病人经济上有困难，医务人员就慷慨解囊。据统计，20 年来，工作人员共向病人捐款 13 万元。大家身在都市，心系基层。广州军区某特种兵大队的指战员训练强度大，患腰腿痛的多，由于远离城镇，看病不方便。惠侨科医务人员自己组织起来，利用周末时间，为他们送医送药。被中央军委授予“喀喇昆仑模范医疗站”荣誉称号的兰州军区三十营房医疗站，是全军条件最艰苦的医疗站之一。1996 年，惠侨科组织医疗队，克服重重困难，与该站的医护人员一起登上海拔 5800 米的全军最高哨卡——“神仙湾钢铁哨卡”，为官兵查体看病。有的同志因为高山反应晕倒了，醒来后又投入工作，使哨卡的官兵深受感动。

推行强有力的监控机制

加强医德医风建设，既要加强思想教育，又要有严格合理的规章制度的保证。这些年来，我们推行并依靠三个有效的监控机制，使惠侨科的医德医风建设逐步走上制度化、规范化的轨道。

——靠健全的约束机制规范形象。针对改革开放和市场经济条件下职业道德方面出现的新情况和纠正行业不正之风的要求，我们引导惠侨科广泛讨论，献计献策，制订了以“十要八不准”为核心的职业道德规范和文明行医实施细则，并力求体现“三性”。一是系统性，对临床医疗科室和医技辅助科室，都规定了相应的优质服务措施；对医生、护士和护理员，也制订了廉洁行医守则。二是具体性，尽量细化量化有关规定。如关于禁止收受红包问题，规定收受红包 100 元以下者，通报批评，扣发劳务补贴 3 个月；金额超过 100 元给予行政警告处分，扣发劳务补贴 6 个月；凡以医谋私，向病人暗示、索要红包者，则加倍处罚。三是可操作性，制订了易于实施的考评标准和考评办法，把科室和个人医德医风的表现按照 100 分的目标，分为“好、较好、一般、较差、差”五等，逐条考评，综合打分。

——靠严格的监督机制维护形象。主要做到“三个结合”。一是党内监督与党外监督结合。我们指导惠侨科党总支把医德医风建设作为党总支、支部建设的目标管理之一，帮助其制订了《党员干部廉政建设的20条规定》；把医德医风建设作为党内民主生活会的主要内容，党总支坚持每季度、党支部坚持每月进行一次对照检查；发动党外群众评议打分，提出批评意见，促使党员医务工作者带头廉洁行医。二是领导监督和群众监督相结合。一方面，医院和惠侨科领导每周查房一次，并分别到科室参加党支部大会、党小组生活会，了解情况；另一方面，每月召开一次医德医风形势分析会，在门诊部、住院事务处设立举报箱、举报电话，定期召开伤病员座谈会，发放“住院病人问卷调查表”，多方面、多渠道听取病人的意见。三是院内监督与院外社会化监督相结合。在搞好院内监督的同时，建立了社会化监督网络，先后聘请新闻记者、驻地政府工作人员、有医疗合同的企业职工、离退休人员等各方面、各阶层的代表53人做监督员，请他们定期填写“监督评议卡”，适时召开监督员座谈会，使监督工作实打实。

——靠有效的奖惩机制完善形象。我们把医德医风的表现作为评先创优的重要内容，作为晋职晋级和立功受奖的重要条件，作为超额劳务补贴发放的重要依据，并坚决实行医德医风“一票否决制”。先后对3起违反规定收受红包、接受礼物的事件进行了严肃查处，分别给予罚款、延缓晋级和通报批评等处罚，收到了“处理一件、教育一片”的效果。

强有力的监控机制，促进和保证了惠侨科一流的服务。许多患者以当地最普遍的赠送礼品、红包等方式，表达真诚的谢意，但都被医务人员婉言谢绝。有的实在推辞不了，收下后马上交给组织处理。二十年来，工作人员上交红包三十多万，金项链、金戒指等物品两千余件。有一位入住惠侨科的患者，不相信这里不收红包。出院前，她试探性地给教授、主治医生、护士、卫生员五人各送了一个红包，但都原封不动地退还给她。她以为送的钱太少，索性又加倍送去，还是无一人收下。她感叹地说：“我算服了。”泰国《新中原报》曾连载长篇通讯，称赞惠侨科“改革开放多年，但歪风没有刮到这里……”

建立适应新形势和医德医风要求的激励模式

在医德医风建设中，教育是基础，监控机制是保证，而激励模式也是不可缺少的动力。这些年来，我们针对人们利益观上的新变化，不断拓宽思路，建立了适应医德医风内在要求的激励模式。

——以荣誉激励为主导。我们坚持开展争当医德医风先进集

体和先进个人活动，每月一次讲评，每半年一次小结，每年进行一次综合评比，并召开表彰先进集体和先进个人大会，先后树立了“待病人如亲人的护士长麦坚勤”、“无私奉献为病人的医生黄兰君”、“医德高尚的全军优秀护士杨丽”等先进典型；给予成绩突出、备受患者好评的一百三十多人次记功、嘉奖。荣誉成为大家自觉树立医疗新风的强大牵引力，在医院开展的争先创优活动中，比、学、赶、帮、超蔚然成风。

——以经济补偿为杠杆。十年前，我们以惠侨科为试点，在全国卫生行业率先推出“全方位综合目标责任制”，即确定惠侨医疗收益指标，实行成本管理，确定医疗技术指标，实行科学管理，把医务人员的技术劳动和医德医风的表现加以量化，使之与个人收益挂钩，让医务人员高技术劳动的价值得到社会的承认，让奉献大的人得到较多的经济利益。1990 年来，党委根据惠侨科医德医风等方面的始终走在全院前列的实际，决定在超额劳务补贴分配上高于全院平均数的 20%以上。

——以排忧解难为后盾。院党委坚持把好事办实，实事办好，实施了一系列“温暖工程”。比如，先后投资四千多万元，建起了四栋宿舍楼，基本解决了工作人员住房难的问题；建起了专家教授餐厅、多功能干部食堂和两个快餐厅，为大家就餐提供了方便；为在院外居住的医务人员及其家属子女上班、上学安排四条专线班车；对生病住院的工作人员，院科领导带着慰问品去看望。

我们认为，要使激励真正成为医务人员树立医疗新风的强大精神动力，必须在两个方面下工夫：一方面，要以精神激励为主；另一方面，要在创造良好的事业环境上下工夫。与此同时，党委坚持科学民主决策，经常召开医务人员座谈会，就医院的建设问题虚心听取群众的意见。

（执笔人：陈利华　许先云　江文富）

——《求是》1998 年第 20 期

课后训练

【基础训练】

一、总结的写作要求有哪些？

二、一份总结离不开材料，更少不了观点。观点必须来自材料，材料必须能说明观点。试以第一部分为例，说说文中运用了哪些面上和点上的材料来说明“把医德医风建设真正落到实处”这一观点的。

三、一篇总结的小标题或段旨撮要写得好，可以使文章条理分明。本文这方面做得较好，文句整齐，简洁，用词准确，平实，概括内容精当。阅读时注意体会。

【能力训练】

一、下列各句在数字表达上有没有错误？为什么？

1. 该同志严重违法乱纪，收受贿赂现金二千余元、红塔山香烟六七条，且态度恶劣，拒不认错。为严肃政纪，端正党风，建议从严处理。

2. 该厂只注意抓产量，忽视了抓产品质量，致使去年全厂上交的利润比上一年减少了一倍。

3. 通过增产节约运动，我厂各车间都超额完成了生产计划。超额20%以上的为一等奖，超额20%以下的为二等奖。

二、在应用文写作中，段旨撮要是常用的方法。写好段旨撮要，要有较强的概括能力，这就要经常练习。下面是从一篇计划中抽出来的几段话，请你填写段旨撮要句。

贯彻勤俭办企业的精神，做到少花钱，多办事，办好事，千方百计节约开支。

1.（　　　　　　　　　）。去年变电器方面每月出贷款利息22700元，今年要加强资金管理，合理调度资金，把资金搞活；减少积压物资，加速产品配套。加快发运产品，减少银行贷款，每月节约利息支出700元，全年节约8400元。

2.（　　　　　　　　　）。加强出差地和市内交通费的审核，去年变压器方面差旅费支出为88397元，今年节约2%，全年节约1768元。

3.（　　　　　　　　　）。加强长途电话的控制，节约使用办公印刷品。去年支出办公费19184元，今年节约2%，即384元。

4.（　　　　　　　　　）。加强仓库管理，减少消耗材料的领用。去年支出47740元，今年计划降为47000元。

三、以班内开展的一次活动为内容，写一份总结。

18 调查报告

【例文】

学习提示

这是一篇专题研究性调查报告，为2005年度上海优秀工运论文，在专题调研的基础上写就。文章立足白领这个特殊群体，主要采用问卷调查法和个案访谈法开展调研，对其一般情况、生存与思想状况进行了广泛而深入的调查，在此基础上对调研结果进行整体汇总和典型分析，并给出结论和建议，对正在工作和亟待谋求岗位的高校学生的职业成长有一定的启示。

浦东新区非公企业白领生存及思想状况调查报告

（节选）

一、基本情况

（一）过程和方式

本次调查历时一个月，共采取问卷调查和个案访谈两种方式。其中问卷发放的对象有：浦东新区张江高科技园区、外高桥保税区、金桥出口加工区和浦东软件园的50余家非公企业中的383名白领；同时通过浦东新区社会经济调查中心，向陆家嘴地区各楼宇的100名白领发放了问卷调查表。个案访谈主要集中在浦东新区张江高科技园区、外高桥保税区、金桥出口加工区和浦东软件园的非公企业，共选取了不同年龄、不同职业背景的17名白领进行了个案访谈。此次调查共发放问卷493份，回收490份，回收率99.4%。

（二）白领结构

此次接受问卷调查的490名白领，其年龄、学历、家庭背景、所在企业性质、担任的职务以及工作年限等基本情况如下。

1. 年龄结构

20～29岁的有243人，占总数的49.6%；30～39岁的有175人，占总数的35.7%；40岁以上的有72人，占总数的14.7%。

2. 学历结构

大专学历的有170人，占总数的34.7%；本科学历的有266人，占总数的54.3%；硕士以上学历的有54人，占总数的11%。

3. 家庭背景

本地人有 319 人，占总数 65.1%；新上海人有 157 人，占总数 32%；留洋海归人员有 14 人，占总数的 2.9%。

4. 所在企业背景

欧美企业有 210 人，占总数的 42.9%；日资企业有 120 人，占总数的 24.5%；港澳台企业有 23 人，占总数的 4.7%；民营企业有 62 人，占总数的 12.7%；其他企业的有 75 人，占总数的 15.3%。

5. 担任的职务

高级管理人员 22 人，占总数的 4.5%；中层管理人员 116 人，占总数的 23.7%；一般管理人员 191 人，占总数的 39%；技术人员 111 人，占总数的 22.7%；其他人员 32 人，占总数的 6.5%。

6. 工作年限

工作时间在 1 年以下的有 26 人，占总数 5.3%；工作时间在 3 年以下的有 95 人，占总数的 19.4%；工作时间在 5 年以下的有 89 人，占总数的 18.2%；工作时间在 10 年以下的有 126 人，占总数的 25.7%；工作时间在 10 年及以上的有 154 人，占总数的 31.4%。

二、生存状况

我们将白领的生存状况调查范围仅限于白领的生存压力、职业定位和社交范围三个方面。

(一) 生存压力——职业和生活压力双负荷，但承受和排遣压力的能力较强

白领的生存压力包括职业压力和生活压力两个方面。调查显示，在白领群体承受的压力中，业务指标和生活消费占了前两位，分别有 32.9%和 32.4%的白领认为这两项是自己生存压力的主要来源。同时，不同企业背景下的白领，对自己生存压力的排序也稍有不同。欧美企业和民营企业的白领，将业务指标的压力列在首位，其次才是生活消费的压力；日资企业和港澳台企业的白领则反之。

1. 职业压力

业务指标是白领承受的主要职业压力。调查发现，为完成公司的业务指标，有 42.4%的白领平均每天要接受 1～2 小时不等的加班时间，还有 10%的白领平均每天的加班时间在 2 小时以上，而且将工作带回家去做的软性加班更是难以计算。按照职场的潜规则，这样的加班，公司是不会支付报酬的。

再从白领担任的职务来看，中层管理人员承受的此项压力明显大于高级管理人员，有 39%的中层管理人员认为业务指标是他

们的主要职业压力，而后者只有3%的白领是这样认为的。此外，技术人员的业务指标压力也要多于一般管理人员。

同行业、同事之间的竞争也是白领承受的重要职业压力。从访谈中了解到，“追求卓越”不仅是企业对市场的承诺，更是对白领员工的要求。企业要获得市场，与同行业之间的竞争在所难免，而这种竞争的核心是人才的竞争，这就要求白领员工在同行业、同事之间不断“追求卓越”。这种由市场竞争衍生出来的白领心理压力，同样成为白领群体职业压力的重要内容。

此外，一般白领在求学期间，大多会对将来的职业发展抱有美好的憧憬。他们或抱有回报社会的满腔热情踏入社会，或怀着实现自我价值的理想走进职场。但现实社会就业的压力造成自己职业目标的偏失，使部分白领产生茫然的心理，成为一种职业心理压力。

在访谈中还发现，一些企业不关心员工，在强调企业的“团队精神”时，一味强调奉献和服从，压制了员工的个性化发展，也造成了白领员工无形的职业心理压力。

2. 生活压力

总体来看，在被调查的白领者中，税后年收入在5万元左右的人占人员的52.5%；在6～10万元的占人员的28%；10万元以上的占人员的10.4%。白领的收入早就跨过了小康的门槛，即使按照2004年上海市职工年平均工资24396元标准来看，也有近91%的白领的收入是超过这个标准的。但调查发现，依然有32.4%的白领将生活消费作为自己生存压力的主要来源。此项调查还发现，日资企业和港澳台企业白领的生活压力要多于欧美企业和民营企业白领10个百分点，技术人员和一般管理人员也要明显多于中层管理人员和高级管理人员。

调查显示，住房消费是白领生活压力的主要原因。有67.8%的白领每月的开销占收入的一半以上，其中28.8%的白领刚刚达到收支平衡，甚至还有8.4%的白领出现了入不敷出的情况。在白领的消费中，购房（或租房）消费是其主要支出。有一半以上的白领要支付房贷（或房租），占受调查白领的56.7%。此外，社交活动费、学习培训费等项支出，也分别占了受调查白领的40.1%、39.2%，而还有13.3%的白领同时承受这三项消费支出。

我们在调查中还发现，不同家庭背景下的白领，在社交活动费、学习培训费、子女教育费、购车消费上的支出差异并不大，其生活消费的差异主要体现在住房消费上。在购房消费的白领中，以本地人为主，购房的本地人和新上海人分别在各自群体中占了58%和41%；而在租房消费中，则以新上海人为主，在本地人

中，租房的只有3.4%，而新上海人则达到了51%。

访谈中还发现，白领群体无论是已购房和未购房的，也无论是本地人还是新上海人，对拥有一套属于自己的房子，总是显得无怨无悔、孜孜以求。这一方面是受“居者有其屋”此类传统思想的影响，另一方面也是白领群体人生追求的坐标之一。而选择住房消费的直接后果，就是白领们承受的消费支出压力最终成为其生活压力的主要来源，尤其是新上海白领。曾有一个被访谈的新上海白领不无感叹地说道：“平时工作很累，也很想出去休闲放松一下，可是到哪里都需要钱，只能在家里看看电视、上上网。要不是房子的负担，我们这个群体，以现在的收入，本来应该可以过得很潇洒的。”

面对职业和生活压力的双重负荷，白领们却表现出较强的承受能力。其中67.3%的白领认为压力在可以承受的范围内，19.8%表示处于可承受范围的边缘，只有3%表示不堪重负。但同时，我们在访谈中也发现，许多白领其实是在付出了健康、娱乐、家庭等多方面的代价，才取得压力下的暂时平衡。有的白领为了工作即使身体有点小毛小病，也不会轻易上医院，因为排队挂号会浪费白领的许多时间；有的白领每天“公司家庭两点一线”，根本无暇娱乐活动；有的白领则把应承担的家庭责任交给了另一半等。

在排遣压力的方式上，聊天和休闲运动是白领的主要选择。有47%的被调查者选择的是通过与家人、朋友或网友聊天的方式；有44%的被调查者表示参与各种娱乐休闲活动的方式来排遣压力。

（二）职业定位——比较明确，时刻寻求更好的机会

白领群体对目前自己的职业都有比较明确的认识。39.4%的被调查者认为，目前的职业既适合发挥自己的兴趣特长，又有较好的企业氛围；但也有38.6%的被调查者承认，目前的职业只是一种谋生的需要；另有10.8%的人即使专业不对口，但是为了更好的发展前景而留在了目前的职位上。

但同时，我们也发现，白领群体的职业稳定性是较差的。调查显示，63%的白领认为如果出现对自己来说更好的机会，就会选择跳槽。薪酬福利和自我发展的机会是白领跳槽的两大主要因素。选择这两大因素跳槽的白领分别占了51%和56%。而不同年龄层次的白领，其跳槽的侧重点会有所不同。30岁以下的白领，36%选择薪酬福利，64%选择自我发展；30～40岁的白领，选择薪酬福利和自我发展的各占50%左右；40岁以上的白领，64%选择薪酬福利，36%选择自我发展。可见在白领的职业生涯中，年轻白领由于事业刚起步，亟需证明自己，所以更注重自我发展的

机会；而年长一些的白领由于事业发展已趋于顶峰，再加上家庭等负担的加重，所以更偏向于薪酬福利。

（三）社交圈子——朋友少、圈子小、喜欢集体活动

长期的加班和工作的限制，使白领的社交圈子狭小。据统计，52.4%的白领每周平均工作时间在40小时以上，其中42%的白领每周平均工作时间是41～50小时，10%的白领每周平均工作时间是50小时以上。这个现象的直接后果就是白领群体的业余时间被大大压缩，社会交际时间也随之减少。而且由于一天里接触最多的是同事，在以业绩为先的非公企业里，同事间竞争激烈，关系也变得十分微妙，无形中又缩小了他们的交际范围。所以白领群体往往朋友比较少，交际圈子比较狭小。朋友圈子还是以各个时期的同窗为主，即使与工作有关的朋友，也大多是因为有业务关系的原因，很少有在同事间寻找朋友的。尤其是一些新上海人，在新城市的朋友更少，圈子更小。同时他们也表示，由于背景、习惯等都有差异，自己不会主动想去融入到本地人的圈子里去。

调查显示，白领群体对集体活动是十分渴望的。平时他们选择的放松方式以朋友聚会、聊天或是参加各种俱乐部活动为主；还有工会和企业行政部门组织的一些青年联谊会、体育比赛、休闲旅游等集体活动，都很受白领们的欢迎，并能吸引他们踊跃参与。

三、思想状况

我们将白领的思想状况调查范围仅限于他们的价值理念、社会责任感、利益诉求、精神生活、政治态度和组织归属感等方面。

1. 现实、积极、独立的价值取向。（略）

2. 评判时势和关心弱者的社会责任感。（略）

3. 人格至上的利益诉求。（略）

4. 以网络世界为主的精神生活。（略）

5. 理性、温和、务实的政治态度，欲近还远的组织归属感。（略）

四、结论与建议

1. 党直接领导控制的群众团体应该成为组织、吸引白领的主要力量。（略）

2. 积极推进基层党群组织工作理念、工作方式和工作手段的优化。（略）

3. 切实为白领群体提供公共服务产品和公共活动平台。（略）

4. 正确把握白领身上的积极和消极因素，因势利导开展工作。（略）

5. 重视白领群体的职业发展、职业稳定和利益诉求。（略）

课后训练

【基础训练】

一、调查报告与总结的主要区别在哪些方面？

二、调查报告有哪些类型？其特点是什么？

三、调查报告的材料要有点有面，做到点面结合，也就是要有对“面”的一般情况的综述和对“点”的典型事例的具体说明，通过众多的“点”反映出“面”。以课文为例，说说点面材料是如何结合的。

【能力训练】

一、判断题（正确的打“√”，错误的打“×”）。

1. 在调查报告的产生过程中，“调查”是调查报告写作中的第一个环节，“研究”是通过“调查”而形成“报告”的中心环节，“报告”是调查研究成果的体现。这三个环节缺一不可。（　）

2. 调查报告的作用主要供领导了解情况，以便做出决策。（　）

3. 调查报告不能带框框，不能“背鞋找脚”、“削足适履”，一切结论产生于调查研究之后。（　）

4. 调查报告主要靠事实说话，要真实反映情况，绝不能任意添枝加叶、无中生有或歪曲事实。（　）

5. 调查报告需要像消息那样介绍人物、时间、地点、事件、过程和结果等，但是不需要讲究故事性和着重形象描绘。（　）

6. 写调查报告必须用党的方针、政策作为观察问题、分析问题的准绳。（　）

7. 正文部分是调查报告的核心，是前言的引申，是结论的根据。（　）

二、下面三个内容任选其一，调查完毕写一调查报告。

1. 高职生消费情况调查（可选本校、本班同学每月支出项目、金额，分若干档次进行调查）。

2. 本校本班同学阅读情况调查（如书籍、杂志、报纸占用时间，兴趣爱好等）。

3. 选择一经营比较好的生产、销售或服务单位进行调查。

读写综合能力训练

【思维训练】

一、如何克服总结写作中的“假、大、空”？为什么有的秘书人员或下级人员凭借能写出上级欣赏的总结材料“青云直上”？这种现象如何才能扭转或根除？

二、某边防部队政治部拟写一份开展科学文化教育活动的总结，导语部分五易其稿。现将五个导语抄录于后，请逐一评析。

1. 巍巍喜马拉雅山纵情歌唱，滔滔雅鲁藏布江舒袖欢舞。我边防部队文化教育取得了令人欢欣鼓舞的丰硕成果。

2. 像东海喷出的彩虹，像喜马拉雅山盛开的雪莲，像荒漠上悠然而出现的绿，像草原上铺锦刺绣的格桑，在送走了多少坎坷之后，我们终于迎来了部队科学文化教育的明媚春光。

3. 我边防部队驻守在喜马拉雅山麓××公里的边防线上。这里海拔 4500 多米，空气稀薄，气候寒冷。许多地方曾被地质学家判为“永冻层”，被生物学家划为“生命禁区”。然而，正是在这样艰苦的环境里，广大指战员为了更好地为改革开放和社会主义现代化建设保驾护航，努力学习文化，攀登科学高峰，军营中的文教事业日益兴旺发达，使“永冻层”上热气腾腾，“生命禁区”里生机盎然。

4. 我边部队的科学文化教育是几年前就开始的。几年来，培养出不少合格人才，军营中的文教事业方兴未艾，展现了一派欣欣向荣的景象。

【阅读训练】

一、选择题

1. 计划按性质划分，下面划分错误的一项是（　　）。

A. 综合性计划　　B. 指令性计划　　C. 专题性计划

2. 有些计划，由于内容不同，可以选用不同的名称。带有全局性、长远性、方向性的计划，可以选用（　　）。

A. 方案　　B. 规划　　C. 要点　　D. 设想

3. 对长远或近期的工作作粗线条的、非正式的工作安排，可以用（　　）。

A. 方案　　B. 规划　　C. 要点　　D. 设想

4. 总结按内容分，错误的一项是（　　）。

A. 单位总结　　B. 工作总结　　C. 学习总结　　D. 生产总结

5. 围绕一个中心问题，从多方面进行普遍调查，写成的调查报告是（　　）。

A. 综合性调查报告　　B. 专题性调查报告

6. 根据事情发展过程的先后次序或按调查过程的先后顺序安排层次结构的方式是（　　）。

A. 横式结构　　B. 纵式结构　　C. 纵横式结构

二、阅读下面的调查材料，用简明准确的语言概括出材料所表明的观点。

北京某大学最近对01级、02级和03级共5个本科班必修课的学生听课情况作了调查，发现学生缺席现象比较严重。从调查的29节必修课来看，平均听课率为73.3%，其中有三门的听课率低于平均值，甚至有一门课的听课率不到27%。

与此同时，校图书馆却是另一番景象，从今年1月份开始，出现了几年来少有的借书热、读书热。去年图书馆平均每日借书量为1000册，而现在增加到1200册。每天一开馆，借书的学生就蜂拥而至，阅览室座位越来越紧张。上述情况，非此大学独有。首都几所高校中这种课堂内外的反差都不同程度地存在着。

三、阅读下文，完成文后各题。

××县粮食局1998年下半年工作讨论稿计划

根据中央的指示和省局粮食工作会议精神，结合我县实际，经局党委讨论，提出1998年下半年工作任务。各部门和直属单位应按照要求，制订具体计划，并认真组织实施。

一、深入学习邓小平理论，解放思想，转变观念，放开粮食购销价格，积极参与市场竞争。

二、大力支持农业生产，发展优质、高产、高效农业，把农业和农民推向市场。

三、转变机关职能，扩大服务，兴办经济实体，全力发展第三产业。

四、充分发挥粮食部门的优势，广开言路，扩大粮食复制品、主食品、副食品等的综合生产和经营。

五、转换经营机制，改善粮食企业的经营管理，进一步完善和健全层层承包的责任制，努力提高经济效益。

六、搞好粮油科研，提高科学种粮、保粮和用粮水平；办好各种类型的培训班，不断提高干部、职工政治业务素质。

（公章）

1998年6月25日

1. 本文的标题拟写得正确吗？如果正确，请分析标题的组成部分；如果不正确，请加以改正。

2. 本文前言中的内容包括（多项选择题）（　　）。

A. 制订计划的指导思想　　B. 制订计划的现实依据

C. 对下级机关执行计划的要求　　D. 承启语

3. 主体部分从六个方面提出工作任务，请选出六个方面的安排方式（　　）。

A. 以时间为序的直叙式　　B. 以事理为序的递进式

C. 横式　　D. 总分式

4. 本文的结构是否完整？

5. 作为计划，应该写明哪三方面的内容？本文在内容方面有哪些欠缺？这样的计划，下级机关可以遵照执行吗？

四、细读下面的材料，按要求完成各题。

1. 给文章拟出标题，填在括号里。

2. 文章的开头、结尾各写了什么？起了什么作用？主题部分四个大段该按怎样的顺序排列？把排列序号填在大段前的括号里。

3. 概括出主体各大段的观点，拟写小标题，分别填在横线上。

文章标题：（　　　　　　）

最近，我在北京市调查了1967年出生的108名优秀学生和166名同龄的失足学生的情况，分析比较了他们思想发展的过程及规律之后，我认为：不同的家庭教育对他们现存的思想差异和两极分化起着相当大的影响和作用。主要表现在：

（　）____

改革开放的社会环境给家庭教育带来了一些新情况。在这一问题上，家长的认识不同，结果也不同。失足学生的家长大多是采取两种极端的做法，或是看不到出现的新情况和可能产生的问题，对孩子放任不管；或是想把孩子锁在家里，力图保持一个封闭的教育环境，以防止其受不良影响。结果这两种方法都不能奏效。

优秀学生的家长总是和孩子共同探讨改革开放遇到的新问题，帮助孩子鉴别是非，引导孩子正确理解党的政策，鼓励孩子参加社会活动，开阔视野，支持孩子进行有益的社会交往。

（　）____

失足学生的家长主要使用的教育方法是"严管"——不听就打；或是无力的说教，孩子非常反感，抵触情绪很大。

优秀学生的家长比较注意家庭的民主气氛，以自己的模范行动言传身教，对孩子予以表扬鼓励为主，并有针对性地开展批评教育，教育方法比较灵活。

（　）____

调查表明，两类学生的家庭在培养孩子的目标上，存在显著差异。失足学生的家庭有63%是教育孩子"向钱看"，"学习对自己有用的技术"，"找到好工作"等，完全是出自个人利益的目标。有13%的家庭只要求自己的孩子"不惹事"、"老实学好"、"不偷"、"当个普通人"，提出的是消极的低层次的做人目标。11%的家庭能提出做人朴实、听话、尊敬人等一般的道德要求。只有13%的家庭教育孩子诚实正直，长大为祖国、为人民服务。

相比之下，60%的优秀学生家庭教育孩子有理想，做正直的人，要从小热爱党，热爱人民，关心他人，引导孩子追求高层次的做人目标。其余40%的家庭也以勤劳、朴实、努力学习、讲礼貌等作为教育孩子的基础。

（　）____

失足学生的家长往往走极端：一种是把孩子完全推给学校，认为教育孩子是学校的事，放弃了家长的职责。另一种是不及时与学校老师交换情况，袒护孩子的缺点和错误，不支持老师工作。

优秀学生的家长十分重视家庭教育与学校教育的配合，经常找老师交换孩子的情况，听取老师的意见，配合老师开展教育工作。

根据以上分析，可以看出一个学生成长为优秀学生或是沦为失足学生，与家庭教育关系非常密切。特别是优秀学生家长中党员多、高中以上文化水平的多、干部及知识分子多；而失足学生家长中党员少，高中以上文化水平的少、干部及知识分子少。这种家长素质方面三多三少的现象，不能不引起广大家长的高度重视。人们常说，"种瓜得瓜，种豆得豆"。在家庭教育中，这可算是再恰当不过的比喻了。希望广大"望子成龙"的家长记住这个道理。

【写作训练】

一、陈文同学就读于一所职业院校，尽管家庭经济状况较好，但他认为前辈艰苦奋斗、勤俭节约的传统不能丢。他规定自己每月只能使用300元零用钱，请你为他设计一份“生活费用支出表”，要求项目设计和金额开支合理，不得超支，允许稍有节余。

二、综合写作练习

1. 请为本班或学校拟一份学雷锋活动工作计划。

2. 写一篇本人的学期学习总结。要求：

(1) 实事求是；

(2) 重点突出；

(3) 提炼小标题，总结规律性的经验；

(4) 符合总结的结构要求。

3. 针对大批在校大学生都有过兼职经历的事实，利用“五·一”或“十·一”等节假日休息时间组织一次题为“大学生兼职状况”的社会调查，请设计出合理的调查问卷，并将其发放到一定的范围。收回后进行整体分析，写出调查报告。

第六单元　文学作品欣赏（三）

训练目标

1. 了解小说的情节构成及其基本特点；把握情节、环境及人物三者的关系。

2. 了解环境描写的分类及对人物形象塑造所起的重要作用。

3. 了解欣赏小说中塑造人物形象的各种手法并引导学生在作文中加以应用，同时把握人物性格的多样性和复杂性。

4. 注意鉴赏小说中的语言艺术，体会个性化的语言特色。

5. 能够准确把握小说的主题，联系作品的时代背景和作家的创作意图进行分析。同时了解中国古典小说、现代小说、外国小说中名家名作概况。

知识要点

本单元所选的是中国古典小说、现当代小说和外国小说中的名篇佳作。小说是文学的一大样式，也是最受读者欢迎的长盛不衰、不断发展的文学样式。它是人类对于现实、历史、自身、自然认识的艺术概括和形象再现。它是一种以塑造人物形象、叙述故事情节为主的文学体裁。它以独特的叙事方式，既可描述激烈的矛盾冲突，也可再现真实的生活场景，大至社会、历史自然界的广阔画面，微至人物内心的心理活动甚至潜意识，都能够在小说中得到艺术展现。它的主要特点是：细致而多方面地刻画人物性格；生动而完整地叙述故事情节；充分地、多方位地展示人物活动的环境。诚如曹雪芹在《红楼梦》中所言："世事洞明皆学问，人情练达即文章"。小说的叙事角度灵活多样，描写、叙述、抒情、议论等各种表现手法可以兼收并蓄，也可有所侧重，从而刻画多种多样的人物形象。在我国古代，神话传说、街谈巷语、志人志怪之作，以及传奇讲史等都是小说发展的先河。后来有话本和章回小说等。在近、现代文学中小说更是卷帙浩繁，佳作层出不穷，深受人们的喜爱。因此，应掌握方法学会阅读和欣赏小说。

那么，怎样阅读和欣赏小说呢？

一、梳理情节，把握主旨

小说以人物为核心，人物的性格是怎样逐渐展现到读者面前的呢？是情节。情节是作品所描绘的人物的生活或斗争的演变过程，是人物性格发展的历史。把握情节对阅读小说作用很大，一是通过对曲折情节的分析，来了解小说的大意，领会所揭示主题的深刻性；二是在情节的发展中，把握人物性格发展的曲线。情节通常包括开端、发展、高潮和结局等部分，有时还有序幕和尾声。通过情节的把握，透过人物的性格发展曲线，既要明确矛盾的发生、发展、高潮、结局，同时要注意情节发展对展示人物性格的作用。

在清理小说的故事情节时，一要了解小说所采用的叙述方法（如顺叙、倒叙、插叙及其作用），二要在理清作者的构思脉络的基础上，把握好小说的结构特点，并联系作者要

表达的题旨和感情作深入的思考。操作时注意以下三点。第一，注意抓住小说中时空转换的标志。有些小说的情节与故事中的时间、空间联系较紧，如春夏秋冬、回家前后、回国前后等。第二，注意人物生活的阶段性。有些小说的情节随故事中的人物出场入场、起落沉浮而呈阶段性变化，抓住这种变化，也就抓住了情节的变化。第三，注意小说的分章分节。作者往往根据故事情节的变化来分章分节，阅读时可以与作家创作时逆向思维，根据小说的分章分节去推究小说情节的安排。理清小说的情节，利于把握小说的主旨。

二、分析人物，玩味细节

优秀小说中的人物又称典型人物。典型人物之所以“典型”，是因为他是社会生活中“一类人”的代表，同时又具有“这一个”的特点，用鲁迅先生的话说就是“杂取种种人，合成一个”。因而它具有“一类人”的特点，又明显带着“这一个”的个性。比如阿 Q，是一个在理解上多层次的人物，甚而有人说他是世界性的，而不仅仅是辛亥革命时期的一个落后的农民的典型。因而读小说，必须注意找到“这一个”和“这一类”。

小说是以文学语言塑造人物形象作为自己的任务，它是以鲜明、独特的人物形象来表达主题思想，去打动、感染读者的。所以，赏析小说，要着眼于人物形象的分析，把握人物形象的性格特征，理解人物形象的社会意义，研究人物形象塑造的主要手法和艺术特色。分析小说中的人物主要有以下 3 点。

(1) 弄清塑造人物形象的手法　主要是肖像描写、行动描写、语言描写、心里活动描写。

(2) 通过分析人物的言行举止、形貌神态，把握人物的思想性格特征　分析人物的性格特征，离不开对作品中细节的体会。细节，是文学作品中细腻地描绘人物性格、展示环境的最小组成单位。“没有细节，没有具体描写，就没有艺术形象。”

(3) 通过人物生活的特定时代背景和社会条件，来认识这个人物的典型意义　值得注意的是，人生活的现实世界是丰富多彩、错综复杂的，同时，每个人又都有独特的经历和境遇、命运和个性、思想和感情，甚至是相互矛盾的侧面所组成，也就是说，人物的性格有其复杂性，不能简单地用“好人”、“坏人”加以界定，一定要做多侧面的审视，立体地评析。

三、研究环境，揣摩感情

环境就好像是人物活动的舞台，体味环境描写其实就是把握小说一个重要的审美特征，因为小说就是要“再现典型环境中的典型人物”。小说中的环境分为自然环境和社会环境。环境对塑造人物形象的作用是多方面的：有的点明人物活动的时间、地点和背景；有的暗示甚至推动情节的发展；有的从正面或反面映衬人物的形象、心境和情绪；有的渲染气氛、创设优美的意境。阅读小说时，通过对小说环境的分析，可以了解小说所反映的时代特征、社会制度、阶级状况、世态风情，去体会小说所展现的人物活动场所、人与人之间的关系，去领悟小说所揭示的人物典型性格的独特魅力以及典型性格的社会根源和社会意义。

分析小说中的典型环境，可以从以下几方面入手。

(1) 注意自然景物的描写，感受它所显示的情调和氛围　小说中的景物描写一定是为塑造人物、抒发感情、表达主题服务的，可以说“一切景语皆情语”，我们就是要细细揣摩这些景物描写、借助想象和联想，使自己仿佛身临其境、耳闻目睹其间的人和事，思考这些景物描写与人物形象、主题是什么关系。

(2) 注意人与人之间的关系展示 人与人之间的亲疏、尊卑、利用与被利用、奴役与被奴役等关系描写，可以反映人物的社会地位，可以了解人物的性格及其形成的原因。

(3) 了解作者的生平、身世、创作背景和创作意图，把具体的场景放到广阔而深远的社会历史背景上去考察分析 只有这样才能深入理解环境描写对人物形象刻画的作用，并领会作者在环境描写中寄寓的深层意义。

四、品味语言，赏析技巧

小说的阅读，要从单项的阅读理解，上升到整体的鉴赏评价上来。要把鉴赏小说的人物、情节和环境这三者结合起来，还要把这三者与作者的写作意图、小说反映的社会背景、小说发表的社会背景密切地结合起来。在整体阅读的基础上，认真品味语言，赏析技巧，评价得失，对小说的阅读欣赏也是十分重要的。具体方法如下。

1. 联系语境，反复筛选，稳定注意，不断深化

正确理解关键词语，尤其是具有特定情味的词语。关键词语，就是在语境中起重要作用的词语；联系语境，就是联系上下文；反复筛选，就是对一句话中哪个词语更有助于把理解品味导向深入。稳定注意，就是要对某个具有特定情味的词语专心致志地进行思考，在头脑中打上深刻烙印，唤起对背景知识的联想。

2. 遵循思路，综合背景，紧扣意图

对抽象语句的含义做出正确的阐述与合理的补充。“抽象”就是不具体。在小说中有许多这样的语句。如《药》中夏瑜有一句名言：“这大清的天下是我们大家的。”怎样具体理解它的含义？首先，我们要搞清楚，夏瑜是在什么地方对谁讲这句话的。他身陷囹圄，危在旦夕，还在劝说牢头阿义造反，确实反映出夏瑜是一位舍生取义的革命者。然而，阿义是什么人呢？他是封建统治阶级的帮凶和爪牙，对他宣传革命道理，实在是明珠暗投了，这又反映出夏瑜分不清敌友，颇有些“咸与维新”了，而这正是资产阶级革命的致命伤。鲁迅先生正是通过塑造夏瑜这个人物来批判资产阶级革命的不彻底性的。当然，这句话里还有民主性和民族性的意思。

理解抽象的语句，最好的方法就是使之具体化。不过，这种具体化是要通过阐述来实现的，这就要求我们在小说阅读时能遵循小说的思路，结合小说的背景，紧扣作者写小说的意图，对抽象语句的含义做出正确的阐述与合理的补充，完善并丰富自己的理解。

3. 设身处地，由表及里；拓宽眼界，展开联想；分析修辞，意会言外之意

正确领会含蓄的语句。一般说来，小说为了取得更好的表达效果，作者故意不直截了当地表情达意，而是采取特定的手法表达他的言外之意、弦外之音。含蓄的语句所蕴含的深层含义不是词典中所能查到的静态意义，这就给小说阅读欣赏带来了一些困难。俗话说：“锣鼓听声，说话听音”。只要认真分析，细加品味，还是可以透过语言表层，领会到它隐含的信息。

和散文一样，小说的表现技巧也是很多的，表现手法、表达方式、修辞手法、构思技巧等，是我们在阅读时要认真琢磨的。

19　魏晋小说两篇

《世说新语》二则

刘义庆❶

学习提示

《世说新语》是我国最早的一部笔记小说集，其内容可分德行、言语、政事、文学、方正、雅量等三十六门，每门包含相类似的若干故事，主要是汉末至东晋的士族阶层人物的逸闻轶事，尤详于东晋，较全面地反映了那个时期士族的放诞生活和清谈风气。全书语言精练含蓄、隽永传神，善于通过一言一行把人物的思想面貌、性格特征鲜明地表现出来。《世说新语》也是笔记小说和小品文的先驱，对后世文学有深远影响。

《魏武杀匈奴使》抓住人物最具有典型意义的行为，写出曹操阴险奸诈、心狠手辣的个性特征。

《干将莫邪》写的是莫邪的儿子赤为父报仇的故事，表现了人民对残暴统治者的刻骨仇恨和坚忍无畏的复仇精神，鲁迅的小说《铸剑》就是据此改编的。

魏武杀匈奴使

魏武❷将见匈奴❸使，自以形陋，不足雄❹远国，使崔季珪❺代，帝自捉刀立床头❻。既毕，令间谍❼问曰："魏王何如？"匈奴使答曰："魏王雅望非常。然床头捉刀人，此乃英雄也。"魏武闻之，追杀此使。

---

❶ 刘义庆（403—444），彭城（今江苏徐州）人，是刘宋王朝的宗室，袭封临川王。性简素，爱好文学，门下招聚了不少才学之士。所著除流传最广的《世说新语》外，还有《幽明录》等。 ❷［魏武］曹操，字孟德，小字阿瞒，汉献帝时，为大将军，进位丞相，封魏王。曹丕篡汉，追封为武帝。 ❸［匈奴］我国古代北方的一支少数民族。 ❹［雄］雄慑，威胁。 ❺［崔季珪］崔琰，字季珪，后汉清河人。崔眉目疏朗，颇有威重。 ❻［床头］即坐榻头。汉代没有椅子，一般都用坐榻。 ❼［间谍］伺敌间隙窃取情报的人。

干将莫邪

楚干将莫邪❶为楚王作剑，三年乃成。王怒，欲杀之。剑有雌雄。其妻重身❷当产。夫语妻曰："吾为王作剑，三年乃成。王怒，往必杀我。汝若生子是男，大❸，告之曰：'出户望南山，松生石上，剑在其背。'"于是即将❹雌剑往见楚王。王大怒，使相❺之。剑有二，一雄一雌，雌来雄不来。王怒，即杀之。

莫邪子名赤，比❻后壮，乃问其母曰："吾父所在？"母曰："汝父为楚王作剑，三年乃成。王怒，杀之。去时嘱我：'语汝子出户望南山，松生石上，剑在其背。'"于是子出户南望，不见有山，但睹堂前松柱下石低❼之上。即以斧破其背，得剑，日夜思欲报楚王❽。

王梦见一儿眉间广尺❾，言欲报仇。王即购之千金❿。儿闻之亡去⓫，入山行歌⓬。客有逢者，谓："子年少，何哭之甚悲耶？"曰："吾干将莫邪子也，楚王杀吾父，吾欲报之。"客曰："闻王购子头千金。将子头与剑来，为子报之。"儿曰："幸甚⓭！"即自刎，两手捧头及剑奉之，立僵⓮。客曰："不负子也。"于是尸乃仆⓯。

客持头往见楚王，王大喜。客曰："此乃勇士头也，当于汤镬⓰煮之。"王如其言煮头，三日三夕不烂。头踔⓱出汤中，踬⓲目大怒。客曰："此儿头不烂，愿王自往临视⓳之，是必烂也。"王即临之。客以剑拟⓴王，王头随堕汤中，客亦自拟己头，头复坠汤中。三首俱烂，不可识别。乃分其汤肉葬之，故通名三王墓，今在汝南北宜春县㉑界。

课后训练

【基础训练】

一、用现代汉语讲述这两则故事。

---

❶［干将莫邪］古代著名的铸剑者，姓干将，名莫邪。一说干将、莫邪为两人：干将为丈夫，莫邪为妻子。❷［重（chóng）身］双身，即怀孕。❸［大］长大成人。❹［将］携带。❺［相］察看。❻［比］及至，等到。❼［低］疑应作"砥"，柱下基石。"之上"两字疑是衍文。❽［报楚王］向楚王报父仇。❾［眉间广尺］两眉间宽达一尺，是夸张的说法形容额头宽。❿［购之千金］悬千金重赏捉拿他。⓫［亡去］逃亡。⓬［行歌］且走且唱。⓭［幸甚］好极了。⓮［立僵］谓死后身躯僵硬，直立不倒。⓯［仆］倒下。⓰［镬（huò）］形似鼎而无足，秦汉时用作刑具，烹有罪的人。⓱［踔（chuō）］跃。⓲［踬（zhì）］疑应作"瞋"。瞋目，张大眼睛。⓳［自往临视］亲自到镬旁观看。⓴［拟］比准，对准。㉑［北宜春县］现在河南省汝南县西南。

二、《干将莫邪》的故事表现了一个怎样的主题？结合鲁迅的《铸剑》来理解。

【能力训练】

一、以《魏武杀匈奴使》为例，说说《世说新语》的语言特色。

二、魏晋南北朝时我国小说已初具规模。出现了志人、志怪小说，其情节结构比较简单、粗略，如《搜神记》、《世说新语》，课外阅读这两部作品。

什么是小说

“小说”一词最早见于《庄子·外物》：“饰小说以干县令，其于大达亦远矣。”（小说即“琐屑之言，非道术所在”，干，追求；县令，美好的名声。）“琐屑之言”“浅识小道”，正是小说之为小说的本来含义。

桓谭在其所著《新论》中，对小说如是说：“若其小说家，合丛残小语，近取譬论，以作短书，治身理家有可观之词辞。”（小说仍然是“治身理家”的短书，而不是为政化民的“大道”。）

班固认为小说是“街谈巷语，道听途说者之所造”，虽然认为小说仍然是小道，但从另一角度触及小说讲求虚构，植根于生活的特点。

清末民初，维新派梁启超等大力倡导“小说界革命”，小说理论面目一新。小说地位空前提高，乃至被奉为“国民之魂”、“正史之根”、“文学之最上乘”，再不是无足轻重的“街谈巷语”、“琐屑之言”。

20 林黛玉进贾府[1]

曹雪芹

学习提示

《红楼梦》是我国古代一部伟大的现实主义杰作。以其丰富的生活内蕴、深邃的思想意义和高度的艺术成就达到了我国古典文学史上的高峰。作品以贾、史、王、薛四大家族的兴衰为背景，以宝黛爱情悲剧为主线，真实而艺术地反映了我国封建社会走向衰亡的历史趋势。

课文以“林黛玉进贾府”这一事件为中心，以她进贾府第一天的行踪为线索，透过她的目睹、耳闻、心感，介绍了贾府上下一大批重要人物，初步展现了贾府——全书这一典型环境的概貌，拉开了《红楼梦》故事发展的序幕。

作者刻画人物的手段是色彩纷呈的，对众多人物的写法绝不雷同。课文虽然是节选，但几个主要人物的性格特征，却已得到鲜明展现，比如黛玉步步留心，时时在意，集谨慎、多虑、自尊于一身；王熙凤未见其人，先闻其声，为人世故，处事泼辣；而贾宝玉出场之前，种种非议造成一团疑云，人物破云而出，却又是一个蔑视功名利禄的美好形象。宝黛初会，是两人感情发展的开头，写得灵动传神。作品的许多细节写得也极为精彩。

阅读时请思考：贾府是个什么样的大家族？

且说黛玉自那日弃舟登岸时，便有荣国府打发了轿子并拉行李的车辆久候了。这林黛玉常听得母亲说过，他外祖母家与别家不同。他近日所见的这几个三等仆妇，吃穿用度，已是不凡了，何况今至其家。因此步步留心，时时在意，不肯轻易多说一句话，多行一步路，惟恐被人耻笑了他去。自上了轿，进入城中，从纱窗向外瞧了一瞧，其街市之繁华，人烟之阜盛，自与别处不同。又行了半日，忽见街北蹲着两个大石狮子，三间兽头大门，门前列坐着十来个华冠丽服之人。正门却不开，只有东西两角门有人

---

[1] 选自《红楼梦》（人民文学出版社，1992年版）第三回。题目是编者加的。曹雪芹（1715—1763），清代小说家。名霑，字梦阮，雪芹是其号，又号芹圃、芹溪。祖籍辽阳，先世原是汉族，后为满洲正白旗“包衣”人。他性格傲岸，愤世嫉俗，豪放不羁。嗜酒，才气纵横，善谈吐。他是诗人，其诗立意新奇，风格近于唐代李贺；他又是画家，喜绘突兀奇峭的石头；他最大的贡献还在于小说的创作。小说《红楼梦》是他“披阅十载，增删五次”、“字字看来皆是血，十年辛苦不寻常”的产物。《红楼梦》内容丰富，思想深刻，艺术精湛，把中国古典小说创作推向了最高峰。

出入。正门之上有一匾，匾上大书“敕造❶宁国府”五个大字。黛玉想道：这必是外祖之长房了。想着，又往西行，不多远，照样也是三间大门，方是荣国府了。却不进正门，只进了西边角门。那轿夫抬进去，走了一射之地❷，将转弯时，便歇下退出去了。后面的婆子们已都下了轿，赶上前来。另换了三四个衣帽周全十七八岁的小厮上来，复抬起轿子。众婆子步下尾随至一垂花门❸前落下。众小厮退出，众婆子上来打起轿帘，扶黛玉下轿。林黛玉扶着婆子的手，进了垂花门，两边是抄手游廊❹，当中是穿堂❺，当地放着一个紫檀架子大理石的大插屏❻。转过插屏，小小的三间厅，厅后就是后面的正房大院。正面五间上房，皆雕梁画栋，两边穿山游廊❼厢房，挂着各色鹦鹉、画眉等鸟雀。台矶之上，坐着几个穿红着绿的丫头，一见他们来了，便忙都笑迎上来，说：“刚才老太太还念呢，可巧就来了。”于是三四人争着打起帘笼，一面听得人回话：“林姑娘到了。”

黛玉方进入房时，只见两个人搀着一位鬓发如银的老母迎上来，黛玉便知是他外祖母。方欲拜见时，早被他外祖母一把搂入怀中，心肝儿肉叫着大哭起来。当下地下侍立之人，无不掩面涕泣，黛玉也哭个不住。一时众人慢慢解劝住了，黛玉方拜见了外祖母。——此即冷子兴所云之史氏太君，贾赦贾政之母也。当下贾母一一指与黛玉：“这是你大舅母；这是你二舅母；这是你先珠大哥的媳妇珠大嫂子。”黛玉一一拜见过。贾母又说：“请姑娘们来。今日远客才来，可以不必上学去了。”众人答应了一声，便去了两个。

不一时，只见三个奶嬷嬷并五六个丫鬟，簇拥着三个姊妹来了。第一个肌肤微丰，合中身材，腮凝新荔，鼻润额脂，温柔沉默，观之可亲。第二个削肩细腰，长挑身材，鸭蛋脸面，俊眼修眉，顾盼神飞，文采精华，见之忘俗。第三个身量未足，形容尚小。其钗环裙袄，三人皆是一样的妆饰。黛玉忙起身迎上来见礼，互相厮认过，大家归了坐。丫鬟们斟上茶来。不过说些黛玉之母如何得病，如何请医服药，如何送死发丧。不免贾母又伤感起来，因说：“我这些儿女，所疼者独有你母，今日一旦先舍我而去，连面也不能一见，今见了你，我怎不伤心！”说着，搂了黛玉在怀，又呜咽起来。众人忙都宽慰解释，方略略止住。

---

❶［敕（chì）造］奉皇帝之命建造。敕，本来是自上命下的用语，南北朝以前通用于长官对下属、长辈对晚辈，以后作为皇帝发布诏令的专称。❷［一射之地］就是一箭之地，大约150步。❸［垂花门］旧时富家宅院，进入大门之后，内院院门一般有雕刻的垂花倒悬于门额两侧，门上边盖有宫殿式的小屋顶，称垂花门。❹［抄手游廊］院门内两侧环抱的走廊。❺［穿堂］宅院中坐落在前后两个院落之间可以穿行的厅堂。❻［大插屏］放在穿堂中的大屏风，除作装饰外，还可以遮蔽视线，以免进入穿堂直见正房。❼［穿山游廊］从山墙开门接起的游廊。山，指山墙。房子两侧的墙，形状如山，俗称山墙。

众人见黛玉年貌虽小，其举止言谈不俗，身体面庞虽怯弱不胜，却有一段自然的风流❶态度❷，便知他有不足之症❸。因问："常服何药，如何不急为疗治？"黛玉道："我自来是如此，从会吃饮食时便吃药，到今日未断，请了多少名医修方配药，皆不见效。那一年我三岁时，听得说来了一个癞头和尚，说要化我去出家，我父母固是不从。他又说：'既舍不得他，只怕他的病一生也不能好的了。若要好时，除非从此以后总不许见哭声；除父母之外，凡有外姓亲友之人，一概不见，方可平安了此一世。'疯疯颠颠，说了这些不经❹之谈，也没人理他。如今还是吃人参养荣丸。"贾母道："正好，我这里正配丸药呢。叫他们多配一料就是了。"

一语未了，只听后院中有人笑声，说："我来迟了，不曾迎接远客！"黛玉纳罕道："这些人个个皆敛声屏气，恭肃严整如此，这来者系谁，这样放诞❺无礼？"心下想时，只见一群媳妇丫鬟围拥着一个人从后房门进来。这个人打扮与众姑娘不同，锦绣辉煌，恍若神妃仙子：头上戴着金丝八宝攒珠髻❻，绾着朝阳五凤挂珠钗❼；项上带着赤金盘螭璎珞圈❽；裙边系着豆绿宫绦，双衡比目玫瑰佩❾；身上穿着缕金百蝶穿花大红洋缎窄褃袄❿，外罩五彩刻丝石青银鼠褂⓫；下着翡翠撒花洋绉裙⓬。一双丹凤三角眼⓭，两弯柳叶吊梢眉⓮，身量苗条，体格风骚⓯，粉面含春威不露，丹唇未起笑先闻。黛玉连忙起身接见。贾母笑道："你不认得他。他是我们这里有名的一个泼皮破落户儿⓰，南省俗谓作'辣子'，你只叫他'凤辣子'就是了。"黛玉正不知以何称呼，只见众姊妹都忙告诉他道："这是琏嫂子。"黛玉虽不识，也曾听见母亲说过，大舅贾赦之子贾琏，娶的就是二舅母王氏之内侄女，自幼假充男儿教养的，学名王熙凤。黛玉忙赔笑见礼，以"嫂"呼之。这熙凤携着黛玉的手，上下细细打谅⓱了一回，仍送至贾母身边坐下，因笑道："天下真有这样标致的人物，我今儿才算见了！况且这通身的气派，竟不像老祖宗的外孙女儿，竟是个嫡亲

---

❶［风流］风韵。❷［态度］言行举止所表现的神态。❸［不足之症］中医病症的名称。由身体虚弱引起，如脾胃虚弱，叫中气不足；气血虚弱，叫正气不足。❹［不经］不合常理，近乎荒诞。❺［放诞］放纵，不守规范。❻［金丝八宝攒珠髻］用金丝穿绕珍珠和镶嵌八宝（玛瑙、碧玉之类）制成的珠花的发髻。攒，凑聚。用金丝或银丝把珍珠扭成各种花样叫"攒珠花"。❼［朝阳五凤挂珠钗］一种长钗，样子是一支钗上分出五股，每股一支凤凰，口衔一串珍珠。❽［赤金盘螭（chī）璎珞圈］螭，古代传说中的无角龙。璎珞，连缀起来的珠玉。圈，项圈。❾［双衡比目玫瑰佩］衡，佩玉上部的小横杠，用以系饰物。比目玫瑰佩，用玫瑰色的玉片雕琢成的双鱼形的玉佩。比目，鱼名，传说这种鱼成双而行。❿［缕金百蝶穿花大红洋缎窄褃（kèn）袄］指在大红洋缎的衣面上用金线绣成百蝶穿花图案的紧身袄。褃，上衣前后两幅在腋下合缝的部分。⓫［五彩刻丝石青银鼠褂］石青色的衣面上有各种彩色刻丝、衣里是银鼠皮的褂子。刻丝，在丝织品上用丝平织成的图案，与凸出的绣花不同。石青，淡灰青色。银鼠，又名白鼠、石鼠。⓬［翡翠撒花洋绉裙］翡翠，翠绿色。撒花，在绸缎上用散碎小花点组成的花样或图案。洋绉，极薄而软的平纹春绸，微带自然皱纹。⓭［丹凤三角眼］眼角向上微翘，俗称丹凤眼。⓮［柳叶吊梢眉］形容眉梢斜飞入鬓的样子。⓯［风骚］这里指姿容俏丽。⓰［泼皮破落户儿］原指没有正当生活来源的无赖，这里形容凤姐泼辣，是戏谑的称谓。⓱［打谅］打量。

的孙女，怨不得老祖宗天天口头心头一时不忘。只可怜我这妹妹这样命苦，怎么姑妈偏就去世了！”说着，便用帕拭泪。贾母笑道：“我才好了，你倒来招我。你妹妹远路才来，身子又弱，也才劝住了，快再休提前话。”这熙凤听了，忙转悲为喜道：“正是呢！我一见了妹妹，一心都在他身上了，又是喜欢，又是伤心，竟忘记了老祖宗。该打，该打！”又忙携黛玉之手，问：“妹妹几岁了？可也上过学？现吃什么药？在这里不要想家，想要什么吃的、什么玩的，只管告诉我；丫头老婆们不好了也只管告诉我。”一面又问婆子们：“林姑娘的行李东西可搬进来了？带了几个人来？你们赶早打扫两间下房，让他们去歇歇。”

说话时，已摆了茶果上来。熙凤亲为捧茶捧果。又见二舅母问他；“月钱❶放过了不曾？”熙凤道：“月钱已放完了。才刚带着人到后楼上找缎子，找了这半日，也并没有见昨日太太说的那样的，想是太太记错了？”王夫人道：“有没有，什么要紧。”因又说道；“该随手拿出两个来给你这妹妹去裁衣裳的，等晚上想着叫人再去拿罢，可别忘了。”熙凤道：“这倒是我先料着了，知道妹妹不过这两日到的，我已预备下了，等太太回去过了目好送来。”王夫人一笑，点头不语。

当下茶果已撤，贾母命两个老嬷嬷带了黛玉去见两个舅母。时贾赦之妻邢氏忙亦起身，笑回道：“我带了外甥女过去，倒也便宜❷。”贾母笑道：“正是呢，你也去罢，不必过来了。”邢夫人答应了一声“是”字，遂带了黛玉与王夫人作辞，大家送至穿堂前。出了垂花门，早有众小厮们拉过一辆翠幄青绸车❸，邢夫人携了黛玉，坐在上面，众婆子们放下车帘，方命小厮们抬起，拉至宽处，方驾上驯骡，亦出了西角门，往东过荣府正门，便入一黑油大门中，至仪门❹前方下来。众小厮退出，方打起车帘，邢夫人搀着黛玉的手，进入院中。黛玉度其房屋院宇，必是荣府中花园隔断过来的。进入三层仪门，果见正门厢庑❺游廊，悉皆小巧别致，不似方才那边轩峻壮丽；且院中随处之树木山石皆在。一时进入正室，早有许多盛装丽服之姬妾丫鬟迎着，邢夫人让黛玉坐了，一面命人到外面书房去请贾赦。一时人来回话说：“老爷说了：‘连日身上不好，见了姑娘彼此倒伤心，暂且不忍相见。劝姑娘不要伤心想家，跟着老太太和舅母，即同家里一样。姊妹们虽拙，大家一处伴着，亦可以解些烦闷。或有委屈之处，只管说得，不要外道才是。’”黛玉忙站起来，一一听了。再坐一刻，便告

---

❶［月钱］封建社会的富户大家每月按等级发给家中人等供零用的钱。 ❷［便（biàn）宜］这里是方便的意思。 ❸［翠幄青绸车］用粗厚的绿色绸类作车帐、用青色绸作车帘的轿车。 ❹［仪门］旧时官衙、府第的大门之内的门。一说，旁门也可称仪门。 ❺［庑（wǔ）］正房对面和两侧的小屋子。

辞。邢夫人苦留吃过晚饭去，黛玉笑回道："舅母爱惜赐饭，原不应辞，只是还要过去拜见二舅舅，恐领了赐去不恭，异日再领，未为不可。望舅母容谅。"邢夫人听说，笑道："这倒是了。"遂令两三个嬷嬷用方才的车好生送了姑娘过去。于是黛玉告辞。邢夫人送至仪门前，又嘱咐了众人几句，眼看着车去了方才回来。

一时黛玉进了荣府，下了车。众嬷嬷引着，便往东转弯，穿过一个东西的穿堂，向南大厅之后，仪门内大院落，上面五间大正房，两边厢房鹿顶耳房钻山❶，四通八达，轩昂壮丽，比贾母处不同。黛玉便知这方是正经正内室，一条大甬路，直接出大门的。进入堂屋中，抬头迎面先看见一个赤金九龙青地大匾，匾上写着斗大的三个大字，是"荣禧堂"，后有一行小字："某年月日，书赐荣国公贾源"，又有"万几宸翰之宝❷"。大紫檀雕螭案上，设着三尺来高青绿古铜鼎，悬着待漏随朝墨龙大画❸，一边是金蜼彝❹，一边是玻璃盒❺。地下两溜十六张楠木交椅，又有一副对联，乃乌木联牌，镶着錾银❻的字迹，道是：

座上珠玑昭日月，堂前黼黻焕烟霞❼。

下面一行小字，道是："同乡世教弟勋袭东安郡王穆莳拜手书。"

原来王夫人时常居坐宴息，亦不在这正室，只在这正室东边的三间耳房内。于是老嬷嬷引黛玉进东房门来。临窗大炕上铺着猩红洋罽❽，正面设着大红金钱蟒靠背，石青金钱蟒引枕❾，秋香色❿金钱蟒大条褥。两边设一对梅花式洋漆小几。左边几上文王鼎匙箸香盒⓫；右边几上汝窑美人觚⓬——觚内插着时鲜花卉，并茗碗痰盒等物。地下面西一溜四张椅上，都搭着银红撒花椅搭⓭，底下四副脚踏。椅之两边，也有一对高几，几上茗碗瓶花俱备。其余陈设，自不必细说。老嬷嬷们让黛玉炕上坐，炕沿上却有两个锦褥对设，黛玉度其位次，便不上炕，只向东边椅子上坐了。本房内的丫鬟忙捧上茶来。黛玉一面吃茶，一面打谅这些

---

❶［两边厢房鹿顶耳房钻山］两边的厢房用钻山的方式与鹿顶的耳房相连接。鹿顶，单独用时指平屋顶。耳房，连接在正房两侧的小房子。钻山，指山墙上开门或开洞，与相邻的房子或游廊相接。❷［万几宸（chén）翰之宝］这是皇帝印章上的文字，万几，万机，就是万事，形容皇帝政务繁多，日理万机的意思。几，同"机"。宸翰，皇帝的墨迹。宸，北宸，即北极星。皇帝坐北朝南，所以以北宸代指皇帝。翰，墨迹、书法。宝，皇帝的印玺。❸［待漏随朝墨龙大画］待漏，封建时代大臣要在五更前到朝房里等待上朝的时刻。漏，铜壶滴漏，古代计时器，指代时间。随朝，按照大臣的班列朝见皇帝。墨龙大画，巨龙在云雾海潮中隐现的大幅水墨画。旧时以龙象征帝王，画中之"潮"与"朝"谐音。隐喻朝见君王的意思。❹［金蜼（wěi）彝］原为有蜼形图案的青铜祭器，后作贵重陈设品。蜼，一种长尾猿。彝，古代青铜器中礼器的通称。❺［盒（hǎi）］盛酒器。❻［錾（zàn）银］一种银雕工艺。錾，雕刻。❼［座上珠玑昭日月，堂前黼（fǔ）黻（fú）焕烟霞］形容座中人和堂上客的衣饰华贵：佩戴的珠玉如日月般光彩照人，衣服的图饰如烟霞般绚丽夺目。珠玑，珍珠。黼黻，古代官僚贵族礼服上绣的花纹。❽［罽（jì）］毛织的毯子。❾［引枕］坐时搭胳膊的一种圆墩形的倚枕。❿［秋香色］淡黄绿色。⓫［文王鼎匙箸香盒］文王鼎，指周朝的传国宝鼎，这里说的是小型仿古香炉，内烧粉状檀香之类的香料。匙箸拨弄香灰的用具。香盒，盛香料的盒子。⓬［汝窑美人觚（gū）］宋代河南汝州窑烧制的一种仿古瓷器。觚，古代一种盛酒的器具。⓭［椅搭］搭在椅上的一种长方形的绣花绸缎饰物。

丫鬟们，妆饰衣裙，举止行动，果亦与别家不同。

茶未吃了，只见一个穿红绫袄青缎掐牙❶背心的丫鬟走来笑说道："太太说，请林姑娘到那边坐罢。"老嬷嬷听了，于是又引黛玉出来，到了东廊三间小正房内。正房炕上横设一张炕桌，桌上磊着❷书籍茶具，靠东壁面西设着半旧的青缎靠背引枕。王夫人却坐在西边下首，亦是半旧的青缎靠背坐褥。见黛玉来了，便往东让。黛玉心中料定这是贾政之位。因见挨炕一溜三张椅子上，也搭着半旧的弹墨椅袱❸，黛玉便向椅子上坐了。王夫人再四携他上炕，他方挨王夫人坐了。王夫人因说："你舅舅今日斋戒去了，再见罢。只有一句话嘱咐你：你三个姊妹倒都极好，以后一处念书认字学针线，或是偶一顽笑，都有尽让的。但我不放心的最是一件：我有一个孽根祸胎，是家里的'混世魔王'，今日因庙里还愿去了，尚未回来，晚间你看见便知了。你只以后不要睬他，你这些姊妹都不敢沾惹他的。"

黛玉亦常听得母亲说过，二舅母生的有个表兄，乃衔玉而诞，顽劣异常，极恶读书，最喜在内帏❹厮混；外祖母又极溺爱，无人敢管。今见王夫人如此说，便知说的是这表兄了。因陪笑道："舅母说的，可是衔玉所生的这位哥哥？在家时亦曾听见母亲常说，这位哥哥比我大一岁，小名就唤宝玉，虽极憨顽，说在姊妹情中极好的。况我来了，自然只和姊妹同处，兄弟们自是别院另室的，岂得去沾惹之理？"王夫人笑道："你不知道原故：他与别人不同，自幼因老太太疼爱，原系同姊妹们一处娇养惯了的。若姊妹们有日不理他，他倒还安静些，纵然他没趣，不过出了二门，背地里拿着他两个小幺儿❺出气，咕唧一会子就完了。若这一日姊妹们和他多说一句话，他心里一乐，便生出多少事来。所以嘱咐你别睬他。他嘴里一时甜言蜜语，一时有天无日，一时又疯疯傻傻，只休信他。"

黛玉一一的都答应着。只见一个丫鬟来回："老太太那里传晚饭了。"王夫人忙携黛玉从后房门由后廊往西，出了角门，是一条南北宽夹道。南边是倒座❻三间小小的抱厦厅❼，北边立着一个粉油大影壁，后有一半大门，小小一所房室。王夫人笑指向黛玉道："这是你凤姐姐的屋子，回来你好往这里找他来，少什么东西，你只管和他说就是了。"这院门上也有四五个才总角❽的小厮，都垂手侍立。王夫人遂携黛玉穿过一个东西穿堂，便是贾母

❶［掐牙］锦缎双叠成细条，嵌在衣服或背心的夹边上，仅露少许，作为装饰，叫掐牙。❷［磊着］层叠地放着。❸［弹墨椅袱］以纸剪镂空图案覆于织品上，用墨色或其他颜色弹或喷成各种图案花样，叫弹墨。椅袱，用锦、缎之类做成的椅套。❹［内帏］内室，女子的居处。帏，幕帐。❺［小幺（yāo）儿］身边使唤的小仆人。幺，幼小。❻［倒座］正房是坐北朝南，"倒座"是与正房相对的坐南朝北的房子。❼［抱厦厅］回绕堂屋后面的侧室。❽［总角］儿童向上分开的两个发髻，代指儿童时代。

的后院了。于是，进入后房门，已有多人在此侍候，见王夫人来了，方安设桌椅。贾珠之妻李氏捧饭，熙凤安箸，王夫人进羹。贾母正面榻上独坐，两边四张空椅，熙凤忙拉着黛玉在左边第一张椅子上坐了，黛玉十分推让。贾母笑道："你舅母你嫂子们不在这里吃饭。你是客，原应如此的。"黛玉方告了座，坐了。贾母命王夫人坐了。迎春姊妹三个告了座方上来。迎春便坐右手第一，探春左第二，惜春右第二。旁边丫鬟执着拂尘❶、漱盂、巾帕。李、凤二人立于案旁布让❷。外间侍候之媳妇丫鬟虽多，却连一声咳嗽不闻。寂然饭毕，各有丫鬟用小茶盘捧上茶来。当日林如海教女以惜福养身，云饭后务待饭粒咽尽，过一时再吃茶，方不伤脾胃。今黛玉见了这里许多事情不合家中之式，不得不随的，少不得一一改过来，因而接了茶。早见人又捧过漱盂来，黛玉也照样漱了口。盥手毕，又捧上茶来，这方是吃的茶。贾母便说："你们去罢，让我们自在说话儿。"王夫人听了，忙起身，又说了两句闲话，方引凤、李二人去了。贾母因问黛玉念何书。黛玉道："只刚念了《四书》。"黛玉又问姊妹们读何书。贾母道："读的什么书，不过是认得两个字，不是睁眼的瞎子罢了！"

一语未了，只听外面一阵脚步响，丫鬟进来笑道："宝玉来了！"黛玉心中正疑惑着："这个宝玉，不知是怎生个惫懒❸人物，懵懂顽童？"——倒不见那蠢物也罢了。心中想着，忽见丫鬟话未报完，已进来了一位年轻的公子：头上戴着束发嵌宝紫金冠❹，齐眉勒着二龙抢珠金抹额❺；穿一件二色金百蝶穿花大红箭袖❻，束着五彩丝攒花结长穗宫绦❼，外罩石青起花八团倭缎排穗褂❽；蹬着青缎粉底小朝靴❾。面若中秋之月，色如春晓之花，鬓若刀裁，眉如墨画，面如桃瓣，目若秋波。虽怒时而若笑，即瞋视而有情。项上金螭璎珞，又有一根五色丝绦，系着一块美玉。黛玉一见，便吃一大惊，心下想道："好生奇怪，倒像在那里见过一般，何等眼熟到如此！"只见这宝玉向贾母请了安❿，贾母便命："去见你娘来。"宝玉即转身去了。一时回来，再看，已换了冠带：头上周围一转的短发，都结成小辫，红丝结束，共攒至顶中胎发，

---

❶［拂尘］形如马尾，后有持柄，用以拂拭尘土，或驱赶蝇蚊，俗称"蝇甩子"。古诗多用麈（zhǔ）兽之尾制成，所以又称麈尾。❷［布让］宴席间向客人敬菜、劝餐。❸［惫（bèi）懒］涎皮赖脸的意思。❹［嵌宝紫金冠］把头发束扎在顶部的一种髻冠，上面插戴各种饰物或镶嵌珠玉。❺［二龙抢珠金抹额］二龙抢珠，抹额上装饰的图案。抹额，围扎在额前，用以压发、束额。❻［二色金百蝶穿花大红箭袖］用两色金线绣成的百蝶穿花图案的大红窄袖衣服。箭袖，原为便于射箭穿的窄袖衣服，这里指男子穿的一种服式。❼［五彩丝攒花结长穗宫绦（tāo）］五彩丝攒花结，用五彩丝攒聚成花朵的结子，指绦带上的装饰花样。长穗宫绦，指系在腰间的绦带。长穗，是绦带端部下垂的穗子。❽［石青起花八团倭缎排穗褂］团，圆形团花。倭缎，又称东洋缎。排穗，排缀在衣服下面边缘的彩穗。❾［青缎粉底小朝靴］指黑色缎面、白色厚底、半高筒的靴子。青缎，黑色的缎子。朝靴，古代百官穿的"乌皮履"。❿［请了安］请安，即问安。清代的请安礼节是，男子打千，女子双手扶左膝，右腿微屈，往下蹲身，口称"请某人安"。

总编一根大辫，黑亮如漆，从顶至梢，一串四颗大珠，用金八宝坠角[1]；身上穿着银红撒花半旧大袄，仍旧带着项圈、宝玉、寄名锁[2]、护身符[3]等物；下面半露松花撒花绫裤腿，锦边弹墨袜，厚底大红鞋。越显得面如敷粉，唇若施脂；转盼多情，语言常笑。天然一段风骚，全在眉梢；平生万种情思，悉堆眼角。看其外貌最是极好，却难知其底细。后人有《西江月》二词[4]，批宝玉极恰，其词曰：

无故寻愁觅恨，有时似傻如狂。纵然生得好皮囊[5]，腹内原来草莽。潦倒不通世务，愚顽怕读文章。行为偏僻[6]性乖张[7]，那管世人诽谤！

富贵不知乐业，贫穷难耐凄凉。可怜辜负好韶光[8]，于国于家无望。天下无能第一，古今不肖无双。寄言纨绔与膏粱：莫效此儿形状！[9]

贾母因笑道："外客未见，就脱了衣裳，还不去见你妹妹！"宝玉早已看见多了一个姊妹，便料定是林姑妈之女，忙来作揖。厮见毕归坐，细看形容，与众各别：两弯似蹙非蹙罥烟眉[10]，一双似喜非喜含情目。态生两靥之愁，娇袭一身之病[11]。泪光点点，娇喘微微。闲静时如姣花照水，行动处似弱柳扶风。心较比干多一窍，病如西子胜三分[12]。宝玉看罢，因笑道："这个妹妹我曾见过的。"贾母笑道："可又是胡说，你又何曾见过他？"宝玉笑道："虽然未曾见过他，然我看着面善，心里就算是旧相识，今日只作远别重逢，亦未为不可。"贾母笑道："更好，更好，若如此，更相和睦了。"宝玉便走近黛玉身边坐下，又细细打量一番，因问："妹妹可曾读书？"黛玉道："不曾读，只上了一年学，些须[13]认得几个字。"宝玉又道："妹妹尊名是那两个字？"黛玉便说了名。宝玉又问表字。黛玉道："无字。"宝玉笑道："我送妹妹一妙字，莫若'颦颦'二字极妙。"探春便问何出。宝玉道："《古今人物通考》[14]上说：'西方有石名黛，可代画眉之墨。'况这妹妹眉尖若

---

[1]［坠角］用于朝珠、床帐等下端起下垂作用的小装饰品，这里指辫子梢部所坠的饰物。[2]［寄名锁］旧时怕幼儿夭亡，给寺院或道观一定的财物，让幼儿当"寄名"弟子，并在幼儿的项下系一小金锁，名"寄名锁"。这是迷信习俗。[3]［护身符］是从道观领来的一种符箓，带在身上，避祸免灾。这是迷信习俗。[4]［《西江月》二词］这两首词用似贬实褒，寓褒于贬的手法揭示了贾宝玉的性格。西江月，词牌名。[5]［皮囊］一作"皮袋"，指人的躯壳。佛教认为人的灵魂不死不灭，人的肉体只是为灵魂提供暂时住所，犹如皮口袋。[6]［偏僻］偏激，不端正。[7]［乖张］偏执，不驯顺，与众不同。[8]［可怜辜负好韶光］可惜白白浪费了大好时光。可怜，这里是可惜的意思。辜负，也写作孤负，本义是背负、对不起，这里有浪费的意思。[9]［寄言纨绔与膏粱：莫效此儿形状］赠言公子哥儿一句话：可别学这孩子的坏样子。寄言，赠言。膏粱，肥肉精米，这里借指纨绔子弟。[10]［罥（juàn）烟眉］形容眉毛像一抹轻烟。罥，挂、缠绕。[11]［态生两靥之愁，娇袭一身之病］意思是妩媚的风韵生于含愁的面容，娇怯的情态出于孱弱的病体。态，情态、风韵。靥，面颊上的酒窝。袭，承继、由……而来。[12]［心较比干多一窍，病如西子胜三分］意思是，林黛玉聪明颖悟胜过比干，病弱娇美胜过西施。比干，商（殷）朝纣王的叔父。[13]［些须］一点儿。[14]［《古今人物通考》］从下文来看，可能是宝玉的杜撰。

蹙，用取这两个字，岂不两妙！”探春笑道：“只恐又是你的杜撰。”宝玉笑道：“除《四书》外，杜撰的太多，偏只我是杜撰不成？”又问黛玉：“可也有玉没有？”众人不解其语，黛玉便忖度着因他有玉，故问我有也无，因答道：“我没有那个。想来那玉是一件罕物，岂能人人有的。”宝玉听了，登时发作起痴狂病来，摘下那玉，就狠命摔去，骂道：“什么罕物，连人之高低不择，还说‘通灵’不‘通灵’呢！我也不要这劳什子了！”吓得众人一拥争去拾玉。贾母急得搂了宝玉道：“孽障！你生气，要打骂人容易，何苦摔那命根子！”宝玉满面泪痕泣道：“家里姐姐妹妹都没有，单我有，我说没趣；如今来了这么一个神仙似的妹妹也没有，可知这不是个好东西。”贾母忙哄他道：“你这妹妹原有这个来的，因你姑妈去世时，舍不得你妹妹，无法处，遂将他的玉带了去了：一则全殉葬之礼，尽你妹妹之孝心；二则你姑妈之灵，亦可权作见了女儿之意。因此他只说没有这个，不便自己夸张之意。你如今怎比得他？还不好生慎重戴上，仔细你娘知道了。”说着，便向丫鬟手中接来，亲与他戴上。宝玉听如此说，想一想大有情理，也就不生别论了。

当下，奶娘来请问黛玉之房舍。贾母说：“今将宝玉挪出来，同我在套间❶暖阁儿❷里，把你林姑娘暂安置碧纱橱❸里。等过了残冬，春天再与他们收拾房屋，另作一番安置罢。”宝玉道：“好祖宗，我就在碧纱橱外的床上很妥当，何必又出来闹的老祖宗不得安静。”贾母想了一想说：“也罢了。”每人一个奶娘并一个丫头照管，余者在外间上夜听唤。一面早有熙凤命人送了一顶藕合色花帐，并几件锦被缎褥之类。

黛玉只带了两个人来：一个是自幼奶娘王嬷嬷，一个是十岁的小丫头，亦是自幼随身的，名唤作雪雁。贾母见雪雁甚小，一团孩气，王嬷嬷又极老，料黛玉皆不遂心省力的，便将自己身边的一个二等丫头，名唤鹦哥者与了黛玉。外亦如迎春等例，每人除自幼乳母外，另有四个教引嬷嬷❹，除贴身掌管钗钏盥沐两个丫鬟外，另有五六个洒扫房屋来往使役的小丫鬟。当下，王嬷嬷与鹦哥陪侍黛玉在碧纱橱内。宝玉之乳母李嬷嬷，并大丫鬟名唤袭人者，陪侍在外面大床上。

---

❶［套间］与正房相连的两侧房间。❷［暖阁儿］在套间内再隔断为小房间，内设炕褥，两边安有隔扇，上边有一横眉，形成床帐的样子，称“暖阁”。❸［碧纱橱］也称隔扇门、格门。用以隔断开间，中间两扇可以开关。格心多灯笼框式样，灯笼心上常糊以纸，纸上画花或题字；宫殿或富贵人家常在格心处安装玻璃或糊各色纱，所以叫“碧纱橱”。这里的“碧纱橱里”，是指以碧纱橱隔开的里间。❹［教引嬷嬷］清代皇子一落生，就有保母、乳母各八人；断乳后，增“谙达”（满语，伙伴、朋友的意思，这里指陪伴并负有教导责任的人），“凡饮食、言语、行步、礼节皆教之”。

课后训练

【基础训练】

一、为下列加点的字注音。

裉（　　）袄　攒（　　）珠髻　敕（　　）造　罥（　　）烟眉　惫（　　）懒
宫绦（　　）　纨（　）绔（　）　憨（　　）顽　瞋（　　）视　两靥（　　）
杜撰（　　）　孽（　　）根　懵（　　）懂　忖（　　）度　作揖（　　）
敛声屏（　）气　翠幄（　　）青绸　万几宸（　　）翰　穿红着（　　）绿

二、古代白话小说中有些词的词义，现代汉语中已经不用了，或发生了变化。试解释下列各句中加点的词。

1. 这来者是谁，这样放诞无礼。
2. 身量未足，形容尚小。
3. 身量苗条，体格风骚。
4. 行为偏僻性乖张。
5. 却有一段自然的风流态度。
6. 我带了外甥女过去，倒也便宜。

三、下列人物肖像描写，所写何人？

1. 肌肤微丰，合中身材，腮凝新荔，鼻腻鹅脂，温柔沉默，观之可亲。（　　）
2. 身量未足，形容尚小。（　　）
3. 两弯似蹙非蹙罥烟眉，一双似喜非喜含情目。（　　）
4. 面若中秋之月，色如春晓之花，鬓若刀裁，眉如墨画，面如桃瓣。（　　）

四、阅读下文，完成各题。

这熙凤携着黛玉的手，上下细细打谅了一回，仍送至贾母身边坐下，因笑道："①天下真有这样标致的人物，②我今儿才算见了？况且这通身的气派，③竟不像老祖宗的外孙女儿，④竟是个嫡亲的孙女，怨不得老祖宗天天口头心头一时不忘。只可怜我妹妹命苦，怎么姑妈偏就去世了！"说着，便用帕拭泪。

1. 这段文字表现了王熙凤什么性格？选出最贴切的一项（　　）。

A. 善良多情，为人乖巧　　B. 机变逢迎，玲珑圆滑

C. 沉着老练，精明能干　　D. 机变逢迎，待人热情

2. 宝玉、黛玉相见时，作者对黛玉的服饰只字未提，原因是（　　）。

A. 为了行文简洁，突出人物形象特点

B. 黛玉服饰平常，没有什么特别

C. 在宝玉眼中，服饰是不屑之物，故视而不见

D. 宝玉是懵懂顽童，不注意服饰细节

3. 林黛玉初入贾府，"步步留心，时时在意，不肯轻易多说一句话，多行一步路，惟恐被人耻笑了去。"选出能反映出这种心理的各项（　　）。

A. 当下地下侍立之人，无不掩面涕泣，黛玉也哭个不住。一时众人慢慢解劝住了，黛玉方拜见了外祖母。

B. 邢夫人苦留吃过饭去，黛玉笑回道："舅母爱惜赐饭，原不应辞，只是还要过去拜见二舅舅，恐领了赐去不恭……望舅母容谅。"

C. 黛玉度其位次，便不上炕，只向东边椅子上坐了。

D. 黛玉道："只刚念了《四书》"。

E. 黛玉道："不曾读，只上了一年学，些须认得几个字。"

4. 黛玉初到贾府："步步留心，时时在意，不肯多说一句话，多行一步路，惟恐被人耻笑了去。"这段心理描写可以看出她的性格是（　　）。

A. 满怀忧愁，沉默寡言　　B. 安分守己，多愁善感

C. 明哲保身，孤芳自赏　　D. 自尊自重，处处小心

【能力训练】

一、《西江月》二词，对刻画宝玉形象有何作用？

二、赏析王熙凤出场的一段文字，认真思考，回答问题。

一语未了，只听后院中有人笑声，说："我来迟了，不曾迎接远客！"黛玉纳罕道："这些人个个皆敛声屏气，恭肃严整如此，这来者系谁，这样放诞无礼？"心下想时，只见一群媳妇丫鬟围拥着一个人从后房门进来。这个人打扮与众姑娘不同，锦绣辉煌，恍若神妃仙子：头上戴着金丝八宝攒珠髻，绾着朝阳五凤挂珠钗；项上带着赤金盘螭璎珞圈；裙边系着豆绿宫绦，双衡比目玫瑰佩；身上穿着缕金百蝶穿花大红洋缎窄褃袄，外罩五彩刻丝石青银鼠褂；下着翡翠撒花洋绉裙。一双丹凤三角眼，两弯柳叶吊梢眉，身量苗条，体格风骚，粉面含春威不露，丹唇未起笑先闻。黛玉连忙起身接见。贾母笑道："你不认得他。他是我们这里有名的一个泼皮破落户儿，南省俗谓作'辣子'，你只叫他'凤辣子'就是了。"

1. 文段开头对王熙凤的介绍，可以说是从林黛玉的角度进行的——把听觉形象、视觉形象与心理活动糅合在一起来写。其具体情节是：

（1）听觉______________。

（2）视觉______________。

（3）心理活动______________。

2. 对王熙凤的描绘，作者采用了总—分—总的方法。

（1）总说的语句是：______________。

（2）分说的顺序是：______________。

（3）总结的语句是两个对偶句，它们是：

①（4 字句）______________。

②（7 字句）______________。

3. 贾母以什么样的神态又如何向林黛玉介绍王熙凤？从介绍中透射出贾母怎样的感情？

① ______________。

② ______________。

三、试分析林黛玉、贾宝玉和王熙凤的人物形象。

四、文学作品对现实生活的审美的反映，是以真实性为基础的，因而往往具有一定的认识作用。《红楼梦》可以作为了解封建社会的一部"百科全书"。读了课文，你对这个封建贵族家庭有了哪些认识？

《红楼梦》中人名地名双关拾零

一、地名、人名双关，暗寓写作意图和故事发生的时代背景

1. 十里街，仁清巷，葫芦庙。谐“势利”、“人情”、“糊涂”之音，暗表甄士隐、贾雨村生活在“狗眼看人低”，“有钱便是娘”，黑白混淆，是非颠倒的世界，概括了当时的社会环境——人情势利，官场腐朽，社会黑暗。

2.《红楼梦》故事，从女娲补天遗留在大荒山、无稽崖、青埂峰下的一块顽石说起。“大荒”谐义“荒唐”，与“满纸荒唐言”对举；“无稽”谐义双关“无从考查”，与“茫茫大士”、“渺渺真人”的对话和“空空道人”同“顽石”的对话相应。“青埂”谐义“情根”暗示故事悲剧纯由情根夙孽演化而成。

3. 整个故事经过，又托甄士隐之口引出，谐音“真事隐”。后四十回，又写他对贾雨村详说太虚幻境，归结故事。“贾雨村”谐音“假语存”，与“真事隐”并举相对，暗示所谓“荒唐”事（情根夙孽演化而成的悲剧故事）都是所“存”的“假语”，而“真事”——故事广泛而深刻的社会意义却“隐”去了。故有“都言作者痴，谁解其中味”之说。贾雨村名“化”，谐音“假话”；字“时飞”，谐音“实非”(实际上不是真的)；“胡州”人，谐音“胡诌”，进一步表示该故事的爱情悲剧都是“胡诌”的“假话”，而隐去的真事才是本文的主旨。

二、人名谐音双关，揭示人物性格

1. 贾赦，“赦”谐“色”，以示其贪于女色。

2. 贾政，谐音“假正”，戳穿其假正经的面具。

3. 宝钗姓薛，“薛”谐音“雪”，又谐义“冷”，揭示宝钗的冷酷性格。

三、人名谐音双关，寄托作者爱憎感情

1. 英莲（后改名香菱），谐音“应怜”和“相怜”，表现作者对英莲多灾多难的不幸遭遇十分同情。

2. 元春、迎春、探春、惜春，贾家四位千金，谐音“原应叹息”，表达作者对她们的爱、哀怜和悲叹。

3. 其他，如猥琐小人詹光，谐音“沾光”；单聘仁，谐音“善骗人”；卜固修，谐音“不顾羞”；卜世仁，谐音“不是人”等。表达作者对他们的鄙视和憎恶之情。

21 药❶

鲁迅

学习提示

《药》创作于“五四”运动前夕，它以辛亥革命时期的社会现实为背景，以光复会成员徐锡林、秋瑾被清政府杀害的事件为素材，描写了革命党人为群众牺牲了生命还得不到群众理解的悲剧。

作品通过华、夏两家的悲剧，不仅控诉了封建制度的罪恶，揭露了封建统治阶级镇压革命和愚弄人民的反动本质；更重要的是，它通过描写为推翻封建制度而英勇就义的革命者夏瑜的鲜血竟成了贫民华老栓夫妇为儿子治病的“药”这一发人深省的事件，表现了群众的愚昧和革命者的悲哀——这正是当时残酷的社会现实。

小说以“药”为题，具有深刻的意蕴，它融注了作者的深情，显示了作者的匠心。鲁迅说：“我的取材，多采自病态社会的不幸的人们中，意思是揭出病苦，引起疗救的注意。”正是小说主题的展现。

阅读欣赏时，除了要抓住贯穿始终的明暗两条线索之外，还要关注小说中景物、环境描写对渲染气氛、烘托人物心理活动以及表现主题所起的重要作用。

一

秋天的后半夜，月亮下去了，太阳还没有出，只剩下一片乌蓝的天；除了夜游的东西，什么都睡着。华老栓忽然坐起身，擦着火柴，点上遍身油腻的灯盏，茶馆的两间屋子里，便弥满了青白的光。

“小栓的爹，你就去么？”是一个老女人的声音。里边的小屋子里，也发出一阵咳嗽。

“唔。”老栓一面听，一面应，一面扣上衣服；伸手过去说，“你给我罢。”

华大妈在枕头底下掏了半天，掏出一包洋钱，交给老栓，老栓接了，抖抖的装入衣袋，又在外面按了两下；便点上灯笼，吹熄灯盏，走向里屋子去了。那屋子里面，正在窸窸窣窣❷的响，

❶ 选自《呐喊》（《鲁迅全集》第1卷，人民文学出版社，1981年版）。《呐喊》共收集1918～1922年鲁迅写的14篇小说。鲁迅把这个集子题作《呐喊》，意思是给革命者助阵作战，使他们不惮于前驱。 ❷［窸（xī）窸（xī）窣（sū）窣（sū）］拟声词，模拟轻微的摩擦声。这里是模拟穿衣服的声音。

接着便是一通咳嗽。老栓候他平静下去，才低低的叫道："小栓……你不要起来。……店么？你娘会安排的。"

老栓听得儿子不再说话，料他安心睡了；便出了门，走到街上，街上黑沉沉的一无所有，只有一条灰白的路，看得分明。灯光照着他的两脚，一前一后的走。有时也遇到几只狗，可是一只也没有叫。天气比屋子里冷得多了；老栓倒觉爽快，仿佛一旦变了少年，得了神通，有给人生命的本领似的，跨步格外高远。而且路也愈走愈分明，天也愈走愈亮了。

老栓正在专心走路，忽然吃了一惊，远远里看见一条丁字街，明明白白横着。他便退了几步，寻到一家关着门的铺子，蹩进❶檐下，靠门立住了。好一会，身上觉得有些发冷。

"哼，老头子。"

"倒高兴……"

老栓又吃一惊，睁眼看时，几个人从他面前过去了。一个还回头看他，样子不甚分明，但很像久饿的人见了食物一般，眼里闪出一种攫取的光。老栓看看灯笼，已经熄了。按一按衣袋，硬硬的还在。仰起头两面一望，只见许多古怪的人，三三两两，鬼似的在那里徘徊；定睛再看，却也看不出什么别的奇怪。

没有多久，又见几个兵，在那边走动；衣服前后的一个大白圆圈❷，远地里也看得清楚，走过面前的，并且看出号衣上暗红色的镶边。——一阵脚步声响，一眨眼，已经拥过了一大簇人。那三三两两的人，也忽然合作一堆，潮一般向前赶；将到丁字街口，便突然立住，簇成一个半圆。

老栓也向那边看，却只见一堆人的后背；颈项都伸得很长，仿佛许多鸭，被无形的手捏住了的，向上提着。静了一会，似乎有点声音，便又动摇起来，轰的一声，都向后退；一直散到老栓立着的地方，几乎将他挤倒了。

"喂！一手交钱，一手交货！"一个浑身黑色的人，站在老栓面前，眼光正像两把刀，刺得老栓缩小了一半。那人一只大手，向他摊着；一只手却撮着一个鲜红的馒头❸，那红的还是一点一点的往下滴。

老栓慌忙摸出洋钱，抖抖的想交给他，却又不敢去接他的东西。那人便焦急起来，嚷道，"怕什么？怎的不拿！"老栓还踌躇着；黑的人便抢过灯笼，一把扯下纸罩，裹了馒头，塞与老栓；一手抓过洋钱，捏一捏，转身去了，嘴里哼着说，"这老东西……。"

---

❶［蹩（bié）进］躲躲闪闪地走进。❷［衣服前后的一个大白圆圈］清代士兵穿的军衣（即下文所说的"号衣"），前后都缀着一块圆形的白布，上面有个"兵"或"勇"字。❸［鲜红的馒头］指蘸着有人血的馒头。旧时民间迷信，认为人血可以医治肺结核病，处决犯人时，便有人向刽子手买蘸过人血的馒头治病。

“这给谁治病的呀？”老栓也似乎听得有人问他，但他并不答应；他的精神，现在只在一个包上，仿佛抱着一个十世单传❶的婴儿，别的事情，都已置之度外了。他现在要将这包里的新的生命，移植到他家里，收获许多幸福。太阳也出来了；在他面前，显出一条大道，直到他家中，后面也照见丁字街头破匾上“古□亭口❷”这四个黯淡的金字。

二

老栓走到家，店面早经收拾干净，一排一排的茶桌，滑溜溜的发光。但是没有客人；只有小栓坐在里排的桌前吃饭，大粒的汗，从额上滚下，夹袄也贴住了脊心，两块肩胛骨高高凸出，印成一个阳文❸的“八”字。老栓见这样子，不免皱一皱展开的眉心。他的女人，从灶下急急走出，睁着眼睛，嘴唇有些发抖。

“得了么?”

“得了。”

两个人一齐走进灶下，商量了一会；华大妈便出去了，不多时，拿着一片老荷叶回来，摊在桌上。老栓也打开灯笼罩，用荷叶重新包了那红的馒头。小栓也吃完饭，他的母亲慌忙说：

“小栓——你坐着，不要到这里来。”

一面整顿了灶火，老栓便把一个碧绿的包，一个红红白白的破灯笼，一同塞在灶里；一阵红黑的火焰过去时，店屋里散满了一种奇怪的香味。

“好香！你们吃什么点心呀？”这是驼背五少爷到了。这人每天总在茶馆里过日，来得最早，去得最迟，此时恰恰蹩到临街的壁角的桌边，便坐下问话，然而没有人答应他。“炒米粥❹么?”仍然没有人应。老栓匆匆走出，给他泡上茶。

“小栓进来罢!”华大妈叫小栓进了里面的屋子，中间放好一条凳，小栓坐了。他的母亲端过一碟乌黑的圆东西，轻轻说：

“吃下去罢，——病便好了。”

小栓撮起这黑东西，看了一会，似乎拿着自己的性命一般，心里说不出的奇怪。十分小心的拗开❺了，焦皮里面窜出一道白气，白气散了，是两半个白面的馒头。——不多工夫，已经全在肚里了，却全忘了什么味；面前只剩下一张空盘。他的旁边，一面立着他的父亲，一面立着他的母亲，两人的眼光，都仿佛要在

---

❶［十世单传］接连十代都是独子。❷［古□亭口］可念作“古某亭口”。□，是文章里表示缺文的记号，作者有意这样写的。浙江省绍兴县城内的轩亭口有一牌楼，匾上题有“古轩亭口”四个字。清末资产阶级民主主义革命家秋瑾于1907年在这里就义。本篇里夏瑜这个人物，一般认为是作者以秋瑾和其他一些资产阶级民主主义革命家的若干经历为素材而创造出来的。❸［阳文］某些器物上所刻的笔画凸起的文字或花纹，与笔画凹下的“阴文”相对。❹［炒米粥］用炒过的大米煮成的粥。❺［拗（ǎo）开］用手掰开。拗，用手折断。

他身里注进什么又要取出什么似的；便禁不住心跳起来，按着胸膛，又是一阵咳嗽。

“睡一会罢，——便好了。”

小栓依他母亲的话，咳着睡了。华大妈候他喘气平静，才轻轻的给他盖上了满幅补丁的夹被。

三

店里坐着许多人，老栓也忙了，提着大铜壶，一趟一趟的给客人冲茶；两个眼眶，都围着一圈黑线。

“老栓，你有些不舒服么？——你生病么？”一个花白胡子的人说。

“没有。”

“没有？——我想笑嘻嘻的，原也不像……”花白胡子便取消了自己的话。

“老栓只是忙。要是他的儿子……”驼背五少爷话还未完，突然闯进了一个满脸横肉的人，披一件玄色❶布衫，散着纽扣，用很宽的玄色腰带，胡乱捆在腰间。刚进门，便对老栓嚷道：

“吃了么？好了么？老栓，就是运气了你！你运气，要不是我信息灵……。”

老栓一手提了茶壶，一手恭恭敬敬的垂着；笑嘻嘻的听。满座的人，也都恭恭敬敬的听。华大妈也黑着眼眶，笑嘻嘻的送出茶碗茶叶来，加上一个橄榄，老栓便去冲了水。

“这是包好！这是与众不同的。你想，趁热的拿来，趁热吃下。”横肉的人只是嚷。

“真的呢，要没有康大叔照顾，怎么会这样……”华大妈也很感激的谢他。

“包好，包好！这样的趁热吃下，这样的人血馒头，什么痨病都包好！”

华大妈听到“痨病”这两个字，变了一点脸色，似乎有些不高兴；但又立刻堆上笑，搭赸❷着走开了。这康大叔却没有觉察，仍然提高了喉咙只是嚷，嚷得里面睡着的小栓也合伙咳嗽起来。

“原来你家小栓碰到了这样的好运气了。这病自然一定全好；怪不得老栓整天的笑着呢。”花白胡子一面说，一面走到康大叔面前，低声下气的问道，“康大叔——听说今天结果的一个犯人，便是夏家的孩子，那是谁的孩子？究竟是什么事？”

“谁的，不就是夏四奶奶的儿子么？那个小家伙！”康大叔见

❶［玄色］黑色。 ❷［搭赸（shàn）］现在写作“搭讪”。为了跟人接近或把尴尬的局面敷衍过去而找话说。这里是后一种意思。

众人都耸起耳朵听他，便格外高兴，横肉块块饱绽，越发大声说，“这小东西不要命，不要就是了。我可是这一回一点没有得到好处；连剥下来的衣服，都给管牢的红眼睛阿义拿去了。——第一要算我们栓叔运气；第二是夏三爷赏了二十五两雪白的银子，独自落腰包，一文不花。”

小栓慢慢的从小屋子走出，两手按了胸口，不住的咳嗽：走到灶下，盛出一碗冷饭，泡上热水，坐下便吃。华大妈跟着他走，轻轻的问道，“小栓，你好些么？——你仍旧只是肚饿？……”

“包好，包好！”康大叔瞥了小栓一眼，仍然回过脸，对众人说，“夏三爷真是乖角儿❶，要是他不先告官，连他满门抄斩❷。现在怎样？银子！——这小东西也真不成东西！关在牢里，还要劝牢头造反。”

“阿呀，那还了得。”坐在后排的一个二十多岁的人，很现出气愤模样。

“你要晓得红眼睛阿义是去盘盘底细的，他却和他攀谈了。他说，这大清的天下是我们大家的。你想：这是人话么？红眼睛原知道他家里只有一个老娘，可是没有料到他竟会那么穷，榨不出一点油水，已经气破肚皮了。他还要老虎头上搔痒，便给他两个嘴巴！”

“义哥是一手好拳棒，这两下，一定够他受用了。”壁角的驼背忽然高兴起来。

“他这贱骨头打不怕，还要说可怜可怜哩。”

花白胡子的人说，“打了这种东西，有什么可怜呢？”

康大叔显出看他不上的样子，冷笑着说，“你没有听清我的话；看他神气，是说阿义可怜哩！”

听着的人的眼光，忽然有些板滞❸；话也停顿了。小栓已经吃完饭，吃得满身流汗，头上都冒出蒸气来。

“阿义可怜——疯话，简直是发了疯了。”花白胡子恍然大悟似的说。

“发了疯了。”二十多岁的人也恍然大悟的说。

店里的坐客，便又现出活气，谈笑起来。小栓也趁着热闹，拼命咳嗽；康大叔走上前，拍他肩膀说：

“包好！小栓——你不要这么咳。包好！”

“疯了。”驼背五少爷点着头说。

四

西关外靠着城根的地面，本是一块官地；中间歪歪斜斜一条

---

❶［乖角儿］机灵人。这里指善于见风使舵的人。❷［满门抄斩］抄没财产，杀戮全家。❸［板滞］呆板，停止不动。

细路，是贪走便道的人，用鞋底造成的，但却成了自然的界限。路的左边，都埋着死刑和瘐毙❶的人，右边是穷人的丛冢❷。两面都已埋到层层叠叠，宛然阔人家里祝寿时候的馒头。

这一年的清明，分外寒冷；杨柳才吐出半粒米大的新芽。天明未久，华大妈已在右边的一坐新坟前面，排出四碟菜，一碗饭，哭了一场。化过纸❸，呆呆的坐在地上；仿佛等候什么似的，但自己也说不出等候什么。微风起来，吹动他短发，确乎比去年白得多了。

小路上又来了一个女人，也是半白头发，褴褛的衣裙；提一个破旧的朱漆圆篮，外挂一串纸锭❹，三步一歇的走。忽然见华大妈坐在地上看他，便有些踌躇，惨白的脸上，现出些羞愧的颜色；但终于硬着头皮，走到左边的一座坟前，放下了篮子。

那坟与小栓的坟，一字儿排着，中间只隔一条小路。华大妈看他排好四碟菜，一碗饭，立着哭了一通，化过纸锭；心里暗暗地想，“这坟里的也是儿子了。”那老女人徘徊观望了一回，忽然手脚有些发抖，跄跄踉踉退下几步，瞪着眼只是发怔。

华大妈见这样子，生怕他伤心到快要发狂了；便忍不住立起身，跨过小路，低声对他说，“你这位老奶奶不要伤心了，——我们还是回去罢。”

那人点一点头，眼睛仍然向上瞪着；也低声吃吃的说道，“你看，——看这是什么呢？”

华大妈跟了他指头看去，眼光便到了前面的坟，这坟上草根还没有全合，露出一块一块的黄土，煞是难看。再往上仔细看时，却不觉也吃一惊；——分明有一圈红白的花，围着那尖圆的坟顶。

他们的眼睛都已老花多年了，但望这红白的花，却还能明白看见。花也不很多，圆圆的排成一个圈，不很精神，倒也整齐。华大妈忙看他独生子和别人的坟，却只有不怕冷的几点青白小花，零星开着；便觉得心里忽然感到一种不足和空虚，不愿意根究。那老女人又走近几步，细看了一遍，自言自语的说，“这没有根，不像自己开的。——这地方有谁来呢？孩子不会来玩；——亲戚本家早不来了。——这是怎么一回事呢？”他想了又想，忽又流下泪来，大声说道：

“瑜儿，他们都冤枉了你，你还是忘不了，伤心不过，今天特意显点灵，要我知道么？”他四面一看，只见一只乌鸦，站在一株没有叶的树上，便接着说，“我知道了。——瑜儿，可怜他们坑了

---

❶［瘐（yǔ）毙］关在牢狱里的人因受刑或饥寒、疾病而死亡。❷［丛冢（zhǒng）］乱坟堆。冢，坟墓。❸［化过纸］烧过纸钱。旧时有迷信观念的人认为烧过的纸钱，死者可以在阴间使用。❹［纸锭］用纸或锡箔折成的“元宝”，纸钱的一种。

你，他们将来总有报应，天都知道；你闭了眼睛就是了。——你如果真在这里，听到我的话，——便教乌鸦飞上你的坟顶，给我看罢。”

微风早经停息了；枯草支支直立，有如铜丝。一丝发抖的声音，在空气中愈颤愈细，细到没有，周围便都是死一般静。两人站在枯草丛里，仰面看那乌鸦；那乌鸦也在笔直的树枝间，缩着头，铁铸一般站着。

许多的工夫过去了；上坟的人渐渐增多，几个老的小的，在土坟间出没。

华大妈不知怎的，似乎卸下了一挑重担，便想到要走；一面劝着说，“我们还是回去罢。”

那老女人叹一口气，无精打采的收起饭菜；又迟疑了一刻，终于慢慢地走了。嘴里自言自语的说，“这是怎么一回事呢？……”

他们走不上二三十步远，忽听得背后“哑——”的一声大叫；两个人都悚然❶的回过头，只见那乌鸦张开两翅，一挫身❷，直向着远处的天空，箭也似的飞去了。

1919 年 4 月

课后训练

【基础训练】

一、选择题

1. 选出字音全对的一项（　　）。

A. 破匾（biǎn）　拗（ǎo）开　擦着（zhe）火柴

B. 玄（xuán）色　横（hèng）肉　油腻（nì）

C. 瞥（biē）见　丛冢（zǒng）　一挫（cuò）身

D. 一簇（cù）人　窸窣（xī sū）　灯盏（zhǎn）

2. 对下列加点字、词解释无误的一项是（　　）。

A. 踉跄（走路不稳）　满门抄斩（抄没财产）　褴褛（衣服破烂）　一挫身（扭）

B. 攀谈（拉扯）　板滞（停止不动）　根究（彻底）　痍毙（犯人关在监狱里）

C. 蹩进（躲躲闪闪地走）　攫取（夺取）　黯淡（暗）　搭赸（躲开）

D. 宛然（仿佛、逼真）　弥漫（充满）　悚然（惊惧）羞愧（惭愧）

3. 下一段景物描写的作用是（　　）。

秋天的后半夜，月亮下去了，太阳还没有出，只剩下一片乌蓝的天；除了夜游的东

❶［悚（sǒng）然］惊惧的样子。竦，通“悚”。❷［一挫身］身子一收缩。

西，什么都睡着。

A. 描绘自然景物，烘托出夜阑人静时的沉寂气氛。

B. 渲染夏瑜就义时肃杀的气氛，表现华老栓的麻木愚昧和革命者的悲哀。

C. 渲染夜呈现沉寂的气氛，烘托华老栓夫妇凄凉的心情。

D. 勾勒出黎明前最黑暗时刻的突出特征：阴暗、凄清，暗示了时代特征，也渲染了夏瑜就义时的肃杀气氛。

4. 下面这段文字表现了描写对象怎样的性格特征，选出正确的一项（　　）。

黑的人便抢过灯笼，一把扯下纸罩，裹了馒头，塞与老栓；一手抓过洋钱，捏一捏，转身去了。嘴里哼着说，“这老东西……”

A. 凶暴残忍，仇视革命

B. 穷凶极恶，贪得无厌

C. 愚昧落后，迷信邪说

D. 干脆利落，胆大妄为

5. 对下面句子中带点词语分析正确的是（　　）。

没有多久，又见几个兵，在那边走动；衣服前后的一个大白圆圈，远远地也看得清楚，走过面前的，并且看出号衣上暗红色的镶边。

A. 通过人物服饰描写，交待社会背景

B. 通过人物服饰描写，烘托华老栓的心情

C. 通过人物服饰描写，交待人物身份

D. 通过人物服饰描写，表现人物性格

6. 《药》是悲剧，就题材的角度，应是哪一种（　　）。

A. 中国劳动妇女的悲剧

B. 旧民主主义革命者的悲剧

C. 中国贫苦农民的悲剧

D. 中国大众悲剧

二、细读课文，揣摩语言，回答括号中的问题。

1. 华大妈在枕头底下掏了半天，掏出一包洋钱，交给老栓，老栓接了，抖抖的装入衣袋，又在外面按了两下……

加点词语表现了华老栓夫妇什么心态？

2. “喂！一手交钱，一手交货！”一个浑身黑色的人，站在老栓面前，眼光正像两把刀，刺得老栓缩小了一半。

那人便焦急起来，嚷道，“怕什么？怎的不拿！”老栓还踌躇着；黑的人便抢过灯笼，一把扯下纸罩，裹了馒头，塞与老栓；一手抓过洋钱，捏一捏，转身去了。嘴里哼着说，“这老东西……”

上面两段文字用了什么描写手法刻画华老栓的性格特征？

3. （康大叔说）“包好，包好！这样的趁热吃下。这样的人血馒头，什么痨病都包好！”

（华大妈）轻轻说，“吃下去罢，——病便好了。”

（花白胡子说）“原来你家小栓碰到了这样的好运气了。这病自然一定全好……”

三个人同样说病会好，说法有什么不同？表现的心理又有什么不同？

【能力训练】

一、这篇小说有明暗两条线索。指出它们在何处连接，何处交织，何处融合，画出小说结构示意图，并说说这样安排线索的好处。

二、对人物的生活环境，特别是社会环境的描写，是小说不可缺少的要素。《药》所描写的环境给你怎样的感受？为什么在鲁迅笔下，清明节也没有丝毫的春天气息？

三、试对小说中几个主要人物作形象分析。

四、阅读课文，在感受、理解这篇小说的艺术形象及其意义的基础上，联系有关资料，讨论这篇小说的主题。你认为下面哪种说法更确切，请说明理由。

1. 表现亲子之爱和革命者的悲哀。

2. 反映革命者脱离群众的弱点，批判辛亥革命的不彻底性。

3. 表现群众的愚昧落后，暴露国民性的弱点。

4. 歌颂革命先烈的牺牲精神，号召人民不要让烈士的鲜血白流。

鲁迅对友人说过：“《药》描写群众的愚昧和革命者的悲哀；或者说，因群众的愚昧而来的悲哀；更直接说，革命者为愚昧的群众奋斗牺牲了，愚昧的群众并不知道这牺牲为的是谁，却还要因了愚昧的见解，以为这牺牲可以享用，增加群众中的某一私人的福利。”（孙伏园《鲁迅先生二三事·药》）鲁迅还说：“我的取材，多来自病态社会的不幸的人们中，意思是揭出病苦，引起疗救的注意。”（鲁迅《我怎么作起小说来》）

愚鲁之人赶快做

鲁迅，原名周树人，喻为“十年树木，百年树人”。这是鲁迅1898年在南京水师学堂读书时，一位本家叔叔为他起的学名。

“鲁迅”，是1918年4月2日发表第一篇白话小说《狂人日记》所用的笔名。因为鲁迅的母亲姓鲁，所以就取“鲁”作了姓，另外还蕴涵着“愚鲁之人赶快做”的严格自勉和我国古代周鲁原为一家之意。1907年，鲁迅曾用“速行”作笔名，意为发奋、前进而充满希望，于是又承“速行”这一笔名，取其“迅”字。就这样，名曰“鲁迅”。

22 项　链[1]

莫泊桑

学习提示

《项链》是法国著名作家莫泊桑的短篇小说杰作。作品写于1884年，法国正值经济危机之际，社会处于由自由资本主义社会向帝国主义原始积累过渡阶段，在这个变迁中，少数人成为拥有巨额资产的资本家，而大多数人沦为贫民。此时的莫泊桑丢掉了海军部职员的工作，又丢掉了福楼拜介绍的职位，也沦为贫民，在这种情况下创作了这篇小说。

小说写的是一个平凡妇女生活中的悲喜剧。作品以项链为线索展开情节，又以事件发展的进程为顺序来叙写：借项链—失项链—赔项链—发现项链是假的。这样，前一矛盾的解决，又预示了新的冲突的产生，一环套一环，直至最后发展到高潮。整个故事波澜起伏，跌宕多姿，引人入胜。

小说情节的安排既符合生活逻辑，又带有较强的戏剧性，是出乎意料的结尾，显出作者独特精巧的艺术构思，尤其是作品中对玛蒂尔德的心理描写生动、细腻、传神，更展示了作者深厚的艺术功力。

阅读时请思考：作者是如何淋漓尽致地展现人物的心理世界的？这些心理描写对人物性格的刻画和故事情节的发展有怎样的作用？

她也是一个美丽动人的姑娘，好像由于命运的差错，生在一个小职员的家里。她没有陪嫁的资产，也没有什么法子让一个有钱的体面人认识她，了解她，爱她，娶她；最后只得跟教育部的一个小书记[2]结了婚。

介绍路瓦栽夫人的基本情况。

她不能够讲究打扮，只好穿得朴朴素素，但是她觉得很不幸，好像这降低了她的身份似的。因为在妇女，美丽、丰韵、娇媚，就是她们的出身；天生的聪明，优美的资质，温柔的性情，就是她们唯一的资格。

❶ 这篇课文以几种中文译本为基础，并根据法文本校订。小说发表于1884年，原题“首饰”，“项链”这个译名是由英译本转译过来的，因沿用已久，这里仍保留。莫泊桑（1850—1893），19世纪法国著名的批判现实主义作家，短篇小说巨匠，被誉为世界短篇小说之王。莫泊桑师从福楼拜，在文学创作中精益求精。他一生共写了300多篇中短篇小说，6部长篇小说，1部诗集，3部游记。他的短篇小说题材广泛，笔触细腻，章法多变，侧重摹写人情世态，善于发现小人物身上的健康品质并行诸笔端，构思布局别具匠心，细节描写、人物语言和故事结尾都有独到之处，文字简洁、质朴。 ❷［书记］旧时在机关里做抄写工作的职员。

她觉得她生来就是为着过高雅和奢华的生活，因此她不断地感到痛苦。住宅的寒伧，墙壁的黯淡，家具的破旧，衣料的粗陋，都使她苦恼。这些东西，在别的跟她一样地位的妇人，也许不会挂在心上，然而她却因此痛苦，因此伤心。她看着那个替她做琐碎家事的勃雷大涅省❶的小女仆，心里就引起悲哀的感慨和狂乱的梦想。她梦想那些幽静的厅堂，那里装饰着东方的帷幕，点着高脚的青铜灯，还有两个穿短裤的仆人，躺在宽大的椅子里，被暖炉的热气烘得打盹儿。她梦想那些宽敞的客厅，那里张挂着古式的壁衣❷，陈设着精巧的木器，珍奇的古玩。她梦想那些华美的香气扑鼻的小客室，在那里，下午五点钟的时候，她跟最亲密的男朋友闲谈，或者跟那些一般女人所最仰慕最乐于结识的男子闲谈。

对路瓦栽夫人的“七个梦想”细腻深刻的心理刻画。

每当她在铺着一块三天没洗的桌布的圆桌边坐下来吃晚饭的时候，对面，她的丈夫揭开汤锅的盖子，带着惊喜的神气说：“啊，好香的肉汤！再没有比这更好的了！……”这时候，她就梦想到那些精美的晚餐，亮晶晶的银器；梦想到那些挂在墙上的壁衣，上面绣着古装的人物，仙境般的园林，奇异的禽鸟；梦想到盛在名贵的盘碟里的佳肴；梦想到一边吃着粉红色的鲈鱼❸或者松鸡❹翅膀，一边带着迷人的微笑听客人密谈。

她没有漂亮的服装，没有珠宝，什么也没有。然而她偏偏只喜爱这些，她觉得自己生在世上就是为了这些。她一向就想望着得人欢心，被人艳羡，具有诱惑力而被人追求。

她有一个有钱的女朋友❺，是教会女校的同学，可是她再也不想去看望她了，因为看望回来就会感到十分痛苦。由于伤心、悔恨、失望、困苦，她常常整天整天地哭泣。

然而有一天傍晚，她丈夫得意扬扬地回家来，手里拿着一个大信封。

“看呀，”他说，“这里有点东西给你。”

她高高兴兴地拆开信封，抽出一张请柬，上面印着这些字：

“教育部部长乔治·郎伯诺及夫人，恭请路瓦栽先生与夫人于一月十八日（星期一）光临教育部礼堂，参加夜会。”

得到晚会请柬。

她不像她丈夫预料的那样高兴，她懊恼地把请柬丢在桌上，咕哝着：

“你叫我拿着这东西怎么办呢？”

---

❶［勃雷大涅省］法国西部靠海的一个省区，比较贫穷。雇用这个地方的人，可以给较低的工资。❷［壁衣］装饰墙壁的织物。❸［鲈鱼］一种嘴大鳞细的鱼，肉味鲜美。❹［松鸡］一种山鸡，脚上长满羽毛，背部有白、黄、褐、黑等杂色的斑纹，生长在寒冷地带的森林中，肉味鲜美。❺［一个有钱的女朋友］指下文的佛来思节夫人。

"但是，亲爱的，我原以为你一定很喜欢的。你从来不出门，这是一个机会，这个，一个好机会！我费了多大力气才弄到手。大家都希望得到，可是很难得到，一向很少发给职员。你在那儿可以看见所有的官员。"

她用恼怒的眼睛瞧着他，不耐烦地大声说：

"你打算让我穿什么去呢？"

他没有料到这个，结结巴巴地说：

"你上戏园子穿的那件衣裳，我觉得就很好，依我……"

他住了口，惊惶失措，因为看见妻子哭泣起来了，两颗大大的泪珠慢慢地顺着眼角流到嘴角来了。他吃吃地说：

"你怎么了？你怎么了？"

她费了很大的力气才抑制住悲痛，擦干她那润湿的两腮，用平静的声音回答：

"没有什么。只是，没有件像样的衣服，我不能去参加这个夜会。你的同事，谁的妻子打扮得比我好，就把这请柬送给谁去吧。"

他难受了，接着说：

"好吧，玛蒂尔德[1]。做一身合适的衣服，你在别的场合也能穿，很朴素的，得多少钱呢？"

她想了几秒钟，合计出一个数目，考虑到这个数目可以提出来，不会招致这个俭省的书记立刻的拒绝和惊骇的叫声。

末了，她迟疑地答道：

"准数呢，我不知道，不过我想，有四百法郎就可以办到。"

他脸色有点发白了。他恰好存着这么一笔款子，预备买一杆猎枪，好在夏季的星期天，跟几个朋友到南代尔平原去打云雀。

然而他说：

"就这样吧，我给你四百法郎。不过你得把这件长裙做得好看些。"

夜会的日子近了，但是路瓦栽夫人显得郁闷、不安、忧愁。她的衣服却做好了。她丈夫有天晚上对她说：

"你怎么了？看看，这三天来你非常奇怪。"

她回答说：

"叫我发愁的是一粒珍珠、一块宝石都没有，没有什么戴的。我处处带着穷酸气，很想不去参加这个夜会。"

他说：

"戴上几朵鲜花吧。在这个季节里，这是很时新的。花十个法

---

❶［玛蒂尔德］路瓦栽夫人的名字。

郎，就能买两三朵别致的玫瑰。”

她还是不依。

“不成，……在阔太太中间露穷酸相，再难堪也没有了。”

她丈夫大声说：

“你多么傻呀！去找你的朋友佛来思节夫人，向她借几样珠宝。你跟她很有交情，这点事情满可以办到。”

她发出惊喜的叫声。

“真的！我倒没想到这个。”

第二天，她到她的朋友家里，说起自己的烦闷。

佛来思节夫人走近她那个镶着镜子的衣柜，取出一个大匣子，拿过来打开了，对路瓦栽夫人说：

“挑吧，亲爱的。”

她先看了几副镯子，又看了一挂珍珠项圈，随后又看了一个威尼斯式的镶着宝石的金十字架，做工非常精巧。她在镜子前边试这些首饰，犹豫不决，不知道该拿起哪件，放下哪件，她不断地问着：

“再没有别的了吗？”

“还有呢，你自己找吧，我不知道哪样合你的意。”

忽然她在一个青缎子盒里发现一挂精美的钻石项链，她高兴得心都快跳出来了。她双手拿着那项链发抖。她把项链绕着脖子挂在她那长长的高领上，站在镜前对着自己的影子出神好半天。

借项链。

随后，她迟疑而焦急地问：

“你能借我这件吗？我只借这一件。”

“当然可以。”

她跳起来，搂住朋友的脖子，狂热地亲她，接着就带着这件宝物跑了。

连续的几个动作，揭示主人公的内心世界。

夜会的日子到了，路瓦栽夫人得到成功。她比所有的女宾都漂亮、高雅、迷人，她满脸笑容，兴高采烈。所有的男宾都注视她，打听她的姓名，求人给介绍；部里机要处的人员都想跟她跳舞，部长也注意她了。

玛蒂尔德在夜会上大出风头。

她狂热地兴奋地跳舞，沉迷在欢乐里，什么都不想了。她陶醉于自己的美貌胜过一切女宾，陶醉于成功的光荣，陶醉在人们对她的赞美和羡妒所形成的幸福的云雾里，陶醉在妇女们所认为最美满最甜蜜的胜利里。

她是早晨四点钟光景离开的。她丈夫从半夜起就跟三个男宾在一间冷落的小客室里睡着了。那时候，这三个男宾的妻子也正舞得快活。

她丈夫把那件从家里带来预备给她临走时候加穿的衣服，披

在她的肩膀上。这是件朴素的家常衣服，这件衣服的寒伧味儿跟舞会上的衣服的豪华气派很不相称。她感觉到这一点，为了避免那些穿着珍贵皮衣的女人看见，想赶快逃走。

路瓦栽把她拉住，说：

“等一等，你到外边要着凉的。我去叫一辆马车来。”

但是她一点也不听，赶忙走下台阶。他们到了街上，一辆车也没看见，他们到处找，远远地看见车夫就喊。

丢项链。

他们在失望中顺着塞纳河❶走去，冷得发抖，终于在河岸上找着一辆拉晚儿的破马车。这种车，巴黎只有夜间才看得见；白天，它们好像自惭形秽❷，不出来。

车把他们一直拉到马丁街寓所门口，他们惆怅地进了门。在她，一件大事算是完了。她丈夫呢，就想着十点钟得到部里去。

她脱下披在肩膀上的衣服，站在镜子前边，为的是趁这荣耀的打扮还在身上，再端详一下自己。但是，她猛然喊了一声。脖子上的钻石项链没有了。

她丈夫已经脱了一半衣服，就问：

“什么事情?”

她吓昏了，转身向着他说：

“我……我……我丢了佛来思节夫人的项链了。”

他惊惶失措地直起身子，说：

“什么！……怎么啦！……哪儿会有这样的事!”

他们在长衣裙褶里、大衣褶里寻找，在所有口袋里寻找，竟没有找到。

他问：

“你确实相信离开舞会的时候它还在吗?”

“是的，在教育部走廊上我还摸过它呢。”

“但是，如果是在街上丢的，我们总听得见声响。一定是丢在车里了。”

“是的，很可能。你记得车的号码吗?”

“不记得。你呢，你没注意吗?”

“没有。”

他们惊惶地面面相觑。末后，路瓦栽重新穿好衣服。

“我去，”他说，“把我们走过的路再走一遍，看看会不会找着。”

他出去了。她穿着那件参加舞会的衣服，连上床睡觉的力气也没有，只是倒在一把椅子里发呆，精神一点也提不起来，什么

---

❶［塞纳河］法国西北部的一条河，流经巴黎，把巴黎分为河南河北两部分。❷［自惭形秽］看到自己不如别人而感到羞愧。形秽，形态丑陋，引申为感到自身的缺点或者不足。

也不想。

七点钟光景，她丈夫回来了。什么也没找着。

后来，他到警察厅去，到各报馆去，悬赏招寻，也到所有车行去找。总之，凡有一线希望的地方，他都去过了。　找项链。

她面对着这不幸的灾祸，整天等候着，整天在惊恐的状态里。

晚上，路瓦栽带着瘦削苍白的脸回来了，一无所得。

“应该给你的朋友写信，”他说，“说你把项链的搭钩❶弄坏了，正在修理。这样，我们才有周转的时间。”

她照他说的写了封信。

过了一个星期，他们所有的希望都断绝了。

路瓦栽，好像老了五年，他决然说：

“应该想法赔偿这件首饰了。”

第二天，他们拿了盛项链的盒子，照着盒子上的招牌字号找到那家珠宝店。老板查看了许多账簿，说：

“太太，这挂项链不是我卖出的；我只卖出这个盒子。”

于是他们就从这家珠宝店到那家珠宝店，凭着记忆去找一挂同样的项链。两个人愁苦不堪，快病倒了。　假项链暗示之一。

在皇宫街一家铺子里，他们看见一挂钻石项链，正跟他们找的那一挂一样，标价四万法郎。老板让了价，只要三万六千。

他们恳求老板，三天以内不要卖出去。他们又订了约，如果原来那一挂在二月底以前找着，那么老板可以拿三万四千收回这一挂。

路瓦栽现有父亲遗留给他的一万八千法郎。其余的，他得去借。

他开始借钱了。向这个借一千法郎，向那人借五百法郎，从这儿借五个路易❷，从那儿借三个路易。他签了好些债券，订了好些使他破产的契约。他跟许多放高利贷的人和各种不同国籍的放债人打交道。他顾不得后半世的生活了，冒险到处签着名，却不知道能保持信用不能。未来的苦恼，将要压在身上的残酷的贫困，肉体的苦楚，精神的折磨，在这一切的威胁之下，他把三万六千法郎放在商店的柜台上，取来那挂新的项链。　赔项链。

路瓦栽夫人送还项链的时候，佛来思节夫人带着一种不满意的神情对她说：

“你应当早一点还我，也许我早就要用它了。”

佛来思节夫人没有打开盒子。她的朋友正担心她打开盒子。如果她发觉是件代替品，她会怎样想呢？会怎样说呢？她不会把　假项链暗示之二。

---

❶［搭钩］这里指项链两头接连的钩子。❷［路易］法国钱币名。一路易约值二十法郎。

她的朋友当作一个贼吗？

路瓦栽夫人懂得穷人的艰难生活了。她一下子显出了英雄气概，毅然决然打定了主意。她要偿还这笔可怕的债务。她就设法偿还。她辞退了女仆，迁移了住所，租赁了一个小阁楼住下。

为赔项链付出的沉重代价。

她懂得家里的一切粗笨活儿和厨房里的讨厌的杂事了。她刷洗杯盘碗碟，在那油腻的盆沿上和锅底上磨粗了她那粉嫩的手指。她用肥皂洗衬衣，洗抹布，晾在绳子上。每天早晨，她把垃圾从楼上提到街上，再把水从楼下提到楼上，走上一层楼，就站住喘气。她穿得像一个穷苦的女人，胳膊上挎着篮子，到水果店里，杂货店里，肉铺里，争价钱，受嘲骂，一个铜子一个铜子地节省她那艰难的钱。

月月都得还一批旧债，借一些新债，这样来延续清偿的时日。

她丈夫一到晚上就给一个商人誊写账目，常常到了深夜还在抄写五个铜子一页的书稿。

这样的生活继续了十年。

第十年年底，债都还清了，连那高额的利息和利上加利滚成的数目都还清了。

路瓦栽夫人现在显得老了。她成了一个穷苦人家的粗壮耐劳的妇女了。她胡乱地挽着头发，歪斜地系着裙子，露着一双通红的手，高声大气地说着话，用大桶的水刷洗地板。但是有时候，她丈夫办公去了，她一个人坐在窗前，就回想起当年那个舞会来，那个晚上，她多么美丽，多么使人倾倒啊！

要是那时候没有丢掉那挂项链，她现在是怎样一个境况呢？谁知道呢？谁知道呢？人生是多么奇怪，多么变幻无常啊，极细小的一件事可以败坏你，也可以成全你。

有一个星期天，她到极乐公园去走走，舒散一星期来的疲劳。这时候，她忽然看见一个妇人领着一个孩子在散步。原来就是佛来思节夫人，她依旧年轻，依旧美丽动人。

路瓦栽夫人无限感慨。她要上前去跟佛来思节夫人说话吗？当然，一定得去。而且现在她把债都还清，她可以完全告诉她了。为什么不呢？

她走上前去。

“你好，珍妮❶。”

那一个竟一点也不认识她了。一个平民妇人这样亲昵地叫她，她非常惊讶。她磕磕巴巴地说：

---

❶［珍妮］佛来思节夫人的名字。

“可是……太太……我不知道……你一定认错了。”

“没有错，我是玛蒂尔德·路瓦栽。”

她的朋友叫了一声：

“啊！……我可怜的玛蒂尔德，你怎么变成这样了！……”

“是的，多年不见面了，这些年来我忍受着许多苦楚，……而且都是因为你！……”

“因为我！……这是怎么讲的？”

“你一定记得你借给我的那挂项链吧，我戴了去参加教育部夜会的那挂。”

“记得。怎么样呢？”

“怎么样？我把它丢了。”

“哪儿的话！你已经还给我了。”

“我还给你的是另一挂，跟你那挂完全相同。你瞧，我们花了十年工夫，才付清它的代价。你知道，对于我们这样什么也没有的人，这可不是容易的啊！……不过事情到底了结了，我倒很高兴了。”

佛来思节夫人停下脚步，说：

“你是说你买了一挂钻石项链赔我吗？”

“对呀。你当时没有看出来，简直是一模一样的啊。”

于是她带着天真得意的神情笑了。

佛来思节夫人感动极了，抓住她的双手，说：

“唉，我可怜的玛蒂尔德！可是我那一挂是假的，至多值五百法郎！……”

揭开谜底，以“真”赔“假”。

摆　渡

高晓声

有四个人到了渡口，要到彼岸去。

这四个人：一个有钱的，一个是大力士，一个有权的，一个是作家。他们都要渡河。

摆渡人说：“你们每一个人，都要把自己最宝贵的东西分一点给我，我就摆。谁不给，我就不摆。”

有钱人给了点钱，上了船。

大力士举举拳头说：“你吃得消这个吗？”也上了船。

有权的人说：“你摆我过河以后，就别干这苦活了，跟我去做一点干净省力的事儿吧。”摆渡人听了高兴，扶他上了船。

最后轮到作家开口了。作家说：“我最宝贵的，就是写作。不过一时也写不出来。我唱个歌你听吧。”

摆渡人说：“歌儿我也会唱，谁要听你的！你如实在没有什么，唱一个也可以。唱得好，就让你过去。”

作家就唱了一个。

摆渡人听了，摇摇头说：“你唱的算什么，还没有他（指有权的）说的好听。”说罢，不让作家上

船，篙子一点，船就离了岸。

这时暮色已浓，作家又饿又冷，想着对岸家中，妻儿还在等他回去想办法买米烧饭吃，他一阵心酸，不禁仰天叹道："我平生没有做过孽，为什么就没有路走了呢？"

摆渡人一听，又把船靠岸，说："你这一声叹，比刚才唱的好听，你把你最宝贵的东西——真情实意分给了我。请上船吧！"

作家过了河，心里哈哈笑。他觉得摆渡人说得真好，作家没有真情实意，是应该无路可走的。

到了明天，作家想起摆渡人已跟那有权的走掉。没有人摆渡了，那怎么行呢？于是他就自动去做摆渡人。从此改了行。

作家摆渡，不受惑于财富，不屈从于权力；他以真情实意对待渡客，并愿渡客以真情实意报之。

过了一阵之后，作家又觉得自己并未改行，原来创作同摆渡一样，目的都是把人渡到前面的彼岸去。

读写综合能力训练

【思维训练】

一、小说的人物和主题要通过典型的情节和生动的场面来表现。因此对这些情节和场面的组织安排都必须为表现人物服务。本单元的各篇小说的情节、场面的组织安排有什么特点？对表现人物、揭示主题有哪些作用？试结合课文具体说明。

二、人物性格可以通过作者的叙述来表现，也可以通过人物自己的语言、行动、心理和别人对他的态度来表现。分别举例说明这些表现人物性格的方法所表现人物的性格特点。

【阅读训练】

一、选择题

1. 下列词语中有错别字的一项是（　　）。

　A. 寄人篱下　　衣衫褴楼　　层层叠叠　　高谈阔论

　B. 席不暇暖　　卧薪尝胆　　滔滔不绝　　顺藤摸瓜

　C. 始作俑者　　兴致勃勃　　惊惶失措　　官冕堂皇

　D. 投机倒把　　囤积居奇　　奇货可居　　奇珍异宝

2. 下列各句中加点的成语使用恰当的是（　　）。

　A. 正视先进国家的先进技术，亦步亦趋，博采众长，为的是发展自己。

　B. 青年拥有青春，但不等于青春，对青春流逝的任何喟叹都无济于事。

　C. 他的英雄事迹在神州大地引起轩然大波。

　D. 众志成城，因人成事，中国人民靠自己的力量建立了新中国。

3. 下列文学常识的表述有误的一项是（　　）。

　A. 鲁迅的小说集，《呐喊》是他的第一部小说集，为现实主义的新小说奠定了基础。

　B. 莫泊桑的作品有《菲菲小姐》《米龙老爹》《羊脂球》和《我的叔叔于勒》。

　C. 《红楼梦》原名《石头记》，是一部具有高度思想性和艺术性的伟大现实主义作品，其作者是清代伟大作家曹雪芹。

　D. 巴尔扎克的作品有《高利贷者》《夏培上校》《高老头》《幻灭》《贝姨》《巴黎圣母院》。

二、阅读下文，回答问题

“高等教育”

强和弟弟都接到了名牌大学的录取通知书。强用借来的钱送走了弟弟，就随本家哥去沿海的一个港

口城市打工。

那城市很美，强的眼睛就不够用了。本家哥说，不赖吧？强说，不赖。本家哥说，不赖是不赖，可总归不是自个儿的家，人家瞧不起咱。强说自个儿瞧得起自个儿就行。

强和本家哥在码头的一个仓库给人家缝补篷布。强很能干，做的活精细，看到丢弃的线头碎布也拾起来留作备用。

那夜暴风雨骤起，强从床上爬起来，冲到雨帘中。本家哥劝不住他，骂他是个憨蛋。在露天仓垛里，强察看了一垛又一垛，加固被掀动的篷布。待老板驾车赶过来，他已成了个水人儿。老板见到所储物资丝毫未损，当场要给他加薪，他就说不了，我只是看我修补的篷布牢不牢。

老板见他如此诚实，就想把另一个公司交给他，让他当经理。强说我不行，让文化高的人干吧。老板说我看你行——比文化高的是人身上的那种东西。

强就当了经理。

公司刚开张，需要招聘几个大专以上文化程度的年轻人当业务员，就在报纸上做了广告。本家哥闻讯赶来，说给我弄个美差干干。强说，你不行。本家哥说，看大门也不行吗？强说，不行，你不会把这里当成自个儿的家。本家哥脸涨得紫红，骂道，你真没良心。强说，把自个儿的事干好才算有良心。

公司进了几个有文凭的年轻人，业务红红火火地开展起来。过了些日子，那几个受过高等教育的年轻人知道了他的底细，心里就起毛说，就凭我们的学历，怎能窝在他手下？强知道了并不恼，说我们既然在一块儿共事，就把事办好吧，我这个经理的帽子谁都可以戴，可有价值的并不在这帽上……

那几个大学生面面相觑，就不吭声了。

一外商听说这公司很有发展前途，想洽谈一项合作项目。强的助手说，这可是条大鱼哪，咱得好好接待。强说，对头。

外商来了，是位外籍华人，还带着翻译、秘书一行。

强用英语问，先生，会汉语吗？

那外商一愣，说，会的。强就说我们用母语谈好吗？

外商道了一声“OK”。谈完了，强说，我们共进晚餐怎么样？外商迟疑地点了点头。

晚餐很简单，但有特色，所有的盘子都尽了，只剩下两个小笼包子，强对服务小姐说，请把这两个包子装进食品袋里，我带走。虽说这话很自然，他的助手却紧张起来，不住地看那外商。那外商站起来，抓住强的手紧紧握着，说，OK，明天我们就签合同！

事成之后，老板设宴款待外商，强和他的助手都去了。

席间，外商轻声问强，你受过什么教育？为什么能做得这么好？

强说，我家很穷，父母不识字。可他们对我和弟弟的教育是从一粒米、一根线开始的。后来我父亲去世。母亲辛辛苦苦地供我们上学。她说俺不指望你们高人一等，能做好自个儿的事就中……

在一旁的老板眼里渗出亮亮的液体，他端起一杯酒，说，我提议敬她老人家一杯——你受过人生最好的教育——把母亲接来吧！

1. 简要概括强的形象。
2. 简要分析外商的心理变化。
3. 本文写高考中榜却没钱上大学的强的成功经历，题目却定为“高等教育”，有何意义？
4. 本文写了三个内容，试简要概括。
5. 本文对你的启示是什么？

三、若干年前，一家美国杂志以3000美元悬赏，征求文字最简短、情节最曲折的小说。结果，下边一篇小小说获得头奖。

伊莉薇娜的弟弟佛莱特伴着她的丈夫巴布去非洲打猎。不久，她在家里接获弟弟的电报：“巴布猎狮身死。——佛莱特。”

伊莉薇娜不胜悲哀，回电给弟弟：“运其尸回家。”三星期后，从非洲运来了一个大包裹，里面是一个狮尸。她又赶发了一个电报：“狮收到。弟误，请寄回巴布尸。”

很快得到了非洲的回电：“无误，巴布在狮腹内。——佛莱特。”

这篇小说在我国一家杂志转载后，读者议论纷纷。大致有以下四种意见。第一种意见认为，文章写得很简短，仅用150余字讲述了一件复杂的事件，这是获奖的主要原因，但缺乏具体描写，不能算作一篇小说。第二种意见认为，文章写得失真。佛莱特从非洲运回狮尸，经过三星期还未腐烂，不太可信。再说那个故事也没有什么意义，只不过说明资本主义社会中一些人在苦恼之时寻求刺激罢了。第三种意见认为。这篇小说文字最短，情节生动曲折，以电报和运尸为线索，人物关系交代得一清二楚，获奖是当之无愧的。第四种意见认为，这是一篇幽默的情节小说；这是一篇富有潜台词而又没有暗示出主题趋向的小说；它像是一个长篇的提纲，它引起了读者更多的猜测和联想。总之，它的机智多于深刻的思想。

讨论一下，这四种意见，哪一种更正确些？理由是什么？也可以提出新的意见，并说明理由。通过这篇小说的讨论，有助于我们把握小小说的特点。

【写作训练】

一、写作指导

小小说，既然是小说，就不同于小新闻、小通讯、小散文，它必须运用小说创作的一些规律，例如典型化、形象化等。它既然是“小”的小说，篇幅上就不能长，必须是微型的，一般在千字左右。因此，它比短篇小说更精粹、洗练。

写小小说，要注意下面几个问题。

1. 要有创造性的立意

作家王蒙认为，小小说是一种敏感，从一个点、一个画面、一个对比、一声赞叹、一瞬间之中，捕捉住了小说——一种智慧、一种美、一个耐人寻味的场景、一种新鲜的思想。小小说有了创造性和独特性的内涵，说他人之未说，句句挠到痒处，打到痛处，那就获得了成功。

2. 选取能够“以小见大”的材料

小小说要在短小的篇幅中包含丰富的内容，必须善于取材。它要选取的是生活中具有典型意义和概括力的某个场景、某个细节、某个侧面，也就是能够“以小见大”的生活片段。例如孟伟哉的小小说《插图》。

一天，父亲下班回家，看见儿子正在画一个人，脑袋很小，身子很大，不成比例。父亲责怪儿子。儿子却说画的正是父亲，因为父亲几十年来只是人云亦云，现在刚刚有点头脑，但不大。第二天，父亲拿了一张画给儿子，这张画上的人正是儿子，头大身小。父亲解释说：“你不是说我现在才有一点自己的头脑了吗？这就是我对你观察的结果！”

作者选取了有典型意义的生活片段，表现了对新老两代人的看法：各有长短。于是“小中见大”，从很小的事情中概括了丰富、深刻的社会内容。

3. 要精心安排结构

小小说尽管短小，但结构也求完整。它不是靠情节的复杂取胜，而是要精心布局，做到主次分明、疏密有致，形成一个完整的艺术品。小小说结构的巧妙，突出地表现在结尾上。小小说由于情节单纯，缺乏引人入胜的对发展过程的描写，大都是瞬间镜头的闪现和勾连，这种情节特点，决定了它在结尾上做文章，用出人意料的结局来完成结构的构架。意料之外又在情理之中的结尾是小说的灵魂，似画龙之点睛。请看下面《“书法家”》一文。

“书法家”

书法比赛会上，人们围住前来观看的高局长，请他留字。

“写什么呢?”高局长笑眯眯地提着笔，歪着头问。

“写什么都行。写局长最得心应手的好字吧。”

“那我就献丑了。”高局长沉吟片刻，轻抖手腕落下笔去。立刻，两个遒劲的大字从笔端跳到宣纸上：“同意。”

人群里发出啧啧的惊叹声。有人大声嚷道：“请再写几个!”

高局长循声望去，面露难色地说：

“不写了吧——能写好的就数这两个字……”

结局出人意料，留给读者很大的想象空间。这样的结局使高局长形象跃然纸上，深化了主题。

二、写作练习。

1. 家庭生活、学校生活、社会生活丰富多彩，各色的人，纷繁的事，洋溢的情……请加以观察、思考和提炼，自拟题目写一篇小小说。

2. 英国一家报纸曾举办一次小小说比赛，夺魁者是仅三个字的小说：“神垂死!”评奖者誉为“主题忧郁，表达了对这个世界的种种忧虑……”也有人认为不值得提倡。无限的深广与有限的凝练构成和谐的统一，这才是小小说的特征和路子，试谈谈你的认识。

课外阅读篇目

1. 鲁迅 《阿Q正传》
2. 钱钟书 《围城》
3. 曹雪芹 《红楼梦》
4. 斯汤达 《红与黑》
5. 托尔斯泰 《战争与和平》

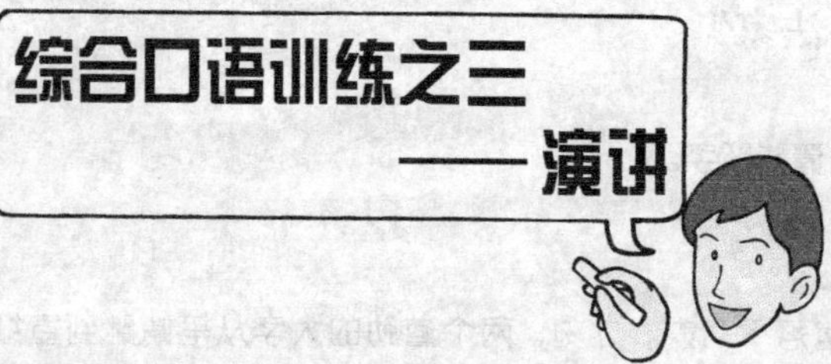

【训练目标】

1. 了解演讲的有关知识。
2. 掌握演讲的特点和类型。
3. 学习写作演讲稿。
4. 掌握演讲技巧，进行声情并茂的演讲。

【知识要点】

演讲，也叫讲演或演说，是运用有声语言（即“讲”）和态势语言（即“演”）对听众阐明观点、表达思想、传递信息、抒发感情，从而感召听众的一种口语交流活动。

一、演讲的特点

1. 高度的综合性

演讲是一门涉及语言学、修辞学、逻辑学、美学、心理学等多种学科知识的综合性艺术，演讲成功与否与演讲者的写作水平、思维能力、表达能力、审美能力乃至心理学知识的多少，道德修养的高低等都有着密切的联系。成功的演讲需要演讲者具备扎实深厚的文字功底、清晰流畅的口语表达、严谨周密的逻辑思维、得体大方的仪表举止……任何一个方面有所疏忽都会影响到演讲的整体效果。

2. 鲜明的目的性

任何演讲都有着鲜明的目的性。或者是通过有理有据的事理阐述，使听众信服并接受自己的主张；或者是通过真诚热烈的感情抒发，引起听众的共鸣；或者是通过新鲜、有价值的信息传递，实现与听众的沟通和交流；或者是通过激情澎湃的演讲调动听众的情绪，振奋听众的精神，鼓舞听众的斗志……没有哪个人的哪次演讲是无目的的闲聊，那样的话，也就不能称之为演讲了。

3. 强烈的鼓动性

演讲的鼓动性是指演讲者要善于选择听众最感兴趣的话题，并且借助口语的强烈感染力和态势语的丰富表现力，唤起听众的共鸣，拨动听众的心弦，使之自然而然地接受自己的主张、见解，受到自己情绪的感染，从中得到鼓舞和启发，进而达到影响听众、征服听众的目的。我国著名的诗人、学者、民主战士闻一多在李公朴先生追悼会上所作的《最后一次讲演》可以堪称这方面的典范之作。

…………

“一二·一”是昆明的光荣，是云南人民的光荣，云南光荣的历史，远的如护国，近的如“一二·一”，这些都属于云南人民的，我们要发扬！

…………

历史赋予昆明的任务，民主和平，我们昆明的青年必须完成这任务！

我们要准备像李先生一样，前足跨出大门，后脚就不准备再跨进大门。（长时间的鼓掌）

（引自《闻一多全集》第3卷）

在这次著名的演讲中，闻一多先生一针见血揭露了敌人杀害李公朴先生的无耻暴行，慷慨激昂地号召昆明青年继承发扬优良的爱国传统，肩负起“历史赋予昆明的任务”。他的演讲使昆明青年热血沸腾，大受激励和鼓舞，极大地增强了当时昆明青年的爱国热情，从而更加积极地投身到反对独裁、争取民主和自由的爱国热潮中去。

4. 真挚的情感性

演讲者要想使听众接受自己的主张，受到自己情绪的感染，首先就要在演讲中灌注自己的真情实感。如果演讲者言不由衷、装腔作势，那么演讲的内容就不可能被听众所认可、所接受，更不可能引起听众感情上的共鸣，当然也就不可能实现演讲的目的了。人们常说，只有先感动自己，才能感动别人。演讲者只有话语真诚、感情真挚、言为心声，才能抓住听众的情感，震撼听众的心灵。清华大学硕士研究生季新泉就曾经作过一次情真意切，感人肺腑的演讲，题目是《敬爱的老师——亲爱的妈妈》（见《演讲与口才》2000年第12期）。文中，他这样深情地写道：

“记得那是个风雨交加的夜晚，我高烧不退满脸通红……妈妈用她柔弱的身躯，背负起少年的我，冲进雨夜。路上，我经受不住寒风的侵袭，冷得直打哆嗦。妈妈觉察到了，停下来，把我放下，脱下她的衣服，紧紧地裹在我的身上。立刻，妈妈的温暖一下子传遍了我的全身：妈妈依然是我的好妈妈啊！

打吊针的时候，妈妈轻轻地把我搂在怀里，默默地注视着我，眼里充满慈爱，也涨满愧疚。我望着妈妈憔悴的面孔，数着妈妈早生的白发，泪水如涨潮般涌出我的眼窝……

父爱是一座山，母爱是一条河。……是一条纯净悠远、碧波荡漾的河流，妈妈的爱是一首博大深沉、缠绵永远的恋歌。

虽然我们没有现场聆听他精彩感人的演讲，但字里行间洋溢着的母子深情，一定可以使我们每个人都为之动容，为之感叹，感叹母爱的无私与伟大；也一定可以使我们每个人产生强烈的共鸣感，因为我们每个人都体验、感受过这种至真至纯的情感，因为这些话语是从作者的心泉里流出来的，是作者感情的真实表露。这恐怕也是他的演讲能在江苏省南通市“最可敬的母亲”演讲比赛中获得一等奖的一个重要的原因吧。

二、演讲的类型

按照演讲者有无充分准备，演讲一般可以分为命题演讲和即兴演讲两大类。

1. 命题演讲

所谓命题演讲，是指在演讲前由演讲组织者事先给定了演讲题目或演讲的内容范围，允许演讲者充分准备并写出演讲稿的演讲形式，又分为全命题演讲和半命题演讲两种。

（1）全命题演讲　即事先给定统一的演讲题目的演讲。

（2）半命题演讲　即只给定演讲的内容范围，题目可以自拟的演讲。如前面提到的《敬爱的老师——亲爱的妈妈》就是一篇半命题演讲词，演讲赛的组织者只规定了演讲的主题“最可爱的母亲”，对演讲题目则未作统一的规定。

2. 即兴演讲

所谓即兴演讲，是指演讲者在事先没有准备演讲或虽知要演讲但却不知演讲命题的情况下所作的演讲，又分为主动式即兴演讲和被动式即兴演讲。

（1）主动式即兴演讲　是指在没有外力推动与督促下，演讲者身临其境、有所见、有所感、有所思产生强烈的兴致而临时作的演讲。这样的演讲者多是现场活动的组织者或主持人。如在会场、婚礼、送别、家宴等场合作的开场白、祝辞、告别辞等即兴讲话都属于这一类型。

（2）被动式即兴演讲　是指演讲者本来没有打算演讲，而是在外力的推动下被动发表的演讲。如在联欢会上，受主持人的热情相邀所作的演讲就是被动式即兴演讲。

三、演讲稿的写作

演讲能否成功，是否精彩，首先取决于演讲稿写得如何，一篇好的演讲稿，是演讲成功的重要基础和前提条件。

（一）演讲稿的写作要求

1. 了解听众、选准切入点

毛泽东同志曾经这样说过："射箭要看靶子，弹琴要看听众，写文章、作演说可以不看读者不看听众吗?"所以，演讲者要使演讲自始至终能吸引住听众的注意力，就要了解、熟悉自己的听众，做到有的放矢。也就是说，在写作演讲稿前，要对演讲对象的基本情况，包括他们的兴趣爱好、年龄身份、文化层次、心态性格等，作尽可能详细的调查、了解、研究，掌握尽可能丰富的材料，选准演讲的切入点。否则，你讲的他可能听不懂或不想听，演讲效果也就可想而知了。

2. 态度明确、主题突出

演讲者在阐述事理、发表见解时，一定要做到态度明确。主张什么、反对什么，必须表述清楚，不可含糊；热爱什么，憎恨什么也一定要立场坚定，是非分明。不能像墙头草一样，摇摆不定，使人听完演讲，不知所云，如坠云雾之中。

3. 选材典型、论证有力

写作演讲稿之前，我们要准备尽可能丰富的第一手材料；但在写作时，我们要对所掌握的材料作必要的甄别、筛选。要选取那些最具有说服力、感染力的典型性材料；选取那些最容易为听众理解，但对听众来说又很新颖的材料；选取那些与时代环境、社会背景合拍的，但又有趣味的材料。所选材料可以是历史典故、名人事例，也可以是平凡人的平凡小事，但不论什么材料都必须真实可靠，必须要服从于演讲主题的需要。如果和演讲主题无关，那么不论材料多么生动、多么感人、多么新颖都必须毫不犹豫地舍弃。

4. 语言通俗生动、富有文采

虽然多数情况下，演讲之前可以准备一份演讲稿，但是演讲毕竟是一种口语交流形式。因此演讲稿的写作不同于一般文章的写作，演讲稿的语言，要更口语化，尽量多用精辟的短句，少用拗口的长句。当然，演讲的语言也绝不等同于生活中的口语。写作演讲稿，可恰当使用排比、设问、反复、比喻、呼告等多种修辞，也可以适当引用名言警句，使演讲词听起来既通俗、明白，又富有文采。

5. 篇幅不可过长

演讲过程中，听众主要借助听觉感知演讲的内容。如果篇幅过长，听众难免产生听觉

疲劳，这样，就容易引起听众的逆反心理；此外，时间一久，前面的内容也容易遗忘。因此，为保证演讲的良好效果，演讲者切忌口若悬河、滔滔不绝。

（二）演讲稿的结构与写法

演讲稿一般由题目、称谓、开头、主体、结尾几个部分组成。

1. 题目

像写作其他任何文章一样，演讲稿的题目要力求新颖、醒目，富有吸引力。如《母爱的谎言》（见《演讲与口才》1997 年第 2 期）选择两个矛盾的词组合成标题，就很有新意，为什么既是谎言又饱含母爱？自然听众的兴趣就被激发起来了。

2. 称谓

是指演讲者对听众的称呼。演讲者如何称呼听众，要因人、因时、因地选择不同的称谓，或庄重、或诙谐，力求恰当、亲切，借以拉近演讲者与听众的心理距离。

3. 开头

俗话说，万事开头难。良好的开端是成功的一半，如果头开得好，一下子就能吸引听众的注意力，为演讲的最后成功奠定良好的基础；相反，如果开头就平淡无味，那后来的演讲再精彩，恐怕也难有人听下去。开头的方法是多种多样的：可以开门见山，直接入题；也可以从日常生活或切身体会导入正题；还可以提问方式开头，激发听众思考；或者用名言警句点出演讲的主旨……无论哪种方法，都必须遵循一个原则：吸引听众的注意力，引起大家的兴趣。

4. 主体

演讲稿的主体部分要对开头提出的论题作全面、深刻的阐述，写作时要注意材料与观点的统一，要考虑各层次之间的联系，要时刻把握演讲稿最终是要说与听众听的这一原则。因此，内容上，要力求跌宕起伏，有张有弛，重点突出，可把中心句放在段首，必要时在段尾再加以强调；结构上，要层次清晰而不复杂，以期给听众留下深刻印象。

主体部分常用的结构方法如下。

（1）并列式　即对演讲中心所涉及的几个方面的内容，从不同角度分别论述。

（2）递进式　即由浅入深、层层递进地阐明中心。

（3）按人们的认识规律或事物的发展进程安排主体部分的结构。

这些方法可单独使用，也可结合起来使用。

5. 结尾

一篇优秀的演讲稿，不仅要开头精美（“凤头”），主体部分内容充实（“猪肚”），结尾收束得也要干脆、有力、不拖泥带水（“豹尾”）。一个好的结尾能起到画龙点睛、升华主题的作用。演讲的结尾大致有以下几种方式。

（1）总结全文式　即把演讲内容加以总结概括，使听众有一个完整而深刻的印象。这是一种最为常见的方式，为许多演讲者所喜爱。

（2）发出号召式　即以号召性话语结束全文，表明演讲者对听众所寄予的期望。这种方式在鼓动性很强的政治演讲或军事演讲中运用较多，如大家非常熟悉的闻一多先生的《最后一次讲演》采用的就是这种结尾方式。

（3）展望未来式　即在演讲结束时，为听众展开一幅美丽的未来图景，唤起听众对美好未来的向往和憧憬。这种方式有助于增强听众实现美好理想的信心。

（4）点明主题式　即在演讲结束时，水到渠成地点明演讲的主题。这种方式能起到突出重点、深化主题的作用。

总之，掌握演讲稿的写作要求与方法，对演讲的成功有着至关重要的作用。但是，在演讲过程中，演讲者还要随时注意听众对演讲内容的反应，必要时可根据现场情况对演讲内容、顺序、词句作些调整，以取得最佳的演讲效果。

四、态势语在演讲中的运用

在完成了一篇观点新颖、内容充实、文字优美的演讲稿之后，恰当运用态势语也是演讲成功的一个重要条件。所谓态势语是通过人的体态、手势、表情、眼神等非语音因素传递信息的一种辅助语言形式，包括行姿、站姿、手势、表情、眼神、服饰等。在演讲过程中，态势语的运用要配合口语表达的内容而自然表示，要与有声语言配合得天衣无缝，而不可矫揉造作，过于夸张。

（1）行姿　主要是指演讲者在上、下台时要步履稳健，节奏适中、充满自信。

（2）站姿　主要是指演讲者在演讲过程中尽量要站在一个固定的位置，一般不来回走动；站定后，身体要挺直或微微前倾，不要来回摇晃。

（3）手势　必要的手势可以使演讲更加形象、生动，但不可过多或牵强，不能有明显的表演痕迹。

（4）表情　演讲者的表情要配合演讲的内容，与内容相吻合，但不可夸张。

（5）眼神　在演讲过程中，演讲者要正视听众，要善于用目光与听众交流。

（6）服饰　演讲者服饰要大方、整洁、得体，与场合、身份甚至演讲内容相吻合。

总之，演讲作为一种口语交流形式，最经济、最实用、最方便，好处甚多。正如秋瑾女士在《演说的好处》一文中所说，“随便什么地方，都可以随时演说”——方便；“只需三寸不烂的舌头，又不要兴师动众，掏什么钱”——经济；“天下的事情都可以晓得”——实用。所以，我们人人都可以学习演讲，人人都可以成为演讲家。我们要通过演讲练习，提高自己的语言表达能力，进而带动其他能力的全面提高。

五、例文

在诺贝尔奖授奖仪式上的演讲

丁肇中

国王、王后陛下，皇族们，各位朋友：

得到诺贝尔奖，是一个科学家最大的荣誉。我是在中国长大的。因此，想借这个机会向发展中国家的青年们强调实验工作的重要性。

（本段只有三句话，首句含蓄表达了自己获得诺贝尔奖的喜悦心情。第二句并未继续抒发这种喜悦，也未按常规向各界朋友表示谢意，而是转而告诉听众自己的生长环境。丁肇中在美国出生，中国长大，20岁移居美国，故有此说。第三句开头的“因此”清楚地告诉我们他的生活经历和今天的演讲主题——“向发展中国家的青年们强调实验工作的重要性”之间的这种因果联系，我们从中不难体会到丁先生对祖国的拳拳挚爱，这种感情深沉、炽烈而又崇高。）

中国有句古话：“劳心者治人，劳力者治于人。”这种落后的思想，对很多发展中国家的青年们有很大害处。由于这种思想，很多发展中国家的学生都倾向于理论研究，而避免实验工作。事实上，自然科学理论不能离开实验的基础，特别是物理学是从实验中产生的。

（这段以引用古语开头，并明确指出了这种思想的危害性：“避免实验工作”，而这将直接影响到发展中国家自然科学尤其是物理学的发展。至此，我们不能不敬佩丁肇中目光的长远，不能不为其强烈的

忧患意识而感叹，也不能不为发展中国家自然科学研究的现状而担忧。）

我希望由于我这次得奖，能够唤起发展中国家的学生们的兴趣，从而注意实验工作的重要性。

（结尾以自己的得奖作论据，极具说服力。在重申论点的同时，表达了自己对发展中国家学生的殷切希望，并与首段相呼应，结构极其严谨，文字又极其精练，全文不过200余字。）

母爱的谎言

——在母亲六十寿辰宴会上的致辞　　　刘晓霞

亲爱的妈妈，哥哥姐姐们：

今天我们欢聚一堂，庆祝母亲的六十大寿，在这里，我想告诉哥哥姐姐们一个秘密，是母亲欺骗了我们几十年的一个秘密。

咱们很小的时候就知道母亲不爱吃鱼，那时候吃鱼的日子不多，偶尔有一次，母亲总是先把最好的挑给爷爷奶奶，然后再给咱们几个姐弟分，而母亲自己却一点也不吃，当咱们把鱼肉放进母亲碗中时，母亲总是说她不爱吃鱼，以后吃鱼时也从没给母亲留过。

几十年过去了，鱼已经成了餐桌上的家常菜，有一次母亲来我家，给我做了一条大鲤鱼，我知道母亲不吃鱼，我就大口大口地吃起来，母亲坐在旁边看着我狼吞虎咽的样子，笑着告诫我："慢点吃，没有人跟你抢。"由于鱼太大，我实在吃不完，母亲说："吃不完，下次再吃，你去上班吧，家里我来收拾。"

我刚走不远，想起忘带办公室的钥匙，又急忙返回家中，发现母亲正津津有味地吃鱼，我很吃惊地问："娘，您不是不爱吃鱼吗?"母亲面带善意地笑着说："过去鱼是稀罕物，家里有老有小的，我哪里能忍心去吃？现在不吃眼看着就要浪费了，好东西谁不爱吃呀。"此时此刻，我突然明白了几十年来母亲的一片苦心，看着眼前的白发亲娘，只觉得鼻子酸酸的，眼泪像泉水般涌满眼窝，嗓子里像有东西堵着，我透不过气来，我强忍泪水，急忙转身走了出去。

一路上，我任泪水流个痛快，减轻一下我心头的压力，小时候咱们吃鱼时，母亲坐在一旁看着咱们那种满足的笑容，历历在目，我真傻，为什么就没有想到母亲是不舍得吃呢？值得庆幸的是，咱们还有弥补的机会。

哥哥姐姐们，这就是母爱，一个伟大的谎言。让咱们用加倍的回报，弥补这个伟大的谎言吧！哥哥姐姐们，让我们共同举杯，祝母亲健康长寿！

（选自《演讲与口才》1997年第2期）

辛勤的小蜜蜂

云南　辛勤

我叫辛勤，今年六十岁，退休前是云南省惟一一家公开发行的少儿报纸《蜜蜂报》的主编。在职期间，我走遍彩云之南的山山水水，采花酿蜜，被誉为"辛勤的蜜蜂"。如今职务虽退，但采花酿蜜的心志未退，我仍要做一只蜜蜂——一只终生辛勤的蜜蜂。

在将近二十年时间里，我为孩子们写了十八本书。孩子们爱读这些书，不断问我："辛老师，你工作那么忙，为什么还能写那么多东西?"我说："因为热爱。"因为热爱，孩子们特别愿意亲近我，有什么心里话都愿跟我说。

有一个孩子作文老写不好，不断被老师批评，被爸爸打骂。他苦恼地说："辛老师，我该怎么办呀？东抄西摘我不愿，胡编乱造我不会，反正我——没写的。"我说："没写的就去多做点事，实在找不到什么事做，就把全家人的脏袜子收集起来洗一洗，做了就有写的了。"

第二周，他兴高采烈地跑来告诉我，他一共洗了十二双袜子。洗好，晒干，折叠好，递给奶奶两双，奶奶脸上的皱纹笑成一朵盛开的千瓣菊；递给妈妈三双，妈妈脸上笑着，嘴里却在唠叨："你早该这么勤快！"爸爸的三双最难洗，刚从床底下的皮鞋里掏出来的时候，硬邦邦，臭烘烘，就像晒干的酸腌菜。第一次打上肥皂，根本没有泡沫，只有灰黑的黏液在手指缝里乱钻；第二次有了一点泡沫；第三次打上肥皂，用力一搓，嘿，雪白的泡沫嗲嗲乱飞，就像放礼花。他做得认真，说得开心，我不催他写，他很快就写出了第一稿。虽说第一稿像记流水账，但用语真切，没有半句空话、假话。我当众赞扬他，答应发表他的文章，只是要他说清楚爸爸是干什么的，袜子为什么这么脏。他说，他只知道爸爸早出晚归，干什么，不知道，也不敢问。我特意给他爸爸写了个条子，请他支持就要获得成功的儿子。

他爸爸看了字条，哈哈大笑了一阵反问儿子："先说，你为什么这么胖?""我爱吃肉。""猪肉从哪里来?""奶奶从菜市场上买的。""菜市场上的猪肉又从哪里来?"儿子干瞪着眼睛，回答不上来了。这时爸爸才告诉他，昆明市所有肉店卖的平价放心肉，都是他领着一帮人风一阵，雨一阵，灰一脚，泥一脚，上山下乡，从农民家里收购来的。爸爸骄傲地拍着大腿说："我整天东奔西跑，袜子还能不脏吗?"

《十二双袜子》发表了，结尾小作者说："爸爸千辛万苦，一心想着为春城的老百姓服务，我给爸爸洗了三双脏袜子，一心想着为他服务，我们一大一小是在互相服务哇!"

这样的事情我几乎天天在做，不为什么，只为了让孩子们少一点虚假，多一点真诚——真诚地做人，真诚地做事。世上多一份真诚，就少一份虚假，我们在唱《国歌》时，不是要"把我们的血肉筑成我们新的长城吗?"如果连"我们的血肉"都掺了假，我们筑成的"新的长城"岂不假冒伪劣、千疮百孔、不堪一击了吗?

近些年，越来越多的学校害怕带领学生外出活动，理由是不安全。安全当然重要，但带领学生经风雨、见世面，增强创新精神，提高实践能力更重要。于是，连续五年，先后九次，我和我的伙伴们带领一批又一批孩子走出家门，去"读"人，"读"社会，"读"天地万物。

去年冬季，我们带领一百三十一个小学生去走滇池。五十八公里路要风雨兼程地四天走完，对于这些娇嫩的孩子来说，这无异于一场痛苦的磨炼。可是有不少家长还是争先恐后地把孩子送来了。出发时，一位家长送来一个孩子及三个保姆，说他的孩子要两个保姆保护，一个保姆陪着吃饭和睡觉，他愿意提供赞助。我严正拒绝了他的请求，只让他的孩子走进了我们的行列。

迎着呼呼的北风，我要一百三十一个孩子先跟着我念："苦难是滋养人的，把它吞下去，让它化为力!"念完，我指着随队的一辆豪华轿车，对孩子们说："行进中，谁说一声'我走不动了'，我马上就微笑着请他上轿车，绝对不批评。是的，往前走，是苦难，回头看，是舒服。你们到底要什么，请自主选择。"一百三十一个孩子上路了，最小的四个只有八岁。我走在他们中间，他们簇拥着我，听我给他们讲故事。我从方志敏讲到徐洪刚，从牛顿讲到比尔·盖茨……，小脚板就这么一步不停地艰难而又欢快地到达了第一个终点。

晚上查铺，有十二个孩子脚上打了水泡，水泡打得最多的是那个平时拥有三个保姆的孩子。我一边让随队的老师给他处理水泡，一边和他谈心。他含着泪花对我说："我每天走出家门就钻进爸爸的车门，一天走不了几步路。不少同学羡慕我，我还觉得挺得意。现在，爸爸妈妈的心疼全部变成了我的脚疼，我到底应该怎么活着，真要好好地想一想了。"

四天时间，豪华轿车天天放空。

四天时间，迎面开来的大小车辆无不远远停下，肃然起敬地给我们这支头戴小红帽的队伍让路。

四天时间，有惊有险，有血有泪，但透过惊险血泪，我却看到了孩子们"我强，中华会更强"的决心和斗志。

四天时间，我这颗已经蹦跳了半个多世纪的心又一次经受了严峻的考验。当我头戴小红帽，昂首走在一串红的行列里时，我感到自己的气血在重振，心志在升华！只要我还能挺直自己的身躯，我就要做一只辛勤的蜜蜂，给孩子们采花酿蜜，不畏艰远，不畏险高！

尽管我个人的力量是有限的，但只要我"幸福"了一个孩子，中华民族不就"幸福"了十二亿分之一了吗？一，虽然很小，但是坚实地拥有了它，一生二，二生三，三能生四，四就能生出万千！

（选自《演讲与口才》2000年第9期，该演讲获首届"红河杯"全国演讲大赛特等奖）

【口语训练】

一、什么叫演讲？演讲有哪些特点？

二、演讲有哪些类型？

三、体会下列词语所伴随的面部表情和眉眼的细微变化，并尝试表现。

喜笑颜开　愁眉不展　目瞪口呆　手足无措

摩拳擦掌　抓耳挠腮　手舞足蹈　顾盼神飞

四、新颖别致的演讲标题能引起听众的兴趣，集中听众的注意力。常见的标题形式有引用式、拟人式、对偶式、反问式、对比式、排比式等，请问下面的标题分别属于哪种类型。

1. 巍巍苍山知我情

2. 先天下之忧而忧，后天下之乐而乐

3. 文人相轻·文人相亲·文人相钦

4. 巾帼不让须眉

5. 拳拳赤子心，殷殷爱国情

6. 人生得一知己能足吗？

五、原辽宁省营口市教育学院的曲啸曾应邀到一所监狱作演讲，对这些特殊的听众，该如何称呼才既准确又不伤他们的自尊？请你设计几种恰当的称谓。

六、演讲稿开头部分的写法有哪些类型，请以《说偶像》为题，写出三种不同类型的开头。

七、给书中例文配上适当的态势语后进行演讲练习。

八、从下列题目中任选一个写一篇演讲稿，然后在班内组织一次演讲赛。

我的心愿　　假如我是老师

和爸爸妈妈说说心里话　　六十分万岁吗？

扫一室与扫天下　　做一只“出头鸟”

第七单元 文学作品欣赏（四）

训练目标

1. 了解我国古代的戏曲常识，欣赏古代戏曲的语言和艺术手法，激发阅读和欣赏戏曲的兴趣，同时了解戏剧及剧本的一般知识。

2. 了解影视艺术和影视剧本的文学特点，学习欣赏影视作品的一般方法。

3. 品味个性化和动作化的人物语言，欣赏剧本中凝练、生动、传神的台词，领会潜台词的含义。

4. 把握戏剧作品尖锐集中的矛盾冲突，了解人物性格特点，分析人物形象。

5. 了解中外一些重要剧作家及其代表作。

知识要点

一、戏剧与剧本

戏剧和剧本是既有联系又有区别的两个不同的概念。戏剧是一种运用文学、音乐、美术和舞蹈等多种艺术手段，由演员表演、塑造舞台艺术形象，以反映社会生活的综合艺术。在中国，戏剧是戏曲、话剧、歌剧等的总称。在西方，戏剧即指话剧。剧本则是戏剧的文字表达形式，是和诗歌、散文、小说并称的一种文学体裁。

作为综合艺术的戏剧，包含着多方面的因素：剧本，是戏剧的文学因素；唱腔、歌曲、念白、伴奏、音响等，是戏剧的音乐因素；演员的动作、身段、表情、造型等表演，是戏剧的舞蹈因素；服装、化妆、道具、灯光、布景等，是戏剧的美术因素。在诸多因素中，剧本是最重要的因素。它直接规定了戏剧的主题、人物、情节、语言和结构，是舞台演出的基础和依据，决定着戏剧的思想性和艺术性。优秀的剧本，不仅可以供舞台演出，而且具有可供阅读的文学价值。

戏剧的分类多种多样，根据不同的艺术形式和表现方法，可分为话剧、歌剧、舞剧等；根据戏剧冲突的性质表现手法的不同，可分为悲剧、喜剧和正剧等。根据时代不同，可分为历史剧和现代剧。按剧本的篇幅分，有独幕剧和多幕剧。

二、戏剧的基本特征

文学作品中的戏剧，是专指剧本而言的。剧本的创作既要具有文学的特征，又要考虑舞台演出的条件，所以它的矛盾冲突集中、尖锐，人物语言和戏剧动作性格化，时间、地点、人物高度集中。

1. 剧情结构的舞台性

情节发展迅速、结构高度紧凑是剧本的舞台性特征。因供舞台演出之用，受时间和空间的极大限制，剧本的篇幅不宜过长，人物不宜太多，场景变换不宜频繁，剧情结构要十分紧凑，以适合演出的需要。具体表现为：主要人物亮相早，矛盾冲突揭示快，故事情节

发展迅速，高潮一过及时收场。全剧情节从发生、发展、高潮到结局，在两三个小时的演出之内全部完成。

2. 矛盾冲突的集中性

矛盾冲突是构成戏剧情节的基础，是揭示人物性格的手段，是形成戏剧动作的根源，是戏剧的灵魂。由于受舞台性的制约，剧本要把大千世界变化纷繁的生活概括到一个或几个场景之内，把几年甚至几十年发生的事件浓缩到两三个小时的表演之中去深刻地反映社会生活，塑造典型的人物形象。这就必须抓住有代表性的矛盾加以高度集中，造成激烈的戏剧冲突。为此作者往往借助于“巧合”、“悬念”、“伏笔”等手法。

3. 人物语言的特殊性

剧本包括人物语言和舞台说明两部分。舞台说明的作用是简要交代时间、场景、布景设计、人物的形体动作、表情、服装及上下场等，给导演、演员和读者一些必要的提示。它虽是剧本不可或缺的一部分，但仅起辅助作用。人物语言也叫台词，包括对话和独白，在戏剧中有着特殊重要的作用。矛盾冲突的展开，人物性格的刻画，全靠人物自己的语言来实现。因此，戏剧人物的语言必须具备以下几个特点。

(1) 动作性强　戏剧动作有外在的动作和内在的思想感情动作，动作性指人物语言产生于动作并引起许多新的动作，是矛盾冲突的具体表现。它起着表达人物思想感情，揭示典型形象的个性特征、说明并推动剧情发展的重要作用。

(2) 个性鲜明　人物语言个性鲜明，能准确地反映人物特定的经历、身份、教养气质和作风，细腻地表现人物内心的思想斗争与感情的微妙变化，有力地表现不同人物之间性格的对立和冲突，才会刻画出性格各异的人物形象，从而使读者闻其言便知其人。

(3) 通俗易懂　台词，演员在舞台上只说一遍，观众如果听不懂，不可能要求演员作解释或重说一遍，所以务必要通俗简洁，让观众一听就明白。

三、剧本的阅读与欣赏

剧本的特点决定了剧本的阅读和鉴赏的方法。剧本缺少环境的烘托、气氛的渲染，单凭人物语言展开情节、塑造形象、表现主题。基于这个特点，阅读剧本最有效的方法就是“入戏”。读者应把自己拟作剧中人，设身处地去想象人物面临的矛盾，悉心感受人物的际遇，与人物“同呼吸，共命运”，以把握人物感情的脉搏。阅读时不要放过只言片语。尤其是对潜台词挖掘得越深，理解人物语言的内蕴才会越准确深刻，对作品的分析也才会越透彻。赏析剧本和赏析小说有相同之处：既要分析作品通过具体的人和事所反映的重大社会问题，了解其主题思想；又要分析人物形象的社会概括性，认识其典型意义。

第一，认真分析戏剧冲突的集中尖锐性，分析它们的性质，联系作品的时代背景，抓住主要矛盾，准确理解主题的广度与深度，有助于评论作品的社会意义。

第二，深入体会人物的语言。人物语言在戏剧中起着重要的作用。阅读剧本要从富有动作性的对话中，分辨人物之间不同思想性格的对立和冲突；从个性化的语言中，理解人物的性格特征；从独白和含有潜台词的对话中，领会人物内心的思想活动。人物形象的个性特征越鲜明，所揭示的社会本质越深刻，典型性就越强。在深入体会人物语言的基础上，我们再侧重分析人物形象的典型性和作品塑造人物形象的艺术特点。

影视文学是伴随着影视艺术的兴旺发达而深受广大青少年喜爱的一种新型的文学样式。它既接近于小说和戏剧文学，又有自己鲜明的个性风格。受影视艺术自身特点的制约，影视文学作品特别注重运用象征、隐喻等表现手法，集中刻画具有独立思想意蕴的情节画面，借助一幅幅画面的组合联系来激发读者的联想与想象，从而完成对人物形象的塑造以及故事情节的展开和典型环境的再现，并由此形成了影视文学作品中的独特的叙述方式和抒情方式。欣赏影视文学作品要用心看懂这些画面，把握其中象征和隐喻的内涵，充分发挥自己的联想和想象，从而更深入、更完整地领悟整个作品的思想内涵。

23 窦娥冤（节选）❶

关汉卿

学习提示

《窦娥冤》是一部杰出的古典悲剧。作者通过窦娥蒙冤而死的不幸遭遇，揭露了元代恶人横行、官吏昏聩、法制黑暗的社会现实，塑造了一个善良淳朴、坚强不屈的女性形象。

课文所选“法场问斩”是全剧第三折，写窦娥被押赴刑场惨遭杀害，是全剧的高潮。这折戏语言质朴，感情浓烈，人物性格鲜明。剧本以浪漫主义的手法安排情节，以丰富大胆的想象深化主题。窦娥临刑发出三桩誓愿，其冤屈和抗争感天动地，具有震撼人心的力量，使悲剧气氛更加浓郁。

阅读时请注意体会戏曲语言的特点以及想象、夸张的艺术手法。

（外❷扮监斩官上，云）下官❸监斩官是也。今日处决犯人，着❹做公的❺把住巷口，休放往来人闲走。（净❻扮公人，鼓三通、锣三下科❼。刽子磨旗❽、提刀，押正旦❾带枷上。刽子云）行动些❿，行动些，监斩官去法场上多时了。（正旦唱）

【正宫⓫】【端正好⓬】没来由犯王法，不提防遭刑宪⓭，叫声

❶ 节选自《窦娥冤》（《关汉卿戏曲集》，人民文学出版社，1976年版）。关汉卿，号已斋叟，金末元初大都（今北京）人，生卒年不详。元代戏曲作家，元杂剧的奠基人，与马致远、郑光祖、白朴被称为“元曲四大家”。1956年，他的名字列入世界文化名人之列。他的杂剧较多地反映民族矛盾与阶级矛盾，揭露当时社会政治的黑暗，表现人民的苦难与斗争，对妇女的生活与命运尤为关注。他一生写了60多种杂剧，现存15种。代表作有悲剧《窦娥冤》，喜剧《救风尘》《望江亭》，历史剧《单刀会》，公案戏《鲁斋郎》等。《窦娥冤》全名《感天动地窦娥冤》，共四折。剧情梗概是：书生窦天章要进京赶考，因欠蔡婆的高利贷，被迫将7岁的女儿窦娥送给蔡家做童养媳。窦娥17岁成婚，不到两年就守寡，与婆婆相依为命。蔡婆出城索债，债户赛卢医为了赖债要害死她，被流氓张驴儿父子解救。张驴儿借机赖在蔡家，逼迫蔡家婆媳嫁给他们父子，窦娥坚决不从。张驴儿企图毒死蔡婆以胁迫窦娥就范，不料反把自己的父亲毒死，于是嫁祸于窦娥，告到官府。贪官桃杌将窦娥屈打成招，问成死罪。窦娥临刑发出三桩誓愿，感天动地，一一应验。后来，窦天章做了高官，复审此案，替女儿抱了冤仇。 ❷［外］角色名，这里是“外末”的简称，扮演老年男子。 ❸［下官］从前做官的人谦虚的自称。 ❹［着］命令。 ❺［做公的］公人，官府里的公差。 ❻［净］角色名，俗称“花脸”，扮演性格刚烈或粗暴的男子。 ❼［鼓三通、锣三下科］打鼓三遍，敲锣三下。科，杂剧剧本中指示角色动作、表情和舞台效果的用语。与传奇中的“介”相同。 ❽［磨旗］摇旗。 ❾［正旦］角色名，扮演女主角。 ❿［行动些］走快些。 ⓫［正宫］宫调之一。宫调，我国古代音乐以宫、商、角、变徵、徵、羽、变宫为七声，以其中任何一声为主，均可构成一种调式。凡以宫声为主的调式称“宫”，以其他各声为主的称“调”，合称“宫调”。杂剧的每一折，由同一宫调的若干曲牌联成一套曲子。 ⓬［端正好］和下文的“滚绣球”、“倘秀才”、“叨叨令”、“快活三”、“鲍老儿”、“耍孩儿”、“二煞”、“一煞”、“煞尾”都是曲牌名。 ⓭［不提防遭刑宪］没想到遭受刑罚。

屈动地惊天。顷刻间游魂先赴森罗殿❶，怎不将天地也生埋怨❷。

【滚绣球】有日月朝暮悬，有死神掌着生死权。天地也！只合把清浊分辨，可怎生糊突了盗跖颜渊❸？为善的受贫穷更命短，造恶的享富贵又寿延❹。天地也！做得个怕硬欺软，却原来也这般顺水推船！地也，你不分好歹何为地！天也，你错勘❺贤愚枉做天！哎，只落得两泪涟涟。

（刽子云）快行动些，误了时辰也。（正旦唱）

【倘秀才】则❻被这枷纽❼的我左侧右偏，人拥的我前合后偃❽。我窦娥向哥哥行❾有句言。（刽子云）你有甚么❿话说？（正旦唱）前街里去心怀恨，后街里去死无冤，休推辞路远。

（刽子云）你如今到法场上面，有什么亲眷要见的，可叫他过来，见你一面也好。

（正旦唱）

【叨叨令】可怜我孤身只影无亲眷，则落的⓫吞声忍气空嗟怨。（刽子云）难道你爷娘家也没的？（正旦云）只有个爹爹，十三年前上朝取应⓬去了，至今杳无音信。（唱）早已是十年多不睹爹爹面。（刽子云）你适才要我往后街里去，是甚么主意？（正旦唱）怕则怕前街里被我婆婆见。（刽子云）你的性命也顾不得，怕他见怎的？（正旦云）俺婆婆若见我披枷带锁赴法场餐刀⓭去呵，（唱）枉将他气杀也么哥⓮，枉将他气杀也么哥。告哥哥，临危好与人行方便。

（卜儿⓯哭上科，云）天哪，兀的⓰不是我媳妇儿！（刽子云）婆子靠后。（正旦云）既是俺婆婆来了，叫他来，待我嘱咐他几句话咱⓱。（刽子云）那婆子近前来，你媳妇要嘱咐你话哩。（卜儿云）孩儿，痛杀我也！（正旦云）婆婆，那张驴儿把毒药放在羊肚汤里，实指望药死了你，要霸占我为妻。不想婆婆让与他老子吃，倒把他老子药死了。我怕连累婆婆，屈招了药死公公，今日赴法场典刑⓲。婆婆，此后遇着冬时年节，月一十五⓳，有瀽⓴不了的浆水饭，瀽半碗儿与我吃，烧不了的纸钱与窦娥烧一陌儿㉑，则

---

❶［森罗殿］迷信传说中的“阎罗殿”。❷［怎不将天地也生埋怨］怎么不把天地呀深深埋怨。生，甚、深。❸［可怎生糊突了盗跖、颜渊］意思是怎么混淆了坏人和好人？跖，传说是春秋末年奴隶起义的首领，过去被诬称为“盗跖”，糊突，同“糊涂”，这里是“混淆”的意思。颜渊，孔子弟子，被推崇为“贤人”。盗跖、颜渊，这里泛指坏人和好人。❹［寿延］寿长。❺［错勘］错误的判断。❻［则］只。❼［纽］通“扭”，这里是“拘束”的意思。❽［前合后偃(yǎn)］前仆后倒。❾［哥哥行(háng)］哥哥那边。哥哥，对一般男子的客气称呼。行，宋代和元代口语里自称或者称呼别人的词的后边，有时加“行”字，如“我行”“他行”等，这样用的“行”，意思大致相当于“这边”“那边”或者“这里”“那里”。❿［甚么］同“什么”。⓫［落的］落得。⓬［上朝取应］到京城里去应考。取应，应朝廷考试以取得功名。⓭［餐刀］吃刀、挨刀。⓮［也么哥］元曲中常用的句尾助词，没有实在意义。⓯［卜儿］角色名，扮演老妇人。⓰［兀的］“这”的意思，带有惊讶的语气。⓱［咱］元曲中常用于句尾，表示祈使语气，相当于“吧”。⓲［典刑］这里是受死刑的意思。⓳［冬时年节，月一十五］冬至和过年，初一和十五。⓴［瀽(jiǎn)］泼，倒。㉑［一陌儿］一叠。陌，量词，用于祭奠所烧的纸钱，相当于“叠”。

是❶看你死的孩儿面上。（唱）

【快活三】念窦娥葫芦提当罪愆❷，念窦娥身首不完全，念窦娥从前已往干家缘❸，婆婆也，你只看窦娥少爷无娘面。

【鲍老儿】念窦娥伏侍婆婆这几年，遇时节将碗凉浆奠；你去那受刑法尸骸上烈❹些纸钱，只当把你亡化的孩儿荐❺。（卜儿哭科，云）孩儿放心，这个老身都记得。天哪，兀的❻不痛杀我也！（正旦唱）婆婆也，再也不用啼啼哭哭，烦烦恼恼，怨气冲天。这都是我做窦娥的没时没运，不明不暗❼，负屈衔冤。

（刽子做喝科，云）兀那婆子靠后，时辰到了也。（正旦跪科）（刽子开枷科）（正旦云）窦娥告监斩大人，有一事肯依窦娥，便死而无怨。（监斩官云）你有什么事，你说。（正旦云）要一领净席，等我窦娥站立，又要丈二白练，挂在旗枪❽上，若是我窦娥委实冤枉，刀过处头落，一腔热血休半点儿沾在地下，都飞白练上者❾。（监斩官云）这个就依你，打甚么不紧❿。（刽子做取席站⓫科，又取白练挂旗上科）（正旦唱）

【耍孩儿】不是我窦娥罚⓬下这等无头愿，委实的冤情不浅；若没些灵圣与世人传，也不见得湛湛青天⓭。我不要半星热血红尘洒⓮，都只在八尺旗枪素练悬。等他四下里皆瞧见，这就是咱苌弘化碧⓯，望帝啼鹃⓰。

（刽子云）你还有甚的说话，此时不与监斩大人说，几时说哪？（正旦再跪科，云）大人，如今是三伏天道⓱，若窦娥委实冤枉，身死之后，天降三尺瑞雪，遮掩我窦娥尸首。（监斩官云）这等三伏天道，你便有那冲天的怨气，也召⓲不得一片雪来，可不胡说！（正旦唱）

【二煞⓳】你道是暑气暄⓴，不是那下雪天，岂不闻飞霜六月因邹衍㉑？若果有一腔怨气喷如火，定要感的六出冰花㉒滚似绵，免着我尸骸现；要什么素车白马㉓，断送出㉔古陌荒阡？

（正旦再跪科，云）大人，我窦娥死的委实冤枉，从今以后，

---

❶［则是］只当是。❷［念窦娥葫芦提当罪愆（qiān）］可怜我窦娥被官府糊里糊涂地判了死罪。葫芦提，当时的口语，糊涂的意思。愆，罪过。❸［干家缘］操劳家务。❹［烈］烧。❺［荐］祭，超度亡灵。❻［兀的］这。兀，指示代词的前缀，用在“的”“那”等的前面。❼［不明不暗］糊里糊涂。❽［旗枪］旗杆头。❾［者］语气助词，这里表示晓示语气。❿［打甚么不紧］有什么要紧。⓫［站］这里指让窦娥站着。⓬［罚］这里是发的意思。⓭［也不见得湛（zhàn）湛（zhàn）青天］也显不出天理昭彰。湛湛，清明。⓮［红尘洒］洒在红尘上。红尘，尘土。⓯［苌弘化碧］苌弘，周朝的贤臣。传说他无故被杀，他的血被蜀人藏起来，三年后变成美玉。碧，青绿色的美玉。⓰［望帝啼鹃］望帝，古代神话中蜀王杜宇的称号。传说他因水灾让位给他的臣子，自己隐居山中，死后化为杜鹃，日夜悲鸣，啼到血出才停止。⓱［三伏天道］三伏天气。⓲［召］呼唤。⓳［煞］曲牌名。是“尾”（也叫“煞尾”“收尾”“尾声”）前的配曲，表示乐曲由缓入急。最后用“尾”来结束整套曲子。煞用多少遍没有规定，序数一般是倒过来写。⓴［暄］这里指炎热。㉑［飞霜六月因邹衍］邹衍，战国时人。相传他对燕惠王很忠心，燕惠王却听信谗言把他囚禁了。他入狱时仰天大哭，正当夏天，竟然下起霜来。后来常用“六月飞霜”来表示冤狱。㉒［六出冰花］指雪花。雪的结晶体一般有六角，所以说有“六出”。㉓［素车白马］指送葬的车马。㉔［断送出］发送往。断送，发送，指殡葬。

着这楚州[1]亢旱[2]三年。（监斩官云）打嘴！那有这等说话！（正旦唱）

【一煞】你道是天公不可期，人心不可怜，不知皇天也肯从人愿。做甚么三年不见甘霖降，也只为东海曾经孝妇冤[3]。如今轮到你山阳县，这都是官吏每[4]无心正法，使百姓有口难言。

（刽子做磨旗科，云）怎么这一会儿天色阴了也？（内[5]做风科，刽子云）好冷风也！（正旦唱）

【煞尾】浮云为我阴，悲风为我旋，三桩儿誓愿明提遍。

（做哭科，云）婆婆也，直等待雪飞六月，亢旱三年呵，（唱）那期间才把你个屈死的冤魂这窦娥显。

（刽子做开刀，正旦倒科）（监斩官惊云）呀，真个下雪了，有这等异事！（刽子云）我也道平日杀人，满地都是鲜血，这个窦娥的血都飞在那丈二白练上，并无半点落地，委实奇怪。（监斩官云）这死罪必有冤枉。早两桩儿应验了，不知亢旱三年的说话准也不准，且看后来如何。左右，也不必等待雪晴，便与我抬他尸首，还了那蔡婆婆去罢。（众应科，抬尸下）

课后训练

【基础训练】

一、填空

1. 关汉卿是________末________初人，著名戏曲作家。他一生写了________多本杂剧，流传下来的除了《窦娥冤》外，还有________、________、________等。

2. 元曲中的宫调是表示声音的________。文中［端正好］［倘秀才］等都是________，它们与________不同。

3. 元曲是________和________的统称，是元代文学的主要表现形式。杂剧一般分为________折，有时再加一个________。

4. 元杂剧过去有“关、马、郑、白”四大家之说，他们分别是________、________、________、________，其代表作分别是________、________、________、________。此外著名作家还有以《西厢记》闻名的________等。

二、阅读［正宫］［滚绣球］和［二煞］两段曲子，完成下列各题

1. 对“正宫”解释得正确的一项是（　　）。

A. 词牌名，与“端正好”一样，它们都与音乐曲调有关。

---

[1]［楚州］州名，在现在江苏淮安、淮阴、盐城一带，治所在山阳县，是窦娥的家乡。[2]［亢旱］大旱，亢，极。[3]［东海曾经孝妇冤］事见《汉书·于定国传》，记东海孝妇蒙冤被杀，郡中大旱三年。[4]［每］同“们”。[5]［内］指后台。

B. 曲牌名，与“滚绣球”一样它们都与音乐曲调有关。

C. 宫调名，与“端正好”不同，它与演唱的内容有密切的关系，而与音乐无关。

D. 宫调名，与“滚绣球”不同，宫调是用来表示音阶的高低的，而与内容无关。

2. “滚绣球”是（　　）。

A. 曲牌名　　B. 词牌名　　C. 宫调名　　D. 曲调名

3. 曲中“勘”的意思是________；“暄”的意思是________。

4. 在曲中，作者将顺水推舟写成顺水推船的目的是（　　）。

A. 为了押韵　　B. 对称的需要　　C. 古语的习惯用法　　D. 船比舟更通俗

5. 对“滚绣球”一曲表现手法和思想内容分析恰当的一项是（　　）。

A. 运用了对偶、对比、借代、反问等修辞手法，表现窦娥有冤难诉时的悲愤和对神权的否定，反映了当时劳动人民对封建统治的不满和反抗。

B. 运用了排比、对偶、比喻、借代、反问等修辞手法，表现窦娥呼天唤地，希望天地众神为她申冤报仇，可是等待她的仍是没有天日的判决。

C. 运用了对偶、对照、借代、反问等修辞手法，表现窦娥在有冤难诉时的悲愤感情和对不公平的世道的控诉，也反映了当时劳动人民对封建统治者的不满和反抗。

D. 运用了对偶、对比、比喻、排比等修辞方法，表现了窦娥在有冤难诉时的悲愤感情和对黑暗的控诉之情，是广大劳动人民的共同心声。

6. “二煞”曲中窦娥坚信“六月飞雪”的誓愿能应验，并且在后文果真应验了。作者采用的表现手法是（　　）。

A. 虚实结合，以虚衬实　　B. 叙述议论和抒情相结合

C. 现实主义手法　　D. 浪漫主义手法

7. 下面是对课文主题的不同概括，请选出最准确的一种（　　）。

A. 通过窦娥蒙冤被杀的不幸遭遇，反映了封建社会残害劳动人民的黑暗现实。

B. 借窦娥蒙受千古奇冤，揭露当时社会恶人横行、官吏昏聩、法制黑暗的真实情况。

C. 通过窦娥解赴法场问斩的经过，突出当时人民敢于揭露黑暗势力的反抗性格。

D. 通过窦娥指天斥地骂鬼神和发三桩誓愿的情节，表现人民当时对社会的怨愤。

【能力训练】

一、熟读课文，看看这折戏可以分几个场面，然后简要复述剧情。

二、本文在赞扬窦娥反抗精神的同时，是怎样表现窦娥善良心地的？对窦娥的悲惨命运，你是怎样认识的？

三、课文写窦娥临刑发出三桩誓愿，她的冤屈和抗争感天动地；《孔雀东南飞》写刘兰芝和焦仲卿双双殉情，化为双飞鸟。这在现实生活中都是不可能的。试就这种写法谈谈你的认识。

24 雷雨（节选）[1]

曹禺

学习提示

《雷雨》是一部惊心动魄的四幕悲剧，是20世纪30年代的优秀话剧之一，在中国文坛上有深远的影响，它反映了20世纪20年代正酝酿着一场大变动的中国社会现实。故事以现实与往事交错展开的手法，以集中的人物、时间和场景，表现了周、鲁两家30年的变迁，集中描写了周朴园家庭内外各成员之间前后30年错综复杂的矛盾纠葛，揭露了封建家庭不合理关系所造成的罪恶，通过展示封建家庭的残忍和腐败，透露出整个黑暗社会必然崩溃的信息。

课文节选的是第二幕的后半部分，出场的主要有周朴园、鲁侍萍、鲁大海和周萍四个人物。在他们之间，血缘关系、亲属关系和阶级对立、阶级矛盾纠缠在一起，构成激烈的戏剧冲突。

本剧结构紧凑集中，台词个性鲜明，潜台词丰富。舞台说明对烘托气氛、塑造人物、表现主题也起到了不可忽视的作用。

阅读时请思考：这两场戏所揭示的主要矛盾冲突是什么？在冲突中揭示了人物怎样的性格特征？

午饭后，天气更阴沉，更郁热。低沉潮湿的空气，使人异常烦躁。[2]

……

周朴园 （点着一支吕宋烟[3]，看见桌上的雨衣，向侍萍）这是太

---

[1] 节选自《曹禺选集》（人民文学出版社，1978年版）里的《雷雨》第二幕。曹禺（1910—1996），原名万家宝，著名剧作家。祖籍湖北潜江。从小接受中国古典文学的熏陶和戏剧的影响，学生时代就对现代戏剧的创作和表演有着特别浓厚的兴趣。其主要作品有《雷雨》《日出》《原野》《北京人》等。《雷雨》《日出》是他的代表作。四幕话剧《雷雨》写于1933年，次年，在《文学季刊》第三期上正式发表。这个剧本通过一个封建、资产阶级的家庭内错综复杂的矛盾，深刻地揭示了封建大家庭的罪恶和工人与资本家之间的矛盾，反映了正在酝酿着一场大变动的20世纪20年代中国社会现实。与课文有关的情节是：某煤矿公司董事长周朴园，30年前为了和一个门当户对的阔小姐结婚，把遭受他凌辱并生了两个儿子的侍萍，在大年三十晚上，从家里赶了出来。大儿子被留下来，这就是周府大少爷周萍；二儿子（就是后来的鲁大海）才生下三天，病得奄奄一息，周朴园只好让侍萍抱走了。侍萍走投无路，痛不欲生，跳河自杀，幸而被救，从此流落他乡。后来，侍萍带着儿子嫁给鲁贵，又生了女儿四凤。侍萍被赶出周家后，在济南某校当女佣，四凤做了周家的侍女，鲁大海也在周家矿上当了工人。一天，侍萍从济南回来探望儿女，被太太繁漪找到周公馆，才发觉女儿的主人就是周朴园。这时候，鲁大海代表工人也到周家找周朴园谈判。课文就是从这里开始。

[2] ［午饭后……异常烦躁］这是一个夏天的午饭后，在周公馆的客厅里。 [3] ［吕宋烟］雪茄烟，因菲律宾吕宋岛所产的质量好而得名。

太找出来的雨衣么？

鲁侍萍　（看着他）大概是的。

周朴园　不对，不对，这都是新的。我要我的旧雨衣，你回头跟太太说。

鲁侍萍　嗯。

周朴园　（看她不走）你不知道这间房子底下人不准随便进来么？

鲁侍萍　不知道，老爷。

周朴园　你是新来的下人？

鲁侍萍　不是的，我找我的女儿来的。

周朴园　你的女儿？

鲁侍萍　四凤是我的女儿。

周朴园　那你走错屋子了。

鲁侍萍　哦。——老爷没有事了？

周朴园　（指窗）窗户谁叫打开的？

鲁侍萍　哦。（很自然地走到窗前，关上窗户，慢慢地走向中门）

周朴园　（看她关好窗门，忽然觉得她很奇怪）你站一站。（侍萍停）

周朴园　你——你贵姓？

鲁侍萍　我姓鲁。

周朴园　姓鲁。你的口音不像北方人。

鲁侍萍　对了，我不是，我是江苏的。

周朴园　你好像有点无锡口音。

鲁侍萍　我自小就在无锡长大的。

周朴园　（沉思）无锡？嗯，无锡，（忽而）你在无锡是什么时候？

鲁侍萍　光绪二十年，离现在有三十多年了。

周朴园　哦，三十年前你在无锡？

鲁侍萍　是的，三十多年前呢，那时候我记得我们还没有用洋火呢。

周朴园　（沉思）三十多年前，是的，很远啦，我想想，我大概是二十多岁的时候。那时候我还在无锡呢。

鲁侍萍　老爷是那个地方的人？

周朴园　嗯（沉吟）无锡是个好地方。

鲁侍萍　哦，好地方。

周朴园　你三十年前在无锡么？

鲁侍萍　是，老爷。

周朴园　三十年前，在无锡有一件很出名的事情——

鲁侍萍　哦。

周朴园　你知道么？

鲁侍萍　也许记得，不知道老爷说的是哪一件？

周朴园　哦，很远了，提起来大家都忘了。

鲁侍萍　说不定，也许记得的。

周朴园　我问过许多那个时候到过无锡的人，我也派人到无锡打听过。可是那个时候在无锡的人，到现在不是老了就是死了。活着的多半是不知道的，或者忘了。不过也许你会知道。三十年前在无锡有一家姓梅的。

鲁侍萍　姓梅的？

周朴园　梅家的一个年轻小姐，很贤惠，也很规矩。有一天夜里，忽然地投水死了。后来，后来，——你知道么？

鲁侍萍　不敢说。

周朴园　哦。

鲁侍萍　我倒认识一个年轻的姑娘姓梅的。

周朴园　哦？你说说看。

鲁侍萍　可是她不是小姐，她也不贤惠，并且听说是不大规矩的。

周朴园　也许，也许你弄错了，不过你不妨说说看。

鲁侍萍　这个梅姑娘倒是有一天晚上跳的河，可是不是一个，她手里抱着一个刚生下三天的男孩。听人说她生前是不规矩的。

周朴园　（苦痛）哦！

鲁侍萍　她是个下等人，不很守本分的。听说她跟那时周公馆的少爷有点不清白，生了两个儿子。生了第二个，才过三天，忽然周少爷不要她了。大孩子就放在周公馆，刚生的孩子她抱在怀里，在年三十夜里投河死的。

周朴园　（汗涔涔❶地）哦。

鲁侍萍　她不是小姐，她是无锡周公馆梅妈的女儿，她叫侍萍。

周朴园　（抬起头来）你姓什么？

鲁侍萍　我姓鲁，老爷。

周朴园　（喘出一口气，沉思地）侍萍，侍萍，对了。这个女孩子的尸首，说是有一个穷人见着埋了。你可以打听到她的坟在哪儿么？

鲁侍萍　老爷问这些闲事干什么？

周朴园　这个人跟我们有点亲戚。

鲁侍萍　亲戚？

周朴园　嗯，——我们想把她的坟墓修一修。

鲁侍萍　哦，——那用不着了。

周朴园　怎么？

鲁侍萍　这个人现在还活着。

---

❶［汗涔涔（céncén）］形容汗水不断地流下。

周朴园　（惊愕）什么？

鲁侍萍　她没有死。

周朴园　她还在？不会吧？我看见她河边上的衣服，里面有她的绝命书。

鲁侍萍　她又被人救活了。

周朴园　哦，救活啦？

鲁侍萍　以后无锡的人是没见着她，以为她那夜晚死了。

周朴园　那么，她呢？

鲁侍萍　一个人在外乡活着。

周朴园　那个小孩呢？

鲁侍萍　也活着。

周朴园　（忽然立起）你是谁？

鲁侍萍　我是这儿四凤的妈，老爷。

周朴园　哦？

鲁侍萍　她现在老了，嫁给一个下等人，又生了个女孩，境况很不好。

周朴园　你知道她现在在哪儿？

鲁侍萍　我前几天还见在着她！

周朴园　什么？她就在这儿？此地？

鲁侍萍　嗯，就在此地。

周朴园　哦！

鲁侍萍　老爷，您想见一见她么？

周朴园　（连忙）不，不，不用。

鲁侍萍　她的命很苦。离开了周家，周家少爷就娶了一位有钱有门第的小姐。她一个单身人，无亲无故，带着一个孩子在外乡，什么事都做：讨饭，缝衣服，当老妈子，在学校里伺候人。

周朴园　她为什么不再找到周家？

鲁侍萍　大概她是不愿意吧。为着她自己的孩子，她嫁过两次。

周朴园　嗯，以后她又嫁过两次。

鲁侍萍　嗯，都是很下等的人。她遇人都很不如意，老爷想帮一帮她么？

周朴园　好，你先下去吧。

鲁侍萍　老爷，没有事了？（望着朴园，泪要涌出）

周朴园　啊，你顺便去告诉四凤，叫她把我樟木箱子里那件旧雨衣拿出来，顺便把那箱子里的几件旧衬衣也拣出来。

鲁侍萍　旧衬衣？

周朴园　你告诉她在我那顶老的箱子里，纺绸的衬衣，没有领子的。

鲁侍萍 老爷那种绸衬衣不是一共有五件？你要哪一件？

周朴园 要哪一件？

鲁侍萍 不是有一件，在右袖襟上有个烧破的窟窿，后来用丝线绣成一朵梅花补上的？还有一件——

周朴园 （惊愕）梅花？

鲁侍萍 旁边还绣着一个萍字。

周朴园 （徐徐立起）哦，你，你，你是——

鲁侍萍 我是从前伺候过老爷的下人。

周朴园 哦，侍萍！（低声）是你？

鲁侍萍 你自然想不到，侍萍的相貌有一天也会老得连你都不认识了。

周朴园不觉地望望柜上的相片，又望侍萍。半晌。

周朴园 （忽然严厉地）你来干什么？

鲁侍萍 不是我要来的。

周朴园 谁指使你来的？

鲁侍萍 （悲愤）命，不公平的命指使我来的！

周朴园 （冷冷地）三十年的工夫你还是找到这儿来了。

鲁侍萍 （怨愤）我没有找你，我没有找你，我以为你早死了。我今天没想到这儿来，这是天要我在这儿又碰见你。

周朴园 你可以冷静点。现在你我都是有子女的人。如果你觉得心里有委屈，这么大年纪，我们先可以不必哭哭啼啼的。

鲁侍萍 哼，我的眼泪早哭干了，我没有委屈，我有的是恨，是悔，是三十年一天一天我自己受的苦。你大概已经忘了你做的事了！三十年前，过年三十的晚上我生下你的第二个儿子才三天，你为了要赶紧娶那位有钱有门第的小姐，你们逼着我冒着大雪出去，要我离开你们周家的门。

周朴园 从前的旧恩怨，过了几十年，又何必再提呢？

鲁侍萍 那是因为周大少爷一帆风顺，现在也是社会上的好人物。可是自从我被你们家赶出来以后，我没有死成，我把我母亲可给气死了，我亲生的两个孩子你们家里逼着我留在你们家里。

周朴园 你的第二个孩子你不是已经抱走了么？

鲁侍萍 那是你们老太太看着孩子快死了，才叫我带走的。（自语）哦，天哪，我觉得我像在做梦。

周朴园 我看过去的事不必再提了吧。

鲁侍萍 我要提，我要提，我闷了三十年了！你结了婚，就搬了家，我以为这一辈子也见不着你了；谁知道我自己的孩子偏偏要跑到周家来，又做我从前在你们家里做过的事。

周朴园 怪不得四凤这样像你。

鲁侍萍　我伺候你，我的孩子再伺候你生的少爷们。这是我的报应，我的报应。

周朴园　你静一静。把脑子放清醒点。你不要以为我的心是死了，你以为一个人做了一件于心不忍的事就会忘了么？你看这些家具都是你从前顶喜欢的东西，多少年我总是留着，为着纪念你。

鲁侍萍　（低头）哦。

周朴园　你的生日——四月十八——每年我总记得。一切都照着你是正式嫁过周家的人看，甚至于你因为生萍儿，受了病，总要关窗户，这些习惯我都保留着，为的是不忘你，弥补我的罪过。

鲁侍萍　（叹一口气）现在我们都是上了年纪的人，这些话请你不必说了。

周朴园　那更好了。那么我们可以明明白白地谈一谈。

鲁侍萍　不过我觉得没有什么可谈的。

周朴园　话很多。我看你的性情好像没有大改，——鲁贵像是个很不老实的人。

鲁侍萍　你不要怕。他永远不会知道的。

周朴园　那双方面都好。再有，我要问你的，你自己带走的儿子在哪儿？

鲁侍萍　他在你的矿上做工。

周朴园　我问，他现在在哪儿？

鲁侍萍　就在门房等着见你呢。

周朴园　什么？鲁大海？他！我的儿子？

鲁侍萍　就是他！他现在跟你完完全全是两样的人。

周朴园　（冷笑）这么说，我自己的骨肉在矿上鼓动罢工，反对我！

鲁侍萍　你不要以为他还会认你做父亲。

周朴园　（忽然）好！痛痛快快的！你现在要多少钱吧！

鲁侍萍　什么？

周朴园　留着你养老。

鲁侍萍　（苦笑）哼，你还以为我是故意来敲诈你，才来的么？

周朴园　也好，我们暂且不提这一层。那么，我先说我的意思。你听着，鲁贵我现在要辞退的，四凤也要回家。不过——

鲁侍萍　你不要怕，你以为我会用这种关系来敲诈你么？你放心，我不会的。大后天我就带着四凤回到我原来的地方。这是一场梦，这地方我绝对不会再住下去。

周朴园　好得很，那么一切路费、用费，都归我担负。

鲁侍萍　什么？

周朴园　这于我的心也安一点。

鲁侍萍　你？（笑）三十年我一个人都过了，现在我反而要你的钱？

周朴园　好，好，好，那么，你现在要什么？

鲁侍萍　（停一停）我，我要点东西。

周朴园　什么？说吧。

鲁侍萍　（泪满眼）我——我——我只要见见我的萍儿。

周朴园　你想见他？

鲁侍萍　嗯，他在哪儿？

周朴园　他现在在楼上陪着他的母亲看病。我叫他，他就可以下来见你。不过是——（顿）他很大了，——（顿）并且他以为他母亲早就死了的。

鲁侍萍　哦，你以为我会哭哭啼啼地叫他认母亲么？我不会那样傻的。我明白他的地位，他的教育，不容他承认这样的母亲。这些年我也学乖了，我只想看看他，他究竟是我生的孩子。你不要怕，我就是告诉他，白白地增加他的烦恼，他也是不愿意认我的。

周朴园　那么，我们就这样解决了。我叫他下来，你看一看他，以后鲁家的人永远不许再到周家来。

鲁侍萍　好，我希望这一生不要再见你。

周朴园　（由衣内取出支票，签好）很好，这是一张五千块钱的支票，你可以先拿去用。算是弥补我一点罪过。

侍萍接过支票，把它撕了。

周朴园　侍萍。

鲁侍萍　我这些年的苦不是你拿钱算得清的。

周朴园　可是你——

外面争吵声。大海的声音："让开，我要进去。"三四个男仆声："不成，不成，老爷睡觉呢。"

周朴园　（走至中门）来人！

仆人由中门进。

周朴园　谁在吵？

仆　人　就是那个工人鲁大海！他不讲理，非见老爷不可。

周朴园　哦。（沉吟）那你就叫他进来吧。等一等，叫人到楼上请大少爷下来，我有话问他。

仆　人　是，老爷。（由中门下）

周朴园　（向侍萍）侍萍，你不要太固执。这一点钱你不收下，将来你会后悔的。

侍萍望着周朴园，一句话也不说。

仆人领大海进。大海站在左边，三四个仆人立一旁。

鲁大海 （见侍萍）妈，您还在这儿！

周朴园 （打量大海）你叫什么名字？

鲁大海 你不要同我摆架子，难道你不知道我是谁么！

周朴园 我只知道你是罢工闹得最凶的工人。

鲁大海 对了，一点儿也不错，所以才来拜望拜望你。

周朴园 你有什么事吧？

鲁大海 董事长当然知道我是为什么来的。

周朴园 （摇头）我不知道。

鲁大海 我们老远从矿上来，今天我又在你府上门房里从早上六点钟一直等到现在，我就是要问问董事长，对于我们工人的条件，究竟是答应不答应？

周朴园 哦，——那么，那三个代表呢？

鲁大海 我跟你说吧，他们现在正在联络旁的工会呢。

周朴园 哦，——他们没有告诉你旁的事情么？

鲁大海 告诉不告诉于你没有关系。——我问你，你的意思，忽而软，忽而硬，究竟是怎么回事？

周萍由饭厅上，见有人，想退回。

周朴园 （看周萍）不要走，萍儿！（望了一下侍萍）

周　萍 是，爸爸。

周朴园 （指身侧）你站在这儿，（向大海）你这么凭意气是不能交涉事情的。

鲁大海 哼，你们的手段，我都明白。你们这样拖延时候，不过是想花钱收买少数不要脸的败类，暂时把我们骗在这儿。

周朴园 你的见地也不是没有道理。

鲁大海 可是你完全错了。我们这次罢工是团结的，有组织的。我们代表这次来，并不是来求你们。你听清楚，不求你们。你们答应就答应；不答应，我们一直罢工到底，我们知道你们不到两个月整个地就要关门的。

周朴园 你以为你们那些代表们，那些领袖们都可靠么？

鲁大海 至少比你们只认识洋钱的结合要可靠得多。

周朴园 那么我给你一件东西看。

周朴园在桌上找电报，仆人递给他；此时周冲❶偷偷由左书房进，在旁谛听。

周朴园 （给大海电报）这是昨天从矿上来的电报。

鲁大海 （拿过去读）什么？他们又上工了。（放下电报）不会。

周朴园 矿上的工人已经在昨天早上复工，你当代表的反而不知

---

❶［周冲］周朴园和后妻繁漪的儿子，是一个受过“五四”新思潮影响的充满着天真幻想的年轻人。

道么？

鲁大海 （怒）怎么矿上警察开枪打死三十个工人就白打了么？（笑起来）哼，这是假的。你们自己假作的电报来离间我们的。你们这种卑鄙无赖的行为！

周 萍 （忍不住）你是谁？敢在这儿胡说？

周朴园 没有你的话！（向大海）你就这样相信你那同来的几个代表么？

鲁大海 你不用多说，我明白你这些话的用意。

周朴园 好，那我把那复工的合同给你瞧瞧。

鲁大海 （笑）你不要骗小孩子，复工的合同没有我们代表的签字是不生效力的。

周朴园 合同！

仆人进书房把合同拿给周朴园。

周朴园 你看，这是他们三个人签字的合同。

鲁大海 （看合同）什么？（慢慢地）他们三个签了字？（伸手去拿，想仔细看一看）他们不告诉我，自己就签了字了？

周朴园 （顺手抽过来，交给仆人）对了，傻小子，没有经验只会胡喊是不成的。

鲁大海 那三个代表呢？

周朴园 昨天晚车就回去了。

鲁大海 （如梦初醒）这三个没有骨头的东西！他们就把矿上的工人们卖了！哼，你们这些不要脸的董事长，你们的钱这次又灵了。

周 萍 （怒）你混账！

周朴园 不许多说话。（回头向大海）鲁大海，你现在没有资格跟我说话——矿上已经把你开除了。

鲁大海 开除了!?

周 冲 爸爸，这是不公平的。

周朴园 （向周冲）你少多嘴，出去！

周冲愤然由中门下。

鲁大海 好，好。（切齿）你的手段我早明白，只要你能弄钱，你什么都做得出来。你叫警察杀了矿上许多工人，你还——

周朴园 你胡说！

鲁侍萍 （至大海前）走吧，别说了。

鲁大海 哼，你的来历我都知道，你从前在哈尔滨包修江桥，故意叫江堤出险，——

周朴园 （厉声）下去！

仆人们 （拉大海）走！走！

鲁大海 你故意淹死了两千二百个小工，每一个小工的性命你扣三百块钱！姓周的，你发的是绝子绝孙的昧心财！你现在还——

周 萍 （冲向大海，打了他两个嘴巴）你这种混账东西！

大海还手，被仆人们拉住。

周 萍 打他！

鲁大海 （向周萍）你！

仆人们一齐打大海。大海流了血。

周朴园 （厉声）不要打人！

仆人们住手，仍拉住大海。

鲁大海 （挣扎）放开我，你们这一群强盗！

周 萍 （向仆人们）把他拉下去！

鲁侍萍 （大哭）这真是一群强盗！（走至周萍面前）你是萍，……凭——凭什么打我的儿子？

周 萍 你是谁？

鲁侍萍 我是你的——你打的这个人的妈。

鲁大海 妈，别理这东西，小心吃了他们的亏。

鲁侍萍 （呆呆地望着周萍的脸，又哭走来）大海，走吧，我们走吧！

大海为仆人们拥下，侍萍随下。

课后训练

【基础训练】

一、为下列加点的字注音

汗涔涔（　　）　伺（　　）候　虐（　　）待　怜悯（　　）　弥（　　）补

沉吟（　　）　惊愕（　　）　固执（　　）　仆（　　）人　烦躁（　　）

二、根据注音写出相应的汉字

不 qī ____而遇　原 wěi ____　zhěn ____密　dì ____听

汗 céncén ____　惊 è ____　qiāo ____诈　yù ____热

三、选择题

1. 对课文开头“舞台说明”的作用判断不准确的一项是（　　）。

A. 交代雷雨到来之前的天气状况。

B. 表现该剧女主人公求见男主人公的急迫心情。

C. 暗示剧中人物即将展开激烈的矛盾冲突。

D. 暗示戏剧中故事发生的复杂的社会背景和社会因素。

2. 下面对《雷雨》节选部分构成戏剧冲突因素的理解，最恰当的一项是（　　）。

A. 周朴园与鲁侍萍的爱情纠葛。

B. 周朴园与鲁侍萍的爱情纠葛以及由此而产生的周朴园与鲁大海之间的血缘纠葛。

C. 周鲁两家爱情的、血缘的、阶级的复杂关系的纠葛。

D. 周朴园与鲁侍萍、鲁大海之间尖锐的阶级对立。

3. 对鲁侍萍的“命，不公平的命指使我来的!”这句话理解正确的一项是（　　）。

A. 鲁侍萍相信这一切都是命中注定的，因此，只能用哀叹来表达对凄苦不幸命运的无可奈何。

B. 一方面，鲁侍萍相信命运，认为自己命苦；另一方面，也表现出她对黑暗的不公平世道的诅咒和反抗。

C. 鲁侍萍根本不相信有什么命运，她这样说完全是对这种不公平世道的极度愤慨与谴责之辞，表现出她的觉醒与反抗精神。

D. 这是鲁侍萍作为一个劳动妇女彻底觉醒的标志，是她向封建势力与不幸命运的大胆的挑战。

4.《雷雨》全剧把周朴园三十年来的家庭与社会上的罪恶，浓缩在多长时间里来表现？场景设在何处？请选出分析正确的一项（　　）。

A. 一天，从早晨到傍晚；在周公馆客厅里

B. 一个夏天的午饭后；在周公馆

C. 从一个夏天的午饭后到子夜；在周家

D. 一个夏天的中午，到第二天凌晨；在周家和鲁家

5. 联系前后剧情，分析下面一段对话表现了周朴园的什么特性（　　）。

周朴园　（打量大海）你叫什么名字？

鲁大海　你不要同我摆架子。难道你不知道我是谁么？

周朴园　我只知道你是罢工闹得最凶的工人。

A. 以势压人，像父亲对待儿子那样，教训大海。

B. 不承认自己与大海的血缘关系，这是阶级本性的表现。

C. 当着三四个仆人的面，不好意思承认自己是大海的生父，只好装出一种严厉和疏远。

D. 考虑到矿上的利益，不能承认与大海的父子骨肉之情。

四、在第一场戏中随着矛盾的发展，人物的思想感情在不断变化。试围绕周朴园整个形象，作出分析评价。

1. 根据下列语句，说说周朴园在认识鲁侍萍的过程中有怎样的心理变化。

(1)（看她关好窗门，忽然觉得她很奇怪）你——你贵姓？

(2)（抬起头来）你姓什么？

(3)（忽然立起）你是谁？

(4)（徐徐立起）哦，你，你，你是——

(5) 哦，侍萍！（低声）是你？

2. 当周朴园知道面前站的就是侍萍时，“忽然严厉地”说：“你来干什么？”“谁指使你来的？”这与前面周朴园的反复表白是否矛盾？表现了他怎样的心理？

3. 周朴园知道侍萍不是特意找他后，心理又有微妙的变化。试举出相应的台词作以分析。

4. 通过以上分析，说说这场戏主要刻画了周朴园怎样的性格特征。

五、剧情分析

1. 鲁侍萍是一开始就认出周朴园的，而周朴园却不认识鲁侍萍，这样写是否合理？这样写与一见面都认识或都不认识比较，有何不同效果？

2. 鲁侍萍既然最后还是说“我是从前侍候过老爷的下人”，为什么在此之前还一直用第三人称透露自己的情况？这样设计情节你觉得妙在哪里？

六、戏剧人物的语言往往有潜台词，揣摩下列语句，回答括号中的问题，体会语言的丰富性

1. 可是她不是小姐，她也不贤惠，并且听说是不大规矩的。

（课文中鲁侍萍几次说到这样意思的话，表现了她怎样的心情？）

2. 周朴园 （忽然）好！痛痛快快的！你现在要多少钱吧！

鲁侍萍 什么？

（鲁侍萍的反问，表现了她怎样的情感？）

3. 周朴园 什么？鲁大海？他！我的儿子？

（这四个短句表达的意思，可以说成“鲁大海原来是我的儿子”，试比较表达的感情的不同。）

4. 鲁侍萍 （大哭）这真是一群强盗！（走到周萍面前）你是萍，……凭——凭什么打我的儿子？

（第一句反映了侍萍怎样的思想变化？第二句的语言巧妙在哪里，表现了侍萍怎样复杂的心情？）

【能力训练】

一、认真阅读课文，探讨一下周朴园对鲁侍萍究竟有没有感情。

二、分角色朗读或表演《雷雨》片断。

25 威尼斯商人（节选）[1]

莎士比亚

学习提示

《威尼斯商人》是莎士比亚早期创作的最富有社会讽刺意义的喜剧。剧本主要通过夏洛克与安东尼奥等人的矛盾冲突，揭露放高利贷者夏洛克的残暴贪婪、唯利是图的阶级本质，颂扬安东尼奥、鲍西娅等一组人见义勇为、纯洁无私、为朋友勇于自我牺牲的精神，寄托了作者的人文主义理想。课文节选《法庭》这场戏，围绕着要不要执行契约的“割下一磅肉”这一点，展开矛盾冲突，形成全剧的高潮。剧本以夸张的手法，通过独具匠心的安排，使戏剧情节波澜起伏，生动感人，收到强烈的喜剧效果。阅读和鉴赏这场戏，着重了解剧本怎样使情节逐步形成高潮，然后发生转折，最终出现使人意想不到的结局。体会人物对话在推进情节发展，表现人物性格方面的作用。

威尼斯 法庭

公爵[2]、众绅士、安东尼奥[3]、巴萨尼奥[4]、葛亚西安诺[5]、萨拉里诺、萨莱尼奥及余人等同上。

公　爵　安东尼奥有没有来？

安东尼奥　有，殿下。

公　爵　我很为你不快乐；你是来跟一个心如铁石的对手当庭质对，一个不懂得怜悯、没有一丝慈悲心的不近人情的恶汉。

安东尼奥　听说殿下曾经用尽力量劝他不要过为已甚，可是他一

---

[1] 选自《莎士比亚全集》，朱生豪译，（人民文学出版社，1978年版）。莎士比亚（1564—1616），欧洲文艺复兴时期英国最伟大的戏剧家和诗人，他的创作广泛地反映了当时英国的政治、经济、思想、文化和生活习惯，可以看作这个时代的一部形象化历史。他的戏剧在欧洲文学发展史上占有极其重要的地位，也是人类文化史上共同的珍贵遗产。莎士比亚主要的成就是戏剧，包括悲剧、喜剧、历史剧和传奇剧。代表作品有《哈姆莱特》《罗密欧与朱丽叶》《李尔王》《奥赛罗》《第十二夜》《理查三世》《亨利四世》等。课文节选的是《威尼斯商人》第四幕第一场。与课文有关的情节是：安东尼奥为帮助他的朋友巴萨尼奥向鲍西娅求婚，借了夏洛克的3000块钱。夏洛克因与安东尼奥有宿怨，迫使他订了一个借约，如果不能在规定的日期和地点还钱，就要在欠债人的胸前割下一磅肉。巴萨尼奥在安东尼奥的帮助下，求婚顺利地成功了。可是安东尼奥因为商船触礁而破产，到期还不起夏洛克的钱。夏洛克则坚持履行契约，要借法律条文图谋报复。课文就是从这里开始的。 [2]［公爵］指威尼斯公爵。威尼斯在中古后期是个共和国，最高统治者是公爵。 [3]［安东尼奥］威尼斯商人。 [4]［巴萨尼奥］安东尼奥的朋友。 [5]［葛莱西安诺］和下文的萨拉里诺、萨莱尼奥都是安东尼奥的朋友。

味固执，不肯略作让步。既然没有合法的手段可以使我脱离他的怨毒的掌握，我只有用默忍迎受他的愤怒，安心等待着他残暴的处置。

公　爵　来人，传那犹太人到庭。

萨拉里诺　他在门口等着；他来了，殿下。

夏洛克❶上。

公　爵　大家让开些，让他站在我的面前，夏洛克，人家都以为——我也是这样想——你不过故意装出这一凶恶的姿态，到了最后关头，就会显出你的仁慈恻隐❷来，比你现在这种表面上的残酷更加出人意料；现在你虽然坚持着照约处罚，一定要从这个不幸的商人身上割下一磅肉来，到了那时候，你不但愿意放弃这一种处罚，而且因为受到良心上的感动，说不定还会豁免❸他一部分的欠款。你看他最近接连遭逢的巨大损失，足以使无论怎样富有的商人倾家荡产，即使铁石一样的心肠，从来不知道人类同情的野蛮人，也不能不对他的境遇发生怜悯。犹太人，我们都在等候你一句温和的回答。

夏洛克　我的意思已经向殿下告禀过了；我也已经指着我们的圣安息日❹起誓，一定要照约执行处罚；要是殿下不准许我的请求，那就是蔑视宪章，我要到京城里去上告，要求撤销贵邦的特权。您要是问我为什么不愿意接受三千块钱，宁愿拿一块腐烂的臭肉，那我可没有什么理由可以回答您，我只能说我欢喜这样，这是不是一个回答？要是我的屋子里有了耗子，我高兴出一万块钱叫人把它们赶掉，谁管得了我？这不是回答了您吗？有的人不爱看张开嘴的猪，有的人瞧见一只猫就要发脾气，还有人听见人家吹风笛的声音，就忍不住要小便；因为一个人的感情完全受着喜恶的支配，谁也做不了自己的主。现在我就这样回答您：为什么有人受不住一头张开嘴的猪，有人受不住一只有益无害的猫，还有人受不住咿咿唔唔的风笛的声音，这些都是毫无充分的理由的，只是因为天生的癖性，使他们一受到刺激，就会情不自禁地现出丑相来；所以我不能举什么理由，也不愿举什么理由，除了因为我对于安东尼奥抱着久积的仇恨和深刻的反感，所以才会

---

❶［夏洛克］放高利贷的犹太富翁。❷［恻隐］对受苦难的人表示同情。❸［豁免］免除。❹［安息日］这里指犹太教每周一次的圣日，教徒在该日停止工作，礼拜上帝。

向他进行这一场对于我自己并没有好处的诉讼。现在您不是已经得到我的回答了吗？

巴萨尼奥　你这冷酷无情的家伙，这样的回答可不能作为你的残忍的辩解。

夏 洛 克　我的回答本来不是为了讨你的欢喜。

巴萨尼奥　难道人们对于他们所不喜欢的东西，都一定要置之死地吗？

夏 洛 克　哪一个人会恨他所不愿意杀死的东西？

巴萨尼奥　初次的冒犯，不应该就引为仇恨。

夏 洛 克　什么！你愿意给毒蛇咬两次吗？

安东尼奥　请你想一想，你现在跟这个犹太人讲理，就像站在海滩上，海滩上，叫那大海的怒涛减低它的奔腾的威力，责问豺狼为什么害得母羊为了失去它的羔羊而哀啼，或是叫那山上的松柏，在受到天风吹拂的时候，不要摇头摆脑，发出簌簌的声音。要是你能够叫这犹太人的心变软——世上还有什么东西比它更硬呢？——那么还有什么难事不可以做到？所以我请你不用再跟他商量什么条件，也不用替我想什么办法，让我爽爽快快受到判决，满足这犹太人的心愿吧。

巴萨尼奥　借了你三千块钱，现在拿六千块钱还你好不好？

夏 洛 克　即使这六千块钱中间的每一块钱都可以分做六份，每一份都可以变成一块钱，我也不要它们；我只要照约处罚。

公　　爵　你这样一点没有慈悲之心，将来怎么能够希望人家对你慈悲呢？

夏 洛 克　我又不干错事，怕什么刑罚？你们买了许多奴隶，把他们当作驴狗骡马一样看待，叫他们做种种卑贱的工作，因为他们是你们出钱买来的。我可不可以对你们说，让他们自由，叫他们跟你们的子女结婚？为什么他要在重担之下流着血汗？让他们的床铺得跟你们的床同样柔软，让他们的舌头也尝尝你们所吃的东西吧，你们会回答说："这些奴隶是我们所有的。"所以我也可以回答你们：我向他要求的这一磅肉，是我出了很大的代价买来的；它是属于我的，我一定要把它拿到手里。您要是拒绝了我，那么你们的法制去见鬼吧！威尼斯城的法令等于一纸空文。我现在等候着判决，请快些回答我，我可不可以拿到这一磅肉？

公　　爵　我已经差人去请培拉尼奥，一位有学问的博士，来替

我们审判这件案子；要是他今天不来，我可以有权宣布延期判决。

萨拉里诺　殿下，外面有一个使者刚从帕度亚来，带着这位博士的书信，等候着殿下的召唤。

公　爵　把信拿来给我；叫那使者进来。

巴萨尼奥　高兴起来吧，安东尼奥！喂，老兄，不要灰心！这犹太人可以把我的肉、我的血，我的骨头、我的一切都拿去，可是我决不让你为了我的缘故流一滴血。

安东尼奥　我是羊群里一头不中用的病羊，死是我的应分；最软弱的果子最先落到地上，让我也就这样结束了我的一生吧。巴萨尼奥，我只要你活下去，将来替我写一篇墓志铭，那你就是做了再好不过的事。

尼莉莎❶扮律师书记上。

公　爵　你是从帕度亚培拉里奥那里来的吗？

尼莉莎　是，殿下。培拉里奥叫我向殿下致意。（呈上一信）

巴萨尼奥　你这样使劲儿磨着刀干吗？

夏洛克　从那破产的家伙身上割下那磅肉来。

葛莱西安诺　狠心的犹太人，你不是在鞋口上磨刀，你这把刀是放在你的心口上磨；无论哪种铁器，就连刽子手的钢刀，都赶不上你这恶毒的心肠一半的锋利。难道什么恳求都不能打动你吗？

夏洛克　不能，无论你说得多么婉转动听，都没有用。

葛莱西安诺　万恶不赦的狗，看你死后不下地狱！你这种东西活在世上，真是公道不生眼睛。你简直使我的信仰发生摇动，相信起毕达哥拉斯❷所说畜生的灵魂可以转生人体的议论来了；你的前生一定是一头豺狼，因为吃了人给人捉住吊死，它那凶恶的灵魂就从绞架上逃了出来，钻进了你那老狼的腌臜的胎里，因为你的性情正像豺狼一样残暴贪婪。

夏洛克　除非你能够把我这一张契约上的印章骂掉，否则像你这样拉开了喉咙直嚷，不过白白伤了你的肺，何苦来呢？好兄弟，我劝你还是让你的脑子休息一下吧，免得它损坏了，将来无法收拾。我在这儿要求法律的裁判。

公　爵　培拉里奥在这封信上介绍一位年轻有学问的博士出席我们的法庭。他在什么地方？

---

❶［尼莉莎］鲍西娅的侍女，葛莱西安诺的妻子。在这场戏里，她女扮男装，充当律师书记。❷［毕达哥拉斯］古希腊哲学家，主张灵魂轮回说。

尼莉莎　他就在这儿附近等着您的答复，不知道殿下准不准许他进来？

公　爵　非常欢迎。来，你们去三四个人，恭恭敬敬领他到这儿来。现在让我们把培拉里奥的来信当庭宣读。

书　记　（读）“尊翰❶到时，鄙人抱疾方剧；适有一青年博士鲍尔萨泽君自罗马来此，致其慰问，因与详讨犹太人与安东尼奥一案，遍稽❷群籍，折衷是非❸，遂恳其为鄙为庖代❹，以应殿下之召。凡鄙人对此案所具意见，此君已深悉无遗；其学问才识，虽穷极赞辞，亦不足道其万一，务希勿以其年少而忽之，盖如此少年老成之士，实鄙人生平所仅见也。倘蒙延纳，必能不辱使命。敬祈钧裁❺。”

公　爵　你们已经听到了博学的培拉里奥的来信。这儿来的大概就是那位博士了。

鲍西娅❻扮律师上。

公　爵　把您的手给我。足下是从培拉里奥老前辈那儿来的吗？

鲍西娅　正是，殿下。

公　爵　欢迎欢迎，请上坐。您有没有明了今天我们在这儿审理的这件案子的两方面的争点？

鲍西娅　我对于这件案子的详细情形已经完全知道了。这儿哪一个是那商人，哪一个是犹太人？

公　爵　安东尼奥，夏洛克，你们两人都上来。

鲍西娅　你名字就叫夏洛克吗？

夏洛克　夏洛克是我的名字。

鲍西娅　你这场官司打得倒也奇怪，可是按照威尼斯的法律，你的控诉是可以成立的。（向安东尼奥）你的生死现在操在他的手里，是不是？

安东尼奥　他是这样说的。

鲍西娅　那么犹太人应该慈悲一点。

夏洛克　为什么我应该慈悲一点？把您的理由告诉我。

鲍西娅　慈悲不是出于勉强，它是像甘霖一样从天上降下尘世；它不但给幸福于受施的人，也同样给幸福于施与的人；它有超乎一切的无上威力，比皇冠更足以显示一个帝王的高贵：御杖不过象征着俗世的威权，使人民对于

❶［尊翰］对别人来信的尊称。翰，这里指书信。❷［稽］考察。❸［折衷是非］判定谁是谁非。折衷，这里指对争执不绝的双方进行判断、裁决。❹［庖代］也写作“代庖”，是成语“越俎代庖”的简单说法。语见《庄子·逍遥游》，意思是越权办事或者包办代替。这里指代理他人的职务。庖，厨师。❺［钧裁］恭请作出决定的意思。钧，旧时对尊长或者上级用的敬辞。裁，判断，决定。❻［鲍西娅］富豪女儿，巴萨尼奥的妻子。在这场戏里，她女扮男装，充当律师。

君上的尊严凛然生畏；慈悲的力量却高出于权力之上，它深藏在帝王的内心，是一种属于上帝的德性，执法的人倘能把慈悲调剂着公道，人间的权力就和上帝的神力没有差别。所以，犹太人，虽然你所要求的是公道，可是请你想一想，要是真的按照公道执行起赏罚来，谁也没有死后得救的希望；我们既然祈祷着上帝的慈悲，就应该按照祈祷的指点，自己做一些慈悲的事。我说了这一番话，为的是希望你能够从你的法律的立场上作几分让步；可是如果你坚持着原来的要求，那威尼斯的法庭是执法无私的，只好把好商人宣判定罪了。

夏洛克　我自己做的事，我自己当！我只要求法律允许我照约执行处罚。

鲍西娅　他是不是无力偿还这笔借款？

巴萨尼奥　不，我愿意替他当庭还清；照原数加倍也可以；要是这样他还不满足，那么我愿意签署契约，还他十倍的数目，拿我的手、我的头、我的心做抵押；要是这样还不能使他满足，那就是存心害人，不顾天理了。请堂上运用权力，把法律稍为变通一下，犯一次小小的错误，干一件大大的功德，别让这个残忍的恶魔逞他杀人的兽欲。

鲍西娅　那可不行，在威尼斯谁也没有权力变更既成的法律；要是开了这一个恶例，以后谁都可以借口有例可援，什么坏事情都可以干了。这是不行的。

夏洛克　一个但尼尔❶来做法官了！真的是但尼尔再世！聪明的青年法官啊，我真佩服你！

鲍西娅　请你让我瞧一瞧那借约。

夏洛克　在这儿，可尊敬的博士；请看吧。

鲍西娅　夏洛克，他们愿意出三倍的钱还你呢！

夏洛克　不行，不行，我已经对天发过誓啦，难道我可以让我的灵魂背上毁誓的罪名吗？不，把整个儿的威尼斯给我，我都不能答应。

鲍西娅　好，那么就应该照约处罚；根据法律，这犹太人有权要求从这商人的胸口割下一磅肉来。还是慈悲一点，把三倍原数的钱拿去，让我撕了这张约吧。

夏洛克　等他按照约中所载条款受罚以后，再撕不迟。您瞧上去像是一个很好的法官；您懂得法律，您讲的话也很

---

❶［但尼尔］以色列的著名法官，善于处理诉讼案件。

有道理，不愧是法律界的中流砥柱，所以现在我就用法律的名义，请您立刻进行宣判，凭着我的灵魂起誓，谁也不能用他的口舌改变我的决心。我现在但等着执行原约。

安东尼奥　我也诚心请求堂上从速宣判。

鲍 西 娅　好，那么就是这样；你必须准备让他的刀子刺进你的胸膛。

鲍 西 娅　因为这约上所订定的惩罚，对于法律条文的含义并无抵触。

夏 洛 克　很对很对！啊，聪明正直的法官！想不到你瞧上去这样年轻，见识却这么老练！

鲍 西 娅　所以你应该把你的胸膛袒露出来。

夏 洛 克　对了，“他的胸部”，约上是这么说的；——不是吗，尊严的法官？——“靠近心口的所在”，约上写得明明白白的。

鲍 西 娅　不错，称肉的天平有没有预备好？

夏 洛 克　我已经带来了。

鲍 西 娅　夏洛克，去请一位外科医生来替他堵住伤口，费用归你负担，免得他流血而死。

夏 洛 克　约上有这样的规定吗？

鲍 西 娅　约上并没有这样的规定；可是那又是什么相干呢？肯做一件好事总是好的。

夏 洛 克　我找不到；约上没有这一条。

鲍 西 娅　商人，你还有什么话说吗？

安东尼奥　我没有多少话要说；我已经准备好了。把你的手给我，巴萨尼奥，再会吧！不要因为我为了你的缘故遭到这种结局而悲伤，因为命运对我已经很特别照顾了：她往往让一个不幸的人在家产荡尽以后继续活下去，用他凹陷的眼睛和满是皱纹的额角去挨受贫困的暮年；这一种拖延时日的刑罚，她已经把我豁免了。替我向尊夫人致意，告诉她安东尼奥的结局；对她说我怎样爱你，又怎样从容就死；等到你把这一段故事讲完以后，再请她判断一句，巴萨尼奥是不是曾经有过一个真心爱他的朋友。不要因为你将要失去一个朋友而懊恨，替你还债的人是死而无怨的；只要那犹太人的刀刺得深一点，我就可以在一刹那的时间把那笔债完全还清。

巴萨尼奥　安东尼奥，我爱我的妻子，就像我自己的生命一样；可是我的生命、我的妻子以及整个的世界，在我的眼

中都不比你的生命更为贵重；我愿意丧失一切，把它们献给这恶魔做牺牲，来救出你的生命。

鲍　西　娅　尊夫人要是就在这听见您说这样话，恐怕不见得会感谢您吧。

葛莱西安诺　我有一个妻子，我可以发誓我是爱她的；可是我希望她马上归天，好去求告上帝改变这恶狗一样的犹太人的心。

尼　莉　莎　幸亏尊驾在她的背后说这样的话，否则府上一定要吵得鸡犬不宁了。

夏　洛　克　这些便是相信基督教的丈夫！我有一个女儿，我宁愿她嫁给强盗的子孙，不愿她嫁给一个基督徒。别再浪费光阴了；请快些儿宣判吧。

鲍　西　娅　那商人身上的一磅肉是你的；法庭判给你，法律许可你。

夏　洛　克　公平正直的法官！

鲍　西　娅　你必须从他的胸前割下这磅肉来；法律许可你，法庭判给你。

夏　洛　克　博学多才的法官！判得好！来，预备！

鲍　西　娅　且慢，还有别的话哩。这约上并没有允许你取他的一滴血，只是写明着“一磅肉”；所以你可以照约拿一磅肉去，可是在割肉的时候，要是流下一滴基督徒的血，你的土地财产，按照威尼斯的法律，就要全部充公。

葛莱西安诺　啊，公平正直的法官！听着，犹太人；啊，博学多才的法官！

夏　洛　克　法律上是这样说吗？

鲍　西　娅　你自己可以去查查明白。既然你要求公道，我就给你公道，而且比你所要求的更地道。

葛莱西安诺　啊，博学多才的法官！听着，犹太人；好一个博学多才的法官！

夏　洛　克　那么我愿意接受还款；照约上的数目三倍还我，放了那基督徒。

巴萨尼奥　钱在这儿。

鲍　西　娅　别忙！这犹太人必须得到绝对的公道。别忙！他除了照约处罚以外，不能接受其他的赔偿。

葛莱西安诺　啊，犹太人！一个公平正直的法官，一个博学多才的法官！

鲍　西　娅　所以你准备着动手割肉吧。不准流一滴血，也不准割得超过或是不足一磅的重量；要是你割下来的肉，比

一磅略微轻一点或是重一点，即使相差只有一丝一毫，或者仅仅一根汗毛之微，就要把你抵命，你的财产全部充公。

葛莱西安诺　一个再世的但尼尔，一个但尼尔，犹太人！现在你可掉在我的手里了，你这异教徒！

鲍西娅　那犹太人为什么还不动手？

夏洛克　把我的本钱还我，放我去吧。

巴萨尼奥　钱我已经预备好在这儿，你拿去吧。

鲍西娅　他已经当庭拒绝过了；我们现在只能给他公道，让他履行原约。

葛莱西安诺　好一个但尼尔，一个再世的但尼尔！谢谢你，犹太人，你教会我说这句话。

夏洛克　难道我单单拿回我的本钱都不成吗？

鲍西娅　犹太人，除了冒着你自己生命的危险割下那一磅肉以外，你不能拿一个钱。

夏洛克　好，那么魔鬼保佑他去享用吧！我不打这场官司了。

鲍西娅　等一等，犹太人，法律上还有一点牵涉你。威尼斯的法律规定：凡是一个异邦人企图用直接或间接手段，谋害任何公民，查明确有实据者，他的财产的半数应当归受害的一方所有，其余的半数没入公库，犯罪者的生命悉听公爵处置，他人不得过问。你现在刚巧陷入这个法网，因为根据事实的发展，已经足以证明你确有运用直接或间接手段，危害被告生命的企图，所以你已经遭逢着我刚才所说起的那种危险了。快快跪下来，请公爵开恩吧。

葛莱西安诺　求公爵开恩，让你自己去寻死吧；可是你的财产现在充了公，一根绳子也买不起啦，所以还是要让公家破费把你吊死。

公爵　让你瞧瞧我们基督徒的精神，你虽然没有向我开口，我自动饶恕了你的死罪。你的财产一半划归安东尼奥，还有一半没入公库；要是你能够诚心悔过，也许还可以减处你一笔较轻的罚款。

鲍西娅　这是说没入公库的一部分，不是说划归安东尼奥的一部分。

夏洛克　不，把我的生命连着财产一起拿了去吧，我不要你们的宽恕。你们拿掉了支撑房子的柱子，就是拆了我的房子；你们夺去了我的养家活命的根本，就是活活要了我的命。

课后训练

【基础训练】

一、戏剧人物的语言是构成剧本的主要材料。剧本通过语言反映人物的内心世界和性格特征。因此，人物语言要有充分的表现力和高度个性化的特点。阅读课文，填写下表。

人 物	典 型 语 言	性 格 特 征
夏 洛 克		
安东尼奥		
鲍 西 娅		

二、阅读课文，完成下列各题

1.《威尼斯商人》的戏剧冲突主要产生在夏洛克和安东尼奥之间，剧本通过尖锐的戏剧冲突反映了资本主义早期__________与__________之间的社会矛盾（从借贷关系考虑）。

2. 夏洛克说，同安东尼奥进行这一场诉讼“并没有好处”，实际上，夏洛克心里认为这场官司是有好处的，他的真正意图是（　　）。

A. 可以借机报复，消灭对手　　B. 可以获得遵守宪章的美名

C. 可以不给“毒蛇”咬两次　　D. 可以满足他割肉的心愿

3. 夏洛克对“为什么不愿意接受三千块钱，宁愿拿一块腐烂的臭肉”这一问题的实质性回答是（　　）。

A.“我只能说我喜欢这样。”

B.“要是我的屋子里有了耗子，我高兴出一万块钱叫人把它们赶掉，谁管得了我?”

C.“天生的癖性。”

D.“因为我对于安东尼奥抱着久积的仇恨和深刻的反感。”

4. 夏洛克同巴萨尼奥对话时为什么两次使用反问句？最符合他当时心态的是（　　）。

A. 不愿正面回答问题　　B. 不屑正面回答问题

C. 不敢正面回答问题　　D. 不甘正面回答问题

【能力训练】

一、这场戏矛盾冲突的焦点是什么？开始的时候斗争的主动权在哪一方，后来斗争的主动权又转移到哪一方？矛盾冲突的转折点在哪里？

二、公爵、巴萨尼奥、葛莱西安诺三人对待夏洛克的态度各有什么特点？这与他们各自的身份、与此事的牵连以及性格特点有什么关系？

三、鲍西娅上场后为什么一再强调尊重法律，并一再认定夏洛克的控告是符合法

律的？

四、莎士比亚剧作的语言丰富多彩，生动形象，适合人物个性，试举例分析。

五、分角色朗读课文

莎士比亚创作的三个时期

从1590年起至1612年止的二十多年中，莎士比亚一共完成叙事长诗两部、十四行诗一卷共一百五十四首、戏剧三十七部。他的主要成就是戏剧。根据当时英国阶级斗争的情况和作者思想的发展变化，他的戏剧创作可分为三个时期。

第一时期（1590～1600年），主要创作历史剧和喜剧，包括《亨利四世》等九部历史剧，《仲夏夜之梦》等十部喜剧和《罗密欧与朱丽叶》等三部悲剧。这时英国社会一片繁荣景象，加上莎士比亚这一时期对社会的认识比较单纯，真诚相信人文主义理想可以在现实中得到实现，这就决定了他早期的创作充满了乐观的浪漫色彩。

第二时期（1601～1608年），是悲剧时期。这一时期，莎士比亚虽然也创作了一些喜剧，如《终成眷属》《一报还一报》等，但弥漫在早期喜剧中的欢乐气氛和乐观情绪已经消失，相反地出现了背信弃义、尔虞我诈的罪恶阴影，它们实质上是悲喜剧。这一时期的杰出成就是悲剧。《哈姆雷特》《奥赛罗》《李尔王》《麦克白》等悲剧揭露了在资本原始积累时期已开始出现的社会罪恶和资产阶级的利己主义，表现了人文主义的理想和残酷的现实之间的矛盾。

第三时期（1609～1613年），主要创作了《辛白林》《暴风雨》等传奇剧。这些剧本对黑暗的现实间或有所揭露，但宽恕和谅解的精神贯穿全剧，人物和背景都富于传奇色彩，机缘巧合和偶然事件的运用过于突出。这时，人文主义的理想已化作虚无缥缈的幻影，诗人只能通过奇谲的梦幻世界表现对人类前途的朦胧憧憬。

26　音乐之声（节选）[1]

勒　曼

学习提示

《音乐之声》取材于1938年发生在奥地利的一个真实故事。萨尔茨堡的冯·特拉普上校和他的七个孩子以及原先是家庭教师现为妻子的玛丽亚，在纳粹德国吞并奥地利之后，组成家庭合唱团，演唱奥地利民歌和爱国歌曲。这部影片自1963年开始拍摄，先由威廉·惠勒执导，后改由制片人罗伯特·怀斯执导。影片上映后，获奥斯卡金像奖的五项大奖，是美国电影史上票房最多的影片之一。

《音乐之声》是一部经典的音乐故事片，具有喜剧色彩，音乐欢快动听，其中的歌曲《雪绒花》《铃儿响叮当》尤其为人们所喜爱，在世界广泛流传。这里节选的是剧本的开头部分，主要借众嬷嬷之口表现女主人公活泼可爱、热爱歌唱的天性，其中玛丽亚的纵情歌唱和众嬷嬷对白式的带有夸张的歌唱，表现了音乐故事片的特色。

巍峨峥嵘的阿尔卑斯山，挺拔的松树漫山遍野，云雀声声啼唱。高高的山巅上尚未化尽的残雪斑斑点点，山风阵阵呼啸。

乐声在旷野中荡漾迴响。钟声嘹亮。

…………

山麓下。

峰环水抱的萨尔茨堡，高高低低的房屋鳞次栉比，庄严肃穆的修道院坐落在绿树浓荫中。

…………

山上。

流连忘返的玛丽亚在山坡草地上远眺群山，她轻盈地跳跃、旋转，一会儿穿过小树林，一会儿又奔到小溪旁，俯身拾起一块石子丢入水中，溪水激起了涟漪。她又向前走去，一面放声歌唱

[1] 节选自《音乐之声》（《外国电影丛刊》，中国电影出版社，1980年版），陈述一任对白翻译，杨仲文任场景记录。《音乐之声》是根据百老汇一出上演多年而盛况不衰的歌舞剧改编的。剧情梗概如下。天性活泼、喜爱唱歌的姑娘玛丽亚，由修道院长派去给海军上校冯·特拉普的七个孩子当家庭教师。特拉普上校失去了妻子，他像统领军队一样严格死板地管理孩子们，使孩子们感受不到家庭的温暖。玛丽亚来了以后，给孩子们带来温暖，带来欢乐，带来歌声，受到孩子们的爱戴，也改变了上校的沉闷心境。玛丽亚与上校结婚，全家组成了家庭合唱团。在纳粹德国吞并奥地利之后，德国军方胁迫上校接受任命。上校一家在音乐会上演唱歌曲，表达他们对祖国的热爱，并激起全场人们的爱国之情。在音乐会尚未散场之际，全家摆脱了监视，开车驶往国外，逃离了德国军方的魔爪。

《音乐之声》：

群山洋溢着音乐之声，
群山唱着古老的歌儿，
群山把音乐之声充满我心房。
我的心要把听到的歌儿欢唱。
我的心想要像鸟儿从湖上飞回森林，
它的翅膀不停地扑腾；
我的心想要像小天使随风飘出教堂，
深深地叹息；
像在石头上翻滚的溪水一样欢笑；
像初试歌喉的云雀通宵达旦地啼唱。
每当我的心感到寂寞，我要到山里去，
我又会听到过去的歌儿，
我的心又会充满音乐之声，
我又会放声歌唱。

玛丽亚伫立良久，隐隐听到修道院传来的钟声，她陷入遐思。忽然，她猛省过来，用手一拍自己的额头，急忙拔腿就跑，没跑上几步，又转身奔回捡起地上的外衣，发出一声惊呼："哦!"急速地跑下山来。

古老的修道院优雅、肃穆，从院里传来阵阵唱圣诗的和谐女声。

修道院内。

修女们从各处走来，端庄严肃的修道院院长、大嬷嬷贝尔塔和玛格丽塔三人正容款步走入经堂，一起虔诚地做日常功课。

钟声响起，院长顶礼膜拜，众修女齐声唱起《哈利路亚》。

院场上。贝尔尼斯嬷嬷急匆匆走来，对院长说："院长嬷嬷。"

院长："贝尔尼斯嬷嬷。"

贝尔尼斯不无抱怨地说："哪儿都找不着她。"

院长问："玛丽亚?"

贝尔尼斯："她又跑到外头去了。"

大嬷嬷贝尔塔生气地："也许……应该在她脖子上拴个铃铛。"

玛格丽塔大嬷嬷对贝尔尼斯说："牲口棚去过吗？你知道她最喜欢牲口了。"

贝尔尼斯："我到处找遍了，想到的地方都去了。"

院长："贝尔尼斯嬷嬷，别忘了这是玛丽亚，就应该到想不到的地方去找找。"

院长和两位大嬷嬷边走边接着谈论这件事。

贝尔塔按捺不住了，她说：“哦，院长嬷嬷，这下你对玛丽亚完全不适合当修女不会再有什么怀疑了吧。”

老成持重的院长不动声色地说：“我的困惑，主会指点我的，贝尔塔嬷嬷。”

边上的玛格丽塔不以为然地：“反正我看黑羊身上的毛也一样暖和。”

贝尔塔固执己见地说：“我们现在不是在谈什么黑羊白羊的，玛格丽塔嬷嬷。在所有见习修女当中，我看玛丽亚是最没希望的。”

她们三人来到一个小院子，院长一面说着：“孩子们！孩子们！”止住了两位大嬷嬷的争执；一面对迎上来的众修女说：“我们正在议论某些人申请当修女的资格问题，负责管理见习修女的大嬷嬷们为了帮助我决定……发表了各自不同的看法。”

院长问一位戴眼镜的修女：“你说，卡塔林嬷嬷，你觉得玛丽亚怎么样？”

卡塔林：“这姑娘才好呢……可有时候……”

院长又问另一位修女：“阿格塔嬷嬷？”

阿格塔：“玛丽亚很招人喜欢，就是有时候……有点怪。”

院长转而又问：“索菲亚嬷嬷，你说呢？”

索菲亚：“哦，我非常喜欢她，可她总是爱闯祸，你们说是不是？”她向其他修女问道。

贝尔塔：“她说的一点都不错。”

修女们唱《玛丽亚》：

贝尔塔（唱）：她爬树，擦破皮，衣服撕窟窿。

索菲亚（唱）：做弥撒，蹦蹦跳跳，嘴里还吹着口哨。

贝尔塔（唱）：头罩底下留着一头卷发。

卡塔林（唱）：修道院里还把歌儿唱。

阿格塔（唱）：她上教堂不准时，

索菲亚（唱）：可忏悔起来倒真心诚意。

贝尔塔（唱）：她做什么事都拖拖拉拉。

卡塔林（唱）：就是吃饭挺准时。

贝尔塔（唱）：不怪我心直口快，事实就是如此。

众修女（合唱）：玛丽亚不适合做修女。

在边上好久没开口的玛格丽塔忍不住了。

玛格丽塔（唱）我倒想替她说几句。

院长就说：“你说吧，玛格丽塔嬷嬷。”

玛格丽塔（唱）：玛丽亚总叫我笑哈哈。

玛格丽塔唱到这里忍俊不禁哈哈大笑起来，其他修女也一齐

放声大笑了。

院长见状无可奈何地摇摇头。

院长（唱）：叫人拿玛丽亚怎么办？
叫人怎么能抓住天上的云彩？

玛格丽塔（唱）：叫人怎么来形容玛丽亚？

卡塔林
阿格塔（合唱）她爱唠叨。

索菲亚（唱）：人难捉摸。

贝尔塔（唱）：像个小丑。

院长（唱）：有好多事你想开导她，
有好多事她应该懂了。

贝尔塔（唱）：她就是坐不住，听不进你的话。

院长（唱）：水怎么能停留在沙子上？

玛格丽塔（唱）：叫人拿玛丽亚怎么办？

院长（唱）：叫人怎么能抓住皎洁的月光？

索菲亚（唱）：只要跟她在一块，我就晕头转向，分不出东南西北。

阿格塔（唱）：像变化莫测的天气。

卡塔林（唱）：飘啊飘的羽毛。

玛格丽塔（唱）：她真可爱。

贝尔塔（唱）：她真可怕。

玛格丽塔（唱）：她像绵羊。

索菲亚（唱）：她比祸害还祸害，
赶得黄蜂没处藏。

阿格塔（唱）：她比异教徒还异教徒。

玛格丽塔（唱）：时而温柔，时而野。

卡塔林（唱）：像个孩子，像个谜。

贝尔塔（唱）：叫人头痛。

玛格丽塔（唱）：叫人爱。

院长（唱）：像个小姑娘。

众说纷纭的修女们只好一齐双手合十，仰脸向天齐唱：

叫人拿玛丽亚怎么办？
叫人怎么能抓住天上的云彩？
叫人怎么来形容玛丽亚？

卡塔林
阿格塔（合唱）：她爱唠叨，叫人难捉摸。

贝尔塔（唱）：像个小丑。

众修女（唱）：有好多事你想开导她。

有好多事她应该懂了。

院长（唱）：可她就是坐不住。

贝尔塔（唱）：听不进你的话。

玛格丽塔（唱）：水怎么能停留在沙子上？

众修女（唱）：叫人拿玛丽亚怎么办？

突然“砰！”的一声开门声，接着一阵急促而响亮的脚步声打断了修女们的争论。

玛丽亚像阵风似地跑进院子，她把衣服往地上一扔腾出两只手来，飞快地按两下抽水唧筒的手柄，又用双手赶紧承接住水管里流出来的水胡乱地往脸上抹了一把，再捡起衣服三脚两步地冲到院长的面前。

突然，她发现众修女严肃而毫无声息地注视着她的举止。她连忙放慢砰然作响的脚步。立定之后，她小心翼翼地向旁边探视修女们，看到大家都以严厉的眼光看着她，便摇了摇头无奈地走了。

表情各异的修女们合唱最后一句：

叫人怎么能抓住皎洁的月光？

大家就这样散了。

【思维训练】

运用所学的知识，评析下面这篇影评文章

艺术的发展史，似乎大致可以看成是一个艺术形式的发展史。以中国的艺术史来说，最早的《诗经》不过是几个人哼出的一些简单的歌谣，后来发展出唐诗、宋词、元曲、明清小说，乃至现代的交响乐、芭蕾舞、电影等，技巧难度可以说越来越复杂。但古老的《诗经》却具有一种简单的力量，能够穿越千年的时光隧道，直达现代读者的心灵。从电影的发展史看，早期的黑白电影用的技巧也与今天的电影不能比，但它同样有一批杰作，让今天的人看了同样怦然心动。这简单的力量，便是艺术家埋在心底的真诚情感。它可以打动不同时代、不同种族、不同文化的人们。

我们可以把张艺谋的新作《我的父亲母亲》看成是一部简单的作品，它的故事简单，人物简单，但是它所蕴含的力量，却打动我们每个人的心灵。

故事当然是被美化的，我们真不知道，华东山区的风光还能被拍得如诗如画。之所以我们觉得这一切如诗如画，是因为里面的人与他们的人生都美得如诗如画。看“我母亲”追求“我父亲”的过程，每一个细节包括她的每一个小小心机都让人发出会心的笑，因为她表达自己感情时是如此纯洁，毫无掩饰，所以真让人觉得美好，觉得活在这个世界上真好，而且你也才悟出：这些美好的东西也许你自己也经历过，只不过你当时视而不见罢了。

一个艺术家常常会有两类作品：一类是他在探究艺术规律的创作之作，他可能会做种种探索，使这门艺术出现这样和那样的可能，它可能会非常壮观，它可能会非常之诡秘，它也可能会非常晦涩难懂不知所云。做这样的探索，也是艺术家责任的一部分，否则艺术何谈发展？而艺术家的另一类作品便是他的心性之作，在完成了许多创作之作或票房之作后，他想找个空，纯粹拍一部只想表达心底潜埋多年的情感的作品，这时他没有了艺术创新和票房的压力，反而常常拍得从容而动人。而当年斯皮尔伯格在拍了《侏罗纪公园》、《大白鲨》等一大堆轰动之作后，他想偿还许多年来心底的一个夙愿，这就是拍《辛德勒名单》。他当时想这部片子就是赔钱也要拍出来，不想片子拍出来后却打动了世界上千百万人，票房也大获成功。因为从斯皮尔伯格的心中流出的是一个民族的苦难与倾诉。在《我的父亲母亲》中，我们分明感受到张艺谋的心底世界，那是植根于渊源深厚的华夏文化中的坚贞、淳厚，蕴含在质朴中的巨大热情，它体现在风雪中前进的表情持重的送葬队伍中，它体现在张艺谋对这段人生的记忆：永远色彩斑斓，优美如画。

这就是美好的简单：它简单，但它感人至深，它使得我们心中充满感激之情。生活中美的东西被艺术家提炼出来，使我们每个生活在日常庸碌中的人为之一振，心中充满欣喜。

【阅读训练】

一、戏剧语言是戏剧的灵魂。它指的是台词（包括对话、旁白、独白、唱词）和舞台说明。在剧本里，故事情节的发展，人物形象的塑造，以及作者对人物事件的态度和评价，一切都要靠人物的对话来完成。与诗歌、小说相比，它更具有个性化、动作化、口语化的特点。以本单元的课文为例认真体会。

二、《雷雨》第二幕一开始有这样一段文字：“午饭后，天气更阴沉，更郁热。低沉潮湿的空气，使人异常烦躁……”这段文字的作用是什么？从下面列项中选择（　　）

A. 交代故事发生的时间。

B. 增强舞台气氛。

C. 加强戏剧的真实感。

D. 将自然现象和剧情的发展紧密地联系起来，暗示剧中人心情烦闷、焦躁和不安，使读者或观众感到无论是自然界还是人际间，都孕育着一种即将爆发的冲决力量。

三、阅读下面微型电视剧本，完成文后问题。

知我者谁

冬日。日景。

林先生从布景的房间门出来，把握在手里的报纸揉成一团，真想把它撕成碎片。

风声，林先生将衣领竖起来裹紧，走出画面。

镜头推进，从门房间传来嘈杂的声音，看上去里面隐约有不少人在。

甲（画外）：瞧，林先生又有大作登报啦！

乙（画外）：我不明白，林先生怎么把芸芸众生写成云云众生？

甲（画外）：你以为人家有多少学问？

丙（画外）：也许是报纸排错的。

乙（画外）：这可难说。有人就这样，看上去满腹经纶，其实也不过是绣花枕头……

丁（画外）：精彩！你一句话就概括了云云先生。

夜景。画面切换成林先生家。坐在沙发里的林妻放下报纸，禁不住向画外发出笑声。

林先生（闷声闷气地）：你还笑?！人家恐怕都要说我是云云先生了！

林妻（把头略略地抬起）：那又怎样？还不是你吃的“苍蝇”。

林先生（一副窝火的神情）：可现在这“苍蝇”非要我吃呀！白纸黑字印出来了，我能叫报纸更正？我又向谁说得清？

林妻略一摇头，从沙发上起身，镜头往后拉。林妻温情地说：“今天晚上的影片是《天底下人》，很好看的。要我说，天底下也没有字字都精通的人。”

林先生这一片刻感觉妻子突然变成年轻时的样子，穿一袭轻柔飘逸的衣裙走到自己跟前……

在林先生“知我者谁”的内心独白中，热情的音乐响起。

概括这个微型电视剧本的主旨：____。

【写作训练】

一、影视评论属于文艺评论的一种，它除了要遵循一般文艺评论的写作要求外，还需要注意以下几个方面。

1. 要从影视艺术的特征出发，对作品作整体性的把握。

2. 要以自己对画面影像的直接感受为依据，对作品的思想内容和艺术技巧进行有重点、有针对性的具体分析。

3. 要熟悉了解作品内容所涉及的文化背景和时代背景，从而作出客观、公正和切合作品所反映的生活实际的评价。

4. 要善于和其他作品进行比较，在比较中判断其思想艺术水平的高下。

5. 形式可灵活多样，文章要精练实在。

组织观看课文所选的电影电视片或其他思想艺术水平较高的佳片，在老师的指导下，写一篇专题影视评论。

二、中央电视台曾播出了二十集电视剧《雷雨》，其中有几条较大的改动。

1. 改编者把原著中作为背景材料处理的周朴园为了发财而故意让江堤出险，淹死两千多名小工的罪恶发家史搬到了前台，让剧情按时间的流程发展。

2. 周朴园和鲁侍萍在周公馆见面以后，周朴园亲自到鲁家“忏悔”，温情脉脉。

3. 结尾，原著中的四凤、周冲是触电而死，周萍开枪自杀身亡，一个没落、腐朽的封建资产阶级大家庭在大雷雨中宣告崩溃了。改编者则安排侍萍带四凤去了济南，鲁大海出走山西，周萍接管父亲的矿山，创造了一个近乎“大团圆”的结局。

请你运用所学的戏剧知识，对以上几点改动发表一下自己的看法。

三、根据以下情节写一个喜剧小品，要求有必要的舞台说明，人物语言富于个性化。

有个财主立下一条规矩：穷人见到他必须行礼，否则就得挨鞭子，理由是他有钱，有钱就有势，见到有权势的人不行礼就是蔑视权势，蔑视权势的人就得受惩罚。

一天，财主遇见了阿凡提，便命令他行礼。阿凡提故作糊涂地问为什么。财主每讲一句，阿凡提都巧妙地把他驳倒，一时招来许多围观的人。

财主下不来台，便小声对阿凡提说，他口袋里有 100 块金币，愿意给阿凡提 50 块，条件是阿凡提要向他行个礼。

阿凡提接受了钱，却不行礼，理由是财主有 50 块金币，他也有 50 块，谁也不比谁更有钱，按财主的逻辑他不必行礼。

财主没法，又把另外 50 块金币给了阿凡提，央求阿凡提不要再谈钱呀、势呀什么的，好歹给他行个礼，别让他丢面子。

阿凡提接受了另外 50 块金币便神气十足地命令财主向他行礼，因为现在阿凡提有了 100 块金币而财主口袋里却空空如也。

财主当然不肯行礼，阿凡提便夺过鞭子，把他抽了一顿，然后骑上他的小毛驴扬长而去。

课外阅读篇目

1. 王实甫　《西厢记》
2. 老舍　《茶馆》
3. 莎士比亚　《哈姆雷特》
4. 西德尼·霍华德　《乱世佳人》
5. 罗伯特·鲍尔特　《日瓦戈医生》

第八单元 实用文体写作（三）

训练目标

1. 了解各类经济文体的含义、写作特点、类别和社会实践意义。

2. 掌握经济信息、经济活动分析、经济预测报告、合同写作的一般格式和技巧；掌握一般广告文案的制作规范与技巧。

3. 通过写作实践活动培养学生的经济头脑、风险意识、企业形象包装意识和创业能力，养成严谨务实的工作态度。

知识要点

经济文书是在经济活动中形成、发展起来的，在经济管理中经常使用的应用文。它是应用文的一个重要的组成部分。

现代化的经济管理，主要包括四个方面的内容：一是科学地制订经济计划；二是有效地进行经济控制；三是切实地开展经济分析；四是及时、准确、全面地进行经济信息反馈。这些内容，大都要通过制作经济应用文来加以体现。经济文书的制作、传播和生效反映了管理的过程和成果。因此学好经济应用文写作对提高工作效率、提高经济效益都起着重要的作用。

一、经济文书的特点及种类

经济文书在经济活动中起着互相交往、商请协调的工具作用；起着经济信息交流、传播的媒介作用；起着为经营决策提供依据的作用。因此，经济文书有以下 3 个突出的特点。

1. 明确的目的性和实效性

经济文书的写作目的是实实在在记载经济领域中的各种活动过程或结果，促进经济工作的顺利进行，以期获得理想的经济效益。例如，企业与企业之间要进行某项经济合作，就必须进行一系列的商谈，把谈判结果用文字的形式固定下来就形成了合同。由此，签约双方的行为受到了一定的约束，明确了各方的权利和义务，这样可以防止一方侵犯另一方合法经济利益的事件发生。

2. 受制于法规的约束性

经济应用文不是一种纯个人的行为，而是一种法律行为。由此拟写经济应用文受到各种经济法规的约束，具体表现在以下两个方面。

（1）拟写经济文书的主体应具有合法的身份　所谓合法身份是指拟写文稿者是一个合法的组织或合法的经营者，一般应具有法人资格。由法定的文稿撰写人拟制的经济文稿在法律上才是有效的。

（2）文稿内容必须符合有关法律、法规精神　在我国，一切经济活动都应该在法律和

有关的法规规定的范围内进行。因此反映经济活动、服务于经济目的的应用文的内容必须符合现行法律、法规的精神。如果文稿违背了有关法律、法规精神，此文稿将被视为无效的或违法的文稿。

3. 基本格式的统一性

经济文书在长期的使用过程中形成了日趋稳定的统一格式。虽然经济文书内部各文种由于具体职能不同，其格式所构成的项目也有所不同，但同一文种有逐步趋于统一的固定格式。如计划书、仲裁书、合同等，它们都有各自的基本格式。

经济文书的文种很多，如经济信息、经济活动分析报告、经济预测报告、可行性研究报告、经济管理决策方案、招标书和投标书、广告与策划、合同、审计报告等，本单元重点介绍其中5种。

（一）经济信息

经济信息是指最新发生的典型经济事实以及具有经济意义的事实的有关消息。可分为动态经济信息、典型经济信息、综合经济信息和评述性经济信息4类。

动态经济信息是指国内外重要经济活动或事件，如生产资料供求、市场竞争趋势、技术、新产品开发、股市行情、消费潮流等重大变化态势等均属动态经济信息。它具有重要的信息价值，可以使人们了解迅速发展的经济情况。典型经济信息是指对一些具体经济单位的成功经验的总结分析报道，具有借鉴价值。因此，写作典型经济信息时，往往要交待较为详尽的背景材料，反映对象变化的过程，以引出经验教训，如《美国麦当劳汉堡包快餐连锁店为什么能占领亚洲市场》、《重庆第二针织厂破产拍卖的启示》。综合经济信息旨在综合反映某部门、某地区在某时期带有全局性、普遍性的经济情况、成效、问题及趋势，如《我国农村集体存款个人储蓄显著增加》。评述性经济信息是就某一经济问题进行评述，说明它的价值和意义。它采用夹叙夹议的形式，对人们关注的经济问题，及时地分析情况、总结经验、揭示矛盾，指明发展方向，促使社会经济沿着正确方向发展。

经济信息是一种特殊的物质资源，是生产力中无形的潜在要素。在激烈的市场竞争中，一条经济信息可以救活一个奄奄一息的企业；而信息不灵，也可使商家丧失商机，一败涂地。经济市场瞬息万变，决定了反映它的经济信息也处于不断快速的变化之中，这就要求经济信息的报道和传递要迅速、及时。经济信息只有扩散于社会，才能产生经济价值。扩散得越广，经济价值就越高，这就是经济信息的流通性。所以现代经营者应该重视信息资源，及时开发、传递，使有价值的经济信息为社会共享，转化为更多的经济效益。

因此经济信息具有实用性、及时性、流通性三大特点。

经济信息的结构大致包括标题、导语、主体和结尾四个部分。经济信息的标题与新闻标题一样，有单行标题、双行标题和多行标题。标题应做到：准确、简明、新颖和引人入胜。

导语是文章的开头。经济信息的开头大致有以下4种。

(1) 结论式　即先写结论，然后再叙述具体经过，以求吸引读者。

(2) 描写式　即用形象生动的语言对主要内容加以描写，以引起读者的兴趣。

(3) 提问式　先提一个问题，引起读者的思考和兴趣。评述性经济信息多采用这种方式。

(4) 叙述式　即用叙述的语言概括事实，使读者对报道的内容有一个清晰的印象。

主体是导语的具体化，是导语的继续和发展，是消息的核心。经济信息的主体结构根据内容而定，须做到严密完整，条理清楚，层次分明。主体结构形式大致有按时间顺序组织材料和按逻辑顺序组织材料两种。

在经济信息中，除了事实本身的材料外，还有背景材料。背景材料是指与事实有关的历史、地理、社会情况或与别的事物的相互关系。背景材料一般不独立成段，而是穿插在主体之中，起着对比衬托的作用。

经济信息的结尾千变万化。从结尾的形式上看，有用一句话结尾的；有用一个段落结尾的；有自然结束，没有明显结尾的。从内容上看，有突出主题的；有发表议论的。

（二）经济活动分析报告

经济分析报告是一种回顾研究性的文书。是以经济理论和国家现行的经济政策为指导，以计划指标、会计核算、统计资料、情报信息以及调查研究所掌握的情况为依据，对某一部门或某一经济实体一定时期的经济活动进行的分析和研究，揭示出规律性的书面材料。

经济活动分析报告的写作要求布局合理，结构完整。大致包括标题、正文、落款三大部分。标题有以下三种写法。

(1) 单位名称、时限和文种　如《××酒店××××年度经济活动分析报告》。有的省略“报告”二字，如《××药房财务成果分析》。

(2) 以“评价”、“评估”、“建议”的形式出现　如《关于节约用水费用的建议》。

(3) 突出主旨　如《国民经济保持健康发展，国有工业盈利水平回升》。

经济活动分析报告的正文一般包括概况、分析和建议 3 个部分内容。

(1) 概况　是关于分析期内经济活动的基本情况的介绍，这是后文展开分析的基础。概况介绍的形式，可以用文字，也可以用表格。用表格列举有关指标数据，既简明又方便。因此十分常见。

(2) 分析　该部分是经济活动分析报告的核心。从内容而言，这一部分应该揭示分析期内经济活动的主要成绩、收获或存在的问题，并总结出经验和教训。

(3) 建议　这一部分主要是针对存在的问题所提出的改进意见或建议，但有时候也表现为对未来的预测，当然，这种预测仍然具有比较明显的建议性，否则就变成了经济预测报告。建议部分体现了经济活动分析的目的。因此这一部分在分析报告中是不可缺少的；这也正是经济活动分析报告与预测报告的一个主要区别。经济活动分析报告的建议应该有针对性、具体可行，它与总结的主要区别也表现在这一点上，总结对未来的设计常常是简略的、原则的。

从结构上看，经济活动分析报告的正文多采用综合式结构；整体上是纵式的，即先概述基本情况，再进行分析研究，然后有针对性地提出改进的建议；而局部则又是横式的，即上述三个层次的部分或全部根据实际情况横向展开，以反映多种性质或多种情况。

落款一般包括作者署名（如属单位承担的项目则应署单位名称）和写作日期，落款通常位于文后右下方。但公开发表的经济活动分析报告其作者姓名（或单位名称）则应署在标题之下，而写作日期也有省略不写的。

在经济活动分析中经常采用的科学的分析方法很多，常用的有以下 3 种。

(1) 对比分析法　就是通过指标对比，从数量上、性质上确定差异的一种分析方法。

可以从数量的多少、大小上找差距，也可以从性质的好坏、利弊上查原因，但要注意的是对比的数据必须具有可比性。如例文中用“多样化的经营战略”的利与弊进行对比分析，从而为企业的经营者指明扬利克弊的正确决策。

(2) 因素分析法　是对经济活动中影响经济指标完成的各个因素进行分析研究，找出有利因素与不利因素，使企业从不同的角度加强管理，有针对性地制订策略。例文中采用因素分析法，把所涉及的有一定影响程度的因素都加以分析，力求做到既要抓重点，又要照顾全面。

(3) 预测分析法　是在现有的经济活动分析的基础上，科学地推断和预测未来经济活动的状态及发展趋势的分析方法。预测一定要以科学分析为基础，不可盲目、主观，预测的结果要可信、科学。

（三）广告

广告一词是外来语，源于拉丁文 advertere，意为注意、诱导等，其原意就是唤起大家注意某一事物。经济广告在现代社会主要用于经济活动中，是厂家、商家、服务部门等以营利为目的，利用传播媒介，向公众宣传有关商品、劳务的信息，以促进销售和扩大服务的一种方式。经济广告在今天的社会生活中能够起到沟通产需联系、开拓市场、指导消费和促进生产发展的作用。

经济广告的种类很多，从广告的直接目的划分，有以销售商品为目的的广告，以建立厂商信誉为目的的广告和以建立观念为目的的广告；从表现主题方式划分，有理由广告（说明广告）和暗示广告（兴趣广告）；从刊载媒介划分，有报刊广告、电视广告、广播广告、橱窗广告、陈列广告、灯箱广告、音响广告、路牌广告、招贴广告、模型广告、商标广告等；从写作体式上划分，有陈述体广告、问答体广告、新闻体广告、诗歌体广告、幽默体广告、故事体广告、快板体广告以及广告口号等。采用哪种广告，要根据商品特点、宣传对象等实际情况来决定。但无论采用何种形式，都离不开语言文字来展示广告的主题和创意。因此，广告中的广告文质量的优劣，就直接决定广告宣传效果的好坏。

经济广告的格式灵活多样，但基本格式主要是标题、正文。

标题是广告的眉目，其最基本的要求是引人注目，便于记忆。常见的广告标题如下。

(1) 直接标题　是将广告的主题或最重要的内容在标题中直接标出。如：“文豪——多功能中西文处理机”，“‘狗不理包子’好风味”。

(2) 间接标题　是以商品某一特质，向消费者暗示，采用形象、迂回的方法吸引公众阅读。如：“宏漆擦遍全中国”（重庆宏漆涂料），“宏声万里，万里宏声”（宏声集团），“国色天香——牡丹卡”。

(3) 复合标题　这是采用新闻的标题形式，包括引题、正题和副题。引题说明信息意义和交待背景，正题点明广告的主要事实，副题则补充说明正题内容。如万里香熏鸡酱肉厂的广告标题为“万里香熏鸡”是正题，“煮透、闷透、熏透、形美、色美、味美”为副题。

广告的标题一定要简洁、凝练，才能便于人们记忆。尽管广告标题的字数不宜作硬性规定，但根据人们的记忆规律和习惯，最好控制在 14 字以内。

如果说标题的主要作用在于吸引消费者，那么，正文的重点就是说服消费者，促成购

买。广告正文一般包括以下内容：介绍商品的成分、性能、特点、使用方法等；介绍厂家的地位、技术能力或已有的声誉、成就等概况；介绍交易的时间、地点、价格等；介绍企业对质量及服务做出的承诺。

经济广告正文的写作因物而异，没有固定的模式。现行广告的体裁风格丰富多彩，不拘一格，常见的有如下几种体式。

1. 推介体

又称陈述体、简介体，是以朴实平直的语言向人们介绍，虽不生动，但给人以实在之感。多用于宣传新产品。如内蒙古生产的地毯、挂毯，具有悠久的历史，是传统的出口商品。也是著名的工艺品。它以当地生产的优质绵羊毛为原料，用手工精心编制而成。其特点是：图案新颖、技艺精湛、颜色牢固、雅致美观、弹力强、经久耐用，并具有独特的民族风俗。被誉为艺术珍品的第一块万里长城挂毯，就是内蒙古赤峰地毯厂生产的。

2. 论述体

主要以充分的论据，雄辩的事实来说服消费者选购广告商品或选择其服务。电影《飞行交响曲》的广告就是用论述体写成的。如有人说，爱情和事业从来就是互相矛盾的，要想取得事业上的成功，在爱情上就要做出牺牲；相反，如果能得到甜蜜幸福的爱情，在事业上很可能会一事无成。这话虽说不无道理，但却不尽然。影片《飞行交响曲》中飞行大队长孙建华和女友周文娟在爱情上的曲折、烦恼和幸福对于青年朋友摆正事业和爱情的位置将会有所暗示。

3. 描写体

用描写的手法表现出产品的形象或介绍某个服务项目及其特点，需要创作者用极富有文采的语言唤起一个鲜明的形象，给人们留下深刻印象。如欧洲从远古时期开始，人们已致力于追求恒久之美，天然纯金散发的永恒光芒，从那时起已令仕女们趋之若鹜。她们相信璀璨的黄金，具有令青春不灭的神奇力量。法国娇兰以现代美容护肤科技实现这个美的传说，运用多年研究成果，创制最新 DIVINAURA 美化容颜用品。让你经常拥有天然光彩。

DIVINAURA 蕴含点点天然金箔，具神奇修复功能，能促进细胞活动，令肌肤紧滑细柔。金箔的柔润光泽为肌肤添上动人光彩。

4. 问答体

即广告内容通过问答方式表达出来。这种体式一般以广播和印刷品为媒体，针对性强，逐点答疑，有说服力。多用于技术性、知识性较强的广告内容的表达。如上海圆珠笔厂作的广告。

① 因使用不慎，衣服沾上了圆珠笔油，怎样处理？

可用酒精加肥皂或吉力油污清洗膏反复搓洗，然后用清水冲净即可。

② 哪一种圆珠笔书写流利、字迹最细、价格最合算？

使用弯头圆珠笔都具有以上特点。弯头圆珠笔笔芯贮油最多，一支顶两只用，油墨用完还可刻写蜡纸，一物多用，最合算。

③ 什么地方可修理彩色水笔的零件和水笔？

请到百新文具店。

5. 证书体

借助政府对本产品的奖赏，来宣传产品的优势和特性。这种广告容易获得顾客的信赖感。刊登这类广告必须持证明文件。

6. 幽默体

幽默的语言和轻松活泼的形式（如喜剧、相声、动画、木偶等）来宣传产品，形象生动，引人入胜。如一只螃蟹问另一只红螃蟹："咋地，哥们让人煮啦？"……"整点×××吧。"看时教人忍俊不禁，看后令人印象深刻。

广告标语又叫广告口号，是现代广告文中常见的重要形式。它的撰写要求与标题的拟写基本相同。但它的鼓动性更强。因此要突出特点，富于号召力，要押韵动听，简单易记。如"渴了喝红牛，困了累了更要喝红牛"。

随文亦称附告，是在正文之后的必要说明，即附带告诉人们的一些内容，包括广告单位的名称、地址、邮政编码、电话号码、传真号码、联系人，必要时可写上开户银行、账号等。厂家名称已在广告标题中出现的，随文可省略。

撰写广告文有如下要求。第一，贵在创新。广告策划是创造性的思维活动。创造性思维具有反常性的特征，创意独特的广告往往能挑起人们的好奇心。某汽车商为推销商品，制作了一则广告"××汽车各方面质量超群，价格便宜。"但顾客却认为便宜没好货，无人问津。后来，有人利用逆向思维，把广告语改为："××汽车除前门把手偏右一些外，其他各方面质量均佳，故价格便宜"。表面上似乎在说汽车的缺点，而实际上却消除了人们心理上的排斥力，打开了销路。第二，注意社会效益。广告除了促销作用外，客观上也会对社会生活的某些方面如社会风气、生活方式、语言、心理等，产生潜移默化的影响，西方学者称之为广告的"二次性效应"。因此，广告制作既要重视经济效益，还应该注意社会效益。

（四）广告策划

广告策划的完整内容，一般包括广告任务、广告预算、广告媒介策略、广告实施策略、广告设计方案、广告调查、广告效果测定等项目。

1. 广告任务

包括为什么要为某项产品或企业做广告，向什么地区、什么阶层、什么集团实施广告宣传，广告要达到什么目标。广告活动各阶段的日期安排等，即做广告的目的、广告对象、广告目标和广告时限等主要项目。

2. 广告预算

广告预算提出广告费用可以开支的数目和具体的分配方案。

3. 广告媒介策略

广告要通过一定的媒介来传播信息，媒介不同，广告费用、广告设计、广告策略和广告效果都不同。不同的广告媒介组合运用，其广告效果也不同，因此，广告计划必须选定广告媒介，制订广告媒介组合策略。

4. 广告实施策略

确定实施广告计划的具体办法，是由企业的广告部门来执行，还是委托广告公司代理，或是直接找媒介制作传播。

5. 广告设计制作方案

依据既定的广告任务、广告预算、广告媒介策略和广告实施策略要求，确立广告创作的方针，提出广告设计制作的基本要求，委托有关部门和人员设计和制作。

6. 广告调查和效果测定

包括为制订完善的广告计划而进行的调查以及测定广告活动效果的调查。前者是在酝酿制订广告计划时进行，如对商品、市场、消费者、媒介等的调查；后者是在实施广告活动中或结束后的调查。

（五）合同

合同亦称契约，是当事人之间为了实现一定的经济目的，依据有关的法律、政策，经过平等协商，明确相互的权利义务关系而订立的协议。合同关系是一种法律关系，它具有法律约束力。

合同的特点为：其当事人是法人和独立的经济实体；它是为实现一定的经济目的而订立的协议；它是商品交换关系在法律上的表现形式；其当事人的权利义务是相互的。

合同的作用为：有利于市场经济的发展；有利于加强各部门的专业化大协作；有利于企业加强经营管理；有利于保护当事人的合法权益；有利于工商管理部门和企业主管部门对企业的监督。

合同名目繁多，分类方法也不一样。从内容和性质的角度分，可将合同分为九大类：购销合同、建筑工种承包合同、加工承揽合同、货物运输合同、供用电合同、仓储保管合同、财产租赁合同、借款合同、财产保险合同。

合同不能随意撰拟，它有特定格式。合同格式主要有条款式、表格式以及条款表格结合式。无论什么格式都包括以下几个部分。

1. 标题

用简洁、准确的文字写明合同性质和文种，即标明是哪一类合同，如《购销合同》、《房屋租赁合同》。

2. 立合同人

空两格并列各方单位名称及代表姓名，也可一行连着写，并注明一方为“甲方”、“供方”、“卖方”、“发包方”、“出租方”，另一方为“乙方”、“需方”、“买方”、“承包方”、“承租方”。

3. 正文

合同的中心部分，主要有下面内容。

（1）简要写明订立合同的目的或依据等　如“甲方向乙方订购以下货物，经双方协商订立合同如下”。

（2）分条列项地或分章分节地写明协议的具体内容　这是合同最重要的部分，包括基本条款和选择条款；标的（指货物、劳务、工种项目等）、数量（指标的计量）、质量（指标的特征）、价款或酬金（标的代价）、方式（指履行义务的具体方式）、违约责任（指不履行合同应负的责任）。

（3）合同的有效期限　如“本合同自签订之日起生效，有效期至××××年×月×日”。

（4）落款　写明各方单位名称（盖章）、各方法人代表或当事人签名，以及各方单位的地址、邮政编码、电话及号码、开户银行及账号、合同签订日期等。有时还有机关的意见及盖章。

写作合同要求：一是结构要完整，内容要具体；二是文字要准确，书写要清楚。

二、经济文书写作的基本要求

1. 内容要真实、可靠

写经济应用文是用来办实事的，文稿内容应反映经济活动的各种实际状况和表达经济活动主体的真实意向。拟写经济文书的最基本要求，就是必须遵守真实性和可靠性原则。

2. 语言要准确、简洁、平实

经济文书常常是以机关、企业的名义发出的，一个字、一句话、一个数据，甚至一个标点都可能产生巨大的影响，万万不可粗心大意。因此，经济文书无论是内容还是形式都必须有高度的准确性。“简洁”是指对语言提炼之后，使用的词语概括力强，词义单一，句子简练，表达流畅。“平实”是对语言风格而言。经济文书是一种实用文体，要求有一说一，有二说二，风格上要求平淡实在。

3. 要具有多种知识的综合运用能力和一定的写作技巧

写任何一种样式的文章都是一个感受力、认识力、思维力和表达力的综合体现。写作经济文书所涉及的知识范围很广，最主要的包括经济管理知识，各种经济法规知识及经济领域中所使用的各类文种写作知识。

三、提高经济文书写作水平的途径

1. 明确基本要求

专业性和政策性是经济文书的两大特点。学好经济应用文首先必须认真学习党和国家的有关经济路线、方针、政策和法令、规章、制度，不断提高政策水平。其次应熟悉经济工作业务，努力掌握各个时期的经济规律，了解生产、分配、交换、消费这几个环节的关系和规律，熟悉本部门、本系统、本单位的业务并搜集各种信息、资料，使经济文书能正确反映经济工作的客观实际。

2. 掌握基本标准

一篇好文章，必须言之有物，言之有理，言之有序，言之有文，言之得体。一篇好的经济应用文需做到“实”、“准”、“简”三个字。“实”就是内容实事求是，文风要朴实；“准”就是要求语言平实、准确，通俗易懂；“简”就是简化、简短、简明。

3. 遵循基本规律

(1) 经济实践活动—科学思维—经济文书，是经济文书写作的规律　它包括两个过程，一是认识过程，就是对所反映的经济实践活动要深入调查、研究，并对其进行深刻的认识和加工；二是表达过程，就是凭借语言文字，把自己对经济实践活动的认识表达出来。

(2) 模仿—借鉴—创新，是写作经济文书的必经之路　初学者在写作过程中，有意识、有计划地进行一些模仿性的练习是十分必要的。模仿的目的是领会范文的奥秘，摸熟门径。借鉴是在模仿的基础上，博采众家之长，吸取多种营养，它是从模仿到创新的桥梁。创新是在模仿、借鉴的基础上进一步融会贯通、推陈出新，逐步形成自己的特点和风格。

(3) 实践—理论—实践，是写作实践的规律　写作实践包括范文评析，病文评改、基

本功训练和习作等，这种实践活动必须是在一定的写作理论指导下进行才能少走弯路。与此同时，还要在自己的写作实践中总结经验，并上升到理论高度。将从实践中概括出来的写作理论用来指导写作实践，通过“实践—理论—实践”的循环往复，不断提高写作水平。

27 经济信息与经济活动分析

【例文一】

学习提示

CPI在经济学上，被称为零售价指数，亦称居民消费价格指数，它是考察城市工薪居民购买的特定系列商品价格平均值的一个统计指标。它也是衡量通货膨胀的主要指标之一。PPI是生产者物价指数，是衡量工业企业产品出厂价格变动趋势和变动程度的指数，也是反映某一时期生产领域价格变动情况的重要经济指标。《人民日报（经济版）》于2013年9月10日刊登了一述一评两则经济信息。它用国家统计局统计数据显示出的8月份CPI上涨温和、PPI环比由降转升的事实，推断出“经济回升态势渐趋明显”的结论，据此国家信息中心经济预测部宏观经济研究室主任发出评述，认为目前正是调整结构的好时机。学习时注意体会经济信息与一般消息的不同点。

经济回升态势渐趋明显

标题概括此消息的主要内容。

受鲜菜、猪肉和蛋的价格上涨较多的影响，8月份CPI环比有所上涨。从环比数据看，CPI八大类中，食品价格涨幅最大。其中，鲜菜、猪肉和蛋价格上涨相对较多。这里面既有季节性因素，也与当月全国平均降水量较常年同期偏少、平均气温较常年同期偏高等因素有关。

用数据推出CPI环比上涨的结论并分析了影响的主要因素。

从同比数据看，8月份的CPI同比涨幅比7月份稍有回落，主要原因是，同比涨幅中的翘尾因素减少的部分要多于新涨价因素增加的部分。

8月份，工业生产者出厂价格和购进价格环比由降转升，涨幅均为0.1%。除煤炭等少数行业产品的价格环比下降外，其他大部分行业产品的价格稳中有升。全国工业生产者出厂和购进价格同比降幅均为1.6%，比7月份的同比降幅分别收窄0.7和0.6个百分点，降幅连续第三个月收窄。PPI的这些变化显示国家近期一系列稳增长、调结构、促改革、惠民生综合举措取得了实效，国民经济企稳回升的态势渐趋明显。

用数据做对比分析后推出结论。

目前正是调结构的好时机

题目表明个人推断结论。

物价总体保持温和稳定，好处显而易见。首先，如果物价大

幅上涨，通胀压力特别大，就会逼着我们去收紧货币政策；如果经济减慢的趋势比较明显，甚至偏冷出现通缩，我们也难受，就要适当刺激经济，让货币政策趋于宽松。而现在7.5%的GDP增速，伴随3%左右的物价水平，对于整体经济的健康发展是合适的。

根据统计数据作出评述与推断。

可以说，现有的物价水平，使得通胀问题不仅不需要特别的关注和担忧，还提供了一个很宽松的政策环境，宏观调控的回旋余地更大了。目前正是调整经济结构的好时机。

物价水平与经济增速呈正相关关系。现在宏观经济的下行压力比较大，经济比以往有所降温。物价是经济的滞后反映，不会显著回升。预计四季度CPI水平会略有回升，接近3%，全年累计大概2.6%到2.7%。这是完全在调控目标之内的。只要不采取大规模经济刺激政策，CPI不会大幅上涨。

预测及依据。

有些涨价因素值得注意，一个是肉禽价格处于上升通道，对CPI的影响在随后几个月将会进一步显现。另一个是粮食价格，东北的洪涝灾害和南方高温干旱可能造成粮食价格的波动。但因粮食连续多年稳产，有良好的库存基础，短期波动不会影响大势。

提醒注意。

PPI的跌幅收窄的迹象表明供需状态在改善。

【例文二】

学习提示

在2013年1月22日工业和信息化部12家成员单位联合发布的《关于加快推进重点行业企业兼并重组的指导意见》中，提出了汽车、钢铁等九大行业和领域兼并重组的目标与任务。《人民日报》登载了这则信息并用简短的语言概括了兼并和重组的理由。

九大行业加快兼并重组

标题是主要信息的提炼。

[人民日报北京2013年1月22日电] 工业和信息化部、发展改革委、财政部等国务院促进企业兼并重组工作部际协调小组12家成员单位22日联合发布《关于加快推进重点行业企业兼并重组的指导意见》，提出了汽车、钢铁、水泥、船舶、电解铝、稀土、电子信息、医药和农业农业化等九大行业和领域兼并并重组的主要目标和重点任务。

正文点明事件关联的九大行业。

这九大行业和领域有一个共同特征，即规模经济效益显著，但目前这些行业的组织机构不尽合理，产业集中度不高，企业小而分散，社会化、专业化水平较低，缺乏能引领行业健康发展的大企业，从而引发重复建设，产能过剩、恶性竞争等突出问题。

提出共性特征和兼并重组的理据。

【例文三】

学习提示

企业如何经营、如何立足，以适应当今的社会而取得自身发展，是众多企业家、决策者思考的问题，作者何新岚就企业多样化经营的利弊进行分析，写成如下的经济分析报告（登载在《经营与管理》2000年第八期），为企业领导层改善管理、提高效益、制订经营策略提供依据。文章运用对比分析法和因素分析法将多样化经营带来的利和弊进行了直接分析，条理清楚，结构严谨，具有较强的说服力。

多样化经营战略的利弊分析

何新岚

标题一般由单位、时段、分析对象和文种构成。

一、多样化经营之利

实施多样化经营所带来的战略利益主要为：

1. 协同效应

即两个事物有机地结合在一起，发挥出超过两个事物简单总和的联合效果。企业采用多样化战略后，新老产品、新旧业务、生产管理与市场营销等各个领域，如具有内在联系，存在着资源共享性，就能起相互促进作用。企业协同效应表现如下：（1）管理协同。即生产的产品或经营的业务，在经营决策的基准上大致相同，对管理的方法或手段的安排比较一致。企业经营的产品之间在管理上是否具有共享性是决定企业多样化战略成功与否的重要因素。如果企业新的业务领域与原有业务领域在经营管理上差距很大，则一方面由于企业管理人员要花费大量时间和精力去熟悉新产品、新业务；另一方面企业决策和管理人员往往习惯于将原有的一些经营经验和方法，不自觉地运用到新产品、新业务上，往往增加决策失误的可能性。因此，企业要实施多样化战略，必须充分注意管理上的协同效应。（2）市场营销协同。老产品能带动新产品的销售渠道和顾客时，往往会产生协同效应。老产品能带动新产品的销售，新产品反过来又能为老产品开拓市场，从而增加总销售额。同时，由于面对共同的市场，因而企业不需为新产品额外增加更多的营销费用，从而使单位营销费用降低。（3）生产协同。如果老产品在生产技术、生产设备、原材料以及零部件上具有类似性，那么产品生产上就有可能获取协同作用。（4）技术协同。这里主要指设计与开发技术。企业在实行多样化经营时，可以充分利用贯穿于这些产品之间的核心技术，可以大大减少新产品研究开发费用，并提高新产品成功的概率。

正文采用分项陈述、运用对比分析法和因素分析法，将多样化经营带来的利与弊进行直接分析。具体阐明多样化经营带来的五种利益及其产生的三种弊端，清晰、准确、醒目。

2. 分散经营

多样化经营的一个非常重要的战略利益就是通过减少企业利润的波动来达到分散风险的目的。以此目的而实行多样化战略，应确立使企业风险最小、收益最大的产品组合。一般来说，企业应该选择在价格波动上是负相关的产品组合，这将最有利于分散风险。而高度相关的产品组合，不利于风险分散。这种高度相关包括：所有产品都属于产品生命周期的同一阶段；所有产品都是风险产品或滞销产品；所有产品都存在对某种资源的严重依赖等。

3. 增强市场力量

实施多样化战略的企业拥有更多的市场力量。一般来说，多样化企业可以通过三个机制来实施市场力量。(1) 掠夺性的价格。多样化企业可以凭借其在规模及不同业务领域经营的优势，在单一业务领域实行低价竞争，从而取得竞争优势。企业可以将价格定在竞争对手的成本以下，而利用其他业务领域的利润对这一定价损失进行交叉补贴，以挤垮竞争对手或迫使其退出此行业，从而为企业在此行业的长期发展创造一个良好的环境。(2) 互利销售。互利销售是指企业可以与其主要客户签订长期合同，互相提供所需的产品，以实现相互利益最大化。(3) 相互制约。当一个多样化经营企业与另一个多样化经营企业竞争时，这两个企业可能会在多个市场上进行竞争，而这种多市场接触会减弱相互竞争的强度。因为如果一个企业在一个市场上采取进攻行动（如降价）的话，很可能招致另一个企业在其他市场上的报复行动。因此，通过这种相互制约，企业可以在一个竞争相对缓和的环境中生存。

4. 形成内部资本市场与人力资源市场

企业通过多样化经营可以在企业形成资本和人力资源等内部市场，从而对企业的发展有利。企业在外部资本市场上筹集资金的成本是较高的。因此，实行多样化战略的企业可以在其内部建立资本市场，通过资金在不同业务领域之间的流动来满足各业务领域的资金需求，实施多样化战略的企业，可以建立内部银行。

多样化经营的企业同样可以通过内部人力资源市场来促进人才流动并节省费用。企业在外部人才市场的招聘费用较高，而且不易招聘到合格的人才，而在内部人才市场上选择不仅可以节省费用，还可以更充分地掌握应聘者的信息。此外，内部人才的提升还具有激励作用。

5. 有利于企业的继续成长

当企业面临一个已经成熟甚至正衰退的产业时，继续在此产业中投入以获取企业增长显然是不明智的，因此为寻求企业的进一步成长，就必须进入一个新的产业。

二、多样化经营之弊

企业实施多样化经营所带来的不利之处主要有以下几方面。

1. 管理冲突

由于企业在不同的业务领域经营，因而企业的管理与协调工作就增加了难度。比如企业在一个业务领域内实行成本领先战略，这就要求企业在研究发展、市场营销、原材料采购等方面降低成本，甚至反映在企业文化上也要提倡节约风气；而企业在另一个业务领域实行差异化战略，这就要求企业在其整个价值链内寻求差异化的来源，而这种差异化经常以成本的提高为代价，因此企业在这两个业务领域的同时经营就会造成管理理念上的冲突，使管理效率降低。多样化经营企业内部管理的复杂化还表现在对不同业务单位的业绩评价、集权与分权的界定、不同业务单位间的协作等等。

2. 新业务领域的进入壁垒

多样化战略与纵向一体化战略同样需克服产业进入壁垒，这就必须付出成本，如额外的广告促销费用等。同时，在一个完全陌生的新的产业环境经营，往往要冒较大的风险。由于企业在刚进入一个新的产业时，不具备此产业中经营的经验，缺乏必要的人才、技术等资源，就很难在此产业中立足并取得竞争优势。

建议和措施都融在每个因素分析之中，因此，本文还需另设结尾吗？

3. 分散企业资源

企业的资源是有限的，这些资源包括资金、人才、设备、土地等有形资源以及商誉、品牌、专有技术、管理能力、销售渠道等无形资源。实施多样化经营必然要分散企业资源，从而对企业原有业务产生不利影响。如果企业在原有业务领域并未真正获取竞争优势就急不可耐地进入新的企业领域，就很容易使企业在新旧产业内同时陷入困境，造成经营上的失败。

课后训练

【基础训练】

一、经济信息与一般的新闻有何区别？查阅报纸，举例说明。

二、经济活动分析报告中常用的分析方法有哪些？例文中运用了哪种？是如何运用的？

三、经济活动分析报告由哪几部分组成？课外阅读当地报纸或相关资料中刊载的经济活动分析报告，揭示其经济规律。

四、经济活动分析报告要求数字表述要准确、恰当，把下列句子中不符合要求的部分改正过来。

1. ××区今年财政收入为十亿多元。

2. ××厂去年废品量为1000件，今年废品只有500件，减少了一倍。

3. ××车间七月份产品合格率由原来的80%上升了95%，达到了历史的最好水平。

4. ××厂原来每台时生产产品10个，技术改造后每台时的工作效率提高了4倍，达到了40个。

五、阅读下文，说说它是经济信息还是一般新闻？写法上有何特点？

一汽成立50周年庆典，被四大基地的奠基和签字仪式取代
一汽四大基地布局长春

本报讯　近来相当低调的一汽集团，在距其建厂50周年大庆还有整整10天之际，终于打破沉默，对外公开了“7·15大庆”当天的日程安排。让人颇感意外的是，一汽成立50周年庆典，并未单独出现在日程表上，而被一汽集团四大基地的奠基和签字仪式取代。此前，一汽集团总经理竺延风已多次表态：一汽成立50周年的主题，将是“纪念”而不是“庆祝”。

成立于1953年7月15日的中国第一汽车制造厂（一汽集团的前身），因其“共和国汽车工业长子”的特殊身份，一直受到国内外业界的关注，而一汽的未来发展更是广受瞩目。基于此，一汽已喊出了“用5～8年，再建5个相当于2001年当量的新一汽”的口号。7月15日，四大新基地落户长春，正是这一口号的具体实施。

据了解，这四大基地分别是一汽轿车股份有限公司新基地、一汽—大众汽车有限公司二厂、解放新基地、一汽—丰田SUV（丰越汽车有限公司），“含金量”极高。四大汽车新基地的成功布局，将为一汽未来的发展增添前所未有的空间和动力。

【能力训练】

一、内蒙古畜牧主产区今年又遭暴风雪袭击，牛羊损失惨重。请你将这则新闻改写成经济信息，为毛纺织业提供决策依据。

二、某企业产品成本的计划与实际情况的有关资料如下，请用因素分析法编制一份产品成本计划完成情况的分析报告。

产品成本资料　　单位：元

项目	产量/个	材料费用			工资费用			制造费用		
		单耗	总价	材料费总额	工时定额	小时工资	工资总额	工时定额	小时费用	制造费总额
计划	500	10	20	100.00	15	4.0	30000	15	2.0	15000
实际	550	9	21	103.95	15.2	4.5	37620	15.2	1.8	15048

28 广告与策划

【例文一】

学习提示

这是一则独具匠心的广告文。它看似平实而构思却很精巧，它热情洋溢地歌颂母爱，创造了浓厚的感恩亲情氛围，并运用富有说服力的数据和充满真情的鼓动，吸引和影响消费者，以期收到较好的效果。学习时应注意思考以情感人的广告与商业味浓的广告有什么不同点。

妈妈以时间换取我的成长

推动摇篮的手就是统治世界的手，也是最舍不得享受的手。

1/4 的妈妈没有表：

不是买不起，只是她们认为待在家里忙家务，戴不戴表都无所谓，何不把钱省下来当家用。

2/4 的妈妈的手表是旧款式老表：

妈妈们的手表至少有一半以上是旧表、老表，有的是结婚前的，有的甚至是儿女嫌旧不要的……她们舍不得享受，即使是旧的，她们也认为蛮好的。

3/4 的妈妈还是要戴表：

虽然妈妈们经常为了料理家务而不方便戴表，但是她们偶尔外出购物、访友、娱乐时，还是需要佩戴一只手表。

向伟大的母亲致敬，别再让母亲辛劳的手空着！本公司为庆祝母亲节，特别提供最适合母亲佩戴的女装表 5000 只，从即日起到 5 月 11 日止，以特别的优惠价供应，欢迎子女们陪同母亲前来选购，送给母亲一份意外的惊喜。

强化广告就是对广告的主要信息给以重点宣传，以保证这些信息给顾客留下深刻、难忘的印象，这主要表现在对商品牌号、特点、性能、效能效用的宣传上，其商业味很浓；弱化广告，就是想尽一切办法冲淡广告的商业味道，它侧重的是厂商与顾客之间的感情、友谊联系。本文采用的广告策略是“强化”还是“弱化”呢？

【例文二】

学习提示

广告创意的实现靠的是画面与文字，画存脑中，意在心中。下面一组经典广告词言简意赅，尽人皆知，实现了广而告之的意义。

海尔：海尔，中国造

国产家用电器一向被认为质低价廉，即使是出口也很少打出中国制造的牌子。海尔在中国家电工业走向成熟的时候，果断地打出“中国造”的旗号，增强了民族自豪感。就广告语本身而言，妙就妙在一个“造”上，简洁有力，底气十足。

李宁：把精彩留给自己

国内最好的体育用品恐怕非“李宁”莫属了。体育用品是年轻人的天下，既没有“耐克”的超级明星，又没有“锐步”的国际背景，李宁的“把精彩留给自己”却也同样符合青年的心态，谁不希望精彩呢？

康师傅：好吃看得见

台湾地区的品牌却在大陆发家，标准的“墙内开花，墙外红”，一个普通的方便面，能够让美味看得见，的确不容易。

张裕：传奇品质，百年张裕

当进口红酒蜂拥进入中国市场时，以张裕为代表的国产红酒并没有被击退，而是通过塑造百年张裕的品牌形象，丰富了酒文化内涵，使一个拥有传奇品质的民族老字号企业毅然挺立。

农夫山泉：农夫山泉有点甜

一句广告语打响一个品牌，用在农夫山泉身上绝不过分。没有这句广告语就没有广告的成功，而品牌的长期积累，则离不开这句广告语的作用。

课后训练

【基础训练】

一、广告标题的写法有哪些，各自有何特点？

二、广告策划的完整内容一般包括哪些项目？

三、我们看到和听到的广告，常用诸如“全国首创，誉满全球”、“历史悠久，质量第一”、“物美价廉，实行三包”等词句，而人们对这些广告词已经不感兴趣，为什么？

四、阅读下面这则广告，体会它是怎样抓住顾客消费心理需求的。

“狗不理包子”好风味

做包子，一般用的是大发面，“狗不理”包子却是半发面，这样蒸出来的包子，皮薄有咬头，还显得馅大。蒸包子火候不当，就会出现掉底、塌帮、跑油等现象。“狗不理”包子经过反复试验，避免了上述缺陷。为了保持包子的造型完美，每个“狗不理”包子捏 17 个褶或 18 个褶，疏密适中，看上去就像一朵白菊花。

【能力训练】

一、日本的美浓津是一个很有商业头脑的商人，他创建的美浓津运动器具公司一年营业额高达 20 亿日元，产品销往世界的每一个角落。该公司出售的运动衫，都附有这样一张纸条：

“这种运动衫使用的是本国最好的染料，染色技术更是本国最出色的；不过感到遗憾的是：酱紫色之类的染色布至今无法做到不褪色，……”

这完全不是什么广告上的噱头，而是真实的事实。这种不向顾客隐瞒的做法，最初曾在公司内部引起过激烈的争论，这则把商品的弱点暴露无遗的广告在美浓津的坚持下才出了台，而它产生的效果是：社会大众对美浓津的诚实作风赞不绝口，推崇备至，使他的产品建立了良好的形象，独步日本市场，饮誉不衰。

在上例中，你觉得哪方面值得我们借鉴？

二、某旅游胜地香烟品种云集，一种新创品牌为了打入市场，张贴广告：“禁止吸烟！连×牌也不例外！”从而获得了好销量。请问，这是什么类型的广告？

三、收集你认为好的广告标语五则，分析其特点和原因。

四、为你喜欢的一种食品写一条广告文，然后请你的同学评析。

29 合　同

【例文一】

学习提示

本文是一篇劳务合同。学习时注意合同格式是否完整，条理是否清楚。而且还要注意劳务合同应有的条款和所列事项规定的具体内容。

××假日饭店员工劳动合同书

标题用简洁的文字写明了合同的性质和文种。

××假日饭店（以下称甲方）与员工（以下称乙方）经协商同意签订劳动合同如下：

一、经甲方同意，乙方在　　（部门）任　（职位）。

二、任务与职责：根据岗位责任而定。乙方同意在规定的时间内，全力完成甲方交给的任务。与甲方合同后，乙方不得在合同期内受雇于其他任何单位。

三、工资待遇：甲方每月月初以现金人民币支付乙方工资。

其中包括：

A. 基本工资　　　　元

B. 岗位工资　　　　元

实得收入为　　　　元

基本工资按照国家规定调整升级。岗位工资随岗位变动而变动，岗位不动的每年复审一次。

合同正文内容清楚明了，写明了标的、数量、质量、酬金、履行期限、方式、违约金等。

四、雇用日期自　　年　　月　　日开始。

五、试用期：新录用的员工实行试用期，自本合同生效之日起，为期×个月。在试用期内，双方均有权提前×天书面通知对方终止合同，或以付×天实得工资取代书面通知。续签合同者不实行试用期。

六、工作时间：每周×个工作日，每个工作日×个小时（不含就餐时间）。乙方必须按照部门主管安排的时间进行工作。如因工作需要延长工作时间或在法定假日加班时，甲方应给予乙方同等时间倒休或发给加班工资。法定假日加班费为本人工资的200%。工作时间超过23点者，可享受夜班津贴。

七、有薪假日

1. 法定假日：乙方全年可享受10天国家规定的法定有薪假

日。（元旦1天，春节3天，劳动节3天，国庆节3天。）

2. 年假：乙方在饭店工作满12个月以后，可享受有薪年假12个工作日。但按国家规定享受探亲假的员工，在享受探亲假的当年不再享受有薪年假。

3. 其他：婚假、产假、丧假、探亲假等按国家规定享受有薪假。

八、病假：乙方休病假必须持有甲方医务室或合同医院证明，其他医院急诊证明休一天以下有效。病假期间按实休日扣发岗位工资，其他待遇按国家规定执行。

九、事假：乙方遇有特殊情况需要请事假时，必须事先按甲方规定报批。事假期间扣发全部工资（福利补贴除外）。

十、奖励：饭店根据营业状况及乙方工作表现发给年终奖金。

饭店对于被评为月和年度“最佳员工”以及在其他方面有突出表现的员工给予荣誉或物质奖励。

十一、处分：乙方如违犯店规，甲方有权视其情节轻重，按《员工手册》中的有关规定，分别给予店内口头警告、书面警告、记过、记大过，留用察看直至开除店籍处分。也可同时给予经济处罚。但开除职工需征求工会意见。受到开除处分的员工，不享受补偿金。

十二、甲方制定的《员工手册》和《工资奖励制度》为本合同的附件。乙方必须严格遵守国家的法律、法令和甲方的各项规章制度，服从分配、调动，做好本职工作。

十三、辞退：甲方因营业条件变化等原因，有权辞退乙方，但必须通知工会。被辞退的员工，凡是经上级主管部门派遣、分配的，仍由主管部门安排工作；凡由社会上招收的，退回其所在街道劳动部门。甲方辞退乙方时（包括合同期内以及合同期满由甲方提出不续订合同），必须提前一个月通知乙方，并根据乙方在甲方工作年限发给一定的补偿金。补偿金支付给接收乙方的劳动部门，如乙方自谋职业，补偿金可支付给乙方本人，补偿金的标准自雇用乙方之日起，不满10年的，每满一年发给1个月平均实得工资；满10年的，从第十一年起，每满1年发给1个半月的平均实得工资；不满半年的发给半个月平均实得工资。被辞退的乙方如患有慢性疾病，除上述标准外，可酌情加发3～6个月平均实得工资。平均实得工资额按乙方被辞退前3个月本企业职工月平均实得工资计算。

十四、辞职：合同期未满的乙方如因故不能或不愿继续工作，有权向甲方提出辞职，但必须提前1个月向甲方递交申请书，经甲方同意后，方可办理离店手续。乙方如未提前1个月递交辞职申请书而擅自离店者，按开除处理，不予办理转移组织关系手续，

档案退回街道。

由甲方出资培训的员工，本人申请辞职时，须赔偿给甲方培训费。其标准根据乙方受培训和工作时间而定：培训1年半，在甲方工作不满3年者，赔偿2000元；培训半年至1年，在甲方工作不满2年者，赔偿500元；接受出国培训者，须遵守出国培训合同。

十五、医疗福利：甲方设有医务室，免费为乙方诊断治疗，并按国家规定支付乙方在合同医院就诊的医药费和住院费。

十六、劳动保护及劳动保险：职工的劳动保护及劳动保险，按国家有关规定和本合同有关条款办理。

十七、职工住房须遵守甲方宿舍分配管理办法。除特殊急需解决之外，原则上按照乙方来店时间顺序进行分配。

为使乙方今后在上学及接受其他教育时有经济保证，乙方在甲方工作每满12个月，甲方将为其在银行储存相当于本人当年的最后1个月实得收入额的教育基金。在甲方工作满4年者，可领取全部本息；满2年不满4年者，发给50%本息；不满2年者不发。

十八、本合同一式3份，甲乙双方及工会各持一份。

本合同书各项条款报××市劳动局和上级主管部门批准备案。

十九、本合同签署后即时生效。有效期为×年。合同期满前一个月双方如无异议，可自动延长，延长时间另定。

甲方：××假日饭店（签章）　　年　　月　　日

乙方：受聘人（签字）　　年　　月　　日

工会：××假日饭店工会（签章）　　年　　月　　日

【例文二】

工程承包合同

合同名称

委建单位：××市××区××局（甲方）

当事人名称

施工单位：××市建筑工程队（乙方）

经双方协商，签订本合同，共同信守。

正文，条款式

一、施工地点：××区××街

履行地点

二、施工项目及面积：全部工程混合二层为500m^2，拆除原旧房共400m^2。

工程标的

三、施工日期：2001年4月下旬开工，同年11月15日前完工。

履行日期

四、工程造价：全部造价为18万元，拆房费用为6万元。

工程价款或酬金

五、承包方式：新建工程按1998年××市建委工程预算定额

规定编制预算、结算，乙方包工包料。　　履行方式

六、拨款办法：签订合同后，甲方按工程预算总额预付给乙方备料款30%，以后按工程月进度拨款，到达80%时起，乙方应退回甲方供料款，剩5%待完工后交付甲方使用后一个月内结清。

七、材料供应：国家统一调拨三材及统配部管材料，由甲方供应实物或指标。所有材料如发生差价，由甲方负责。

八、施工前准备工作：拆除旧房，施工用电，架设临时动力线均由乙方办理。

九、工程质量：全部工程质量必须符合市建委规定的质量验收标准。

十、施工中如有变更项目，另再协商，编制增减预算，纳入结算。

十一、奖罚办法：每提前一天完工，按总造价0.02%发给奖金，逾期相应罚款。　　违约责任

十二、本合同正本两份，甲乙方各执一份。副本四份，送甲乙两方业务主管部门各一份；公证处、××市建设银行各一份。

建设单位　　施工单位　　落款

××市××区××局（章）　××市建筑工程队（章）

负责人：　（签名）　负责人：　（签名）

联系人：　（签名）　联系人：　（签名）

2001年3月5日

课后训练

【基础训练】

一、结合教材内容，查阅相关材料，解释下列概念。

1. 合同

2. 法人

3. 标的

二、订立合同的法律依据是什么？

三、简述购销合同的基本内容。

【能力训练】

一、信用社为×厂提供3年期贷款50万元。借贷合同主要内容如下。

某信用社为×厂提供500000元贷款，贷款期限为3年，利率为10%。×厂以企业资产作为抵押。贷款分两期归还，最后一次还款期为×年×月×日。

上述内容中，有些不明确的地方请指出来并予以改正。

二、分析下面材料，然后回答问题

1998 年 3 月，A 厂与 B 厂签订了一台机器设备的转让合同，价款 40 万元。合同规定，款到后一个月内交货。同年 5 月，A 厂将货款一次付清，可是一个月后，B 厂厂长调走，接任厂长不承认该合同，提出对机器设备要重新作价，否则不履行合同，致使 A 厂生产无法上马，加上来往联络费、差旅费等，造成直接经济损失××万元。

1. 该合同纠纷案的焦点在什么地方？
2. 你认为 B 厂的做法对吗？为什么？
3. 该纠纷应如何解决对双方都有利？

三、根据购销合同范本，编写一份完整的合同

购销合同

供方：　　　　　　　　需方：

签订日期：　　年　　月　　日

根据《合同法》和有关政策规定，经双方协商签订本合同，以资共同信守。

品　名	规格型号	单　位	数　量	单　价	金　额	交货时间
总计金额（大写）		￥				

一、产品质量标准：________________

二、包装要求：________________

三、价格规定：________________

四、运输方法：________ 到达地点________

五、费用负担：________________

六、货款结算方法：________________

七、其他：________________

供方单位（盖章）		需方单位（盖章）	
代表人：（盖章）		代表人：（盖章）	
开户银行	账号	开户银行	账号
电话	传真	电话	传真
地址		地址	

附则：

一、本合同依法签订，经供需双方盖章和代表人盖章即具有法律效力，双方均应严格执行，任何一方不得擅自变更或解除。如因故需要变动，应经双方协商一致另立协议后才能变更或解除。任何一方不按规定履行合同，则按《合同法》规定承担经济责任。

二、本合同一式 4 份，双方各执 2 份。

四、××职业技术学院为改善办学条件，拟在校园北操场后，建一座公寓式学生宿舍楼，占地面积 1000m²，6 层框架结构，建筑面积 6000m²，预算资金 700 万元。和本市建工集团某分公司签订协议，本年 3 月破土动工，本年 11 月底交付使用。请你准备其他附加资料，拟写一份合同。

【思维训练】

一、结合例文，谈谈市场预测报告和经济活动分析报告在文体特征和篇章结构上的异同。

二、阅读下面一段文字，要求从几个侧面、几种角度，提出自己的看法，并从中选出一个最佳角度。

豫东地区像扶沟县这样的地方，过去种棉花都是亩产几十斤，种植技术一直过不了关，棉花不是落铃，就是虫害，结桃结得也不好。实行责任制以后，大家都要求技术员去指导，所以技术员身价百倍。扶沟县有这么一个技术员，他名叫刘凤理，是正规农业大学毕业的，过去很长一段时间说他走白专道路，批得够戗。实行责任制以来，他变成最吃得开的人了，到处抢他。他到哪个队，哪个队的棉花就增产，而且一倍两倍地往上翻，社员很快就富起来了。农民们把他的种棉技术传得很神，干脆不叫他技术员，叫他“活财神”。有一阵子农民抢得他不敢出门，只好到处躲。农民抢不到人就抢他的被子，说：“我把你铺的盖的抢走，看你上哪去睡觉！”于是在队与队之间又发生了被子争夺战。从抢被子发展到抢“财神婆”——抢他的老婆。农民说，有了“财神婆”，就不愁“财神”回来。结果一两年间“财神婆”就搬了四次家。抢到“财神”的队，为了怕“财神”或“财神婆”跑掉，竟派上民兵站岗放哨。只要“财神爷”一起床，就把他的被子卷起来，放到箱子里锁上，晚上回来，再给开锁、铺好睡觉。那么多队抢一个“财神”。有的抢不到，于是又发展到抢他的徒弟，没多久，他的一二十个徒弟，全部抢光了。……

不同角度：

1. ______________________________；

2. ______________________________；

3. ______________________________；

4. ______________________________。

最佳角度：

______________________________________。

【阅读训练】

一、阅读下面几则标语，品品其中味道

1. ××山泉，有点甜。（××矿泉水广告）

2. 臭名远扬，香飘万里。（××臭豆腐广告）

3. 晶晶亮，透心凉。（××汽水广告）

4. 家有××味精，米都多用一斤。（××牌味精广告）

5. 胃病患者，“治”在“四方”。(××胃药广告)

6. “面”目一新的××面。(某方便面广告)

7. 实不相瞒，××牌的名气是“吹”出来的。(××牌电扇广告)

8. ××花生，越剥越开心。(××花生广告)

9. 新事业从头做起，旧现象一手推平。(某理发店广告)

10. ××洗衣机，献给母亲的爱。(××牌洗衣机广告)

11. 惟有××真国色，花开时节动京城。(××牌电视机广告)

12. 给我一个支点，可以撬动地球。(×××集团人事招聘广告)

二、某盘山路转弯处常发生恶性交通事故，交通部门拟在此竖立一块广告牌，以提醒过往司乘人员注意安全，以下有四则广告标语供选择，你认为最适当的是哪一则？为什么？

1. 此处小心，减速慢行！

2. 弯道危险，注意安全！

3. 事故多发点！

4. 此处已摔死 28 人，你想做第 29 个吗？

三、简答

1. 1990 年 12 月，某地区某局（以下简称甲方）与某县建筑队（以下简称乙方）签订了一份修筑四层办公楼房的施工合同。合同中关于乙方在建筑施工中可能发生的伤亡事故条款中，只写明了“伤”的处理责任，而没有写“亡”的处理责任。乙方一名工人在粉刷三楼外壁时，不慎从脚手架上摔下死亡。这时，乙方向甲方提出赔偿 5000 元的损失费，甲方强调合同中只写了“伤”而未写“亡”，不同意赔偿，引起合同纠纷。你如何调解这起合同纠纷？

2. 某公司与建筑工程队签订了一份施工建筑承包合同，合同中规定营业税由某公司交纳。但根据国家税务部门的有关规定，营业税应由某建筑工程队交纳。你怎样处理这个问题？

四、改错

1. 指出下面广告的错误并改正。

招　　聘

本公司招聘业务员 10 名，要求有大专以上学历，要有 3 年工作经验，年龄在 30 岁以下，男女不限，本市户口，能经常到外地工作。电话××××××××

2. 下面这份购销合同中的有关条款不合要求，就其中“标的”和“责任”两方面进行评改。

北京×建筑公司（甲方）与×水泥厂（乙方）经双方商定协议如下。

(1) 乙方向甲方提供 100 吨水泥，分两批交货，第一批 50 吨，于×年×月交货，第二批于×年×月以前交货。

(2) 甲方在收到第一批水泥后，付清全部货款，如不能按期、按量付款，乙方可以从第二批水泥中扣压。

(3) ……

五、阅读下则广告，并回答问题

游泳安全围裙

今日的儿童，越来越多的喜欢游泳，而暑假期间，更有许多游泳班，教授小孩游泳。初学游泳的小孩，当然要配备安全设施，如水泡、吹气袖，即使已懂得游泳，一样需要这些安全设施，以保安全。毕竟是“欺山莫欺水”哦！

游泳安全用品很多，有水泡、吹气袖、发泡胶浮板等。而这些游泳围裙，能提供更大的安全，亦使孩子用得舒服。围裙式的设计，上身是尼龙织布，下面则是吹气管。孩子使用时，应将围裙从头往下套。

1. 用“欺山莫欺水”这句通俗易懂的民谚的作用是____________________。

2. 作品对“游泳安全裙”的创意、设计作交代的目的是____________________。

3. “在众多游泳防护用品中，寻求新奇，以夺得爱美保安之心，是该广告的独到创意。”你是否同意这观点？

六、概括归纳下列几段经济活动分析材料的观点

第一段：

北京市西单菜市场对某些费用，尽量做到能少开支的就少开支，能不开支的就不开支。比如，设备用具自己维修，使每年节省磅秤维修费 500 多元，冷藏设备维修费 1000 元左右；采用循环用水方法，节约了鱼肉冷冻及青菜、盘菜加工用水量 7000 吨；改革了 10 台冷冻柜，每年节约水费 2760 元，电 5600 度。对一些看来十分微小的收入，也不放弃，做到积少成多，1988 年仅出售废品一项就增加收入 400 余元。两年来，收代客屠宰家禽的羽毛 28677 斤，增加收入 6958 元。

第二段：

1990 年全省社会商品零售额为 190 亿元，比上年增长 13%，如剔除零售价上升因素增长 5.6%。其中，一季度增长 26.1%，二季度 19%，四季度 1%。由此看出，一季度增长快，二三季度开始减慢，四季度更慢。

第三段：

1990 年末全省城乡集贸市场发展到 2477 个，比上年增加 203 个。其中，城市成交额 6.8 亿元，增长 88.4%；农村集贸成交额 27 亿元，增长 38%。

【写作训练】

一、以海尔公司为例，说明企业在不同时期，应采取不同的广告策略，以实现广告的最大价值。

二、压缩下边的商业信息，使之更为简洁。

东安市场化妆品销势看好

随着生产的发展与人民生活水平的提高，化妆品市场的销售日趋活跃。1998 年 5 月，北京东安市场共销售化妆品 56.9 万元，比去年同期上升 40.8%，上升幅度是十分喜人的，居各类商品之首。

在众多美容化妆品中，玉兰油击败了永芳、夏士莲等高档化妆品，技压群芳，居畅销之冠，共销售 5700 瓶，金额 9 万余元。该产品以乳液细腻、涂抹舒适、香味纯正深受广大青年妇女青睐，加之采取有奖销售方式，销量大增。洗发护发用品中，威娜宝以质量上乘、价格适中取胜，全月共销售 9000 余瓶。消费者对香皂的选择，以包装美观、去污力强、香味纯正为标准，全月共销售出 1.6 万块，比去年同期上升 32%，其中“力士”为最。

三、用经济活动分析的一般方法分析下列数据，并综合撰写成一篇库存商品适销状况的分析报告。

1. ××商场今年上半年商品库存量大幅度上升，截至6月末库存商品额为3575115元。

2. ××商场去年同期库存额、今年年初库存额分别为221.15万元和339.1万元。

3. 适销商品占66.6%；不适销商品占33.4%，其中滞销库存的大商品占22.9%，质次价高商品占3.6%，冷背呆滞商品占3.5%，过时淘汰商品占1.3%，残次变质商品占2.7%。

4. 库存数量大，占压资金多的品种有713照相机，计××台，占压资金×××万元；高士达录像机×××台，占压资金××万元；三洋空调××台，占压资金××万元；金皇冠空调××台，占压资金××万元。

四、为本院你所学专业的应届毕业生写广告文。

广告对象：需要本专业人才的用人单位。

广告媒介：报纸、当地人才市场或邮送。

内容要求：要有广告标题、正文、随文，突出人才素质、专业特点。

广告目的：显示社会价值，推销人才。

综合口语训练之四——主持

【训练目标】

1. 了解主持的概念和主持人的素质等知识。
2. 掌握主持的语言要求和技巧。
3. 能做一般节目的主持。
4. 培养学生良好的气质风范和综合口语表达能力。

【知识要点】

一、主持人的作用

1. 主持的概念

每天，只要我们打开收音机或电视机，就会听到一些熟悉的声音看到一些熟悉的身影，他们就是越来越受到人们关注和推崇的主持人。

主持，在《辞海》中被解释为“负责、掌握、或处理、主张”。主持人，则是指在广播电视等新闻媒体或日常生活中以语言为主要手段，引领、控制、推动某个节目或某项活动、仪式的进程，使之顺利进行的人。按主持人所主持的工作内容的不同，主持人有新闻评论类节目主持人、综艺娱乐类节目主持人、谈话交流类节目主持人、热线主持人、婚礼主持人等多种类型。

2. 主持人的作用

主持人的作用主要有以下几个方面。

(1) 推动活动的进程　引领所主持的节目或活动进行的方向、控制其进行节奏、推动其进程是主持人的首要职责。如春节联欢晚会的主持人，其基本职责就是通过主持串联词让观众知道大家即将看到的节目是由哪个（些）演员演出的、是什么类型的节目，起到一个上下衔接的作用，从而使晚会有序地进行下去。

(2) 传递知识和信息　在如今的多媒体时代，书籍已不是获取知识和信息的唯一途径，听广播、看电视、上网等同样是拓展视野、增长见识的重要方式。比如，我们可以从《东方时空》《焦点访谈》节目中了解“9·11”事件，知悉伊拉克战争；从《今日说法》节目中获取各种法律常识；从体育节目中了解足球、乒乓球的基本知识；从《生活》栏目中得到各种生活小窍门——天文地理、时事政治、经济金融、文艺体育、健身医疗，甚至吃饭穿衣，有哪方面的知识和信息我们不可以通过一档档节目从主持人的嘴中得到呢？

(3) 活跃现场气氛　活跃现场气氛、调动现场观众或活动参与人的情绪是许多娱乐节目主持人或日常生活中联欢会、婚礼等场合的主持人的一个重要职责。比如做婚礼主持人，就要善于通过幽默、风趣的主持语言来营造一种热烈、喜庆的气氛，使婚礼高潮不

断，给新郎、新娘及参加婚礼的亲朋们留下美好的回忆。

(4) 推广普通话　我国幅员辽阔、方言复杂，推广普通话是一项长期而艰巨的任务。而以语言为主要工作手段的广播、电视节目主持人是推广普通话工作的一个主力军。因此，主持人在录制节目时必须使用标准的普通话，要有意识地以自己优美、纯正、规范、生动的语言去影响、熏陶大众，如果不是节目需要绝不说方言，更不能读错别字，以免对广大观众或听众尤其是青少年朋友产生误导作用。

此外，在建设社会主义精神文明、引领健康向上的生活理念等许多方面，主持人都担负着重要的使命。

二、主持人的基本素质

主持人的职业表面看起来很风光，颇令人羡慕，但要真正成为一名优秀的主持人，并不是一件简单、容易的事情。它需要主持人具备多方面的素质和能力。

1. 过硬的政治素质

广播、电视是党的宣传工作的喉舌，作为政府的代言人，广播、电视节目主持人，必须要有过硬的政治素质，时刻保持高度的政治敏锐感，严格执行党的路线、方针、政策，与党中央保持高度一致。

2. 渊博的学识

虽然每个主持人主持的节目或活动内容不同，每档节目对主持人的要求也各有不同，但这并不是说主持人只要具备单方面的知识就可以了。一个优秀的主持人，除了应在自己主持的节目或活动内容方面是一个行家之外，还要广泛涉猎其他学科的知识，努力做到一专多能，这样才能在主持时触类旁通，游刃有余，尽量避免出现知识性错误，以免贻笑大方。

3. 深厚的语言功底

主持人工作的重要手段是语言。评论类节目要传达一种思想观点，益智节目要让受众获取知识和信息，谈话节目要实现与受众的沟通和交流，娱乐节目要完成愉悦受众的目的，这一切主要靠主持人准确流畅、生动活泼的语言来实现。因此，要想成为一个优秀的主持人，就必须要有深厚的语言功底，要思路清晰敏捷、表达流畅得体、语音准确规范，有一定的写作能力。只有亲自参与到节目的制作过程中去，亲自编写稿件，主持起来才会得心应手。比如央视某主持人上大学期间就曾是1993年国际大专辩论会冠军队的主辩手。她18岁开始发表作品，至今已出版《爱情错觉》《温柔尘缘》《西部故事》《情人假日酒店》《不舍的玫瑰》《情重美人轻》等十几部著作。这种深厚的文字功力为其成功主持《文化视点》奠定了一个很好的基础。但生活中也有一些主持人只会照本宣科，做传声筒，一旦忘词就难免出现冷场或词不达意的尴尬场面。

4. 稳定的心理素质

一个优秀的主持人，除了具备以上几点外，还必须具备稳定的心理素质，有处变不惊的能力，面对各种突发情况能沉着、冷静地应对，能很好地控制并及时调整自己在主持节目或活动时的情绪和语言，尤其是直播节目更需要主持人具备这种机敏的反应能力。比如，央视体育节目主持人黄健翔在现场解说一场足球比赛时，一个拾破烂的男子忽然在众目睽睽之下从容步入球场。面对这一意外情况，黄健翔临时加了这样一段话："看到这一画面时，大家都忍俊不禁。然而笑过之后，我却有一种被嘲弄的感觉。仿佛可笑的不是

‘破烂儿王’，而是我、我们，一些自称球迷的人们。‘破烂儿王’无意中以黑色幽默取笑了、讽刺了我们当中的某些人。难道不是吗？换一个角度想想：是谁把绿茵场变成了垃圾场？不正是我们当中的某些人吗？”这段评论虽是随机进行的，但却一针见血地指出了问题的实质，相信球迷听后会对自己的行为有一个冷静的反思的。

5. 高度的敬业精神

要做好任何工作都必须有高度的敬业精神，作主持人也不例外。只有具备勤奋踏实、一丝不苟、不畏艰险的工作作风和工作态度，永远把自己主持的节目或活动放在第一位，把观众或听众放在第一位，节目才会受欢迎。比如，2003 年伊拉克战争期间，央视新闻评论部主持人冒着生命危险深入战争前沿，为我们发回了一篇篇现场感极强的报道，几乎是同步地让我们了解到了伊拉克战争的各方面的情况。如果他们没有很好的敬业精神，有关伊拉克战争的报道怎么可能做得那样有声有色呢？

三、主持语言的基本要求

1. 发音准确、规范

准确、规范的普通话是主持语言的基本特点。要做一名优秀的主持人，就要能熟练掌握和运用普通话发音的基本方法和技巧，做到发音准确、规范，吐字清晰，重音处理恰当，能根据节目或活动内容准确把握自己的感情和语调，声音洪亮悦耳。但我们有些主持人由于平时不注意学习，在主持节目时常会读错字，比如：把“尽（jǐn）管”读成“jìn管”，把“锲（qiè）而不舍”读成“qì而不舍”，把“兴（xīng）奋”读成“xìng奋”不一而足，尤其是一些非科班出身的主持人，读错别字的现象更是司空见惯。这不仅损害节目的质量，扫观众或听众的兴致，更影响主持人和节目制作单位的形象，对推广普通话也是十分不利的。

2. 口语和书面语相融合

主持人主持节目或活动、仪式主要靠有声语言。因此主持语言必须要有口语生动活泼的特点。为此，主持人要善于吸收老百姓日常语言中那些生动、传神、极富表现力的词汇，要让人觉得亲切、随和，以拉近主持人与嘉宾、受众之间的心理距离。

但是，主持语言毕竟不能完全等同于日常口语，不能像日常口语一样省略过多，更不允许过多的重复或口误出现。因此，主持语言还要兼具书面语严谨、精练的特点。为此，我们的主持人在注意了语言生动、活泼的同时，还要注意表意周密而有条理，用词恰当而富有变化和文采，善用比喻、拟人、对偶、设问、反问等常见修辞手法，以期准确地言情状物、传达思想，给受众美的享受。

比如，北京电视台《元元说话》主持人在专题节目《孩子不知柴米贵》中有这样一段评论：

> 近来常听人议论，孩子的东西太贵了！据说很多工薪族要把每月收入的 2/3 花在孩子身上。再苦不能苦孩子，这是中国父母的一贯信条。于是儿童用品受到鼓舞，一帆风顺地高档起来，让人觉得这些商家真是有点趁火打劫的味道。多亏现在家家只有一个孩子，要像从前那样每家三五个，还不得让我们的爹娘吐血呀！即便如此，孩子还未必领情，于是家长们感叹，孩子不知柴米贵。

我们可以看到，这段评论中既有“吐血”这样极具形象化的口语，又有“一帆风顺”、“趁火打劫”这样精练的成语；而“儿童用品受到鼓舞，一帆风顺地高档起来”这样的话又颇具讽刺意味；此外，主持人还特别注意了在开头和结尾两次强调本期话题，可谓结构

严谨又主题突出，给观众留下了深刻的印象。

3. 有自己独特的语言风格

随着对节目风格定位和受众心理的准确认知和把握，以及主持经验的日渐增多，主持人要逐渐形成自己独特的语言风格，并能被大众所认可和接受。比如有的以机智幽默见长，有的则以严肃深刻著称；有的风趣活泼，有的沉稳持重；有的亲切随和，有的自然大方……风格一旦成熟并深入人心，主持人在设计主持语言时，就要力求与自己一贯的风格相一致。当然，个人风格的形成需要一段时间和过程，甚至开始时还会遇到强烈的反对的声音。这就需要主持人既要善于听取别人的意见，取人之长补己之短；又要敢于坚持自己的想法。否则，一味人云亦云，没有主见或亦步亦趋，只会模仿别人，是不会成为一名优秀的主持人的。

比如，某主持人刚开始主持 MTV 天籁村时，有人评价她不够积极不够激情四射。执拗的她不为所动，“这么多主持人如果都是那种激情型，太单调乏味，便无特色可言，难道我聊天式的主持不是另一种类型吗?”结果，该主持人以她的这种风格赢得了观众和媒体的认同。

四、不同节目的主持语言技巧

虽然不同的主持人有不同的主持风格，但是并不是说不论主持什么节目，主持人的风格都是一成不变的。其实，对不同的节目而言，主持语言的要求和风格也不能完全相同，作为主持人要清醒地认识自己的主持语言与节目的关系，要能根据节目内容定位自己的语言特点，只有与节目内容和谐一致的风格，才是合适的风格。

1. 新闻评论类节目

新闻评论类节目的主持人是最需要激情、良知和正义感的，但为保持内容的客观公正性，这类节目又不允许主持人感情外露。因此，主持人在报道或点评新闻事件时，语气要自然、冷静，语势一般比较平稳，主持语言要求精辟深刻、敏锐快捷而又朴素平实。他不是靠声调的高亢、情绪的激动、语气的起伏来影响受众，而要靠节目内容本身的真实、靠鞭辟入里、精彩到位的分析和评述来撞击受众的心灵、感染受众的情绪。

2. 综艺娱乐类节目

这类节目以娱乐百姓、丰富大众的业余生活为主要目的。因此其主持语言要轻松幽默、生动灵活，主持人要善于使用亲切、随和的话语激发观众或听众的情绪，鼓励他们积极参与到节目或活动中来，以营造欢乐祥和的气氛。一次，杨澜主持《正大综艺》，她和搭档带大家漫游加拿大，提到那里的寒冷天气，她的搭档说：“一提加拿大，我就冷得打哆嗦。”杨澜附和道：“是的，我也听说那里冷，说是有两位加拿大人在屋子外面说话，那天天气冷得出奇，话一说出口就冻成冰碴儿了。那听话的人赶快用手接住，进屋用火烤了才听见说了些什么……”一番极其夸张的趣话，说得现场嘉宾和观众都乐了起来，产生了强烈的喜剧幽默效果。

但目前一些综艺娱乐节目主持人简单地以为活跃现场气氛、调动观众情绪就是大呼小叫，手舞足蹈。他们要么盲目模仿港台地区的主持人，动不动就“好漂亮耶”、“好感动噢”；要么与嘉宾随意调侃，互相吹捧；要么一味迎合某些人的低级趣味，用语粗俗无聊；这实在是对娱乐观众这一节目宗旨的肤浅理解，也显示了主持人素质和修养的欠缺。

3. 谈话类节目

俗称脱口秀，是英文 TALK SHOW 的译音，这类节目重点在引导嘉宾或受众交谈，通过交谈实现沟通、理解的目的是谈话类节目的宗旨。因此，谈话类节目主持人要甘当绿叶，不能只顾自己的出镜率而抢话、多话，不能以自己的风采掩盖嘉宾或观众的风采。要以平等的心态与嘉宾或观众进行沟通和交流，既不能自以为是，居高临下，也不能一味地随声附和，毫无见地。语言要尽量地口语化、生活化，努力营造一种普通人拉家常那样的自然、平和的氛围，从而让观众亲近你，信赖你，愿意和你聊天。如《实话实说》节目的某主持人，平易随和如"邻居大妈的儿子"。他通过巧妙的启发和提问，组织、诱导嘉宾或观众说出他们的心里话，并认真地倾听他们的谈话，必要时用他那看似随手拈来的机智幽默做出实是画龙点睛的点评。他对主持语言和主持技巧的熟练运用和把握，使得《实话实说》成为最受观众欢迎的谈话类节目之一，也使他成为最受观众欢迎的金牌主持人之一。

4. 其他节目

我们在日常生活中听到或看到的广播电视节目当然不是上面三种类型所能涵盖的了的，节目类型还很多。比如主持体育节目语言要敏捷晓畅，紧张形象；主持服务类节目语言要通俗易懂，深入浅出；主持少儿节目语言则要力求简洁活泼，生动形象；而主持婚礼或晚宴，语言则要热情、幽默，甚至略带夸张……总之，节目不同，要求不同。要想成为一名优秀的主持人就只有不断提高自己的知识水平和道德修养，熟悉并恰到好处地运用各种语言技巧，才能随心所欲地驾驭节目或活动的进程，实现节目当初的设想，完成既定的任务。

【口语训练】

一、什么是主持和主持人？

二、主持语言的基本要求有哪些？

三、读绕口令，作口齿练习。

1. 八百标兵奔北坡，炮兵并排北边跑。炮兵怕把标兵碰，标兵怕碰炮兵炮。

2. 粉红墙上画凤凰，凤凰画在粉红墙。红凤凰、粉凤凰，红粉凤凰、粉红凤凰。

3. 白石塔，白石塔，白石搭白塔，白塔白石搭，搭好白石塔，白塔白又大。

4. 京剧叫京剧，警句叫警句，京剧不能叫警句，警句不能叫京剧。

四、在一期以"邻里之间"为话题的《综艺大观》里，编辑给的串联词如下。

邻居是什么？是相互帮助的朋友，是在你困难的时候可以向他求援的伙伴，是你生活中不可缺少的友情，是你生命中相互给予的人们。

主持人经过反复考虑，作了如下修改：

邻居是什么？是你正在炒菜，发现酱油瓶子是空的，于是你就敲门要点酱油的那家人；是你出差了可以让他常看看门锁是否被人撬开的那家人；是你家房子冒烟了能第一个去打"119"的那家人。

请问，主持人为什么这样改，你认为这种改动好吗？

五、作为一次演讲比赛的主持人，在介绍参赛队员姓名时，你忽然发现有名队员的名字中有一个字你不认识，这时你该怎么办？

六、作为主持人在上台时忽然摔倒，台下观众哄笑起来，这时你如何化解这种尴尬

气氛？

七、学校要举行庆祝香港回归十六周年联欢会，请你以主持人身份拟一份开场白和结束语。

八、以主持人身份邀请班主任及学校团委老师、学生会主席作嘉宾，从下列语题中任选其一，主持一期谈话节目，要求写出谈话提纲。

课桌文化

严明纪律与个性发展

同学之间如何相处

校园公德建设

如何看待考试作弊

第九单元 实用文体写作（四）

训练目标

1. 掌握消息、通讯、评论的特点、类型、含义、写作要求等知识。
2. 能写作简单的事件消息、人物通讯、评论。
3. 通过实践活动培养关心时事政治的习惯和信息采编能力。

知识要点

一、消息

消息是以简要的文字迅速报道新闻事实的一种体裁，是最经常最广泛采用的新闻文体。消息的篇幅短小，是报纸、广播、电视等新闻传播工具传播信息的主要文体样式。

通常认为消息要具备五要素，即一条消息应该交代清楚新闻事实发生的时间、地点、人物、事件经过和原因。西方新闻界称之为五个“W”，即：when（何时）、where（何地）、who（何人）、what（何事）、why（何因）。五要素齐全，才能把事情讲清楚。后来，西方新闻界又提出了“新闻六要素”，即在五个“W”之外，再加一个“H”（how 如何），要求消息还应该指示新闻事件的含义及与其他事件的关系，展望事件的发展趋势。随着新闻事业的发展、新闻文体的改进，“五要素”的传统模式正在被逐渐打破，代之而起的是自由式、散文式等新鲜样式。

一篇消息提出的重要问题和体现的中心思想即消息主题。它是选择和组织消息素材的主要依据，也是贯穿消息写作过程的主要线索。它影响着对采访所得素材的取舍、事例的运用、消息的结构和布局，以至导语、标题都是为表达和突出主题服务的。消息主题是在掌握大量现实材料的基础上，经过认真的分析研究和提炼产生的。

消息角度，就是报道新闻事实所选取的不同的侧面。如：选题角度，同一新闻事件和人物，从不同的方面予以报道；取材角度，同一新闻主题，选取不同的材料予以报道；同一主题，同一材料，表达手法不一样。好的新闻角度往往能够变平庸为新鲜、变枯燥为生动、变肤浅为深刻，甚至可以变旧闻为新闻。选择最佳角度有以下三种方法。一是从一般中找特殊。许多事物是普普通通的，没有新闻价值。但在特定的情况下，普通的事物便可能产生新闻价值。如“您好”这一极平凡的问候语，变成大学生手中高举的“小平您好”的横幅出现在庆祝建国35周年游行队伍中的时候，就具有了新闻价值，成为新闻。二是从正常中找异常。世界上的一切事物，都有其一定的发生发展规律，但有时会产生异常现象，引起读者的普遍兴趣。抓住这些异常现象进行报道，往往可以使读者在异于常规的自然现象和社会现象中，不仅获得信息，同时获得知识。三是从消极中找积极。成绩和错误、优点和缺点、成功和失败、积极和消极，往往相伴而行、相依而存。新闻报道应该注意选择角度，立足于事物的积极面，从消极因素中寻找积极因素，加以报道。这样既反映

了客观实际，又有益于事物朝进步的方向发展。

一般选择这样几种角度：选择最能反映事实的实质及意义的角度、选择最能引起人们兴趣的角度、选择读者最关心的角度、选择时空距离最接近读者的角度、选择普通读者知识水平最易接受的角度。

消息因其迅速传播信息的功能而被新闻工作者赋予了直接简明的结构样式。一般的消息都包括导语、主体、结尾、背景四个部分。

较流行的新闻结构形式有以下几种。

1. 倒金字塔式

头重脚轻地安排组织材料，把新闻高潮或结论，把最重要的、最精彩的、最为广大读者所关注的新闻事实放在消息开头，以事实重要性递减的顺序安排材料。

2. 金字塔式

按照事实发生的顺序来安排材料。这样的结构方法，有亲切自然的特点。

3. 倒金字塔与金字塔结合式

通常开头一般用倒金字塔式结构，开门见山，突出新闻事实。然后，再按事情发展顺序，具体、完整、清楚地叙述新闻事实。这种写法融合了金字塔和倒金字塔结构长处，新闻感强烈。

4. 自由式

实际生活要求新闻的形式多种多样，多姿多彩。更加新颖、形象，富有吸引力的消息样式，随着现代生活的发展不断出现，诸如随笔式、对话式、问答式、夹叙夹议式等。消息结构越来越自由灵活，变化多端。

导语是消息的开头。一般指开头部分的一句或几句话，或第一个自然段。它用简洁明了的语言，把新闻事实中最重要或者最新鲜、最精彩的内容展示出来，帮助读者迅速获取信息或吸引读者继续读下去。导语要求凝练、醒目、明快、生动，一般应开门见山，突出最重要的事实。但也可根据新闻特点，或突出最新鲜的事实，或突出最生动的内容，或提出问题，或制造悬念，唤起读者注意。

导语有下面几种常见形式。叙述式：把新闻中最新鲜、最重要、最精彩的事实，在导语中用简练的文字描述出来。描写式：用描写的手法，将新闻事实中最有特色、最生动形象的一部分或者一个侧面勾画出来。对比式：通过正反、今昔、优劣等方面的对比，突出新闻事实。结论式：将新闻事实的结果，开门见山地在导语中交代出来。多用于报道新成就、新成果的消息中。议论式：导语中用精当的文字，揭示事物的性质、特征和重要意义。设问式：提出问题，引起注意，然后再用事实简明扼要地加以回答。悬念式：抓住人们的好奇心，在导语中设置悬念，使人“一见而惊，不肯弃去”。多用于报道有一定情节和反常现象的消息中。引语式：导语中引用权威人士或新闻人物的语言，揭示新闻主题。此类导语具有权威性和说服力。背景式：在导语中适当地运用背景材料以衬托新闻事实，增强“立体感”。数据式：将重要的、人们迫切想知道的数据作为主要内容放在导语中。

选用何种性质的导语，要根据新闻事实的实际情况和具体内容而定。无论采取哪种形式的导语，都必须照顾到全篇的统一、完整。

消息主体指消息结构中导语之后的主要部分。对导语中已披露的新闻要素作进一步的解释、补充与叙述，是发挥与表现消息主题的关键部分。写作时，要求观点明确、层次清

楚、点面结合、精选材料，并与导语相呼应，力求生动活泼。可从如下角度组织材料。

按重要程度组织材料。即按照新闻事件内容的重要程度或读者的关心程度分先后次序安排材料。这种结构就是新闻界流行的“倒金字塔”式结构。按时间顺序组织材料，能够清楚地反映出新闻事件的来龙去脉，使读者对整个事件有一个完整清晰的了解。这种结构形式在时间跨度较小的事件性消息写作中常被采用。按空间的变换组织材料，也称“分镜头式”写法。随着报道者立足方位的变化，不断推出新的画面，让读者紧跟报道者的视点，了解新闻人物、新闻事件在不同空间环境中的变化和发展，多用于人物新闻和一些事件性新闻的写作。按逻辑顺序组织材料，即根据事物的内在联系来安排材料，划分层次，包括因果关系、递进关系、并列关系、点面关系等。

结尾的写作，一定要紧扣主题，起到表现、深化主题的作用，不能是游离于主题之外的一段无关痛痒的文字。消息结尾的形式多种多样，常见的有以下几种。评议式：立足于事实，对新闻事实做出中肯合理的评论，增加读者的认识深度。总结式：结尾对新闻内容作一总结，给读者一个整体的印象，使读者进一步明确报道的目的和意义。点题式：在结尾处点题，以强化主题，警醒读者。启发式，给读者以思考回味的余地，启发人们去思索。补叙式，补叙必要的事实或一些背景材料，使消息更加完整。此外还有预告式、激励式、比较式等多种形式。写不写结尾，采用何种结尾，要视具体情况而定。

消息背景指新闻事实发生的历史条件、现实环境以及与周围事物的联系。有关这些内容的材料，叫背景材料。交代说明新闻事件的背景材料，可以深化消息主题，突出消息的新闻价值，帮助读者理解新闻事件的意义。

按照消息背景的内容来划分，我们可以把背景材料分成以下几种类型。

第一，历史背景。交代历史背景，突出事物的发展和变化，阐明消息所报道的新事物的意义。第二，人物背景。消息中出现读者不熟悉的新人物，或者由于时间久远而印象模糊了的人物，就需要交代一些必要的人物出身经历、身份特点、社会关系等的背景材料。第三，地理背景。消息涉及的一些地域，读者不知道或不太了解，就应该在消息中对有关地区的自然环境、风土人情作适当的介绍。

标题是消息的眼睛。写作消息不仅要写出精彩的导语、主体和结尾，还应该根据消息的内容，制作出恰当、传神、新颖、吸引人的好标题。标题一般由主题和辅题两部分组成。主题，也叫正题和大标题。它是消息主题思想和中心内容的主要表达，也是标题的核心和骨干。辅题指补充、说明主题的引题和副题，安排在主题前面，对主题起引发、烘托作用。副题也叫次题或子题，是安排在主题后面的标题，对主题起一种补充、说明、解释的作用。有些消息只有主题，有些消息的标题包括引题和主题两部分，大多数消息的标题由主题和副题组成，具体要根据消息的内容而定。

标题的制作有以下几种技巧。一是浓缩，把消息导语中包含的事实浓缩为简洁明了的词句，使之成为短小醒目的标题。二是解释，主标题概括事实，副标题简明扼要地进行解释；或副标题介绍事实，主标题加以说明，以加深读者对新闻人物和新闻事件的理解。三是巧妙运用修辞手段，使标题生动形象，情趣盎然。

二、通讯

通讯是比较详尽、生动地报道新闻事件发生经过及结果，或者报道新闻人物成长经过及经验的新闻体裁。是报刊广播等新闻传播媒介大量采用的一种文体。

通讯的特点有以下三点。

1. 新闻性

通讯是一种传播新闻和信息的新闻文体，通讯中所报道的人应该是新闻人物，所报道的事应该是新闻事件。新闻报道的一般规律要求它首先要真实可靠，其次要新鲜及时，讲究时效性。

2. 形象性

通讯不仅要求用事实说话，还要求用形象说话。优秀的通讯不是靠抽象的道理，更不是靠空洞的说教，而应该通过形象产生的印象和感受，使观众受到感染和影响。通讯写作不同于艺术创作，不能虚构和夸张。通讯中人物、事物形象的建立要靠对新闻事实中活的、生动的材料的挖掘和组织建立起来。

3. 评论性

除了叙述事实外，通讯要适当地运用议论和抒情，以揭示事物的意义，深化主题。

通讯和消息是新闻文体中最重要的两种体裁。二者都要求迅速及时地对新近发生的、对人们有指导意义的、有广泛兴趣的事实进行报道，都要求用事实说话。但通讯和消息又有以下几个方面的不同。

从报道内容看，通讯对所报道的新闻事实，比消息报道得更详细、更生动、更完整，更多高屋建瓴的概括展望、精彩生动的情节叙述和细致入微的细节描写。从写作手法看，消息以叙述为主，通讯在叙述的基础上更多运用描写、议论、抒情等手法。从影响读者的手段看，消息用事实本身说话，通讯要求用存在于新闻事实中的形象给读者以感染。从篇幅看，一般消息短小，通讯要长一些。从报道时效看，消息强调争分夺秒，通讯的时效性则稍差一些。

主题是一篇通讯的灵魂，是贯穿全篇的一根红线。它是决定材料的取舍、文章的结构布局、表现形式的运用、标题的拟定等一系列问题的依据。主题决定一篇通讯社会效果的大小。

提炼主题的过程中要注意使主题达到以下要求：观点正确，主题要有思想性和科学性，不传播不正确的思想和政治倾向；态度鲜明，提倡什么，反对什么，立场、态度倾向鲜明；集中深刻，最好集中反映一个问题，观点庞杂，必然写得不深不透，要能挖掘出新闻事实的本质意义，表现时代精神；实事求是，主题不能脱离实际材料，任意“拔高”。

主题是通讯的“灵魂”，材料是通讯的“血肉”，结构则是通讯的“骨骼”。通讯写作中要善于根据采写对象的特点，采用不同的结构，增强通讯的感染力，更好地表现主题。常见的通讯结构，可归纳为纵式结构、横式结构、纵横交叉式结构、悬念式结构、对比式结构、“蒙太奇”式结构六种形式。

1. 纵式结构

即按照报道对象的产生、发展的顺序来安排结构，也就是按时间顺序来安排结构。这种结构能够比较全面地记叙事件的全过程，便于读者了解事件的发生、发展经过。多运用于事件通讯。

2. 横式结构

按照报道对象之间的关系（或因果关系、或点面关系、或主次关系、或并列关系等）安排结构。一般是在同一主题下，并列地从几个侧面、分几个问题来写。它们之间，可以是互不关联的，时间上也可以是相互交叉的。

3. 纵横交叉式结构

以时间为“经线”，以空间方位变化为“纬线”，纵横交织成一体。这种纵横交叉式结构，一般用于写比较复杂的事件或经历、性格丰富的人物。

4. 悬念式结构

开头部分设置疑团，布下悬念，然后再根据事件发展的实际情况，释消疑团和悬念。这种结构往往把高潮提前，一开始就紧紧地扣住读者或听众的心弦。

5. 对比式结构

常常是双线平行，或明暗结合，通过穿插描写，使事件矛盾对立的两个方面形成鲜明的对比，造成强烈的反差，给读者留下深刻印象。

6. “蒙太奇”式结构

“蒙太奇”是一种电影手法，是指电影镜头的组合和连接方法。它把一个个镜头合乎逻辑地组织起来，使之产生连贯、对比、联想等作用，从而成为一部完整的影片。这种方法也适用于通讯结构，即围绕主题用一个个的片段（事件的场面勾勒或人物的行动、心理特写）组成通讯整体。

优秀的通讯应该做到典型性、思想性与表现手法的完美统一。三者的统一有赖于形象的生动、事例的典型、感情的真挚抒发以及议论的深刻精当。

不同类型通讯的写作有不同的要求。人物通讯中的人物一般是：代表了新思想、新风尚、新道德的人物；在各条战线涌现出来的有新成就的先进人物；人们普遍关心的人物，诸如政治家、著名专家学者、运动员、演员等。可以报道一个人的事迹和思想，也可以报道一个集体，即通讯中同时报道多个人物或一个组织整体。事件通讯以写事为主。它主要记叙新闻事件的发生、发展、结果，交代来龙去脉，体现时代的新气象、新面貌、新变化、新问题。事件通讯一般比较详细，往往有头、有尾，有情节、有细节，使读者读后有较完整的印象。工作通讯是着重报道实际工作中的经验教训的通讯，一般都有较强的针对性与指导性，从现实生活中考察路线、方针与政策的执行情况与问题，指导和推动实际工作。风貌通讯是反映自然和社会风貌的通讯体裁。它传播知识，开阔视野，以丰富的知识和优美的意境，潜移默化地影响读者和听众。山川、物产、气候、景观，人们的经历、遭遇、宗教、习俗、物质生活和精神生活等都是风貌通讯的报道对象。

三、评论

评论是针对某一新闻事实发表的理性认识及其论证。新闻的第一功能是向读者披露最新鲜的事实，可是，仅有报道是不够的，有时，还需要对事实进行分析、综合和判断，将自己的意见提供给读者。评论的特点如下。

1. 评论性

评论性是评论区别于其他新闻体裁的最明显的特征。“评”是评判和评价，“论”是论述和论证，在“评”和“论”的过程中，作者不仅表明了自己对某一新闻事件的观点和态度，而且要对自己的观点进行充分的、有说服力的论证。

2. 新闻性

新闻事实是评论的基础和出发点，没有新闻事实，评论失去了事实的依托，也没有什么针对性可言了。

3. 广泛性

评论的内容是社会性的，读者是全社会的广大人民群众。必须是：针对人民群众关心的社会问题而发；与人民群众站在相同立场上努力维护人民的利益；通俗易懂，形式活泼，为人民群众喜闻乐见。

4. 精练性

精练是评论在篇幅和语言上体现出来的一个鲜明特征。评论，特别是社会性的评论，一般都比较短小，只有六七百字甚至更短。文字简短，言简意赅，但分量并不轻。

评论有以下四种类型。

1. 社论

社论是以一个新闻媒体的身份针对某一重要现象或问题发表的意见。社论不是一种显示作者个人观点的文章，它的内容代表着一个新闻媒体或者一个社会团体和政党的意志。因此，社论发表时不署作者姓名。

对一个新闻媒体而言，社论的地位非常重要，是编辑部的论文，它反映编辑部对某个问题的观点，是指导性文章，指出方向，表示报纸的方针。对作为党的机关报的新闻媒体来说，社论在一定程度上代表着同级党委，直接表达党委的观点和意图，传达党和政府的声音。因此，它有极强的政治性、权威性、指导性。包括方针政策性社论、指导工作的社论、时事性社论、论战性社论等。

2. 评论员文章

评论员文章是介于社论和短评之间的一种新闻言论形式。评论员文章规格比社论稍低，指导性和权威性特点弱于社论；表面上不直接代表编辑部的集体意见，但实质上也反映编辑部的观点和倾向；可以只署“本报评论员”，也可以署上作者姓名。可分为本报评论员文章、特约评论员文章两种形式。写作上跟社论并没有太大的区别。

3. 编者按

编者按是编者对自己编发的新闻稿件所加的评论性按语。它可以针对新闻稿件中的事实和观点表明编者的意见和态度，可以对稿件的中心思想和现实意义进行强调，可以提供有关新闻背景，帮助读者理解新闻稿件的内容。可分为说明性按语、评论性按语或文前按语、文中按语、编后按语等类型。

4. 短评

短评是一种篇幅短小、内容集中、简明扼要、运用灵活的评论。与社论、评论员文章相比，它的题材没有那么重大。因此庄严、凝重的色彩少一些，轻便活泼的特点比较突出。

短评有以下特点。一事一议，针对一个问题、一个事件或一种现象，把道理讲深讲透；新鲜独到，不能是老生常谈，要有新意，有独到见解；新鲜和深刻其实是不可分离的，只有具备了见别人之所未见的深刻认识，才能给读者以新鲜感；生动活泼，短评形式多样，笔法灵活，常常三言两语，切中时弊，写作时要求大中取小，小中见大，深入剖析，准确概括，形式多样，语言活泼。

30 消 息

【例文一】

学习提示

这是一条事件消息，报道了人民解放军成功渡过长江天险，取得渡江战役第一阶段胜利的重大事件，以时间为线索安排材料，在导语之后，先交代解放军渡江的时间、地点和攻势，再讲24小时内已渡江的部队人数和战绩，最后说明战斗发展的趋势，时间线索非常清楚，读后对战事的发展一目了然。充分体现了事件消息新鲜及时、短小精悍、生动活泼的特点。

我三十万大军胜利南渡长江

[新华社长江前线1949年4月22日2时电] 英勇的人民解放军21日已有大约30万人渡过长江。渡江战斗于20日午夜开始，地点在芜湖、安庆之间。国民党反动派经营了3个半月的长江防线，遇着人民解放军好似摧枯拉朽的攻势，军无斗志，纷纷溃退。长江风平浪静，我军万船齐放，直取对岸，不到24小时，30万人民解放军已突破敌阵，占领南岸广大地区，现正向繁昌、铜陵、青阳、狄港、鲁港诸城进击中。

【例文二】

学习提示

这是一则经验消息，围绕华北制药四十年技改不止，大投入营造优势，重振国企雄风的经验进行报道，详细介绍了华北制药集团的成功经验。敏锐地抓住了国企改革中的关键问题——技术进步是制约企业发展的瓶颈。华北制药的做法和成功经验具有重大的推广价值。写作中作者只是把华北制药集团怎样做的、取得的成果叙述出来，经验就在事实之中。

四十年技改不止　大投入营造优势
华北制药重振国企雄风

本报讯　记者杨国民报道　我国“一五”时期建成的国有特

大型企业、曾被国内同行称为“药老大”的华北制药集团公司，40多年来始终瞄准世界水平，坚持不懈搞技改，用大投入营造了自身的技术创新和成果转化优势，在激烈的市场竞争中不断焕发出新的活力。企业主要生产品种由投产时的两个增加到现在的300多个，建厂以来，已累计上缴利税6.6亿元，相当于建厂投资的77倍，累计创汇3.8亿美元。企业净资产由10年前的4亿元增加到去年年底的27亿元。今年上半年，集团工业总产值比上年同期增长50.09%，实现利税同比增长26.80%，实际出口创汇同比增长34.31%。

多年来，华药根据药品开发周期长、耗资大的特点，坚持以企业为主体，联合国际国内科研院校力量，将自主研制开发和引进消化吸收相结合，集众家之长，为企业所用。自1992年以来，先后与国内外有关院校和科研机构联合组建了新药研究开发中心、生物技术中心、创新药物筛选中心及生物技术试验基地，3个中心1个基地成立后，共有十几种新产品问世并填补国内空白。

以技术为纽带，项目为载体，企业牵头，联合科研院所，优势互补，协作攻关，是华药集团开展技术创新工作的又一形式。1993年，由华药集团技术中心牵头，联合华东理工大学等单位共同承担了国家“八五”攻关课题“青霉素生产中关键技术研究”，经过通力合作，不仅超额完成攻关指标，而且转向生产应用后，年效益额达2400万元。

华药还采取智力引进、协作攻关、建立联合实验室、技术转让等多种方式，与国内外数十家科研院校建立了横向协作关系，使华药形成了以企业技术中心为核心的创新药物联合研究开发体系，保证了华药的创新药物研究开发工作始终跟踪国际先进水平，站在我国医药领域的前沿。国家经贸委对华药的这种成功模式给予了充分肯定，1997年，将其技术中心确定为国家级企业技术中心。

华药的技术创新取得显著成果，近年共获国家发明奖5项，国家科技进步奖18项，省部级科技进步奖66项；完成“七五”、“八五”国家科委重点攻关项目7项；1994年以来开发出新产品50余项。目前，符合国际标准的生物技术药品生产基地和全国最大的半合成抗生素药品生产基地在华药建成，这标志着我国在生物技术药品研究和生产方面已达到世界水平，半合成抗生素药品依赖进口的局面从此被打破。

据介绍，自20世纪90年代以来，华药用于技改的资金已达30多亿元。巨额投资从哪里来？华药走出了一条巧借外力，发展自己的道路。

实行股份制改造，吸引社会资金，进行技术改造和新产品开发。1992年，华药进行股份制改造，几年间共募集社会资金10.5亿元，将这些资金先后全部投入到“八五”和“九五”期间的技改项目和新产品研究开发上。

积极引进外资，引进技术，优化产品结构，提高经济效益。从1992年至今，华药先后利用外资7000万美元，创建了16个中外合资、合作企业。

——1999年11月2日《经济日报》

课后训练

【基础训练】

一、新闻有哪些要素，试举例说明。

二、一篇完整的新闻，一般都要有标题、导语、主体几个部分，结合手头的报纸，试找出几篇最新新闻作具体分析。

三、消息标题有几种拟写形式？何谓引题？何谓正题？何谓副题？

【能力训练】

一、新闻标题不仅要能反映新闻事实的基本状况和精神，而且还要有足够吸引力，激发读者的追究心理和阅读兴趣，结合本班和本院校的新闻材料，分别拟几个标题，然后大家分析，看谁拟得好。

二、动态消息贵在篇幅短，事实准，文字精，并舍弃细节和议论。试走出校门，进行一次采访，并写作一篇动态消息。

31 通 讯

【例文一】

学习提示

这是一篇人物通讯。运用白描手法，通过对约克·伊万斯——一个普通公民在空袭中镇定、勇敢、无私无畏、忠于职守、不求闻达、勇于牺牲的表现的刻画，表现了人物的品质、性格和精神风貌，通过个别显示一般，达到揭示时代特征、感染教育读者的目的。

约克·伊万斯今天值班

罗伯特·凯塞

本报9月17日电　在德国对英国狂轰滥炸的时候，人们很少有可能想起伊万斯，更不会在他那瘦削的胸膛上挂一枚奖章，即使在他死后也不会。

他绝不会在一次伴随着低沉的鼓声和嘶哑的喇叭声进行的殡仪中接受人们的致敬。事实上，人们很可能根本不会为他举行葬礼。

战争打响之前，他没有做过任何足以使自己为人所知的事情。他在码头上干过活，那里尘土飞扬，对他的肺部有影响。上次世界大战后期，为招募新兵进行的体格检查并不十分严格。尽管如此，由于视力差和其他缺陷，人们拒绝让他入伍。

然而，尽管他无声无息，他却具有英雄的品格。

可以这样说：艺术家完全应当以他为模特儿，塑造大英帝国精神的形象，就是依靠这种精神，大英帝国才维持到今天。

让我们继续讲伊万斯的故事吧。他死前成了一名防空民防人员。他接受了一年训练，学习如何戴防毒面具，如何让昏倒的妇女苏醒过来，怎样把行人引导到最近的防空洞等等。在训练中，他的表现平常。

这一天夜间，约克·伊万斯值班。过去一个月中，他几乎每夜都要值班，因为每夜都有空袭警报。如果他还活着，那么他日夜都得值班。现在，空袭随时都可能发生。

那天夜间十一时，他打电话给民防指挥中心，报告说他看到远处有一个亮光。伊万斯的长官听到是伊万斯，就漫不经心地说，那是有人在抽雪茄烟，不过烟火太亮罢了。

伊万斯守护在郊区某地一个公用电话亭旁，敌人轰炸城区时，这里也挨过炸弹。当一枚大炸弹丢下来时，他没有来得及离开。

这个炸弹没有爆炸，对此，伊万斯开头蛮高兴。炸弹是带着撕裂人神经的尖叫声落到地面上的。过了一小会儿，伊万斯想到他应该去看看这枚炸弹，这时，他才恍然大悟。原来，这不是哑弹。在受训期间，他看过不少图片和图表，知道这是一枚定时炸弹，而且是一枚大的。

几分钟后，他把这一切向上司作了报告。

“炸弹在哪里?”上司问道。

“在街心花园里。”伊万斯回答道。

上司命令说：“把无关的人赶走，把附近住宅里的人撤光，让行人不要靠近!”

“是，先生!”伊万斯说。

我们也许有必要在这里解释一下什么是定时炸弹。对美国人来说这更有必要，因为他们大约从来没有见到过定时炸弹。

首先，定时炸弹不像老式鱼雷那样，头部装有引信，只要有人用钳子把它拧掉就能使之失效。定时炸弹的结构复杂得多，它装有一个定时装置，其原理是用酸腐蚀金属。

被腐蚀的金属板各处厚度不同，因而腐蚀的速度，可以定在一分钟到一个月之间。最后，当金属被穿透，酸液滴到硫酸汞引信上时，就会把炸弹引爆。

伊万斯遵照命令行事。在不到一个小时内，他把附近几户居民撤走。在这以后，他坚守在岗位上疏导行人。

到早上七点钟以前，行人不多。在这以后，上班的工人和各种行人成群结队而至，有的步行，有的骑自行车，有的乘汽车。

在连续遭到轰炸的地区，有这样一种荒唐现象，那就是人们对可能造成严重伤亡的事情，反而非常好奇。

突然，约克·伊万斯发现他一个人得干两个人的事。这枚炸弹落在两条街的交叉口上，使四个方向的行人受到威胁。

伊万斯想尽一切办法解决这个难题。他把炸弹后面一百多码的地方用绳子拦了起来，然后，他把自己的岗位移到十字路口的中间。

有数以百计的行人听到他说：“此处有定时炸弹，请走开，请走开。”他们走开了。

从这里路过的人中有一位是附近圣公会教堂的神父。这位神父向记者提供了关于伊万斯生命最后一刻的最生动的情况。

神父说：“他几乎完全没有必要用手指炸弹在哪里。炸弹就在他身后的草坪上。很明显，他是了解这是多么危险的。他的面色苍白、憔悴，但是，从他的声音中人们听不到丝毫颤抖。我永远

忘不掉这个场面：他吹哨子，呼喊着，要人们离开。从心理学的角度看，他像中世纪的麻风病人，他摇着铃，呼喊着‘避开我，避开我！’”

“我要他用绳子把大街拦起来，然后自己撤离。但是，他却对我说：‘我的任务是留在这里。请走开罢，不要给别人树立坏榜样。’于是我只得走开，到电话间打电话向有关方面求助。”

九时十分，炸弹爆炸了，把地面炸开了一个大弹坑。伊万斯连尸骨也没有留下。

——1940 年 9 月 17 日美国《芝加哥每日新闻报》
记者罗伯特·凯塞

【例文二】

学习提示

这是一篇事件通讯，作者将北京申办奥运会这一典型事件置于广阔的社会背景中，进行多方位的分析与对比，写出事件的深度和广度，富有激情地阐释了申办奥运会成功的社会意义和时代意义。

世界选择北京

王 军 刘 江

“北京成功了！”

“我们赢了！”

北京时间 7 月 13 日 22 时 08 分，新华社赴莫斯科记者发来急电：2008 年奥林匹克盛会选择了北京。

瑞士奥委会主席沃·卡奇当即向北京奥申委表示祝贺：“现在应该是北京举办奥运会的时候了。”加拿大体育部长丹尼斯·库珀说：“结果就是结果，今天北京很幸运。”

曾经的坎坷化作今夜的辉煌，让时光倒流。

1993 年 9 月 23 日，北京仅仅以两票之差与 2000 年奥运会失之交臂！当中国在悉尼奥运会上以金牌总数第三实现历史性突破的时候，当中国的综合国力一步步增强、人们的奥运情结越来越浓的时候，八年前的这一幕，仍如此真切地扰动着人们的心情。

曾经的坎坷，已积淀成神圣而执着的理性……让时光倒流。

1894 年国际奥委会成立。1896 年，第一届奥运会的圣火，在希腊雅典燃烧。此前，国际奥委会的一封邀请函寄至清政府，可正值中国在甲午战争中战败，被迫签订丧权辱国的《马关条约》，清朝统治者哪还有暇顾及奥运！

1915 年，国际奥委会又一次发来邀请。然而，由于第一次世界大战及国内的护法战争，中国又一次与国际奥林匹克运动擦肩而过。

早在 1908 年，《天津青年》就首次提出：中国何时能派一名运动员参加奥运会？中国何时能派一支代表队参加奥运会？中国何时能自己举办一届奥运会？

这一声声呼喊，在那个中国人被蔑称为“东亚病夫”的年代，是如此的悲壮与高昂。这一切，使今夜的喜悦变得凝重……让时光倒流。

1928 年，荷兰阿姆斯特丹奥运会。看台上的中华全国体育协进会干事宋如海百感交集，反复用英语吟诵“奥林匹亚”，忽然喊出一句中国话：“我能比呀！”

后来，他将奥林匹克运动会译成“我能比呀”。

代表中国实现“我能比”这个愿望的，是 1932 年的东北大学学生刘长春。

在爱国将领张学良的资助下，他只身在海上漂泊 21 天到达美国洛杉矶。

疲惫不堪的刘长春在男子 100 米预赛中，一路领先 70 米后，脚步明显吃力，最终被淘汰。

1936 年柏林奥运会，进入撑杆跳决赛的中国运动员符保卢，竟买不起比赛用竿；1948 年伦敦奥运会，中国代表团是参赛团中唯一住不起奥运村的。

这不堪回首的一页，已被我们翻过。

昨日的悲歌，只会使今天这不眠的狂欢，更加酣畅淋漓！

“坚定不移地走向世界”

从鸦片战争到中国共产党成立，从 1921 年至今，中国经历了截然不同的两个 80 年。

前 80 年，积贫积弱，民不聊生；后 80 年中国人民在中国共产党领导下，从最悲惨的境遇走上光明的道路。

1979 年，中国在国际奥委会的合法席位得到公正、圆满的解决。

1984 年 7 月 29 日，洛杉矶奥运会，许海峰一声枪响，中国奥运会金牌“零”的纪录成为历史！

在这个曾经苦难深重的国家，人民的爱国热情、强国之梦与体育是如此密不可分。

不能忘记，80 年代，女排精神给人们带来的巨大鼓舞。“团结起来，振兴中华”成为时代强音。

从第 23 届洛杉矶奥运会的 15 枚金牌，到第 27 届悉尼奥运会

的28枚金牌，中国当之无愧地成为国际公认的体育大国。

可是，“中国何时能举办一届奥运会?”——20世纪初，同胞的呼喊犹在耳际。

这是一个不畏任何艰险的民族。八年前北京申奥失利后，人们高呼的口号是“坚定不移地走向世界”!

八年来的事实回应了这一声呐喊。今年5月，香港《财富》论坛得出这样的结论：美国从1870年到1930年，60年时间人均收入增长三倍半；日本从1951年到1975年，25年时间人均收入增长6倍；而中国从1977年开始，短短20年时间内，人均收入增长了7倍。

中国走向世界的脚步不可阻挡。奥运之梦牵系着中华民族为创造人类文明共同奋斗的理想。

人类一次智慧而诗意的选择

2000年9月9日，北京。

中国国家主席江泽民致信国际奥委会主席萨马兰奇，信中说：“如能在具有悠久文明并且迅速发展的北京举办2008年奥运会，无论对奥林匹克运动，对中国乃至世界都具有积极意义。”

2001年5月15日，瑞士洛桑。

国际奥委会评估委员会公布了对2008年奥运会5个申办城市的评估报告，其中特别指出，2008年北京的奥运会将为中国和世界体育运动留下独一无二的遗产。

中国对人类的巨大贡献举世皆知。

“在北纬40度上下的世界各大城市，只有北京是历经3000年而不衰的都城。古迹之多，胜过罗马；气魄之大，胜过巴黎。”今日中国已成为最具潜力的新兴市场，谁能漠视这个巨大市场给予世界经济发展的强大动力?

“新北京，新奥运”，已不仅仅是响亮的口号。

律动着来自世界各地电波的互联网，已成为公众表达意见的窗口。在北京奥申委网站上，一次为支持北京申奥而举行的签名活动中，仅一个月，签名者就达100万人。

二十多家民间环保组织加入北京申奥队伍；“绿色社区”活动，正由居民们自发推行。

“人文奥运、绿色奥运、科技奥运”，正实实在在地成为中国赋予奥林匹克运动的崭新内涵。

1913年，“现代奥林匹克之父”顾拜旦寓意深远地为国际奥委会设计了“五环”标志，以象征五大洲通过体育紧密联系在一起。

奥林匹克圣火就要在古老的中国点燃。时间将证明，这是人类的一次智慧而诗意的选择。

“1908—2008”，从第一个中国人提出申办奥运会，到北京主办奥运会，历史的回声将穿越整整一百年。这看似巧合，却蕴含着历史的必然。

本文选自2001年7月14日《中国教育报》

课后训练

【基础训练】

一、人物通讯首先应写出人物的先进思想和高尚情操，要求把人物写得形神皆备。《约克·伊万斯今天值班》一文是怎样歌颂约克·伊万斯——一个普通公民在空袭中镇定、勇敢、无私无畏、忠于职守、不求闻达、勇于牺牲的精神品质的？

二、事件通讯叙事有一定的线索和脉络，《世界选择北京》中所记述的“呼喊”和“口号”，在结构上起了怎样的作用？具有怎样的深刻内涵？

【能力训练】

一、通讯一般是记者直接采访的详细记录，用直观描写才能把过程、情节、场面、人物写得生动，这种描写应是可感的、具体的、立体的、动态的。请采访你熟悉的同学或老师，对被采访者的感人事件做直观片断的描写。

二、通讯与消息的区别标志之一是通讯有形象性。请根据例文谈谈你对通讯形象性特点的理解。

32 评　论

【例文一】

学习提示

这是一篇为揭露某县一位科级干部花巨资为其父大办丧事，在当地引起很坏影响的报道《科官儿家的丧事像庙会》配发的短评。不过三百多字，针对“科官儿”的不文明、不道德的行为痛下针砭，一针见血，可谓一事一议，单纯集中。以现代眼光来看，从传统“孝道”考查，角度不同，结论一致，写得颇有新意。文章引经据典，条分缕析，博古通今，是一篇颇为精致的短评。

变味的孝道

宋立民

大操大办，大吹大擂，大手大脚——直把丧事变集市、灵堂当市场，事情发生在堂堂国家干部身上，真叫人难以置信。

尊老爱幼，惟忠惟孝，是我东方古国的传统美德。无奈“过犹不及”，操办得过分，也就变了味。以现代眼光观之，此举一是摆阔气、显特权，于管听、管看、管戏、管饭中脱离了群众，影响恶劣。二是一掷千金，铺张浪费，与下岗工人、失学儿童形成鲜明对比，且不符“厚养薄葬”的新道德。三是吹吹打打更兼做礼，不无封建迷信色彩，有损国家干部形象。

以传统“孝道”考查，一是极力张扬，不合“丧则致其哀，祭则致其严”的古训。二是灯红酒绿，有悖“服美不安、闻乐不乐、食旨不甘”的礼仪要求。三是因不像“公仆”而引起民怨，违背“立身行道、扬名后世”的原则。

孝子贤孙们，鉴之戒之！

【例文二】

学习提示

这是一段附在新闻《又是鹭鸟归来时》后面的按语，有感而发，针对性强，言简意赅，引人入胜，而且画龙点睛，深化主题，引导人们思考人与动物的环境竞争问题，具有很强的现实意义。

《又是鹭鸟归来时》按语

一般来说，动物们大都愿意避开熙熙攘攘的人群，寻找属于自己的一片领地。从这个角度来看，鹭鸟栖息在郑州市内嘈杂的大街上，实在是不得已而为之。偌大的中原地区，竟然找不到一个绿树成荫而又相对安全的栖身之所，万般无奈，鹭鸟们终于发现了郑州市内那些50年代就开始生长、如今仍郁郁葱葱的高大的法桐树，于是乎，奔走相告，纷纷举家迁往这块风水宝地，这才形成了十多年来鹭鸟与人分层共居的现象。过多的鹭鸟影响了树的生长，也影响了人的生活。按说，是人类的不断膨胀挤占了鸟儿们的生存空间，现在鸟儿回来了，人们应还给它们一些地方，但是，人们愿意放弃繁华的城市吗？这显然是不现实的。

然而，鹭鸟的搬迁似乎已提上议事日程，那么，它们到底该不该从都市里搬走？何时搬走好？搬到哪里去？我们期待广大读者通过传真或电话发表自己的意见。

【例文三】

学习提示

中央宣传部新闻局选编的《新闻报道精品选》对这篇作品评论说：“作者紧紧抓住这一细节，深入挖掘，升华主题，反映出较强的新闻敏感。全文不足450字，以小见大，角度巧妙，语言洗练，意蕴丰富。”

维也纳传来的信息

江 陵

元旦之夜，千千万万音乐爱好者在荧屏前欣赏一年一度的维也纳新年音乐会。

在音乐会接近尾声、施特劳斯的《蓝色的多瑙河》开始演奏之前，世界十大著名指挥家之一的洛林·马泽尔用德语、英语、西班牙语致简短新年贺词后，出人意料地用汉语说了一句：“新年好！”获得全场雷动的掌声。

维也纳新年音乐会已有悠久的历史，但我们汉语却从未进入这个“大雅之堂”。因此，今天从这里发出这一声“新年好”，并通过卫星传送到全世界，意义不同一般。难怪许多观众看到这个场面，激动万分，感叹“中国的国际地位确实提高了。”

联系这个小插曲和乌克兰举行汉语文艺表演比赛的报道，细

读一下江泽民主席的新年讲话，就会有更深刻的体会。国际地位的提高，是以综合国力的增强为基础的。如果没有全国人民在邓小平建设有中国特色社会主义理论指引下开创的改革开放的现代化建设新局面，中国就不可能有今天这样的国际地位。

维也纳传来的信息，令人深思，令人自豪，更促人奋进。

——1996年1月2日《人民日报》“今日谈”栏目

课后训练

【基础训练】

一、评论的类型有哪几种？试从近期报纸中找出几篇体会其写作特点。

二、阅读下文，回答问题。

老想着有别人

吕叔湘

文明礼貌月又开始了，想谈谈日常生活中不太被人注意的一些小事情。事情虽小，小却可以见大。

您要是夏天早晨到某个公园里走走，有时候您会听到背后忽然大喝一声，让您吃一惊。原来那位同志是在一边散步一边喊嗓子。再往前走一截路，您又会遇到凉亭里有人在唱戏，一般有胡琴伴奏，有的时候还有鼓板。按说公园里应当保持安静，唱戏喊嗓子都应该另找地方。这使人联想到“史无前例”时期的高音喇叭，叫城外的人往城里躲，城里的人往城外躲。幸而这已经成为过去了。可是工厂或是学校，用大喇叭做广播操或召开大会，因而惊动四邻八舍的事情，也还没有绝迹。至于在办公室里高谈阔论，在宿舍里打儿骂妇，叫周围的人不得安宁，那更是天天可以遇到的。砰的一声让房间里的人吓一跳。

所有这些事情，都是由于脑子里只装着自己，没有装着别人。上面说到的都跟声音有关，再说些声音以外的事情。刚才提到关门，一般的门以外有弹簧门，有人猛推弹簧门出去，撒手不管，走在他身后的人挨上了，只能自认晦气。走路的时候遇到威胁是很多的。比如在副食品商店门口或是汽车站附近，您常常可以看见地上满是香蕉皮。又比如走在人行道上，前边有三五个人一字摆开，漫步说笑，您在他们后边只能亦步亦趋，干着急。至于小胡同里踢小足球，十字路口打羽毛球，那也是常常会遇到的。

跟走路无关的事情也不老少。比如跟人约好时间，偏要迟到五分钟，想的是“与其我等他，宁可他等我”。又比如给人写信，写上许多只有自己认得的字，叫别人猜这猜那，又比如把刀子、剪子递给人家的时候，自己拿着把儿，把尖儿冲着对方。这一类小事情还可以举出很多。

有人说，讲文明礼貌要抓大事，这些小事不值得计较。我说不然。大事小事，思想基础是一个。你是只想到自己啊，还是也想到别人，或是首先想到别人。老想着别人，形成好习惯，生活上常常想到别人，工作中也就自然而然地想到别人——想到顾客，想到用户，想到来信、来访的人，想到一同工作的同志，想到应当为之服务的人民。说是日常生活中不想到有别人的人，在工作中会念念不忘“为人民服务”，我不敢说绝对不会有这种事情，但是我要说：“怕是未必！”

本文举例丰富，既生动活泼，又有说服力。

文章说：“事情虽小，却可以以小见大”。作者是从哪些方面论证这个问题的？全文不过千字，用了十多个事例，想想作者是怎样处理材料的？

【能力训练】

一、《中国青年报》曾刊登了一则图片新闻，文字报道说，山东省济南市农民卢德家，为满足87岁老母一定要到北京看一看的心愿，用三轮车载着腿脚不便的母亲，经过6天的艰苦旅行，到达天安门广场，看到了庄严的升旗仪式。读了这则新闻后你有什么感想？试联系当前的社会现实展开评论。

二、从下列题目中任选一题构思成文，要求联系社会现实，发挥独创性，力争角度新颖，见解独特，评出个性来。

新观念与老传统	怎样看待卡通画
言情小说之我见	我看广告
高分与高才	说说“生日送礼”

【思维训练】

一、根据下列新闻标题揭示的内容，指出各自所属的消息类型。

1. 国家教委共青团中央联合评选
   佼佼学子欣捧奖学金
   李岚清要求继续扎实深入开展创“三好”
2. 实验学校重点实验　素质教育作示范
   江苏让实验小学名副其实
3. 货源充足　品种增加　供应丰富
   京津沪国庆市场安排就绪
4. 不健康的书籍泛滥原因何在？

二、消息的导语应是用最精彩的语言写出最重要、最新鲜、最吸引人的内容，使人一看就引起注意，发生兴趣，急于要看下去。比较下面同一则消息的两段导语，哪一个更能吸引人，为什么？

石化总厂从重大事故中吸取教训

导语一：一月一日凌晨一点五十分，上海石油化工总厂热电厂发生一起重大事故，造成严重经济损失。

导语二：一只老鼠钻进了石油化工总厂热电厂的高压线开关室，造成一万伏高压线路短路，以至部分停电停产。据统计，损失达十万多元。

【阅读训练】

一、通讯在手法上具有多样性的特点，即除了叙述、描写，还可以广泛灵活地穿插抒情和议论。阅读下面一段文字，指出哪些是记叙，哪些是描写，哪些是抒情和议论。

从此，树影斑驳的树道上，人们每天都看见吴吉昌弯着残废的手，拖着打伤的腿，艰难地跪在地上打扫。人们记得，这街道两旁的白杨树，还是几年前吴吉昌领回来的奖品。那时，县里要奖给他一辆自行车，吴吉昌拒绝了。他说：“成绩是大家的！”他要求改奖一千棵白杨树苗让全村栽种。如今，这些白杨树已经有碗口粗了。可是，为全村赢得这些荣誉树的人，却受到这种折磨。白杨在迎风呼号，那是为老汉在呜咽，还是为这不平愤怒？

二、1997 年 12 月 13 日是南京大屠杀 60 年祭日，香港《快报》发表了下面的社论，言简意赅，透彻明晰，短短 500 余字的社论，有确凿事实的论证，有针锋相对的论辩，有伸张正义的呼唤，有义愤填膺的表态，有历史教训的总结，渗透着中国人民的爱国情愫，表达了炎黄子孙的心声，具有很强的舆论导向功能。试结合这篇社论的具体内容和语句加以体会，并回答后面的问题。

勿忘南京大屠杀的双重意义

昨日是南京大屠杀60年祭。

60年来日本一些右派在“真相”上不断故作文章，把二战惨绝人寰的历史惨案轻轻带过，不惜改正课本，在世人面前撒谎。

真相本来就无可争辩，要说证物，南京挖出的万人坑是最有力的控诉。近来一位名叫拉贝的德国商人在南京大屠杀时拍下的照片，由后人送到中国，从另一个角度提供了实据。

一部从来未公开的南京大屠杀实况影片，此时也在美国发现，片长30多分钟，以当时8毫米胶片拍摄，在无声的黑白纪录片上看到抢掠、杀人甚至奸淫的情景，惨不忍睹，令人发指。

这笔血账，任凭日本的极右分子怎样狡辩，老一代的中国人不会忘记，抵赖只会更深地伤害中国人的感情。

60年祭前后，内地、香港及台湾分别有民间活动，悼念死于铁蹄的同胞，敦促日方在史实面前向中国人民认错。

今年谈历史教训，赋以双重意义：从宏观的角度，警惕军国主义复活，不是一时一地，需持之以久，以维持全球和平，这方面中日人民都有责。

站在国人立场，要使我们的后人铭记：“弱国无安土”，提高危机感与国民责任感，尽快使国家强大起来，历史悲剧方可免于在中国土地上重演。

1. 社论和新闻评论有哪些共同点和不同点？所谓重型评论是不是一定要文字篇幅较长？为什么？

2. 党报是党的宣传喉舌，党报社论在舆论导向上有哪些特点？我们在阅读党报社论时应注意哪些问题？

【写作训练】

一、请把下面一篇特写改成一则200字左右的动态新闻。

似银针笔直入水

——记伏明霞带病蝉联跳台冠军

连续两跳，队友郭晶晶出了意外，加上裁判有意压分，郭晶晶的名次从第二落到第五。而德国的沃尔特、美国的克拉克和鲁尔穷追不舍。场上的气氛骤然紧张起来，千钧压力落在了伏明霞身上……

这是北京时间今早进行的女子跳台比赛。上届奥运会，13岁的伏明霞夺得这项冠军。而此刻，欲再圆金牌梦的伏明霞，在肩伤和眼睛半失明状态下走上了高高的10米台。

能否捧得这面金牌，就是至关重要的第四跳了。缓缓地攀上高台后，伏明霞显得沉静稳定，多年的磨炼，已使这位只有17岁的小女孩变得成熟了。只见她深吸一口气，闭目沉思着。全场上万观众屏息注目着这个“黑色的精灵”，教练于芬更是紧张万分。207C的难度系数为3.3，是目前世界上独一无二的高难度动作，也是极易失误的危险动作。

起跳了。伏明霞高高跃起，一连串令人眼花缭乱的翻腾之后，犹如一枚银针，笔直地插入水中：81.18分——全场最高分！总成绩455.94分，比暂时排在第2名的德国沃尔特整整领先了41.64分。接着的第五跳，沃氏得了65.52分，总分为479.22分。最后上场的伏明霞只要跳出23.88分，冠军就是中国的了。在没有任何压力的情况下，她以完美的最后一跳摘取了本届奥运会跳水比赛首枚金牌。

望着冉冉升起的五星红旗，听着雄壮的中华人民共和国国歌，伏明霞略带浮肿的脸上露出了最灿烂的笑容。此时，她从心底又有一个新的梦想：力争再夺3枚金牌。

二、以校园里的新人新事为素材写一则消息并配上按语，加以简短评论。

三、通过实地采访（可选择校内的三好学生、优秀学生干部或毕业生），写一篇人物通讯或事件通讯。

第十单元　实用文体写作（五）

训练目标

1. 了解科技论文和考察报告写作的性质、特点与基本的结构形式。
2. 掌握科学研究的基本方法。
3. 学习论题选择的基本原则和收集、研究、运用资料的基本方法。
4. 能以例文为范本，编拟科技论文的提纲并进行科学考察报告的写作。

知识要点

科技写作指的是以科学技术现象、科学技术活动及其成果为表述对象的一种专业写作。科技写作的结果，是形成各种科技文献，用以记录、总结、描述、贮存、传播、普及科研成果和科技信息。科技写作是贯彻于一切科技活动始终的一个重要组成部分，适用于自然科学、生产技术和社会科学领域。

科技应用文包括科技论文（科技论文、科技综述）、科技报告（考察报告、实验报告、技术报告、科技报告）和技术文件（技术鉴定书、毕业设计说明书、产品说明书、专利说明书）等。本单元着重学习科技论文和考察报告两种。

一、科技论文

（一）科技论文的性质及作用

科技论文也叫科学论文。科技论文是在科学研究和科学实验的基础上，对自然科学和专业技术领域的某些现象或问题进行科学的分析或阐述，从而揭示这些现象和问题本质及其规律性的一种议论形式。凡是运用概念、判断、推理、证明和反驳等逻辑思维手段来分析和阐明自然科学的原理、定律和科学技术的研究中的各种问题、成果的文章，均属于科技论文的范畴。

科技论文是科学技术研究成果的文字体现，是进行成果推广和交流的重要手段。写作科技论文是科学研究工作的重要组成部分之一，是科技实践的延续。通过论文形式将研究成果向社会发表，使之为社会公认，并用于人类的实践，为更多人了解、运用，使研究成果在更大范围内交流、运用，推广科学技术的发展，加速国家建设。

（二）科技论文的构成

科技论文一般由以下十个部分构成。

1. 标题

标题是文章的总题目，是文章内容的高度概括。通常由三部分组成：一是所论对象的类别（名称、范围）；二是论述的内容；三是该文的表述特征。拟定标题应注意三点：一是简明概括；二是准确恰当；三是传神得体。

2. 作者及单位

作者署名，有时标明其所在单位及邮政编码，是科技论文的第二大结构程序。一般署在文章总标题下。它一则表明作者付出了辛勤的劳动，对成果拥有优先权。二则表明作者要对论文负责，从观点、数据到社会效益等，都要负全部责任。三是便于读者与其进行联系。

署名方法：个人的研究成果个人署名；如果是在集体研究成果基础上撰写的，个人只能以执笔人的身份署名；集体的研究成果，按贡献大小、先后列名；如果参与人员较多，在标题下可将主要人员列出，其余可在前言或结尾处体现。

3. 摘要

也称提要。是全文的概括与浓缩。摘要具有报道和检索两大作用。报道作用是指它能够把该文所反映的科研新发现、新成果及时、全面、系统地报道出来。检索作用是指它可以为读者提供所需文献的线索，易于发现和捕捉查找目标，从而节省大量的时间和精力。摘要通常在300字以内，具有简短、精练、完整和不加解释与评论的特点。

4. 关键词

关键词是将该文中最能说明问题的、起关键作用的、代表该文内容特征的或最有意义的词选出来，便于情报信息检索系统存入存储器进行微机管理，以便于检索。它不考虑文法上的结构，不一定表达一个完整的意思，仅仅将几个关键性词简单地组合在一起。

5. 前言

又称引言、绪论等，是论文主体的开端部分。内容包括研究背景、目的、范围、方法和研究成果的意义、概念和术语的定义等。前言贵在言简意明，条理清晰，容易理解。

6. 本论

又称本文、正文，它是论文的核心和主体，占全文的绝大部分篇幅。论文的重要内容全在这里。常见的写法有以下两种。

(1) 实践型　这种论文以实验为研究的主要手段。一般包括以下四项内容。

① 理论分析或基本原理。这一部分对所作的假定及其合理性进行理论论证；对分析方法和计算方法加以说明；对实验的原理也应加以介绍。

② 实验材料与设备装置。这部分应该说明实验材料及其制备方法、化学成分、物理性能及实验所用设备、装置、仪器等。

③ 实验方法和过程。这部分说明实验所采用的是什么方法、过程如何进行、操作时应注意什么问题等。

④ 实验结果与分析。实验结果就是在实验过程中所测取的数据和所观察到的现象。分析是指从理论对结果加以解释，阐述自己的新发现或新见解。这是全文的关键。

(2) 理论型　这是以理论解析为主的论文，包括以下三项内容。

① 解析方法。它包括前提条件、解析的对象、适用的理论、计算的程序、提出的假设等。

② 解析结果。可用文字论述，也可用图、表、公式等来阐述。

③ 分析。分析的内容有结果的可信度、误差的评价、所得结果与其他分析结果的比较。对实用对象的有效性，提出自己的见解，指出问题和以后努力的方向。

7. 结论

是全篇的总结，是对论文的全面概括。它不是重述本文的研究成果，而是在其基础

上，进一步得出科学的结论，也就是使研究由感性认识上升到理性认识的高度，是论文的精华。

8. 致谢

一项科研结果的取得，必然要得到多方面的帮助，当成果以论文形式发表时，必须对他人的劳动给予充分肯定，并致谢意。致谢的对象包括从事指导或研究工作的实验人员，对科研过程、论文撰写提出过指导性意见、建议和帮助的人，对提供实验材料、仪器以及给予了其他方便的人，被论文采用的数据、图表、照片的提供者等。

9. 参考文献

写科技论文，需要引用一些别人的科研成果，这是科研工作连续性的表现。列出参考文献，一方面表示言之有据，另一方面也表现了对他人劳动的尊重。

10. 附录及其他

附录是在文章末尾作为正文主体的补充项目。有的论文还有目录、符号说明等。

（三）科技论文的写作要求

① 目的明确，论点正确。题目要传神，贴切地反映论文内容；在理论或实际生产上有一定的价值。

② 在课题范围内，系统地查阅国内外文献、了解有关科技发展情况。恰当运用资料，有自己的观点与见解，指出所解决的问题和解决问题的办法。

③ 对课题的方案考虑充分完善，采用的方案正确合理、科学严密、系统完整。所取得的数据充分、真实、可验证，数据处理合理，理论推导正确，计算无误。

④ 摘要形式选择正确，精练而不漏摘重要信息，篇幅适宜。采用术语和符号。

⑤ 结论正确有说服力，有一定的理论高度，体现作者的见解。

⑥ 文章结构清楚，文字通顺简练，论述正确、清晰、得体，图表设计规范、精确，逻辑性强。

二、考察报告

（一）考察报告的性质及分类

科技考察报告是通过亲临其境的考察，取得大量的材料并对其进行研究、整理，用以描述、记录某个课题的观察或调查材料，并分析其结果的文体。

科技考察报告根据考察内容可分为技术考察报告、科技项目考察报告、科技情况考察报告、科技会议考察报告和科学研究考察报告等五类。

（二）考察报告的格式写法

考察报告多是通过参观、考察、学习后写出来的，它的目的性很强，其写作格式包括题目、作者署名、前言、概述、考察细目和附录。

(1) 题目　大多由考察的技术加上“考察报告”构成，一般在20字以内。

(2) 作者署名　位置在题目下面。如果是团体考察且人员较多，可署考察团名称，组成人员介绍放在前言中。

(3) 前言　简单交代考察原因、目的、地点、单位、时间、技术等。

(4) 概述　主要交代考察的总体情况对考察的内容作综合的介绍。这一部分要尽量写得通俗些，少用专业性很强的术语。

(5) 考察细目　是报告的主体，一般由两部分组成。一是考察方法与内容，详细介绍

考察了哪些内容，采取了哪些考察方法；二是考察结果与分析，就是对所考察的内容得出了什么结论，提出自己的见解。这部分是同行专业学者和科技人员所关心的，可以并且应该使用专业术语，语句尽量简明扼要，内容不论浅深，尽考察所得，尽量写全，可以把考察内容分成若干条，逐条详细介绍。

（6）附录 部分附上考察所获取的有关资料，如工艺、技术、数据、设计图纸或其他材料以及参考文献。

（三）考察报告的写作要求

① 必须通过亲自考察，运用各种方法得到丰富的第一手资料。参考文献只能用作考察研究的辅助，切不可将参考文献作为报告资料的主要来源。

② 考察进行之前要广泛阅读有关文献，查阅有关资料，了解前人在这方面都做过哪些工作；只有掌握了尽可能多的信息，才能把考察工作搞好。

③ 考察目的要明确、具体。考察进行之前就要清楚此次考察的对象、范围、重点乃至目标，以减少考察的盲目性和考察中的被动性。

④ 对事实的阐述要有条理，可以采取分条列项的方式，尽量使层次分明，语言简练。而且不能单纯地罗列资料，在阐述事实的同时，要进行科学的分析，以期得出科学的结论。

⑤ 表达手段要丰富灵活。为使阐述的事实清楚、明确，不生歧义，给人完整的印象，在需要之处，要恰当地运用图表、照片、公式等多种表达手段，使科学性与艺术性相统一。

33 科 技 论 文

【例文】

学习提示

这是一篇考古科学论文。文章从西楚霸王项羽到底有多高说起，引用大量数据分析了古今计量尺度的差异，并运用考古发现的古人骨骼实例，提出了应该怎样看待古人身高的见解。

本文从实际出发，论据充分确凿，具有很强的说服力；论述深入浅出，语言朴实无华，具有平易近人的可读性。

怎样看待古代人的身高

孙关龙

一、项羽、关羽是“巨人”吗？

“力拔山兮气盖世”的楚霸王——项羽，在人们印象中一直被认为是一个“巨人”。据《汉书》记载，项羽身高“八尺二寸”。乍听起来，令人吃惊，可是，考古学的大量研究，证实了古代用的尺子与今天用的不大相同，其基本趋势是年代越古所用的尺子则越短。如商代 1 尺约为 0.169 米，西汉 1 尺约是 0.231 米，隋朝 1 尺相当于 0.273 米，明代 1 尺达 0.32 米，清朝时期用的尺子长度已与现代的几无差别。楚霸王时代，1 尺约相当于现代的 7 寸，因此项羽的身高（暂不论当时是如何丈量的）在现代约折合为 1.89 米。这个高度不但与穆铁柱（约 2.25 米）相比，就是比我国“女篮巨人”陈月芳（高 2.08 米）也差一大截呢！

但是，无论是在古代，还是现代，项羽 1.89 米的身材都称得上是个彪形大汉。那么，古代人是否都是如此高大魁梧呢？我们就从《三国志》和《三国演义》说起吧。

众所周知，小说《三国演义》取材于史书《三国志》，在人物身高的描写上也是如此。例如，《三国演义》写了刘备“身长七尺五寸”、孔明“身长八尺”、赵子龙“身长八尺”等。但是，据笔者统计，在《三国演义》20 多例身高数字中，与《三国志》记载相同的只有 5 例，另外 10 多例，包括关云长“身长九尺”，华雄“身长九尺”，王双“身长九尺”，兀突

骨“身高丈二”等，在《三国志》等史书上并无记载。罗贯中为了讲求艺术效果，用了夸张手法，这样写是无可非议的。也正因如此，《三国演义》、《水浒》等小说中的身高数，不能作为我们研究古人身高的科学依据。

在《三国志》中，按所记载的身高数，最高的是曹操初建魏国时尚书何夔的曾祖父，即车骑将军何熙，为“八尺五寸”。其次，是何夔等人“身长八尺三寸”。在笔者所统计的21例身高数中，绝大多数身材是在“七尺五寸”以上。按当时1尺等于现代的7寸折算，则约在1.73米以上。这些人中绝大多数是有名的武将，他们的身材比一般人高大，是可以理解的。况且，他们都是皇亲国戚、达官显贵之后，其生活条件、营养水平是一般人所无法比拟的。现代人类学家经长期调查一致认为：营养好的阶层的子女要比一般阶层的子女，高出2～5厘米。

再者，史书上记载的这些古代人的身高数的测量方法，我们不清楚。据明代学者、徐霞客的好友陈继儒，在《寿江阴徐太君王孺人八十叙》中记载，有的身高数是在见面时估计出来的，并没有经过丈量。现代人体测量证明：人的身高数在清晨最大，晚上最小；脚跟着地与否，鞋帽脱掉与否等都会产生一定的误差。何况，在古代一个时期的尺度也有大小之分，如商代的骨尺1尺为16.95厘米，牙尺1尺是15.78厘米和15.80厘米；西汉的木尺1尺长23厘米，铁尺1尺有23.2厘米，竹尺1尺为23.6厘米，还有1尺是22.92厘米的；明清两代，曾分别采用营造尺、裁衣尺和量地尺三种不同的丈量工具。因此，史书上记载的身高数精确度如何，是需要慎重对待的。

现在，许多学者认为要了解古代人的实际身高数，最为可靠的办法是依据出土的古骨骼和古尸，这是很对的。不过，笔者认为史书上一些身高的记载，还是很有价值的，而且随着研究的深入，通过与考古发现相互验证，其作用会愈来愈大。如一些数字告诉我们：三国时吴国大将朱然“身长不盈七尺”；汉文帝时丞相张苍的父亲“长不满五尺”，其孙子张类成年时也仅“长六尺余”；而且据《史记》记载，当时已出现了被称为“侏儒”的人。

考古的发掘和测量计算，得知一些与项羽相近时期人的身高：长沙出土的战国时代一男性，骨架长1.58米；湖北江陵出土的西汉男尸，身长为1.63米；山西浑源县毕村西汉墓出土的一男性骨架，身长达1.84米；内蒙古昭乌达盟南阳家营子东汉墓中出土的男子，身高不到1.57米。

由上可见，考古发现和史籍记载，都认为古代人并非都像项羽那样高大魁梧，也有高有矮的。至此，人们会很自然地提出：古代人的平均身高大致是多少呢？

二、我国古代人的一些身高数

1. 新石器时代中晚期的一些身高数

这个时期约距今五六千年到三四千年。几十年来，中外学者依据考古挖掘到的骨架进行研究，获得了该时期不少人体的身高数据。

在江苏邳县大墩子遗址中，成年男子最矮的为 1.50 米，最高的达 1.85 米。在广东佛山河宕遗址中，成年女性最矮的是 1.47 米，最高的为 1.59 米；北京门头沟村遗址一成年女子高 1.65 米。

上述 160 例中，男子有 119 例，身高由 1.50～1.85 米，平均为 1.65 米；女性有 41 例，身高在 1.47～1.65 米，平均为 1.54 米。

2. 西周至西汉时期的一些身高数

该时期距今 3000 多年到 1800 年。有距今 3200 年前（周朝）新疆哈密出土的一具成年男尸，其生前高度为 1.70 米；一具屈肢女尸生前身高是 1.57 米。两具楼兰出土的女尸，生前身长都在 1.50 米左右。沈阳郑家洼子青铜器时代遗址中出土两具男性骨架，身长分别是 1.64 米和 1.68 米。湖南长沙马王堆出土的西汉女尸，身长为 1.54 米。内蒙古呼伦贝尔盟扎赉诺尔东汉古墓中出土的一成年男性，身高为 1.72 米。

在 17 例中，男子 11 例，最高的是山西浑源西汉墓出土的成年男子，骨架长 1.84 米；最矮的是内蒙古昭乌达盟汉墓出土的成年男子，身高不及 1.57 米，平均身高为 1.67 米。女性有 6 例，高的有长沙战国时期某 6 号墓中出土的成年女子，身长 1.64 米，矮的有新疆民丰县尼雅遗址中发掘的东汉女尸，身长为 1.49 米。

3. 隋唐到宋明时期的一些身高数

这时期约距今一千三四百年到距今三四百年。笔者搜集的多为古尸，少部分是骨架。他们中包括新疆吐鲁番出土的唐朝两具女尸，生前身高分别是 1.50 米和 1.52 米；山东邹县元代李裕庵墓中出土的老年女性，身长为 1.70 米；广州市东山出土的明代戴缙中墓内的周氏女尸，身长为 1.50 米。新疆高昌出土的唐朝张雄的男尸，生前身高为 1.79 米；陕西前灵光出土的唐中宗女儿永泰公主的丈夫——武延喜，生前身高为 1.76 米，等等。全部 31 例中，男性有 16 例，身高由 1.52～1.79 米，平均为 1.66 米；女子有 15 例，身高为 1.50～1.70 米，平均是 1.56 米。

三、几点初步的看法

以上总计 208 例，表明距今五六千年前至距今三四百年前，中国古代成年男子的平均身高在 1.65～1.67 米，古代成年女子的平均身高在 1.54～1.56 米。虽然统计的例数还太少，但已大致表明了我国古代成年男女的身高。

1. 上述身高数据说明，古人并不比今人高大（据 1979～1990 年调查，我国 18～25 岁的城市青年男女的平均身高分别为 1.70 米和 1.59 米）。古人的身材与今人一样，高矮参差不齐，呈现两头（高身材和矮身材）少，中间（中等身材）多的分布规律。

2. 依据人类学家对 15 世纪以前的人种研究，他们把1.60～1.65 米作为男子中等身材的标准。因此，中国古代人的身材在世界同时代人中，居于中等偏高的位置。

3. 与各历史时期的欧美人身高相比，我国古代人的身材与他们的差距没有现代这样大。200 多年前美国建国时，成年男子的平均身高为 1.67 米；在 19 世纪末，欧洲人的平均身高为 1.65 米；就是挪威人，在 1902 年时全国人的平均身高也为 1.71 米多些。

然而，现代欧美人的身材却大大地高于我国人，差距达 7～8 厘米上下。如美国现今成年男子的平均身高已达 1.75 米。18～25 岁的男性青年平均身高达到 1.78 米多。目前，挪威 17 岁的男性少年的平均身高即达 1.78 米以上。究其原因，主要是 19 世纪中叶以后，欧美人随着工业的发展，生活、营养和医疗条件的改善，他们的身高显著地加速增长，平均大约每代人（20～30 年）递增 2～3 厘米。本世纪 50 年代以来，随着人民生活水平的提高，中国人的身高出现了一个幅度较大的加速度，据 1955 年至 1979 年的材料计算，城市 7～18 岁的男子身高平均每 10 年增长 2.3 厘米。虽然，其增长速度远高于欧美人同时期的增长速度，但因为起步晚，过去拉大了距离，所以现在中国人的身高仍比欧美人矮一截子。

4. 地处南方的广东河宕新石器遗址中的男女性身高分别为 1.65 米和 1.53 米，福建昙石山新石器遗址中的男性身高是 1.63 米，均低于全国男女性的平均身高；而山东大汶口新石器遗址中男性身高（1.72 米)、西夏侯新石器遗址中男性身高（1.71 米)、西安半坡新石器遗址中的男性身高（1.69 米)，均高于全国平均身高。在中国，身高的地区差异早在新石器或更早的时候就已经存在。

5. 据 1979～1990 年的调查，我国 18～25 岁城市青年男子的平均身高为 1.70 米，女子的平均身高为 1.59 米，男女性之间的身高差别为 11 厘米上下。据笔者统计，据今五六千年前到距今三四百年前，中国古代成年男子的平均身高为 1.65～1.67 米，女子的平均身高是 1.54～1.56 米，成年男女性之间的身高差异也是 11 厘米上下。其中，新石器时代中、晚期我国成年男女性之间的身高差异又是 11 厘米上下。这种类同现象是偶然的吗？不是的。这说明，中国成年男女身高的差异早在新石器时代以前就已经存

在，中国成年男女现代身高差异的幅度，最迟在五六千年以前就已大致形成。

课后训练

【基础训练】

一、阅读课文，说说关羽是“巨人”吗？为什么？

二、归纳法是科学研究的一种重要办法。这种方法就是将研究对象中许多个别的具体的例子进行分析、比较，从中发现具有共性的带规律性的东西。分析的例子越多，覆盖面越广，结论的可靠性就越强。试以课文第二部分为例，说说作者怎样运用归纳法论证的？在统计分析时，为什么分别取男性、女性、最高、最低等数值？

【能力训练】

一、请对《怎样看待古代人的身高》一文的基本结论作简明的概括（100 字左右）。

二、查阅资料，了解关于怎样选题、怎样收集资料、怎样进行研究的一些原则、要求与方法进行归纳、整理，以《科学论文的写作》为题，写一篇 500 字以上的小论文，力求做到观点明确，论述清楚。

34 考察报告

【例文】

学习提示

这是我国著名气象学家、地理学家竺可桢于1920年写的一篇科学考察报告。它以西湖的生成原因为课题，以翔实确凿的资料、数据和考察结果为论据，通过严密的论证，得出了杭州西湖是一个泻湖，约生成于12000年以前的结论。关于泻湖的推断已在1945年被地质钻探所证实。

杭州西湖生成的原因

竺可桢

西湖生成的原因，据记者去岁（1919年）夏间的观察，加以东西书籍的参考，西湖生成原因，可以断定是一个泻湖。

西湖的地形，南、西、北三面均为山所围绕，惟有东面是一个冲积平原，浙江省城就在这个冲积大平原之上，所有泥土，统是钱塘江带下的沉淀积成。大凡河流所带泥沙到了河口，一部分就要沉下来，一则因为河流入海受了海水的阻力，速率减缩。二则因为海水含盐分，盐分能减少河水分子的凝聚力。有了上述两层原因，凡是长江大河，如埃及的尼罗河，印度的恒河，以及我国的黄河、长江，到了入海地方，均成有三角洲。照这样看来，杭州附近冲积平原，不过是钱塘江所成的一个三角洲。

我们若再进一层来考察西湖近旁的地质，就晓得不但西湖东面有冲积土，就是西面也有冲积土，假使我们能追想钱塘江初成时候情形，一切冲积土尚未沉下来时，现在杭州所在地方，还是一片汪洋，西湖也不过是钱塘江左近的一个小小湾儿。后来钱塘江沉淀慢慢把湾口塞住，变成一个泻湖。初成的时候，里湖的面积比较现在的外湖还大。后来因南北诸高峰川流汇集，如玉泉两峰涧龙井等溪水所带下的泥土，流入湖中以后，速率顿减，就淤积起来。里湖因靠山这一边，所以淤积得快。如耿家步、金沙港、茅家埠等处，就是细流带下的冲积土所成的。倘使没有宋、元、明、清历代的开浚修葺，不但里湖早已受了淘汰，就是外湖恐怕也要为淤泥所充塞了。换言之，西湖若没有人工的浚掘，一定要

受天然的淘汰。现在我们尚能徜徉湖中，领略胜景，亦是人定胜天的一个证据了。

在夏季时候，外湖的水平均不过4英尺深，里湖因靠近山边，所受的沉淀比外湖较多，所以水亦较外湖浅。惟苏堤六桥、玉带桥、西泠桥之下，水度略深，最深的地方大约在6英尺左右。这是因为湖中水平如镜，流动极缓，水中所含最微渺的泥粒，也都沉下来。独堤上诸桥惟湖水交通咽喉，自里湖流入外湖必经之路，湖水流行较速，水中微细的泥土不能沉降。试观徐虎各处。香灰泥堆积很深，独在西泠桥上，注目俯视，水清彻底，能见岩石，即因水流湍急，香灰泥不能留足之故。

现在西湖情形照上面看来，是由于钱塘江带下泥土淤积，塞住原有的湾口而成。至于西湖生成的年代，离现在有多久，这个问题，却不容易解决。从历史上来看，西湖生成时代是很久远。唐代以前，虽则寂然无闻，自从李邺侯、白居易、苏东坡先后服官武林以来，西湖的名声就闻名全国。但从地质学上眼光看起来，西湖的生成却是很近来的一桩事，在地质学上最近的一个时代。这个时代，就是冲积时代。世界人类产生在洪积时代的末期，冲积时代的初期，所以西湖的生成，当然是在世界有了人类以后。

西湖南、西、北三面的岩石，统是很老。西北方面如葛岭、宝石山等，系粗面岩所构成的。粗面岩是一种火成岩，它的分布在我国南部滨海非常广大。据德国著名地质学家李希霍芬（VonRichthofen）之考察，自宁波之香港南海一带，斑岩（粗面岩与石英斑岩是一类的岩石）之多，可称世界第一。这种石英斑岩与粗面岩，是火山所喷出而成的。喷出时期，据美国地质学家威利斯（Bailes Willis）之推测，大概在三迭纪与侏罗纪之间。

西湖的南部统西部，如九曜山、石屋岭、南高峰以及灵隐等，统是砂岩及石灰岩所造成的，其中尤以石灰岩分布最广。石灰岩所成的山峰，最足惊心动目的，要算云林寺面前的飞来峰，苍翠玉立，突兀峥嵘，它上面还刻有许多佛像，宛如天成的一座假山。西湖近旁岩洞很多，如玉乳洞、石屋洞等，也是石灰岩生成的。石灰岩玉砂岩生成的年代，比北部的粗面岩还要久远，大约在古生代的石炭二迭纪（离现时差不多有三亿年）。

西湖南、西、北三面的岩石虽然很古，但西湖东岸的泥土却是很新，是在冲积时期才成的，我们要晓得西湖生成年代的久远，只要晓得钱塘江排泄的沉淀，把现在杭州淤积成大陆的时候就是了。自从西湖生成以来，钱塘江的三角洲渐渐在海中推广，到现在已达杭州湾口，离杭州省城约有120英里之遥。假使我们去推测钱塘江三角洲每年在海中伸涨的速率，那末西湖生成的时代就不难知道了。

钱塘江河身的长短，河域的大小，同欧洲隆河（Rhone River）与坡河（Po River）不相上下，从下面的表里可以看出来：

河　名	河身长/英里	流域/平方英里	取源高度/英尺
隆河	510	94800	12000～15000
坡河	418	—	12608
钱塘江	400	24000	5900

注：1 英里＝1609 米，1 平方英里＝2.59×10^6 平方米，1 英尺＝0.3048 米。

隆河同坡河流入地中海，河口海底深度同波浪强弱，与钱塘江口情形差不多。独坡河与隆河取源均在阿尔卑斯山上，比较钱塘江取源安徽黄山的高度，有两倍多，所以钱塘江三角洲生长速率，应该没有隆河同坡河的三角洲这样快。隆河的三角洲，在 1500 年中增长 15 英里，平均每百年增长 1 英里。坡河三角洲在 1800 年中增长 20 英里，每百年增长也差不多 1 英里。若使钱塘江的三角洲增长同坡河、隆河一样快，每百年增长 1 英里，面积 120 英里长的沉淀，就要 12000 年。照这些算来，西湖的生成，至少在 12000 年以前了。

课后训练

【基础训练】

一、课文一开头就直接表明论点，说说这样写的作用。

二、试分析本文的段落层次，并说明各层次之间的关系。

【能力训练】

一、试说明文中的图表在表达上所起的作用。

二、定性分析与定量分析是进行科学研究常用的方法。所谓定性分析是对研究对象的构成因素及其性质的分析；所谓定量分析是运用数学计算的方法或公式对研究对象所进行的分析。这篇科学考察报告中，哪些地方用了定性分析？哪些地方用了定量分析？

【思维训练】

一、比较是进行科学研究时常用的思维方法。进行比较要取准比较点。以时间为标准进行比较为纵比，以空间为标准进行比较为横比。试从课文《怎样看待古代人的身高》中分别举出两个纵比、两个横比的例子，并说明其作用。

二、科学论文是在科学领域中表述研究成果与见解的文章，具有很强的科学性。科学论文的科学性主要表现在它的理论切实，从实际出发，不凭主观臆断；论据确凿充分，要花大气力调查、实验和收集资料；论证主要采用归纳法，结构严谨周密，具有很强的逻辑性。请结合本单元例文，说说其科学性的体现。

三、科学论文的价值还体现在它的创见性。具体表现在科学论文或者提出前人从未涉及的新问题，或者对现有问题提出新思路、新方法、新见解，或者对已有的理论成果进行修改、补充。请结合本单元例文，说说怎样才能做到有创见。

【阅读训练】

一、比较下列各组题目，看看每组中B组的题目，是怎样定得比A组“小”一些的。

A. 用哲学观点探讨数学问题
B. 用哲学观点探讨二次曲线

A. 论牙膏的杀菌力
B. 几种牙膏杀菌力的比较

A. 酸雨的成因及其危害
B. ××地区酸雨的初步调查

A. 植物光合作用的机制
B. 不同颜色光对植物光合作用的影响

A. 废水的处理途径
B. 废水的生物处理

二、科学论文的结构一般包括标题、作者、摘要、引论、本论、结论和参考文献等几个部分，请按要求完成下列各题。

1. 科学论文的标题或以论题标示，应力求直接、明确、醒目。结合课内外阅读，举出以论题做标题和以论点做标题的例子，简要分析其效果。

2. 摘要（提要）是对科学论文的写作目的、对象、过程、方法以及结果、结论的简要说明，是论文基本内容的梗概，应力求简明扼要。试为《怎样看待古代人的身高》写一段摘要，不超过200字。

3. 引论（绪论）是科学论文的开头部分，一般提出问题，说明研究的缘由或意义，有时也介绍研究的方法或结果。引论应该引人入胜，一目了然，言简意赅。说说例文是怎样写好引论的。

4. 本论是对论题研究的展开部分，由于资料多，内容丰富，特别要注意条理的安排与结构的组织。通常采用总分式、并列式、层进式或者复合式（并列与层进交织）的结构形式。试分析例文在结构形式上的特点。

5. 结论是学术论文的收束部分，通常对全文的研究成果进行归结，并提出进一步研究的方向，有的还对研究过程中得到的帮助表示感谢。试说说怎样才能写好结论。

三、学术论文标题的设计及词语的组织均需反复推敲，精心斟酌，请阅读下面内容，为这则论文提纲选择一个最为恰当的标题，并说明理由。

《＿＿＿＿＿＿＿＿＿＿》写作提纲

一、深圳引进企业的劳动工资制度概况（简述深圳引进企业的有关劳动工资的各种规定和做法）

二、深圳引进企业在劳动工资方面的新矛盾

（一）劳务费如何分成的矛盾。

（二）在奖金发放问题上的矛盾。

（三）合同工制度与固定工制度之间的矛盾。

（四）解雇和辞职后重新就业的矛盾。

（五）在劳动立法上的矛盾。

三、解决工资矛盾的办法和设想

（一）在劳动制度上，强调实行合同制度。

（二）在劳动报酬上，应让工人多劳多得，进一步体现按劳分配的原则。

（三）要建立新的社会保险制度，实行福利设施社会化。

（四）建立和健全劳动服务公司，搞好职业介绍所。

（五）健全劳动立法，并认真监督企业执行。

四、假如高校经济管理系专科毕业生关于企业管理的论文选题有如下几个，如果让你来做文章，你将如何作选择？试谈理由。

1. 如何激励员工

2. 国有企业经营者极力开发方式研究

3. 三资企业人才资源管理误区分析——惩罚起不到激励效用

4. 我国企业管理现代化之路及问题研究

5. 国企经营者激励机制并非治本之策

五、你目前学习了哪些专业知识？请在此范围内选一个较小的问题，写一篇3000字左右的论文。

六、在你所学专业老师的指导下，按照写学术论文和毕业论文的有关要求，结合专业学习，从现在开始构思，准备完成一篇高质量的毕业论文。

【写作训练】

一、自选题目，利用最近一段课余时间，尝试写一篇自然科学小论文。

题目的选择很重要，可结合自己特别有兴趣的某门学科的学习、钻研，或者结合学科课外兴趣小组的课题研究活动，或者根据自己平时对某种自然现象的观察、研究，选择研究范围和研究深度适合自己水平、条件的题目。然后参照例文中提出的一些要求和注意点，去认真搜集并分析材料，提炼出有一定价值的观点，安排好合适的结构，快速起草并细心修改，最后认真誊清。

参考题目

1. 沙尘暴的成因与防止

2. ××江的污染小议

3. 怎样防止土地荒漠化

4. 浅析生物链

5. 谈谈传染病的防治

二、利用寒暑假组织环境科学考察活动

1. 环境科学是一个综合性研究项目，涉及与大气、水体、大地和生态有关的诸多学科领域。可研究环境地学、环境生物学、环境化学、环境物理学、环境医学、环境工程学、环境管理学、环境经济学等。

2. 具体步骤和方法为选项、组队、选点、观察、测量、采样、分析、结论、形成书面报告。

3. 召开考察报告会并整理推出环境科学考察报告文集。

综合口语训练之五——论辩

【训练目标】

1. 了解论辩的特点和技巧等知识。

2. 掌握论辩的程序、技巧和规则。

3. 通过论辩练习等活动培养学生敏捷的思维能力、缜密的思想作风和富有挑战性的口头说服能力。

【知识要点】

论辩，又称辩论，是持不同见解的各方，为证明自己观点的正确，就同一话题阐述己见以驳倒对方的一种语言对抗形式。它具有论题统一、观点对立、逻辑严密、语言简洁等特点。在日常生活中，论辩是人们维护真理、揭穿谬误的有力武器，也是保护公民或法人合法权益、捍卫法律尊严的重要手段，同时也是训练人们良好口才的有效方式。

论辩分自由论辩和专题论辩两种。我们以专题辩论为例介绍有关论辩的知识。

一、论辩的准备工作

（一）主持人的准备工作

1. 选好辩题

确定选题要注意以下几点。

① 人们所选的题目在认识上应普遍存在明显的分歧，甚至针锋相对，这样才能使论辩顺利进行下去。

② 辩题要尽量与论辩人的生活、学习、思想有关，是论辩人感兴趣的话题。这样在论辩过程中就有话可说，能使辩论走向深入。

③ 辩题要有时代性，过于陈旧的辩题会使论辩者失去激情，听众也会觉得寡然无味。

2. 制订论辩规则

论辩一般包括如下规则。

① 要征得主持人同意方可发言。

② 发言要遵守规定的时间，不得超时。

③ 发言要有理有据，不讽刺挖苦，不揭人隐私，不伤害对方自尊，做到以理服人，有礼有节。

④ 在论辩中严格遵守逻辑规律中的同一律，不混淆或偷换概念和论题，自始至终保持论题的同一性。

⑤ 要耐心倾听对方发言，不轻易打断。

（二）论辩人的准备

1. 审析辩题，确立论点

审题的目的是要弄清辩题的含义，认识辩题对双方的利弊，以便准确把握双方争辩的焦点，确定本方应坚持的基本论点和最佳论辩角度。

如1990年第三届亚洲大专辩论会，辩题为：“儒家思想是‘四小龙’经济快速成长的主要推动因素”，反方南京大学队立论难度很大。其一，辩论赛所在地新加坡是一个尊孔倡儒的国家；其二，近几年“四小龙”经济发展的确很快。在这种情况下，他们认真地、反复地审析辩题，终于确立了“把儒家思想的功能拒之于经济领域之外”的论辩角度，即在经济领域之外，充分肯定儒家思想的积极作用，但是绝不承认它是经济发展的主要推动因素，至多是经济发展的一个背景条件，而正确的经济战略和经济决策才是推动“四小龙”经济快速成长的主要因素。后来的辩论实践证明，他们的审题工作和所确立的论辩角度和论辩战略是成功的。

2. 了解对方

“知己知彼，百战不殆”。要想在论辩中取胜，就要在认真审析辩题之后，设法了解对方的总论点、分论点及支持其观点的论据；分析对方论辩过程中的逻辑联系，推测可能出现的薄弱环节，以便确定自己的论辩对策，战胜论敌。

3. 广泛搜集材料

对对方做了必要的了解之后，就要准备自己的发言了。要广泛搜集证明己方观点的材料，选择最有说服力的论据，可以是名言警句、公理定理，也可以是真实具体的事实、翔实可靠的数据或者与命题有关的政策、法规，还可以是寓理于事的寓言故事等，甚至包括印证对方观点错误的反面材料都不可以忽视。

4. 组织论辩条理及语言

在确定了论辩角度并准备了大量资料之后，为使论辩语言简洁、条理清晰，就要准备一份详细的辩词，并将相关观点和材料要点写在卡片上，这样才能真正把战略意图、战术技巧通过语言表达落到实处。

写作辩词重点应放在论证上，通常要把总论点分成若干个分论点，从不同侧面分若干层次进行论证。在层次安排上，可以是并列式，也可以是递进式。在论证中，要引用大量事实材料和理论材料，运用恰当的论证方法证明本方观点，或反驳对方观点。辩词的语言既要有书面语言的严密性和连贯性，又要有口头语言的通俗性和生动性；要适当引用比喻、排比、反问等修辞手法，以强化辩词的感染力，给听众留下深刻印象。

二、论辩的程序

专题辩论，一般都有非常严格的论辩程序。从近些年颇受关注的“国际大专辩论会”来看，正反两方一般各有四名参辩队员，四位辩手担负着立论过程中四个阶段的不同任务——起、承、转、合。因此他们要从不同角度完成特定层次的论证任务。论辩分四个步骤进行。

（一）首先由双方主辩（或称一辩）阐明各自的立场观点，限时三分钟

主辩担负着破题竖旗的任务。因此要全面、准确地向观众和评委陈述本方的主要观点和理由，为全队下一步论辩打好基础。语言要准确明晰、严谨周密而又有气势，产生先声夺人的效果。

（二）由双方二三辩按顺序交错发言，每人发言不得超过三分钟

作为助辩，他们的职责主要是承接一辩，对本方观点进行更深入、透彻地阐发，进一步强化主辩的陈述，以使本方观点丰满起来。必要时对主辩的发言作些补充或更正。同时，助辩还要随时注意发现对方发言中的漏洞，伺机进行有力的反击。因此，其语言要在富有论辩性的同时，力求犀利、机敏，从而把整个论辩推向高潮。

（三）自由辩论

一般先由正方任一选手向对方提问，落座后，计时员开始为反方计时；待反方选手应辩落座后，再为正方计时。双方总时间各为四分钟。

（四）总结陈辞

本环节由双方四辩作总结发言，时间仍为四分钟。四辩的总结陈辞要驳立结合：先驳对方论点，再对本方观点进行总结。语言要有力度，产生震撼，形成高潮。

总结发言结束后，经评委评议，确定获胜方及最佳辩手，随后主持（或评委主席）宣布评议结果。

三、论辩的语言技巧

在做了充分的准备、掌握了论辩的规则和程序后，灵活巧妙地运用一些论辩的语言技巧，可以使我们在论辩中始终保持主动或变被动为主动，最终取得论辩的胜利。

1. 将计就计法

为战胜对方，我们有时可以先假定对方的论点是可以成立的，再顺着对方的前提进行推理，最后得出明显荒谬的结论。此时，对方的论点自然就不攻自破了。这也就是逻辑上的归谬法。例如，美国独立初期，有一条法律规定要有 30 美元才能当上议员。科学家富兰克林反对把有钱当作竞选议员的条件。他说："要想当议员，就该拥有 30 美元，那是不是可以这样说——我有一头驴，它值 30 美元，那么我就可以被选为议员了。一年之后，我的驴死了，那我的议员就不能当下去了。请问这究竟谁是议员呢？是我还是驴？"富兰克林运用归谬法一针见血地指出了这条法律的荒谬性，其辩驳力和讽刺性都是极强的。

2. 欲擒故纵法

这是一种先诱敌深入，再摧毁论敌的论辩技巧。"纵"是手段，"擒"才是目的，"纵"是为了更好地"擒"。大家都很熟悉莎士比亚的名剧《威尼斯商人》。法庭上，女扮男装的鲍西娅律师一而再、再而三地肯定夏洛克的"控诉是可以成立的"，"那商人身上的一磅肉是你的，法庭判给你，法律许可你"。这使得夏洛克满心欢喜，不住地称赞鲍西娅是"公平正直的法官！……博学多才的法官！"正当夏洛克在法庭上磨刀霍霍，得意忘形时，鲍西娅提出割肉但不能流血的要求，终于使夏洛克放弃了契约上的请求，彻底败下阵来。

3. 类比推理法

它是指论辩的一方不直接反驳对方的议论，而是通过一个和对方论证相类似的推理过程，来显示对方论点的不能成立，也就是人们常说的"以其人之道还治其人之身"。

例如，一位牧师诘难一位黑人领袖，"先生既有志于黑人解放，非洲有那么多黑人，先生为什么不去非洲？"

这位黑人领袖从容答道："阁下有志于灵魂解放，地狱的灵魂那么多，阁下为什么不早下地狱？"这个回答运用与牧师相类似的思维过程，可谓绵里藏针，顿使对方张口结舌。

4. 揭悖反驳法

就是通过揭示与对方论题相悖的事实来显示对方论题的荒谬、错误从而驳倒对方的一种论辩方法。寓言故事《狼和小羊》中的小羊面对狼的无理指责，就是两次使用这种方法，揭露了狼的说法与客观事实不一致：其一，你在上游，我在下游，我怎么能把水弄脏呢？其二，去年我还未出生，怎么能背地里说你的坏话呢？从而驳倒了狼的观点。

5. 幽默反驳法

其实，论辩不只是唇枪舌剑、你死我活的争斗。有时，言辞激烈的批驳倒不如一句幽默诙谐的反击更使对方无言以对，轻轻松松地就可以打败对方。如有人贬损前苏联著名诗人马雅可夫斯基："你的诗不能使人沸腾，不能使人燃烧，不能感染人。"对此，诗人如果也以刻薄的语言回敬，反倒显得心胸狭窄，争论也会无休止。他平静地答道："我的诗不是大海，不是火炉，不是鼠疫。"幽默冷峻的回答既维护了自己的尊严，也有力驳斥了对方的诘难。

6. 比喻反驳法

就是不直接反驳对方的论题，而是寻找一个与对方论题相似的事物或情况，通过比喻的方式来驳倒对方。运用得当，常常可以化难为易，化险为夷，变被动为主动，收到事半功倍的效果。据《晏子春秋》记载，齐相晏子出使楚国。席间，两个差吏绑了一个人上来，楚王装模作样地问所绑何人，差吏答是齐国的一个贼。面对楚王"齐人固善盗乎"的侮辱，晏子没有直接驳斥，而是从日常生活中的现象入手，作了一个形象的比喻："晏闻之，橘生淮南则为橘，生于淮北则为枳，叶徒相似，其实味不同。所以然者何？水土异也。今民生长于齐不盗，入楚则盗，得无楚之水土使民善盗乎？"晏子的话虽措辞委婉，但言语犀利，反倒让对方陷入被动尴尬的境地，维护了齐国的尊严。

此外，两难推理法、釜底抽薪法等都是论辩过程中常用的技巧、方法，熟练掌握并娴熟运用这些技巧，可以使我们的论辩具有不可辩驳的力量。

四、例文

一个中国女留学生的国格之辩

曹　强

国格不容辱没，人格不容侵犯。为了维护国格和人格的尊严，四年前，中国留美女学生曲小雪在那个自诩为"最民主、文明、自由"并常以人权为借口对他国指手画脚的国家遭到了惨无人道的侮辱和毒打。四年后，在美利坚最高巡回法庭，面对不公正的裁决，她又以卓越的口才，维护自己的尊严，让一个拥有巨大财富和势力，并正在竞选市议员的美国银行家俯首认错。今天让我们一起再次聆听她那荡气回肠的慷慨之辞。

四年前，曲小雪留学美国到露易丝太太家勤工俭学，在多次受到了令人难以忍受的侮辱之后，她决定辞工，老太太的儿子银行家爱德华蛮横地拦住了她。

"先生，对不起，我不适合露易丝太太。"曲小雪解释说。

"小姐，我想提醒你，我母亲之所以要挽留你，完全是可怜你！"

"要说可怜，一个体弱多病、风烛残年的老太太也许比我更可怜吧！"

"什么？"银行家终于失去了耐心，"你有什么资格来可怜我们？今天我之所以不厌其烦地和你说这么多废话，完全是为了我的母亲。要是在平时，你连跟我说话的资格都没有！我这一辈子最看不起黑人，你们中国人连黑人都不如！"

"请不要污辱我们中国人！"事关中国人的尊严，曲小雪显得有些激动，"我可以告诉你一个我身边的例子。在我所在的大学里，我们全班有 50 个读硕士学位的，可 47 个都是我们黄皮肤和黑头发的中国人，而遗憾的是你的同胞只有 3 个，并且还是倒数 3 名，但我们并没有看不起他们。”

（举例恰当凿实，不卑不亢，痛快淋漓。）

此后，爱德华母子俩恼羞成怒，竟对弱小的曲小雪进行了人格侮辱和毒打，致使曲小雪膑骨永久性挫伤，脊椎骨错位弯曲，严重脑震荡，更让人难以忍受的是，爱德华母子竟恶人先告状，告她无理取闹。无奈之下，曲小雪被迫四处求告。在以后漫长的四年里，她忍受着病痛的折磨，法庭内外的巨大压力，以及许多意想不到的困难，最后使这场官司由地方法庭一直打到了最高巡回法庭。

在最高巡回法庭上，华盛顿三位大律师轮番上阵，咄咄逼人，妄图庭外和解，黑人法官也顺水推舟裁定庭外和解，并声称这是最后裁定不得上诉。

面对这一严峻形势，曲小雪一个“不”字语惊四座。她说“不！如果被告不在法庭上当众向我赔礼道歉，我决不同意庭外和解。”被告律师以“5000 元美金赔偿费”、“5250 元美金赔偿费”、“庭外赔礼道歉”为条件一次次地引诱曲小雪“庭外和解”不成，便以“原告无理的要求已超越正常的法律程序，本律师有权提出本案流审”相威胁，黑人法官也趁机告诫曲小雪：“请原告注意被告律师的意见。”曲小雪义正辞严地说：“我注意到了，并且也想请法官先生、被告和他的三位律师注意：为什么这么一个小小的民事案件，居然能引起加州民众和传媒如此大的关注。人们关注的是：为什么为了这么一个小小的案件，竟然请来了三个华盛顿的大律师，而对手居然是一个无任何背景的极为弱小的中国女孩。他们想知道美国法律在多大程度上能够做到公正，权势在多大程度上能够影响着法官先生的判决。在本案中既然被告已经承认了对原告的伤害，可被告的律师又强迫原告庭外和解，法官也竟然同意，那么被告是否也强迫了法官呢？我想只要本案流审，明天的报纸和电台一定会很热闹。”此言一出，旁听席上交头接耳，议论大哗，法官被迫重新宣判：本案裁定庭外和解，被告赔偿原告 5250 美元，并当场向原告赔礼道歉。

（以弱示强，迂回出击。有意抛开有争论的法律问题，避开锋芒，巧用背景对比，引发众人的关注和深层思考，借以孤立对手，进而层层推进，晓以利害。）

曲小雪接过支票，捏在手上，向全场抖了抖：

“华盛顿的大律师，你们真不愧是法学界的权威。刚才被告不得不向我公开道歉之后，你们又非常及时地给我递上了这张支票，并且也是在法庭上公开地递给我。你们这样做，是想造成这样一种印象：这个中国姑娘之所以旷日持久地坚持要打这场官司，无非就是为了这张支票，就是为了这几千块钱，让人觉得钱是这场官司的目的，也只有钱才能为这场官司画上句号。你们以为给我 5250 美元，我就可以心满意足了，我就一定会感激涕零了！我想请问三位大律师，要是一个白人被打成像我这样，你们能用 5250 美元打发掉吗？前不久，一个白人老太太在麦当劳被烫伤一点嘴皮，索赔 60 万美元！在你们眼里，中国人就这么不值钱！可你们错了，至少我这个中国人，当然还有许许多多的中国人就决不会在你们的美元面前低下自己高贵的头！我打这场官司，是为了讨回做人的尊严！尊严！我们来美国，大部分美国人是友好的，对我们平等相待，也给了我很多支持和帮助：就是在我打这场官司的四年里，也有不少美国朋友给过我帮助，我非常非常感激。但也有一些人，以为有钱就可以为非作歹，有钱就可以伤害无辜，有钱就可以打赢官司。可我要告诉他们，有钱决不能收买我一个小小的中国女子的尊严！打这场官司，还想告诉这些歧视我们的先生们，别以为我们中国留学生漂洋过海到这里来，是来乞求施舍的，是来抢你们饭碗赚你们的钱；是低你们一等，是没有人格尊严的。不，我们留学生带到这片土地上来的是青春和智慧，带来的是奉献，我们并不比任何人差！就是在我打官司的这四年里，我还在极为艰苦的条件下，带着难以忍受的心灵和肉体的创伤，攻读了社会学硕士和电脑管理学博士的双学位。我完全可以自豪地说，我干的一点也不差！美元在我的尊严面前一分不值，见鬼去吧，美元！”曲小雪将 5250 美元支票一点一点地撕碎，抛向法庭的上空。

（凛然正气，义正辞严。在这里她讨回的不仅仅是个人的公道，还有一个拥有十二亿人口的国家、一个拥有五千年文明的伟大民族的尊严，让我们永远记住这样一个颠扑不破的真理：爱国是第一人格。）

论题：温饱是谈道德的必要条件

正方：英国剑桥大学队

反方：中国复旦大学队
时间：1993年8月25日晚
地点：新加坡

主席：各位来宾、观众朋友，晚上好！欢迎光临“1993年国际大专辩论赛”第四场，也就是最后一场初赛。

……

今晚我们的这个辩论和大家都是有关系的。那就是“温饱是谈道德的必要条件”。反方的立场是“温饱不是谈道德的必要条件”。双方的立场是抽签决定的。现在我宣布“1993年国际大专辩论会”第四场正式开始。首先请正方第一位代表汤之敏同学表明观点和发言。时间三分钟。（鼓掌）

汤之敏：各位好！今晚的论题是“温饱是谈道德的必要条件”温饱是人类最基本的衣食需要，而谈道德是指推行道德。温饱是谈道德的必要条件就是说，我们不能脱离温饱而空谈道德。

什么是道德？有人说，道德是判断是非好坏的价值标准。我问对方同学，要判断是非好坏的基础到底是什么？归根到底是看这个事物符合不符合人的需要。而我再问对方同学，人要生存，最起码最基本的需要是什么？就是温饱。那么我再来问对方同学，假如我们谈一种道德，其结果使大家温饱都不能保证，我们还要不要这种道德？当然不要。所以，我们说，温饱是谈道德的必要条件。

什么是道德？有人说，道德是人的行为准则。我问对方同学，人们定出行为准则是干什么的？定出行为准则，是为满足人们的需要。我再问对方同学，人要生存，最基本、最起码的需要是什么？就是温饱。让我再来问对方同学，假如我们定出一种行为准则，结果是大家的温饱都不能保证，我们还要不要这种行为准则？当然不要。所以说，温饱是谈道德的必要条件。

饥寒时，能不能脱离温饱而谈道德？当然不能。我问大家，对饥寒的人，我们最应该做的是什么？我们最应该做的是让他们解除饥寒。所以此时，我们最应该讲的，是能够帮助他们求得温饱的道德。饥寒的人最爱听的是什么？是能够帮助他们解除饥寒的道理，而不是脱离他们生活实际的空洞说教。如果你谈道德连温饱都不能保证，谈道德就不可能推行成功。所以我们说，温饱是谈道德的必要条件。

历史上，伯夷、叔齐耻食周粟，宁肯饿死。在那时，温饱是否就不是谈道德的必要条件？当然不是。伯夷、叔齐可算是仁人志士了，仁人志士的道德能不能示范推广，姑且不论，我问大家，仁人志士一生奋斗，为的是什么？为的是救天下。让我再问大家，天下人要生存，最基本、最起码的需要是什么？就是温饱。让我再问大家，要是仁人志士一生奋斗，结果是天下人的温饱都没有保证，他们还会不会这样做？不会。他们这样做还有没有意思？没有意思。所以我们说，温饱是谈道德的必要条件。谢谢。（掌声）

主席：谢谢汤之敏同学。接下来我们请反方第一位代表姜丰同学表明观点，时间也是三分钟。（掌声）

姜丰：谢谢主席，谢谢各位。刚才对方辩友把温饱放到了压倒一切的位置，还问了我们很多的问题。我要告诉对方辩友的是，比温饱更重要的是道德。人活着不仅仅是为了吃饭。

我方认为，温饱绝不是谈道德的必要条件。有理性的人类存在，才是谈道德的必要条件。只要有理性的人类存在，在任何情况下都能谈道德。走向温饱的过程当中，尤其应该谈道德。

第一，温饱绝不是谈道德的先决条件。古往今来，没有解决衣食之困的社会比比皆是，都不谈道德了吗？今天，在衣不蔽体、食不果腹的埃塞俄比亚就不要谈道德了吗？在国困民乏、战火连绵的索马里就不要谈道德了吗？古语说，“人无好恶是非之心，非人也。”人有理性，能够谈道德，这正是人和动物的区别所在。无论是饥寒交迫还是丰衣足食，无论是金玉满堂还是家徒四壁，人都能够而且应该谈道德。

第二，道德是调节人们行为的规范，由社会舆论和良心加以支持。众所周知，谈道德实际包括个人修养、社会弘扬和政府倡导三层含义。我们从个人看，有衣食之困仍然坚持其品德修养的例子，实在是不胜枚举。孔夫子的好学生颜回，他只有一箪食，一瓢饮，不仍然“言忠信、行笃敬”吗？杜甫的茅屋为秋风所破的时候，他不还是想着“安得广厦千万间，大庇天下寒士俱欢颜”吗？说到政府，新加坡也曾经筚路蓝褛，李光耀先生就告诫国人：我们一无所有，除了我们自己。他强调道德是使竞争力胜人一

筹的重要因素。试想，如果没有政府倡导美德，新加坡哪里有今天的繁荣昌盛、国富民强呢？

第三，所谓必要条件，从逻辑上看，也就是“有之不必然，无之必不然”的意思。因此，对于今天的辩题，我方只需论证没有温饱也能谈道德。而对方要论证的是，没有温饱，就绝对不能谈道德。而这一点对方一辩恰恰没有自圆其说。

雨果说过，“善良的道德是社会的基础”。道德是石，敲出希望之火；道德是火，点燃生命之灯；道德是灯，照亮人类之路；道德是路，引我们走向灿烂的明天。

以上我主要从逻辑上阐发了我方的观点。接下来我方辩友还将从理论、事实、价值三方面进一步阐述我方观点。谢谢各位。(长时间掌声)

(以下略去双方继续辩论的内容)

主席：在成绩揭晓之前，先让我们邀请评判团的代表钟志邦博士给我们分析今晚的赛情，钟博士请。(掌声)

钟志邦：主席、正反两方的队员、各位观众：我现在代表今晚的评判团在这里做一个非常简单的评论。我们今天晚上的辩题是，正方：“温饱是谈道德的必要条件”；反方：“温饱不是谈道德的必要条件”。这个论题在表面看起来是非常平衡的，因此论题本身并没有对任何一方特别有利，或者有弊。

正方在开始的时候，第一位队员气势庞大，非常肯定，非常有把握，好像连珠炮那样自问自答，一直以一些机要的问题要对方来回应（笑声）非常有效，非常有说服力，可惜这个气势，这种非常难得的辩论技巧并没有在整个辩论过程中持续下去，而正方从开始到末了实际上并没有否定道德对人类社会的重要性，他们只不过是在重复地强调说我们不能离开温饱而空谈道德，这一点对反方来说并不容易回应，意思就是说正方一直在强调温饱和道德的关系是先后次序的问题，温饱是先决条件，先温饱而后谈道德才有意义。

正方也非常有力地反驳了反方一个论点，反方引证了历史不少的事件和人物说明历代以来有不少伟人的人格是在不温饱的情况下建立起来的，这是反方的很重要的论点，但正方在回答的时候说：的确有不少这样的人，但是这些人，道德崇高的人，在不温饱的情况之下建立起人格的人，毕竟还是属于少数的，因此不能够变成普遍性。从这个角度来看，正方也许有一个弱点，就是在辩论当中没有很有效地重复地把这个温饱和生存分清楚，这使得反方有机可乘。

反方一开始的时候就问一个很重要的问题，第一位队员说，历代以来不是有很多社会达不到温饱吗，这是否意味着这些不温饱的社会的人就不谈道德了呢？当然历史的见证对他们有利，这一点使得正方不容易反驳。反方也在整个辩论过程当中没有否定温饱的重要性。他们只是强调——重复地强调：温饱不是谈道德的必要条件，那就是说人类在还没有达到温饱的情况之下还是可以谈道德的，并且必须继续谈下去。反方也举了不少例子，刚才已经说过了，历代以来的确有不少人是在很坏的情况之下——不温饱的情况之下——建立起非常崇高的道德人格的，并且反方第一位同学还引用雨果的话说“善良的道德是社会的基础。”反方始终以道德为前提，认为只有道德才能够真正使社会安定，并且给予社会以内容，因为这样最终才能保证人的温饱。反方也非常有力地引用了古代的罗马帝国以及现代的日本的例子说明了人在温饱了以后是可以走向道德沦丧的道路的。在辩论技巧这方面，风度和幽默感这些方面，我们发现有好几位队员都有相当突出的表现，引经据典、上下古今、妙语如珠，出口成章（笑声），使我们真是招架都来不及。在整队的组合、合作和配合这方面，我们很明显地看出反方的确比较强。

最后有关今晚在这八位队员当中有比较突出表现的，我们一致认为反方的第四位同学蒋昌建以及反方的第三位同学严嘉有很好的表现（长时间掌声）。正方呢，我们认为，刚才也提到了，第一位同学汤之敏，他开场的表现非常突出，如果他以及其他三位队友都能够这样坚持下去，今晚的情况可能不太相同（笑声、掌声）。总的来说，我们评判团认为今晚上辩论的水平很高，我感觉非常欣慰。现在我就把评决的宣告交给主席。

主席：谢谢钟博士。(掌声)

现在宣布今天晚上的成绩。评判团经过慎重考虑之后一致同意：反方复旦大学获胜！（长时间热烈掌声）

(选自《狮城舌战——首届国际大专辩论会纪实与评析》)

【口语训练】

一、什么是论辩？请结合实际谈谈论辩在生活中的应用。

二、论辩前要做哪些工作？

三、论辩的技巧有哪些？

四、阅读下面两段材料，然后回答问题。

（一）

一天，有一位老妇人——她是美国革命战争时阵亡士兵的妻子——跌跌撞撞地走进林肯律师事务所，哭着说她领取400元的抚恤金时，那位付给者竟勒索200元的手续费，林肯听了大怒，立刻决定为她去上诉。

上法庭辩论之前，他先读了华盛顿传记和一本革命战争史，用以加强他的热诚而燃烧起他的感情来。在开庭的那天，他首先追述当初美国公民怎样受到压迫，一群爱国志士怎样为自由而战。他诉说志士们经过多大的艰苦困难去战斗，又是如何忍饥耐渴，赤足流血地爬过冰天雪地。接着，他就突然盛怒地指着那位勒索的污吏，斥他不该剥削当年为国捐躯的一位士兵的遗孀的抚恤金。他怒斥的神色，几乎好像恨不得要剥去被告的皮。后来，他总结说："现在事过境迁，1776年的英雄早已长眠地下，但现在他衰老的遗孀正要求我们代她申冤。她从前也是美丽而健康的少女，但是现在贫困无依，不得不向享受革命先烈所争下自由的我们请求援助和人道的保护，试问在座的诸先生，我们该不该助她一臂之力呢？"

林肯结束了这段雄辩后，听审的人中有的竟流出眼泪来。

1. 林肯看华盛顿传记和革命战争史有什么作用？
2. 林肯为什么要先讲述美国独立战争的经过？
3. 林肯辩论成功的要诀是什么？

（二）

美国的一些人曾一度对中国打狗的问题大加挞伐，说什么中国不讲"人道主义"。为此，北京大学留美研究生张有学与美国的一些大学生展开了一场辩论。

对方：北京最近打狗就是不讲人道主义。

张：北京是打了一些狗——都是疯狗，怎么是"不讲人道主义"呢？难道任疯狗咬人而不打才是"人道主义"吗？

对方：狗可是人类最好的朋友啊！

张：人的最好朋友应该是人，人与人之间应该相互信赖、关心和友爱。

对方：人与人之间是不能取得信赖的，只有狗对人才最忠实。

张：不，在我们的国家，人与人之间是可以互相信赖的。北京打疯狗，正是为了保护人。如果你说这是"不人道"，那么我要问，在中国农村，农民最爱的是牛，因为牛是勤劳的。你们这里每天大量杀牛吃，中国农民能说你们不讲人道主义吗？

对方默然了。

请回答张有学的反驳运用了什么论辩方法？

五、面对下面一则诡辩，你怎么进行反驳？

一顾客住进某旅馆的某房间。门口贴着一张告示："进屋请换鞋。"他视而不见，穿着鞋进了屋。于是，干净的地毯上留下了几个肮脏的脚印。恰巧服务员也进来了。

服务员：先生，您没看到门上贴的告示吗？

顾客：我又不是睁眼瞎，怎么没看见？

服务员：看见了为什么不换鞋？

顾客：你懂什么呀，做人就应该像我这样，踏踏实实，一步一个脚印！

六、从下列辩题中，任选一个组织一次辩论赛。

1. 多读课外书是利大于弊，还是弊大于利？
2. 泡网吧是利多弊少，还是弊多利少？
3. 大学生是否适宜谈恋爱
4. 错误面前是否人人平等
5. 当今青年是否缺乏责任感

附　　录

附录1　中国古代文学概述

方智范

中国古代文学源远流长，有着光辉的历史，灿烂的成就。

上古神话和歌谣是最早的口头文学创作。先秦时期，我国出现了第一部诗歌总集——《诗经》。《诗经》收诗三百零五篇，分为“风”“雅”“颂”三部分，并灵活运用赋、比、兴三种表现手法；作为中国现实主义文学的源头，它奠定了后世文学发展的坚实基础。在南方则产生了具有楚文化特征的新体诗——楚辞。伟大的爱国诗人屈原，运用这一形式创作了《九歌》和《九章》，他的代表作《离骚》，是古代文学史上最宏伟瑰丽的长篇抒情诗，开创了我国诗歌的浪漫主义传统。

春秋战国时代，在百家争鸣的氛围中，产生了诸子散文，其中《论语》为语录体，《孟子》为对话体，《庄子》则擅长论辩，而且文学性最强，晚出的《荀子》和《韩非子》则已似专题论文集。历史散文与之辉映，其中《左传》为编年体，《国语》和《战国策》为国别体。《战国策》的人物描写十分高明，言辞也铺张犀利，颇有文学价值。秦朝几无文学可言，李斯《谏逐客书》是仅存的散文名篇。

两汉文学中极有活力的是乐府民歌。乐府民歌“感于哀乐，缘事而发”，着力反映现实生活，表达劳动人民的思想感情；它长于叙事铺陈，语言富于生活气息，句式以杂言和五言为主，推动了诗歌艺术的发展，《古诗为焦仲卿妻作》是其中的传世名篇。汉代文人五言诗也逐渐走向成熟，到东汉后期出现了抒情组诗《古诗十九首》被后人称为“五言之冠冕”。

汉代早期散文以政论文为主，贾谊《过秦论》最为著名。西汉是大一统帝国，辞赋应运而生，至武帝前后兴盛，产生了枚乘《七发》、司马相如《子虚赋》《上林赋》等大赋。两汉散文成就最高的是司马迁的《史记》，它既开创了纪传体的史书新体例，又是传记文学精品，精于叙述事件和刻画人物，语言也富于表现力，为后世散文创作提供了典型。

魏晋南北朝是文学走向自觉的时代，在诗歌、散文、辞赋、小说、骈文等方面都有可喜收获。汉末建安年间，产生了以曹操、曹丕、曹植父子为核心、以王粲等“建安七子”为羽翼的邺下文学集团，其诗歌创作体现了“慷慨以任气”的时代风格；而后，魏晋时代的阮籍、嵇康、左思等人，继承了“建安风骨”的优秀传统。陶渊明是东晋时超拔流俗的大诗人，其诗多写田园生活和隐逸情趣，风格自然恬淡，是中国田园诗之宗。南朝的谢灵运和谢朓，是出色的山水诗人，而鲍照擅以七言新体抒发愤世嫉俗之怀，由南入北的庾信则是六朝诗歌创作的集大成者。乐府民歌在这一时期又显光彩，南朝民歌如《西洲曲》

等，明丽清婉，北朝民歌如《木兰辞》等，刚健亢爽，可谓各尽其妙。王粲、庾信等人的抒情小赋和骈赋，骈文中的书简和山水小品，意境清新，文字优美。以干宝《搜神记》为代表的志怪小说，以刘义庆《世说新语》为代表的轶事小说，则开了后世笔记小说的先河。

在唐代，诗歌创作进入了黄金时期，初、盛、中、晚各期名家辈出，如星驰云涌。"初唐四杰"王勃、杨炯、卢照邻、骆宾王和稍后的陈子昂，上承建安风骨，力扫齐梁余风，发出清新的歌唱。盛唐出现了两大诗歌流派，以王维、孟浩然为代表的山水田园诗派，多写隐逸情怀，意境优美；以高适、岑参为代表的边塞诗派，擅长描绘苍凉奇丽的边塞风光和艰苦卓绝的军旅生活，格调雄壮，意境阔大。李白和杜甫先后崛起，被称为中国诗歌史上雄视千古的"双子星座"。李白诗歌热情歌颂祖国的大好河山，表现个人理想与社会现实的尖锐矛盾，感情奔放热烈，风格豪放飘逸；杜甫诗歌集中反映了唐王朝由盛转衰的一系列重大事件，切入社会生活的各个方面，故有"诗史"之誉，其诗感情内在深厚，风格沉郁顿挫。李杜之诗，分别以浪漫主义和现实主义的卓越成就，泽被后世，成为诗歌创作的光辉典范。安史之乱以后，元和年间以白居易、元稹为首，倡导了"新乐府"。他们提出"文章合为时而著，诗歌合为事而作"，创作了直接反映现实生活和百姓疾苦的新乐府诗。白居易的感伤诗《长恨歌》《琵琶行》，也是脍炙人口的名篇。其他著名诗人，尚有以险怪著称的韩愈，以苦吟著称的孟郊、贾岛，以及自具特色的柳宗元、刘禹锡、李贺等。晚唐最有成就的诗人是杜牧和李商隐。杜牧长于七绝，多伤春惜别和咏史怀古之作，风格或绮艳、或俊爽；李商隐的七律沉博绝丽，以咏史诗和爱情诗独擅胜场，"无题诗"意蕴深永，工于比兴，但有些作品流于晦涩。

中唐时，韩愈、柳宗元以复兴儒道、反对骈文相号召，致力于恢复古文的主导地位，掀起了一场古文运动。其文内容充实，积极反映中唐时期各种社会弊端，感情真切，手法多样，语言也能推陈出新。其中，议论文、人物传记、寓言和山水游记成就最高。晚唐的小品文和文赋，也值得重视。

唐代还有两种新出现的文体。传奇小说人物形象鲜明，故事曲折离奇，标志着古代小说艺术的成熟；曲子词最早起于民间，中唐以后文人染指渐多，第一部文人词总集《花间集》收录了晚唐温庭筠和西蜀词人的词作。五代南唐后主李煜，以词抒写亡国之痛，多上乘之作。

宋代的词，向与唐诗并称。宋初晏殊、欧阳修、张先等人多娱宾遣兴、流连光景之作。范仲淹写出了境界开阔、格调苍凉的豪放词。柳永从都市下层人民生活中汲取创作素材，以写都市繁华和相思旅愁见长，大量创制慢词，语言俚俗，在市民中广为流传。苏轼打破诗、词界限，扩大词的题材，提高词的境界，丰富词的表现手法，摆脱音律的过多束缚，开创了有革新意义的豪放词派。此外，北宋的秦观、贺铸、黄庭坚、周邦彦等人，共同创造了宋词多种风格争胜的繁荣局面。李清照是我国古代最优秀的女词人，其词婉约清新，后期作品写身世之感和家国之痛，尤其感人。靖康之变后，感时伤乱、抗金爱国成为词创作的重大主题，著名词人有张元干、张孝祥等。南宋最伟大的爱国词人辛弃疾，使宋词的思想境界和精神面貌达到了前所未有的高度，在词的艺术表现手法和形式方面也有了新的突破和创造。辛派词人有陈亮、刘过、刘克庄、刘辰翁等。南宋后期，风雅派词人姜夔、史达祖、高观国、吴文英等，尚崇雅正，讲究格律；其中遗民词人张炎、周密、王沂

孙等哀怨的歌唱，成了宋词的尾声余韵。

宋诗与唐诗相比，自有特色。宋初著名诗人有王禹偁和“西昆体”诗人杨亿。自梅尧臣、苏舜钦、欧阳修始，宋诗方自具面目。北宋影响最大的诗人是苏轼和黄庭坚，苏诗抒情议论，自由奔放；黄庭坚是江西诗派宗主，诗风瘦硬生新。南宋诗人有陆游、杨万里和范成大等，其中陆游是宋代最杰出的爱国诗人，留下诗作近万首，唱出了抗金复国的时代强音。南宋后期有“永嘉四灵”和江湖诗派。至宋末，民族英雄文天祥和遗民诗人汪元量等人的诗篇，浩气磅礴，为宋代诗坛增添了最后一抹光彩。

宋代散文创作足与唐文媲美。欧阳修是北宋诗文革新运动的领袖，他坚持文道合一的创作主张，提倡平易畅达的文风，所作散文富于情韵。欧阳修之外，还有苏洵、苏轼、苏辙、王安石、曾巩，加上唐代的韩愈、柳宗元，被后人尊崇为“唐宋八大家”。其中苏轼散文成就最著，诸体兼备，如行云流水，姿态横生。宋代通俗文学样式有话本、诸宫调和南戏。

元代是我国戏曲文学的黄金时代。关汉卿的《窦娥冤》、王实甫的《西厢记》，是元杂剧中璀璨夺目的明珠。南戏则有高明的《琵琶记》。元代还出现了一种配合当时流行曲调清唱的抒情诗体，即散曲。前期散曲作家以关汉卿和马致远为代表，作品通俗平易，诙谐泼辣；后期代表作家是张可久和乔吉，风格趋于雅正典丽。其他重要的曲家还有贯云石、张养浩和睢景臣等。金、元时期诗文创作相对逊色，元好问是较杰出的诗人。

明代都市经济高度发展，适应市民需要的通俗文学样式如小说、戏曲特别昌盛。长篇章回小说的开山之作，是明初罗贯中据民间流传的三国故事整理加工而成的《三国志通俗演义》。施耐庵的《水浒传》，艺术地再现了北宋末年一场波澜壮阔的农民起义。明中叶以后，小说创作出现高潮，其中如吴承恩的神魔小说《西游记》，具有鲜明的浪漫主义特征；世情小说《金瓶梅》，直接取材于明代社会生活，长于摹写世态人情。明代短篇小说的主要形式是拟话本，着重描绘市民阶层中的商人、手工业者和妓女的生活及心态，代表作有冯梦龙辑集加工的《喻世明言》《警世通言》和《醒世恒言》，凌濛初编著的《初刻拍案惊奇》和《二刻拍案惊奇》，合称“三言”“二拍”。在戏曲方面。明传奇作家汤显祖创作的爱情剧《牡丹亭》，揭示了反封建礼教的主题，体现了个性解放的时代精神，该剧艺术想像奇丽，心理描写细腻，曲辞优美动人，是我国戏曲史上的浪漫主义的杰作。

明初刘基、宋濂、高启的诗文能反映社会现实，内容较为充实。明中叶以后的“前七子”和“后七子”，以复古为宗旨，提出“文必秦汉，诗必盛唐”的口号。反对复古倾向的散文流派有“唐宋派”，其中成就最高的是归有光。此外，还有以袁宏道兄弟为代表的“公安派”，以钟惺、谭元春为首的“竟陵派”。晚明小品文特盛，成为明代散文中颇见光彩的品种，代表作家是张岱。明末陈子龙、夏完淳的诗文，表现了强烈的民族精神。

清代文学成就最大的当数小说，曹雪芹的《红楼梦》堪称我国古代小说艺术的高峰；吴敬梓的《儒林外史》，矛头直指以八股取士的考试制度，是文学史上少有的讽刺杰作。文言短篇小说有蒲松龄的《聊斋志异》，用众多花妖狐魅故事，歌颂爱情、反映现实、抨击时弊，情节曲折离奇，引人入胜。清代戏曲的杰作当推洪昇的《长生殿》和孔尚任的《桃花扇》，做到了历史真实和艺术真实的较好统一。

清代的诗、词、散文，总体成就虽未能超过唐宋两代，但名家迭出，流派众多，也不乏优秀作品。清初遗民诗人成就较高，后来各种诗说、流派蜂起，大都主张复古，袁枚所代表的“性灵派”和郑燮、黄景仁等，其诗能不染时风，较有特色。词至清代，号称“中兴”，有以陈维为首的“阳羡词派”，以朱彝尊为首的“浙西词派”，以张惠言为首的“常州词派”，纳兰性德则自成一家。散文方面有“桐城派”及其支派“阳湖派”，代表作家有方苞、姚鼐、刘大櫆、恽敬等。

1840年鸦片战争以后的中国文学，显出强烈的政治性和战斗性。在诗文创作方面，启蒙思想家龚自珍首开风气，接着，魏源、林则徐、张维屏等也写出了许多富于时代色彩和历史意义的作品。戊戌变法前后，维新派代表人物梁启超的散文打破了传统古文的格局，平易畅达，有鼓动性，号为“新文体”。辛亥革命时期，南社诗人柳亚子等的作品洋溢着爱国主义和民主主义精神。近代小说的代表有《二十年目睹之怪现状》《官场现形记》《孽海花》和《老残游记》，被称为清末四大谴责小说。近代戏曲的成就，主要反映在许多地方剧种趋于定型成熟，其中京剧影响最广。话剧也开始在我国兴起，各种话剧团体在宣传革命、开启民智方面发挥了重要作用。“五四”新文化运动和文学革命的爆发，标志着中国现代文学的开端，文学史从此掀开了全新的一页。

附录 2　20 世纪中国文学概述[1]

殷国明

通常的说法是，20 世纪中国文学是以五四新文学运动为起始，尽管它在文学创作和观念上的缘起可以追溯到 19 世纪中叶，甚至更早些。近代以来，由于社会生活的变化和西方文化的传入，中国社会开始全方位发生变化，由传统的、带有封闭性特征的农业社会，向开放的、民主化的现代社会转化。文学由此也呈现出新的发展态势。在五四新文学运动之前，就有很多优秀的思想家、文学家通过各种方式呼唤和推动文学的变革，例如魏源、林则徐、王韬、龚自珍、容闳、严复、黄遵宪、林纾、章太炎、梁启超、王国维、苏曼殊等，都为新文学发展做出了重要贡献。五四新文学运动把这种变革推向了一个新的历史阶段——它不仅从文学的语言形态上完成了从文言到白话的转变，同时造就了新的文学观念和文学经典。例如鲁迅、胡适、陈独秀、郭沫若、周作人、郁达夫、茅盾、冰心、王统照、叶圣陶、沈尹默、刘半农、李金发等人的文学创作和理论实践，带来了文学观念、情感内容、语言和表现形式等各方面的革新和解放，使白话文学成为文学的正宗，实现了文体和艺术价值观念的大解放和大转折，造就了多种思潮、流派和风格互相争鸣、冲撞、借鉴和融合的发展态势。

在这个过程中，胡适的《尝试集》、鲁迅的《狂人日记》、郭沫若的《女神》、郁达夫的《沉沦》、闻一多的《红烛》等作品为新文学起到了奠基和典范作用；而此后的文学研究会、创造社、语丝社、未名社、浅草-沉钟社、湖畔诗社、新月社等社团和流派的产生，推出了众多优秀的作家和作品，造就了 20 世纪中国文学的第一个辉煌时期。尤其是鲁迅，以其博大的人道主义和启蒙精神，创作出了包括小说、杂文、散文诗等一系列思想深刻、艺术精湛的作品，不但显示了新文学的实绩和生命力，而且体现了新的文学精神和风范，对于中国现当代文学的发展产生了深远的影响。

20 世纪中国文学的发展是曲折的，在不同时期有不同的特点和遭遇。20 年代末，由于中国社会政治、经济和文化发生了重大变化，文学也进入了一个新的发展期。一方面持续着新文学的创造精神，涌现出了大量优秀的新作家、新流派；另一方面，文学在艺术观念和创作方法上发生了新的论争，进行着重新的调整。尤其在文学与现实关系的问题上，开始形成一种整齐划一的思维模式，深刻地影响了文学的发展。沈从文、张爱玲、徐志摩、梁实秋、戴望舒、林语堂、茅盾、巴金、曹禺、老舍、丁玲、徐讦 、施蛰存、艾青、卞之琳、穆旦、钱钟书、郑敏等作家，各体文学创作取得了骄人的成绩，诞生了《边城》《金锁记》《再别康桥》《雨巷》《子夜》《家》《雷雨》《骆驼祥子》《莎菲女士的日记》《鬼恋》《大堰河——我的保姆》《围城》等优秀作品，为新文学增添了新的光彩。这些作品在思想、风格和艺术手法上都显得更为多样和成熟。

---

[1] 本文内容有删节。

革命文学的崛起，为文坛提供了一种新的精神，增强了文学在观念形态方面的阶级性和战斗性，涌现出了一批具有明确政治意识和革命热情的作家，例如瞿秋白、蒋光慈、殷夫、胡也频、夏衍、洪深、田汉、阳翰笙等，其中的一些人为了革命文学事业献出了宝贵的生命，在文学史上写下了沉重的一页。而作为中国现当代文学史上的重要事件，革命文学的崛起以及“中国左翼作家联盟”的建立，对后来的文学走向产生了重大影响，是20世纪40年代之后在中国共产党领导下解放区文学的先声。可以说，在整个三四十年代，中国新文学都是在矛盾和斗争中发展的。国内政治矛盾的激化、民族革命战争的洗礼，以及中国社会一系列重大变化，都把文学及文学家推到了生死抉择的关口。而1942年毛泽东《在延安文艺座谈会上的讲话》的发表，在观念形态上总结和规定了无产阶级革命和理论批评的方针和指导思想。

1949年，中华人民共和国成立，中国新文学的发展格局发生了重大变化，除了台湾、香港、澳门文学有自己的特殊境遇和发展轨迹之外，中国新文学的主体部分，在很长一段时间内，基本上沿着毛泽东《在延安文艺座谈会上的讲话》的精神发展。……在文学创作方面，五六十年代出现了像王蒙的《组织部新来的年轻人》、白危的《被围困的农庄主席》、邓友梅的《在悬崖上》、宗璞的《红豆》、陆文夫的《小巷深处》等现实主义好作品。……出现了像钱谷融、胡风、何直、周勃、巴人等一些有胆识的理论家和批评家，他们的一些理论和批评见解至今还闪烁着思想的光辉。

文学是人学，是同人的命运连在一起的。1917年开始的五四新文化运动开创了中国文学的一个新时代，1976年“文化大革命”结束，则意味着一次大规模的思想解放运动和新的文学复兴时代的开始。人们习惯称后一时期的文学为“新时期文学”。

这一时期，政治环境的相对宽松，使人们的文学热情像火山爆发般释放出来，形成了持久的文学创作和理论批评热潮。从1978年“伤痕文学”引起轰动开始，文坛相继出现了“改革文学”“反思文学”“寻根文学”“先锋文学”等创作潮流，使80年代成为一个激动人心的文学时代。人道主义文学思想的回归，对创作自由和开放境界的追求，积极学习和借鉴世界艺术宝库中的各种艺术方法和技巧，勇于思考，敢于创新，成为这个生气勃勃的文学时代的时尚和标志；而老作家焕发青春，新作家锐意进取，创作了一批又一批引人注目的作品。像刘心武的《班主任》、卢新华的《伤痕》、陈国凯的《我该怎么办》、丛维熙的《大墙下的红玉兰》戴厚英的《人啊，人》茹志鹃的《剪辑错了的故事》、高晓声的《李顺大造屋》、古华的《芙蓉镇》、张弦的《被爱情遗忘的角落》、路遥的《人生》、汪曾祺的《受戒》、张一弓的《犯人李铜钟的故事》、王蒙的《蝴蝶》、谌容的《人到中年》、张贤亮的《灵与肉》、梁晓声的《这是一片神奇的土地》、蒋子龙的《乔厂长上任记》、张洁的《沉重的翅膀》、李国文的《花园街5号》、韩少功的《爸爸爸》、陆文夫的《美食家》、阿城的《棋王》、张承志的《北方的河》、贾平凹的《古堡》、王安忆的《小鲍庄》等，已经成了这一时期的标志性作品。而先后涌现一批新诗人、新作家，例如舒婷、顾城、北岛、马原、海子、刘索拉、徐星、莫言、残雪、洪峰、北村、余华、苏童、叶兆言等，不断给文坛带来新的气象，把艺术创新从20世纪80年代推进和延伸到了20世纪90年代。

显然，在这个过程中，文学创作与理论批评的互相呼应和推进，是新时期文学发展的时代特征。在文学创作出现从未有过的繁荣景象的同时，文学理论和批评也出现了一个多样化、个性化的探索和创造的时代，涌现出了一批优秀的文艺理论家和批评家。有时候，

文学理论和批评是冲破旧观念、呼唤新创作的开路先锋，有时候又是迎接新创作、扩展新艺术的坚强后盾；特别是在拨乱反正，恢复五四新文学传统方面，新时期的文学理论的批评的功绩是显著的。

不难看出，新时期文学的崛起和繁荣是在改革开放的背景下进行的，是中国社会取得全面进步、人民思想大解放的历史进程的反映。在这个过程中，持续不断的解放思想，清除“极左”观念的禁锢，创造一种宽松、繁荣的基础，而大量的外国文学作品和理论观念的引进和介绍，无疑极大地刺激和推动了文学创作和观念上的发展和创新，为文学发展提供了更加丰富多样的文化资源。在进入新千年之际，中国文学已经呈现出多元发展的态势，与世界的交往和交流也更加紧密，继续谱写着中华民族文学艺术的新篇章。

附录3 外国文学简介

陈建华

外国文学是指除中国文学以外的世界各国文学。世界文学源远流长，绚丽多姿。早在几千年以前，在人类文明的发祥地就已经孕育出了人类最初的文学瑰宝。在而后的岁月里，东西方许多民族都出现过杰出的文学大师和众多的名家名著。人们热爱和珍视这些作家及作品，是因为优秀的文学作品体现了人类对客观的认识，显示了人类成长的精神轨迹，并给世世代代的人们以审美的愉悦。

西方文学的源头可以追溯至公元前12世纪到公元前2世纪的古希腊文学。希腊神话生动丰富，保存完整。荷马史诗（《伊利昂纪》和《奥德修纪》）气势磅礴，是史前社会的宝贵文献。埃斯库罗斯（《被缚的普罗米修斯》）、索福克勒斯（《俄狄浦斯王》）和欧里庇得斯（《美狄亚》）的命运悲剧是奴隶主民主制时期社会现实的写照。阿里斯托芬（《阿卡奈人》）被称为古希腊“喜剧之父”。抒情诗、寓言和文艺理论的成就同样令人瞩目。古罗马文学继承了古希腊文学的传统，维吉尔（《埃涅阿斯纪》）、贺拉斯（《诗艺》）和奥维德（《变形记》）是古罗马最具影响的诗人。

欧洲中世纪文学主要由教会文学、骑士文学、英雄史诗和城市文学构成。骑士文学反映了骑士阶层的荣誉观和爱情观。《罗兰之歌》是中世纪英雄史诗的代表。《列那狐的故事》表现了市民阶层的思想情绪。但丁是中世纪最卓越的诗人，《神曲》用梦幻故事的形式探索民族复兴之路。

人文主义文学出现在14～16世纪的欧洲。意大利作家彼得拉克（《歌集》）和薄伽丘（《十日谈》）是其先驱。法国作家拉伯雷的长篇小说《巨人传》表现出反经院主义思想。西班牙作家塞万提斯的长篇小说《堂吉诃德》塑造了一个既耽于骑士幻想又体现人文主义精神的复杂形象。英国作家乔叟（《坎特伯雷故事集》）、托马斯·莫尔（《乌托邦》）和斯宾塞（《仙后》）的创作各具特色。莎士比亚在历史剧、喜剧和悲剧创作中均有很高的成就。悲剧《哈姆雷特》体现了理想与现实的矛盾，剧情生动、背景广阔、形象鲜明。

17世纪欧洲文学的最高成就是古典主义文学。法国作家高乃依（《熙德》）和拉辛（《安德洛玛克》）的悲剧均有拥护王权和崇尚理性的特征，符合“三一律”规范。莫里哀的喜剧《伪君子》对宗教骗子达尔杜弗的鞭挞，体现了这位作家的民主倾向。英国诗人弥顿以长诗《失乐园》等作品，表现了资产阶级清教徒的革命理想和英雄气概。

18世纪的启蒙文学是启蒙运动的重要组成部分。英国现实主义小说家笛福的《鲁滨孙漂流记》塑造了“真正资产者”的形象，斯威夫特的《格列佛游记》以荒诞的情节讽刺了英国现实，理查逊的《克拉丽莎》对感伤主义文学产生影响，菲尔丁的《汤姆·琼斯》在近代长篇小说发展史上占有地位。法国启蒙文学的重要作家有：小说家孟德斯鸠（《波斯人信札》）、伏尔泰（《老实人》）、狄德罗（《拉摩的侄儿》）、卢梭（《新爱洛依丝》）和剧作家博马舍（《费加罗的婚礼》）。莱辛是德国民族文学的奠基人。席勒的剧作《阴谋与爱

情》和歌德的小说《少年维特之烦恼》反映了“狂飙突进”运动时期的时代精神。歌德的诗剧《浮士德》表现了启蒙思想家对真理的探索。

18世纪末19世纪前期，浪漫主义文学席卷欧美。德国出现过耶拿派和海德堡派。英国出现过湖畔派诗人华兹华斯等。拜伦（《恰尔德·哈罗尔德游记》）和雪莱（《解放了的普罗米修斯》）的创作代表了英国浪漫主义诗歌的最高成就。雨果的小说《巴黎圣母院》和《悲惨世界》体现了他的人道主义思想。法国有影响的浪漫主义作家还有夏多布里昂、大仲马、梅里美、乔治·桑和缪塞等。普希金和莱蒙托夫的诗篇揭开了19世纪俄国文学辉煌的序幕，他们的代表作《叶甫盖尼·奥涅金》和《当代英雄》塑造了俄国最早的“多余人”形象。惠特曼（《草叶集》）和霍桑（《红字》）是美国最有影响的浪漫主义诗人和小说家。意大利的曼佐尼、波兰的密茨凯维奇和匈牙利的裴多菲也是这一时期的著名作家。

19世纪30年代开始，批判现实主义文学成为欧美文学的主流。法国作家斯丹达尔的小说《红与黑》是其奠基作。法国现实主义大师巴尔扎克的巨著《人间喜剧》《高老头》《欧也妮·葛朗台》等堪称巴黎上流社会的编年史。法国杰出的作家还有：福楼拜（《包法利夫人》）、左拉（《卢贡-马卡尔家族》）和莫泊桑（《羊脂球》）等。英国作家狄更斯的长篇小说《双城记》体现了他的人道主义思想，哈代的长篇小说《德伯家的苔丝》反映了他的命运观。萨克雷(《名利场》)、盖斯凯尔夫人(《玛丽·巴顿》)、夏洛蒂·勃朗特(《简·爱》)、爱米莉·勃朗特(《呼啸山庄》)和萧伯纳(《巴巴拉少校》)都是著名的英国现实主义作家。俄国作家果戈理(《死魂灵》)以辛辣的讽刺鞭挞专制农奴制度。屠格涅夫(《父与子》)以抒情的笔触描写自然和人生。陀思妥耶夫斯基(《罪与罚》)以深邃的目光开掘心灵的奥秘。列夫·托尔斯泰(《战争与和平》)以恢弘的气势探索俄国社会的出路。契诃夫(《套中人》)以含蓄的风格表现对旧生活的厌恶和对新生活的向往。赫尔岑(《谁之罪》)、车尔尼雪夫斯基(《怎么办》)、冈察洛夫(《奥勃洛摩夫》)、阿·奥斯特洛夫斯基(《大雷雨》)和涅克拉索夫(《谁在俄罗斯能过好日子》)均是有影响的作家。这一时期重要的现实主义作家还有：美国小说家马克·吐温(《哈克贝里·费恩历险记》)、德国诗人海涅(《德国——一个冬天的童话》)、挪威剧作家易卜生(《玩偶之家》)和丹麦童话作家安徒生等。

20世纪发生的社会革命对文学产生影响。高尔基是苏联文学的奠基人，剧作《底层》和小说《克里姆·萨姆金的一生》等作品，再现了“革命前俄国的‘人间喜剧’”。肖洛霍夫的《静静的顿河》是描写顿河哥萨克命运的长篇史诗。著名作家还有：马雅可夫斯基(《列宁》)、叶赛宁(《波斯抒情》)、阿·托尔斯泰(《苦难的历程》)、布尔加科夫(《日瓦戈医生》)和艾特马托夫(《断头台》)等。这一时期，传统的欧美现实主义文学出现了新的趋向。重要作家有：法国的罗曼·罗兰(《约翰·克利斯朵夫》)、安德烈·纪德(《伪币制造者》)、莫里亚克(《蝮蛇结》)。英国的高尔斯华绥(《福尔赛世家》)、劳伦斯(《查泰莱夫人的情人》)、毛姆(《人性的枷锁》)、戈尔丁(《蝇王》)，德国的托马斯·曼(《布登勃洛克一家》)、海尔曼·海塞(《草原之狼》)、雷马克(《西线无战事》)、布莱希特(《伽利略传》)。奥地利的茨威格(《一个陌生女人的来信》)，美国的欧·亨利(《麦琪的礼物》)、杰克·伦敦(《马丁·伊登》)、德莱塞(《美国的悲剧》)、菲茨杰拉尔德(《了不起的盖茨比》)等。与此同时，反传统的现代主义文学开始崛起。后期象征主义的代表作家有英国的艾略特(《荒原》)等，表现主义的代表作家有奥地利的卡夫卡(《变形记》)和美国的奥尼尔(《毛猿》)等，意识流小说的代表作家有爱尔兰的乔伊斯(《尤里西斯》)、法国的普鲁斯特(《追忆逝水年华》)和美国的福

克纳(《喧哗与骚动》)等，存在主义文学的代表作家有法国的萨特(《恶心》)和加缪(《局外人》)等，魔幻现实主义的代表作家有哥伦比亚的加西亚·马尔克斯(《百年孤独》)等。此外还出现了未来主义、超现实主义、荒诞派戏剧、新小说和黑色幽默等众多流派。

东方文学主要指亚洲和非洲各国的文学。古代东方文学具有历史悠久和地域多源的特征。公元前三千多年，古埃及就出现了神话、歌谣、宗教诗和故事，最著名的是《亡灵书》。公元前 19 世纪至 16 世纪完成的古巴比伦史诗《吉尔加美什》是世界第一部完整的史诗。《旧约》是古代希伯来文学作品的总集，具有很高的文学和文献价值。古代印度文学中出现过两部著名的史诗《摩诃婆罗多》和《罗摩衍那》，迦梨陀娑的《沙恭达罗》代表了古代印度戏剧的最高成就，寓言故事集《五卷书》对后世文学有影响。

中世纪东方文学（公元 2、3 世纪至 19 世纪中叶）有新的发展。《万叶集》是日本最古老的诗歌总集。紫式部的《源氏物语》是世界上最早的长篇小说，反映了平安时代日本贵族社会的兴衰。诗人松尾芭蕉、小说家井源西鹤和剧作家近松门左卫门，各有成就。波斯出现了一批杰出的诗人，如菲尔多西(《王书》)、内扎米(《五诗集》)、萨迪(《蔷薇园》)等。《古兰经》是伊斯兰教经文，也是一部巨型散文著作。民间故事集《一千零一夜》内容丰富，东方情调浓郁。朝鲜的小说《春香传》和越南小说《金云翘传》各具特色。

近代东方文学（19 世纪中叶至 20 世纪初）具有反封建和反殖民的思想倾向，形式有重大革新。泰戈尔是近代印度最优秀的作家，哲理诗集《吉檀迦利》表达了作家对理想人生的探索，长篇小说《戈拉》反映了印度民族意识的觉醒。班吉姆·钱德拉·查特吉(《毒树》)和萨拉特·钱德拉·查特吉(《斯里甘特》)也是有影响的小说家。二叶亭四迷的长篇小说《浮云》是日本批判现实主义文学的奠基作。森鸥外的《舞姬》用浪漫主义的笔法提出了现实的社会问题。文坛上先后出现了以岛崎藤村(《破戒》)和田山花袋(《棉被》)为代表的自然主义文学、以永井荷风为代表的唯美派、以志贺直哉为代表的白桦派和以芥川龙之介(《罗生门》)为代表的新思潮派。夏目漱石是近代日本最杰出的作家，长篇小说《我是猫》生动地塑造了小资产阶级知识分子的形象，辛辣地讽刺了明治社会的丑恶现实。

现当代东方文学（20 世纪 20 年代开始）与西方文学有了更多的交汇。德永直(《没有太阳的街》)和小林多喜二(《蟹工船》)是日本无产阶级文学最优秀的代表。文坛上出现新感觉派和战后派的派别。川端康成以融会本民族传统和西方现代的表现手法的《雪国》等作品，为日本文学带来世界声誉。日本当代著名作家还有三岛由纪夫(《金阁寺》)和大江健三郎(《万元延年的足球队》)等印度现代最杰出的作家是普列姆昌德，长篇小说《戈丹》揭示了印度农民贫困的根源。印度当代著名作家有杰南德尔·古马尔和阿基兰等。朝鲜的李箕永、黎巴嫩的纪伯伦、埃及的塔哈·侯赛因和纳吉布·迈哈福兹、塞内加尔的桑戈尔和乌斯曼、喀麦隆的奥约诺、尼日利亚的阿契贝和沃尔·索因卡、南非的纳丁·戈迪默等，都是现当代亚洲和非洲文学中有影响的作家。

附录4　古代文化常识

古代文化常识涉及天文地理、科举职官、姓名称谓，以及人们的衣食住行、器物用具等极为广泛的领域，每一门类都有相当复杂的内容，并且随着历史的发展而在不断地发展演变。这就更增加了它的复杂性。下面就文言文阅读中常遇到的古代文化常识扼要地予以介绍。

一、姓名和称谓

1. 人称姓名

(1) 直称姓名。有三种情况：一是用于自称，如“庐陵文天祥自序其诗”，行文中也可承上省姓，如“五步之内，相如请得以颈血溅大王矣”；二是用于所厌恶所轻视的人，如：“不幸吕师孟构恶于前，贾余庆献谄于后”；三是用于介绍和作传，如“柳敬亭者，扬之泰州人。”

(2) 称字、号、斋号、谥号。如此称谓多见于私家记载，出于对被称呼者的礼貌与尊敬。如“东阳马生君则”，“贤士大夫者，冏卿因之吴公、太史文起文公、孟长姚公也”，这是称字；“中峨冠而多髯者为东坡”，这是称号；称斋名的，如称蒲松龄为“聊斋先生”，称梁启超为“饮冰室主人”，称谥号的，如称王翱为“王忠肃公”，称左光斗为“左忠毅公”。

(3) 称官名、爵名、籍贯。如“参政鲁公为谏官”，“豫州今欲何至?”鲁宗道，宋仁宗时任参知政事；“豫州”是豫州牧的简称，刘备曾任豫州牧，这里是称官名。“宁南南下，皖帅欲结欢宁南”，左良玉曾被封为宁南伯，后晋升为宁南侯，这是称爵名。“今南海之生死未卜”，康有为是广东南海人，故称，这是称籍贯。

(4) 兼称几项。古人行文中，多有对以上称谓同时兼称的习惯，值得注意。如“四人者庐陵萧君圭君玉，长乐王回深父，余弟安国平父、安上纯父”；“至小东门，大兵如林而至，马副使鸣禄、任太守民育及诸将刘都督肇基等皆死。”这种称谓，一般是先称官名，次称籍贯，后称姓名字号。

(5) 一些特殊称谓。由于人们的身份、关系、态度及所处场所的不同，有谦称、敬称及其他称谓。谦称的如：寡人、孤（王侯自称）、臣（臣自称）、仆、不才、不佞、愚（一般人自称）、妾（女子自称）。敬称的如：陛下、大王、皇上（称君）；对已死皇帝多称庙号，如宋太祖、宋仁宗之类。子、夫子、师、先生（称师）、公、君、足下、丈、大人（称官或尊长）等也是。还有表示亲昵和鄙视的称谓，如夫妻称卿，对鄙视的人称竖子、小子等。再有，有时在称谓前加“先”、“太”、“从”、“令”、“仁”、“贤”、“家”、“舍”等字样。加“先”表示已死，如先帝，先君，先考（已死的父亲），先慈、先妣（已死的母亲）等；加“太”表示再长一辈，如太后、太夫人、太父（亦称大父，指祖父）等；加“从”表示叔伯关系，如从父（父之兄弟）、从母（母之姊妹）、从兄弟（叔伯兄弟）、从子（侄）等；加“令”表示对人的尊敬，如令尊（称人父）、令堂（称人母）、令郎（称人子）、令爱（称人女）等；加“仁”、“贤”也表示尊敬客气的态度，如仁兄、贤弟、贤契

(称弟子)、贤婿等；加“家”、“舍”表示谦称自家人，如家父、舍弟等。

2. 名、字、号

古代人的名字和现代有很大的差别。古人有取字号的习惯。名，一般指人的姓名或单指名。幼年时由父母命名，供长辈呼唤。字，是男子20岁（成人）举行加冠礼时取字，女子15岁许嫁举行笄礼时取字。以表示对本人尊重或供朋友称呼。名和字一般在意义上都存在一定的联系。有以下两种情况。第一，“名”“字”词义相近或“字”是对“名”的进一步阐述。例如，屈原名平，字原，“原”是宽阔平坦的意思。第二，“名”和“字”意思相反的，例如，韩愈，字退之。后人取字，通常是以两个字为“字”，例如，诸葛亮字孔明。古人通常尊敬对方时自称己名，表示自己谦卑时也自称己名。如“不然籍何以至此?”中的“籍”就是项羽自呼己名，表示对对方的尊敬。除了名和字之外，古人还有别号（又称别字)。别号是名和字以外的称号。古时，人们为了尊重别人，一般不直呼其名，也不称其字，而称其别号。号和名不一定有意义上的联系。号可以有两个字的，也可以有三个字的。例如，陆游，号放翁；陶潜，号五柳先生；苏轼，号东坡居士。字数多的别号有时可以压缩为两个字，如苏东坡。此外，有人认为称别人的字、号还不够尊敬，于是就以其官职、籍贯来称呼，如杜甫被称为杜工部，称白居易为“白香山”。

3. 谥号、庙号、年号

古代帝王、诸侯、高官大臣等人死后，朝廷根据他们的生平行为给予一种称号以褒贬善恶，称为谥或谥号。谥号是死者生前事迹和品德的概括。谥号按性质为三类。

(1) 表扬性的

经天纬地曰文，威强睿德曰武，圣闻周达曰昭，行义悦民曰元，

布纲治纪曰平，辟土服远曰桓，温柔好乐曰康，布义行刚曰景，

柔质慈民曰惠，圣善闻周曰宣，安民立政曰成，照临四方曰明，

聪明睿智曰献，布德执义曰穆。

例如：“秦昭王闻之，使人遗（wèi）赵王书。”(《廉颇蔺相如列传》)

(2) 批判性的

乱而不损曰灵，杀戮无辜曰厉，好内远礼曰炀。

例如：“厉王虐，国人谤王。”(《召公谏厉王弭谤》)

(3) 表同情的

恭仁短折曰哀，慈仁短折曰怀，在国遭忧曰愍（mǐn)。

例如：“屈原者，名平，楚之同姓也，为怀王左徒。”(《屈原列传》)

庙号是指皇帝死后，在太庙立室供奉时特起的名号，如高祖、太宗等。从汉代起，每个朝代一般是第一个皇帝的庙号太长，不便称呼，所以唐宋以来的皇帝都简称庙号，如唐太宗、宋高祖。到了明清两代才用年号来称呼。

年号是纪年的名称，亦是帝王用的，如“贞观”是唐太宗李世民的年号。

4. 年龄称谓

(1) 襁褓。“襁褓”本意是婴儿的被子。如《论语·子路》“则四方之民襁褓负其子而至矣。”后来以此借指未满周岁的婴儿。

(2) 孩提。指二至三岁的儿童。《孟子·尽心上》“孩提之童，无不知爱其亲者。”注：“孩提，二三岁之间，在襁褓知孩笑，孩提抱者也。”

(3) 齿龀。又称为龆龀（tiáochèn），指儿童换牙，旧说男八岁，女七岁。

(4) 总角、垂髫。指幼年儿童。“这院门上也有四五个才总角的小厮，都垂手侍立。”(《林黛玉进贾府》)

(5) 豆蔻年华。指女子十三岁，杜牧《赠别》：“娉娉袅袅十三余，豆蔻梢头二月初。”

(6) 笄（jī）。指女子十五岁，笄，女子成年之礼犹冠男也。《礼记》“女子……十有五年而笄。”

(7) 冠、加冠、弱冠。指男子二十岁。例如：“既加冠，益慕圣贤之道。”(《送东阳马生序》)。“冠者五六人，童子六七人。”(《论语》)

(8) 而立之年。三十岁。《论语》“三十而立”。

(9) 不惑之年。四十岁。《论语》“三十而立，四十不惑”。

(10) 知命、知天命、半百、知非之年。五十岁。例如：“四十不惑，五十知天命。”(《论语》)

(11) 花甲、平头甲子。六十岁。天干地支顺次组合为六十个纪序名号，自甲子到癸亥，错综参互相配，故称花甲子或花甲。《唐事纪事》“手捋六十花甲子，循环落落如弄珠。”

(12) 耆（qí）。六十岁《礼记·礼上》“六十曰耆。”《荀子·致士》。“耆艾而信，可以为师。”

(13) 古稀。七十岁。“花甲重开外加三七岁月，古稀双庆内多一个春秋。”(对联所写年龄为 141 岁)

(14) 耋（dié）。七十至八十岁。《左传·僖公九年》：“以伯摆动耋老，加老。”

(15) 耄（mào）。八十至九十岁。《礼曲·礼上》“八十九十曰耄。”

(16) 期（jī）颐。一百岁。

5. 作品命名

(1) 以“地名”命名。如

①《柳河东集》。作者柳宗元，河东（今山西永济）人，世称柳河东。

②《昌黎先生文集》。作者韩愈，自称祖籍昌黎，世称韩昌黎。

③《孟襄阳集》。作者孟浩然，襄州襄阳（今湖北襄阳）人。

④《亭林诗文集》。作者顾炎武，江苏昆山亭林镇人，故称“亭林先生”。

(2) 以“书室名”命名。如

①《聊斋志异》，作者蒲松龄，“聊斋”是其书室。

②《饮冰室合集》，作者梁启超，“饮冰室”是其书室。

③《惜抱轩诗文集》，作者姚鼐，“惜抱轩”是其书室。

(3) 以“谥号”命名。如

①《王文公文集》，作者王安石，谥“文”。

②《范文正公集》，作者范仲淹，谥“文正”。

(4) 以“名号”命名。如

①《稼轩长短句》，作者辛弃疾，号稼轩。

②《文山先生全集》，作者文天祥，号文山。

③《南雷文定前集》，作者黄宗羲，号南雷。

(5) 以“字”命名。如

①《李太白全集》作者李白，字太白。

②《李笠翁一家言》，作者李渔，字笠翁。

(6) 以“官职”命名。如

①《杜工部集》，作者杜甫，官至工部员外郎。

②《魏郑国公文集》，作者魏征，封郑国公。

(7) 以“年号”命名。如

①《白氏长庆集》，作者白居易，此集为唐穆宗长庆年间编辑。

②《嘉祐集·权书》，作者苏洵，此集为宋仁宗嘉祐年间编辑。

二、地名、官名和科举名称

1. 地名

地名包括地区名、政区名、城市村镇名、山川关隘名等。

地区名，如“江表”（指长江以南地区），“关中”（指函谷关以西地区），“山东”（指崤山以东地区），河南、河北（指黄河以南、以北地区）。政区名比较复杂，因各朝代政区划分多有变化，现在就主要情况举例说明。古代天下分为九州，即冀、兖、青、徐、扬、荆、豫、梁、雍。后又有十二州说，即从冀州分出幽州和并州，从青州分出营州。如“秦孝公据崤函之固，拥雍州之地”。秦汉行政区主要是郡，如“南取百越之地，以为桂林，象郡”，又如张衡是南阳郡人。汉朝还有由皇帝封的王国，如张衡曾为河间相，河间就是国名。唐的行政区是州，天下共有二百多个州。县是地方基层行政区，各朝的情况大体相同。此外，还有省、路、府、道等，各朝的情况很不一样。如“烽火扬州路”、“都督诸路军马”中的“路”就是政区性质的路。各级政区官署所在地叫治所。更多的还有城市村镇名，如咸阳、邯郸、大梁是大地名，鸿门、霸上都是小地名。山川关隘名，如江（指长江）、河（指黄河）、岱（指泰山）、崤山、函谷关等。此外，有些地名还有古称别称，如南京又称建康、建邺、金陵、白下、江宁等，杭州又称临安、武林，福州又称三山等等。

2. 官名

古代官职的情况异常复杂，各朝代的情况也不尽相同，大体可分为中央官职和地方官职两大类。

(1) 中央官职。秦设丞相、太尉和御史大夫，组成中枢机构。丞相管行政，领率百官，太尉管军事，御史大夫管监察和秘书工作。汉朝大抵沿袭秦制，上有三公，下有九卿，分管各方面政务。后世又演变为三省六部制，三省为中书省（决策）、门下省（审议）、尚书省（执行），三省长官都是宰相。中书省设中书令、中书侍郎、中书舍人等官职；门下省设侍中、门下侍郎、给事中等官职；尚书省设尚书令、左右仆射等官职。宋代中书省职权扩大，同枢密院分掌文武大权，门下省、尚书省遂被废除，以“同中书门下平章事”为宰相，“参知政事”为副宰相。明代又设内阁，为最高政务机关，入阁大臣称为辅臣，首席称首辅（相当于宰相）。清代有南书房和军机处的机构，掌全国军政大权，有军机大臣、军机处行走、军机章京等官职。关于“六部”：吏部管官吏的任免、考核、升降等事；户部管土地户口、赋税财政等事；礼部管典礼、科举、学校等事；兵部管军事；刑部管司法刑狱；工部管营造、屯田水利等事。各部长官为尚书，副职为侍郎，下设郎中

(类似后世司局长)，副职称员外郎，下属官吏有主事等。

(2) 地方官职。秦汉主要政区是郡。郡的长官，秦称郡守，汉称太守。隋唐主要政区是州，州官称刺史，属官有长史、别驾、司马等。唐代在一些军事重镇设节度使（类似后世的军区司令员)，属官有行军司马、参谋、掌书记等。宋代州官称知县（以前称县令)。清改州为府，称知府。此外，汉代也设州，天下分十几个州，基本上是监察区，中央派员去刺探情况，称刺史。隋唐全国分十几个道，也是监察区，中央派员前往巡视，称黜陟使。宋代全国约分二十个路，路中设若干司，分管各方面政务。元代地方最高行政机构叫行中书省，明代改称承宣布政使司，习惯上仍称为“省”。

3. 科举名称

科举制度始于隋唐。此前，汉代实行征辟和荐举制。征是由皇帝征聘社会知名人士充任官职，辟是由中央官署征聘，然后向上荐举，如张衡曾被举孝廉和连辟公府。魏晋实行九品中正制，朝廷设中正官，品评人物，分为九品，向朝廷推荐，选人授官。隋唐以后实行科举制。到明朝，形成完备的科举考试制度，共分四级：院试，各地考生参加县府的考试，由省督学政莅临主持，及格者称生员，俗称秀才；乡试，即省级考试，三年一考，逢子、卯、午、酉年秋季举行，由皇帝派主考官主持，及格者为举人，第一名称解元；会试，乡试的第二年春季举行，由礼部主持，及格者称贡士，第一名称会元；殿试，由皇帝亲自主持，分三甲出榜。一甲三名，赐进士及第，二甲若干名，赐进士出身，三甲若干名，赐同进士出身。统称进士。一甲三名，第一名状元，第二名榜眼，第三名探花。考试内容，明以后主要是八股文，以《四书》、《五经》中某一文句为题作文，文章有固定格式。这种八股文，也称制艺、时文、四书文等。

古代的学校有“庠”、“序”、“太学”等名称。明清时最高学府称国子监，入监读书的称监生。国子监的掌管人员为祭酒、司业；教学人员为教授、博士、直讲、助教等。

三、古代记年月日的方法

1. 记年的方法

(1) 干支纪年法。干即天干，共十位：甲、乙、丙、丁、戊、己、庚、辛、壬、癸。支即地支，共十二位：子、丑、寅、卯、辰、巳、午、未、申、酉、戌、亥。干支两字相配，六十年周而复始，用以记年，如“予犹记周公之被逮，在丁卯三月之望”，“辛未三月念六夜四鼓”中的“丁卯”、“辛未”。

(2) 年号记年法。由汉武帝开始有年号，皇帝即位，都要改元，称元年，以下依次称二年、三年等，如“崇祯十四年迁江阴县典史”，“阳嘉元年，复造候风地动仪”。也有年号和干支并用的，如“顺治二年乙酉四月，江都围急”。

2. 记月日的方法

古代记月，通常是用序数，如一月、二月、三月等。每季度三个月，常用孟、仲、季来称呼，如一月称孟春，二月称仲春，三月称季春。依此类推，仲秋为八月，孟冬则是十月。月中一些特殊的日子也有特别的表示方法，如初一称朔，十五称望，望之次日即十六日称既望（如“壬戌之秋，七月既望，苏子与客泛舟游于赤壁之下”）月末称晦。古代记日，除用序数外，也有用干支的，如“元丰七年六月丁丑”(“六月丁丑”推知为夏历六月初九)。

3. 计时的方法

古代把一昼夜二十四小时分为十二个时辰，用十二地支表示，一个时辰为两个小时，半夜子时为二十三点到次日一点，丑时为一点到三点，寅时为三点到五点，以下依次类推。一夜又分为五更，因打更用鼓，故又称几更为几鼓，如“辛未三月廿六夜四鼓，意洞手书”。以十二地支计时是汉朝以后的事，前此三代与此不同，如周朝也把一昼夜分为十二段，即日出、食时、隅中（日近中）、日中、日昃（日西斜）、晡时（晚饭，古时一日两餐）、日入、黄昏、人定、夜半、鸡鸣、平旦（又称昧旦、平明），如“奄奄黄昏后，寂寂人定初”，“平明寻白羽，没在石棱中”。

4. 节气和节日

所谓节气，就是二十四节，即立春、雨水、惊蛰、春分、清明、谷雨；立夏、小满、芒种、夏至、小暑、大暑；立秋、处暑、白露、秋分、寒露、霜降；立冬、小雪、大雪、冬至、小寒、大寒。这在古诗文中，也常常提到，如“淳熙丙申至日，予过维扬”，“至日”即冬至这一天。关于节日，古诗文中常提到的有：元日（正月初一），人日（正月初七），上元（正月十五），社日（分春社、秋社，在春分、秋分前后），寒食（清明前二日），端午（五月初五），七夕（七月初七），中元（七月十五），中秋（八月十五），重阳（九月初九），除夕（岁末）等。这些节日，都伴有特殊习俗，如七夕乞巧，中秋赏月，重阳登高赏菊之类，古诗文中常写到，如“初七及下九，嬉戏莫相忘”，“待到重阳日，还来就菊花”。

四、宗法和礼俗

1. 宗法问题

宗法是中国古代社会血缘的一种原则，其主要精神是嫡长继承制。

2. 尊卑问题

古时座次、坐向规定严格，一般坐北朝南为尊位。乘车时，车座分左中右，一般车座以左为尊。例如“坐定，公子从车骑，虚左”。官位的尊卑，秦汉以前，朝唐及官位多以右为尊，以左为卑。古时把贵族称为右族或豪右，贫贱者居住之地称“闾左”，贬官称“左迁”。

3. 忌讳

(1) 古人讳言“钱”字。“古人以钱之名不雅驯，缙绅先生难道之，故易其名曰赋、曰禄、曰饷，天子千里外曰采。”常见的说法是“孔方兄”，再如，请人作诗文书画的酬劳钱物称为“润笔”；两汉时，将钱买官谓之“铜臭”等。

(2) 古人讳言大、小便。常见的说法是“更衣”、“出恭”“解手”等。

(3) 古人讳言“死”。《礼记·曲礼下》载：“天子死曰崩，诸侯曰薨，大夫曰卒，士曰不禄、庶人曰死”。宗教教义中也讳言死，如：西归、仙游、升天、坐化、圆寂、涅槃、就木、入土、谢世、作古等，现代汉语中如逝世、长眠、遇难、捐躯、殉国、夭折等。

4. 避讳

避讳实际上是一种反映封建礼法的忌讳。即遇到与君主、尊长的名相同的文字就采用某种方法回避。主要分国讳和家讳两大类。

(1) 国讳。指诗文中不直书在位甚至前朝某些君主及其亲属的名。例如《吕氏春秋》

中称“楚”为“荆”，是因为“庄襄王名子楚，讳之故言荆也。”《治平篇》中“自此而元焉”，因避康熙玄烨讳，改“玄”为“元”。

(2) 家讳。或称为私讳，即说话行文中，避免提到自己的父、祖名。例如：司马迁祖父名僖，所以《史记》中“僖”字皆作“厘”。“昭王卒，子安厘王立”。

避讳的方法有四种：一是改字法，就是把帝王及所尊者之名改用其他字来代替。二是空字法，即将应避讳的字空而不书，或作“某”，或作“□”。三是缺笔法，即对所避之字少写一二笔。四是改音法，就是读书时遇到讳字，应改变声调或读别的字音。

5. 跽、长跪、长揖、再拜、稽首

跽即“长跪”双膝着地，上身挺直。《鸿门宴》中“项王按剑而跽曰：‘客何为者？’”的“跽”就是如此。

长跪也叫“跽”、“长跽”，是直身而跪。古人席地而坐，坐时膝着地，臀部坐在足跟上。跪则上身挺直，以示庄重，所以叫“长跪”。例如《唐雎不辱使命》中“秦王色挠，长跪而谢之曰……”中的“长跽”即表示庄重之意。

旧时拱手高举，自上而下的相见礼，叫“长揖”。

古时行礼一般长跪、弯腰、垂手直至地为“拜”，拜时头低垂至地，并略停留，叫“稽首”或“叩首”，俗称“磕头”。古时常礼为三拜稽首，于是就出现了再拜，以表示礼节的隆重。

五、服饰和器物

(一) 服饰

1. 头衣

有冕、冠、巾等。冕，从月即古帽字免声，是大礼帽，天子、诸侯、卿大夫在祭祀时所戴。冕上有长方板叫延，前后有数串小圆玉叫旒 (liú)。天子有十二旒。冠，从月从人从寸，会意字，寸是手，以手执月戴人头上为冠。冠，与后世的帽子在形式明显不同。冠并不能像帽子那样把头顶全部罩住，而是用一个冠圈套在发髻上，上面有冠梁，自前至后，覆在头顶上。从冠的作用看，主要是捆住头发，同时也起装饰的作用。

古时只有统治阶级、王公贵人才能冠（戴帽），奴仆只能用巾（黑纱）包头。《释名》说“士，冠；庶人，巾。”巾，又称绡头、幅巾、帻 (zé)。王公贵人在巾上再加冠。

唐朝时，巾又称幞 (fú) 头，以纱为之，因为纱质较软，就用桐木作一衬子垫在里面。后又因两脚软垂，就用铁丝为干把“软翅”撑起来，这样就成了硬质的乌纱帽。如《灌园叟晚逢仙女》：“那槐枝上挂的，不是大爷的软翅纱巾么”。

2. 体衣

原始人本是蓬头跣 (xiǎn) 脚，不冠不履，以兽皮树叶为衣遮体，后来才分为上衣和下裳 (cháng)。先秦时衣长而裳短，裳的上半节藏在衣内。后来变成衣短裳长。如《卖炭翁》：“卖炭得钱何所营？身上衣裳口中食。”初中课文《陌上桑》：“紫绮为上襦”的“襦”是小衣；《羽林郎》“长裙连理带，广袖合欢襦”的“襦”则是短袄。袍，本是一种简单便服，如初中课文《无衣》：“岂曰无衣，与子同袍。”汉以后成了朝服，不分衣和裳。古代的裙与裳不同。《尔雅》说：“绕襟谓之裙”，意思是说裙子要从衣襟斜下通过右腋，往下绕至腰臀间，以至前膝。后代的裙与古代的裳则相近。如《林黛玉进贾府》：“其钗环裙袄，三人皆是一样的妆饰”。

古代体衣，在质地、颜色上都有严格的等级规定。司马光《训俭示康》批评“近岁风俗尤为侈靡”时说：“走卒类士服，农夫蹑丝履”，这表明：走卒穿士服，农夫穿丝履不合常规。五冕、九衮之类衣服只王公贵人才有资格享受。他们寒冷时，有毛皮大衣（裘）；天热时，有高级丝织品。而那些寒士庶人则只能穿布衣（麻、葛所织）、褐（粗毛编织的灰色粗布）和缊袍（旧絮或乱麻填的旧袍）之类，如《七月》：“无衣无褐，何以足岁?”《送东阳马生序》：“同舍生皆被绮绣，戴朱缨宝石之帽，腰白玉之环，左佩刀，右备容臭，烨然若神人；余则缊袍敝衣处其间”。颜色方面，隋唐及宋，紫、朱、绿、青四色，只有士人以上才能穿。而庶人在隋时穿白色，唐时穿黄白两色，明朝则不许庶人用黄色。

3. 胫衣、足衣及其他

上古时有裳无裤，但有裈。裈，前后无裆，只两个裤筒，类似后世的套裤，后来加上裆，称裈（kūn）。裤脚短的称犊鼻裈（因形状像犊鼻），即现在的短裤衩，一般为贫贱者所穿。

足衣，就是鞋，上古称屦，汉以后叫履。上古时，鞋分革、丝、麻、草四种，有钱人穿革履丝鞋，贫苦人穿草鞋或光脚，如《孔雀东南飞》：“揽裙脱丝履，举身赴清池”。

此外还有寝衣，包括深衣（亵衣）、衾枕、布衾、罗帐等，如“布衾多年冷似铁，娇儿恶卧踏里裂。”与冠服相关的还有衣带、香囊、玉佩、耳环等装饰品。

（二）器物

器物种类繁多，在这里只介绍食器和酒器。

古代食器，大小不一，功能也不同。有的主要用于烹饪，有的用于取食。

鼎，形制多为圆腹三足两耳，主要用于煮肉盛肉，腹下可烧火。后来常用“钟鸣鼎食”形容贵族的奢侈豪华，鼎，还可用于祭祀，并作为王权象征。人们以“问鼎”比喻图谋王位或颠覆某国政权。如《世说新语》：“苻坚将问晋鼎，既已狼噬梁歧，又虎视淮阴矣。”

镬（huò），也是煮肉的炊具，大于鼎，古时常在镬中把肉煮熟，后再移到鼎中就食。如《察今》：“尝一脔（luán）肉，而知一镬之味，一鼎之调。”

鬲（lì），古代炊具，主要用于煮粥。形制与鼎相近。圆腹三足，三足中空，与腹相通，作用是能最大限度受火，加快煮食物的速度。《尔雅·释器》说：“鼎款（空）足之谓鬲。”

蒸食物则可用甑（zèng）。甑，上下两部分能分开，上为甑（后来变成蒸笼），下为鬲。战国后期，甑、釜常常连用。釜像锅，甑底有细孔，放在釜上。如《项羽本纪》“项羽乃悉引兵渡河，皆沉船，破釜甑。”

除烹饪器物外，还有取食器，如箸（zhù，筷子）；盛食器，如豆（原用于盛饭，后逐渐变为盛肉酱、肉羹）、笾（biān，《尔雅·释器》说：“木豆谓之豆，竹豆谓之笾，瓦豆谓之登。”）、箪（dān，竹制或苇制，盛饭）、簋（guǐ，主要用于盛饭，最初竹木制或土瓦制，后则多用青铜制成）。如《林黛玉进贾府》“贾珠之妻李氏捧饭，熙凤安箸，王夫人进羹。”《鱼我所欲也》“一箪食，一豆羹，得之则生，弗得则死。”

古代的酒器，即用于酿酒、盛酒、温酒和饮酒的器物，大多是陶质和青铜质的。

盛酒器物主要有尊（又作樽，敞口收颈，腹大底小）、彝（yí）（陶质或铜质）、壶（盛酒浆）、卣（yǒu，口小腹深）、觞、觥等。例如“金樽清酒斗十千”（《行路难》），“或暖壶酒儿，或烹瓯茶儿”（《灌园叟晚逢仙女》）。成语有“箪食壶浆”。

饮酒器物主要有觚（gū，长身细腰，大口圈足，盛酒二升）、觯（zhì，圆形敞口，束颈鼓腰，容酒三升）、角（形似爵）、卮（zhī，圆形，盛酒四升）、杯等。

参 考 文 献

[1] 施也频主编. 教育部高职高专规划教材·实用语文. 上海：华东师范大学出版社，2000.
[2] 周治南等主编. 高等职业教育通用教材. 实用语文. 北京：高等教育出版社，2001
[3] 五年制高等职业教育教材. 语文. 苏州：苏州大学出版社，2002.
[4] 五年制高等职业教育教材. 阅读与写作. 北京：机械工业出版社，2002.
[5] 全日制普通高级中学教科书. 语文. 北京：人民教育出版社，2000.
[6] 全日制普通高级中学. 语文读本. 北京：人民教育出版社，2000.
[7] 李山主编. 高等教育公共课系列教材. 大学语文. 北京：中央民族大学出版社，2001.
[8] 江曾培等主编. 文艺鉴赏大成. 上海：上海文艺出版社，1988.
[9] 古代小说鉴赏辞典. 北京：学苑出版社，1989.
[10] 萧涤非等编撰. 唐诗鉴赏辞典. 上海：上海辞书出版社，1983.
[11] 唐圭璋主编. 唐宋词鉴赏辞典. 南京：江苏古籍出版社，1986.
[12] 王纪人主编. 中国现代散文欣赏辞典. 汉语大辞典出版社，2000.
[13] 卫建国主编. 古文观止. 北京：金城出版社，1999.
[14] 林庚著. 中国文学简史. 北京：北京大学出版社，1995.
[15] 金汉等主编. 新编中国当代文学发展史. 杭州：浙江大学出版社，1997.
[16] 杨树增著. 先秦诸子散文. 桂林：广西师范大学出版社，1999.
[17] 吴开晋等主编. 中国朗诵诗精选. 石家庄：花山文艺出版社，1995.
[18] 王薇主编. 创新思维. 黑龙江：黑龙江朝鲜民族出版社，2002.
[19] 新概念作文大赛特色作文精选. 长春：长春出版社，2002.
[20] 武传涛主编. 著名演讲辞鉴赏. 济南：山东人民出版社，1994.
[21] 金振邦主编. 阅读与写作. 北京：中央广播电视大学出版社，2001.
[22] 马正平主编. 高等文体写作训练教程. 北京：中国人民大学出版社，2002.
[23] 李振辉主编. 应用文写作实训教程. 北京：机械工业出版社，2002.
[24] 阅读一典通——自然科学文章精品阅读. 沈阳：语文出版社，2002.
[25] 阅读一典通——现代散文精品阅读. 沈阳：语文出版社，2002.
[26] 李仲师主编. 口语交际艺术教程. 北京：中国商业出版社，1993.
[27] 安树一主编. 口才训练教程. 北京：群众出版社，1999.
[28] 王宇红著. 朗读技巧. 北京：中国广播电视出版社，2002.
[29] 应天常著. 口才训练术. 长春：吉林大学出版社，1993.
[30] 刘墉著. 肯定自己. 桂林：漓江出版社，1999.
[31] 李展主编. 职场文书写作. 北京：清华大学出版社，2011.
[32] 郑洁主编. 大学语文. 上海：上海大学出版社，2009.
[33] 孙昕光主编. 大学语文. 长春：吉林大学出版社，2010.
[34] 李国英主编. 应用文写作. 沈阳：辽宁大学出版社，2010.
[35] 邓焱，彭莉主编. 应用文写作. 沈阳：辽宁大学出版社，2012.
[36] 唐淑芝主编. 口才与演讲. 北京：高等教育出版社，2008.
[37] 李兴军，刘金同主编. 大学生实用口才与演讲. 北京：清华大学出版社，2006.
[38] 许利平主编. 职业口才训练教程. 北京：北京交通大学出版社，2007.
[39] 毕淑敏著. 我很重要. 长春：时代文艺出版社，2006.